Verhandlungen

des

Zweiten Deutschen Juristentages.

Herausgegeben

von

dem Schriftführer-Amt der ständigen Deputation.

Erster Band.

Berlin, 1861.

Druck und Commissions-Verlag von G. Jansen.

Statut des Deutschen Juristentages.

Nach den Beschlüssen vom 30. August 1860 redigirt

von dem Schriftführer-Amt der ständigen Deputation.*)

§. 1.

Der Zweck des Deutschen Juristentages ist: eine Vereinigung für den lebendigen Meinungsaustausch und den persönlichen Verkehr unter den Deutschen Juristen zu bilden, auf den Gebieten des Privatrechts, des Prozesses und des Strafrechts den Forderungen nach einheitlicher Entwickelung immer größere Anerkennung zu verschaffen, die Hindernisse, welche dieser Entwickelung entgegenstehen, zu bezeichnen und sich über Vorschläge zu verständigen, welche geeignet sind, die Rechtseinheit zu fördern.

§. 2.

Der Deutsche Juristentag tritt alljährlich zusammen.

§. 3.

Zur Mitgliedschaft berechtigt sind die Deutschen Richter, Staatsanwälte, Advocaten und Notare, die Aspiranten des Richteramtes, der Anwaltschaft und des Notariats, die Lehrer an den Deutschen Hoch-

*) Die gesperrt gedruckten Worte sind Aenderuugen des „vorläufigen Statutes", welche von der Plenar-Versammlung beschlossen worden.

schulen, die Mitglieder der gelehrten Akademien, die Doctoren der Rechte und die rechtsgelehrten Mitglieder der Verwaltungs-Behörden.

§. 4.

Die Mitgliedschaft beginnt mit dem Empfange der Mitgliedskarte. Sie berechtigt zur Theilnahme an den Verhandlungen und an der Abstimmung.

§. 5.

Der Beitrag der Gesellschaftsmitglieder wird auf drei Thaler jährlich festgesetzt und ist innerhalb vier Wochen nach Beginn jedes neuen Jahres zu entrichten, widrigenfalls derselbe durch Postvorschuß eingezogen wird. Nimmt ein Mitglied den mit Postvorschuß beschwerten Brief nicht an, so wird dies einer ausdrücklichen Austrittserklärung gleich geachtet.

§. 6.

Den Plenar-Verhandlungen des Deutschen Juristentages gehen der Regel nach Abtheilungs-Berathungen voraus. Zu diesem Zwecke werden durch freiwillige Einzeichnung der Mitglieder folgende vier Abtheilungen gebildet:

1) Abtheilung für Privatrecht, insbesondere Obligationen- und Pfandrecht,
2) Abtheilung für Handels-, Wechsel-, See- und internationales Recht,
3) Abtheilung für Strafrecht, Strafprozeß und Gefängnißwesen,
4) Abtheilung für Gerichtsverfassung, Civilprozeß, juristisches Studium und practische Ausbildung.

Die Abtheilungen wählen ihre Vorsitzenden, Schriftführer, Berichterstatter und benachrichtigen den Vorsitzenden der Plenar-Versammlung (§. 7), sobald ihre Berathungen über einzelne Gegenstände geschlossen sind; ihre Anträge sind schriftlich zu fassen.

§. 7.

Die Verhandlungen der Plenar-Versammlung leitet ein Vorsitzender, welcher für die Dauer eines jeden Juristentages in der ersten Plenar-Versammlung durch Stimmzettel oder Acclamation gewählt wird. Derselbe ernennt zwei bis vier Stellvertreter und vier Schriftführer. Er bestimmt die Tagesordnung und kann einzelne Gegenstände, ohne Vorberathung in den Abtheilungen (§. 6), unmittelbar zur Plenar-Berathung stellen. Auch ist er befugt, Nichtmitglieder als Zuhörer zuzulassen.

§. 8.

Bei allen Beschlüssen der Plenar-Versammlung und der Abtheilungen entscheidet einfache Stimmenmehrheit der anwesenden Mitglieder; bei allen Wahlen relative Majorität und im Falle der Stimmengleichheit das Loos.

§. 9.

Wird Schluß der Debatte beantragt, so wird über diesen Antrag sofort abgestimmt. In der Plenar-Versammlung sind alle Anträge mit Ausnahme des Antrages auf Schluß der Debatte schriftlich zu stellen.

§. 10.

Vor dem Schlusse eines jeden Juristentages wird von der Plenar-Versammlung auf Vorschlag des Präsidenten durch Acclamation oder in einem einzigen Scrutinium durch Stimmzettel eine aus vierzehn Mitgliedern und dem Präsidenten des letzten Juristentages als Ehren-Präsidenten bestehende ständige Deputation gewählt. Von jenen 14 Mitgliedern müssen sieben am Orte des letzten Juristentages, sieben außerhalb wohnen.

Die ständige Deputation hat folgende Befugnisse und Obliegenheiten:

1) sie sorgt für die Ausführung der von dem Juristentage gefaßten Beschlüsse, veranstaltet nach eignem Ermessen den Druck der Protokolle und Vorlagen, bewirkt die Vertheilung der Drucksachen an die Mitglieder und verwahrt alle Acten und Schriftstücke des Juristentages;
2) sie bestimmt Zeit und Ort des nächsten Juristentages, trifft die für denselben nöthigen Vorbereitungen, erläßt die Einladungen, stellt die vorläufige Tagesordnung auf, wobei sie in der Regel nur die bis zum 31. Mai des laufenden Jahres eingegangenen Vorlagen zu berücksichtigen hat, und bereitet Abänderungsvorschläge in Betreff der Geschäftsordnung für die Plenar-Versammlung vor;

3) sie nimmt die Beitrittserklärungen neuer Mitglieder entgegen, fertigt die Mitgliedskarten aus, empfängt die Beiträge, bestreitet die Ausgaben und legt der folgenden Deputation Rechnung;

4) sie ergänzt sich selbst, falls eines oder mehrere ihrer Mitglieder während des Geschäftsjahres ausscheiden.

Die Deputation wählt aus ihrer Mitte einen Vorsitzenden und einen Schriftführer, welcher Letztere ein von der Deputation festzusetzendes Pauschquantum für baare Auslagen erhält. Der Sitz der Deputation ist der Ort des letzten Juristentages. Zur Gültigkeit ihrer Beschlüsse ist die Einladung sämmtlicher Mitglieder, sowie die Mitwirkung von wenigstens fünf Mitgliedern erforderlich.

§. 11.

Abänderungen dieses Statuts können zwar von der Plenar-Versammlung durch einfache Stimmenmehrheit, jedoch nur auf schriftlichen Antrag, der vier Wochen vor dem Zusammentritt des Juristentages der ständigen Deputation (§. 10) überreicht worden, beschlossen werden.

Mitglieder-Verzeichnisse

für 1861.

A.

Alphabetisches Verzeichniß

derjenigen

Mitglieder des Deutschen Juristentages,

welche dem Verein schon im Jahre 1860 angehörten.

Nr.	Name.	Stand.	Wohnort.
1	Aarons	Advokat	Schwerin.
2	Dr. Adami	Obergerichtsanwalt	Bremen.
3	Dr. Aegidi	Professor	Hamburg.
4	Ahlemann	Rechtsanwalt	Samter.
5	Albrecht	Obergerichtsanwalt	Hannover.
6	Albrecht	Appellationsrath	Hildburghausen.
7	Albrecht	Kreisrichter	Lauenburg i. P.
8	Alschefski	Rechtsanwalt	Magdeburg.
9	Dr. André	Obergerichtsanwalt	Osnabrück (Hannover).
10	Dr. Anschütz	Professor	Greifswald.
11	Anschütz	Advokat	Leipzig.
12	Anz	Kreisgerichtsrath	Tilsit.
13	Arndts	Staatsanwalt	Mohrungen.
14	Dr. Aronheim	Obergerichts-Advokat	Braunschweig.
15	Aschenborn	Rechtsanwalt	Arnswalde.
16	Assig	Gerichts-Assessor	Ohlau (Schlesien).

Nr.	Name.	Stand.	Wohnort.
17	Dr. Joseph Bach	Hof- und Gerichts-Advokat	Wien.
18	Bacher	Rechtskonsulent	Stuttgart.
19	Bader	Kreisgerichtsrath	Heiligenstadt.
20	Bähr	Obergerichtsrath	Cassel.
21	Bäumer	Bezirksgerichtsrath	Hof (Bayern).
22	Bahr	Bürgermeister, Advokat	Fürstenberg (Mecklenbg).
23	Balan	Stadt- und Kreisgerichtsrath	Magdeburg.
24	Ballhorn	Ober-Tribunalsrath	Berlin, Charlottenstr. 86.
25	Balthasar	Gerichts-Assessor	Greifswald.
26	Bartolomäus	Kreisrichter	Jacobshagen i. P.
27	v. Bastian	Kanzlei-Vice-Direktor a. D.	Altona.
28	Dr. Bauer	Hof- und Gerichts-Advokat	Wien.
29	Bauermeister	Advokat	Grabow.
30	Bauermeister	Obergerichtsanwalt	Hannover.
31	Dr. Baumeister	Obergerichtsrath	Hamburg.
32	Becher	Justizrath, Rechtsanwalt	Berlin, Commandantenstraße 84.
33	Becker	Ober-Appellationsrath	Oldenburg.
34	Behrend	Gerichts-Assessor	Berlin, Ritterstr. 45.
35	Berendt	Kreisrichter	Elbing.
36	Dr. Berger	Hof- und Gerichts-Advokat	Wien, Stadt 427.
37	Bergmann	Kreisrichter	Oranienburg.
38	Bergmann	Gerichts-Assessor	Berlin, Lindenstr. 101.
39	Berndt	Kammergerichtsrath	Berlin, Neuenburgerstraße 31.
40	Berner	Justizrath, Rechtsanwalt	Mohrungen.
41	Beschorner	Finanz-Prokurator	Dresden.
42	Dr. Beseler	Geh. Justizrath u. Professor	Berlin, Kochstr. 18.
43	Bierwirth	Obergerichts-Assessor	Lüneburg.
44	Billerbeck	Justizrath, Rechtsanwalt	Anclam.
45	Black	Staatsanwalt	Creuzburg.
46	Block	Rechtsanwalt	Burg.
47	Dr. Bluntschli	Professor	München.
48	Bock	Gerichts-Direktor a. D.	Hagen.
49	Bock	Kreisrichter	Pasewalk.

Nr.	Name.	Stand.	Wohnort.
50	Bode	Kreisrichter	Braunschweig.
51	Bodstein	Kreisrichter	Habelschwerdt.
52	Böhmer	Kreisgerichtsrath	Stettin, Paradepl. 21.
53	Böle	Justizrath, Rechtsanwalt	Münster.
54	Dr. Bolze	Advokat	Bernburg.
55	Borchardt	Stadtgerichtsrath	Berlin, Französ. Str. 32.
56	Borchers	Ober-Appellationsgerichts-Anwalt	Celle (Hannover).
57	Dr. Bornemann	Zweiter Präsident des Ober-Tribunals	Berlin, Potsdamerstraße 125/6.
58	Bothe	Rechtsanwalt	Trzemeszno.
59	Brachvogel	Justizrath, Rechtsanwalt	Bromberg.
60	Brachvogel	Justizrath, Rechtsanwalt	Wollenstein.
61	Brachvogel	Rechtsanwalt	Berlin, Neue Friedrichstraße 37.
62	Brauer	Hofgerichtsrath	Bruchsal.
63	Brebeck	Rechtsanwalt	Lötzen.
64	Bremer	Ober-Appellationsgerichts-Sekretair	Lübeck.
65	Breymann	Obergerichtspräsident	Wolfenbüttel.
66	Dr. Brix	geprüfter Advokatur-Kandidat	Wien, Stadt 641.
67	Brockhoff	Kammergerichts-Auskultator	Berlin, Prenzlauerstr. 39.
68	Bromme	Rechtsanwalt	Naumburg a. S.
69	Dr. Brüel	Obergerichtsrath	Verden (Hannover).
70	Buddee	Kammergerichtsrath	Berlin, Ritterstr. 36.
71	Buddee	Gerichts-Assessor	Berlin, Ritterstr. 36.
72	Büchtemann	Kammergerichts-Auskultator	Berlin, Kochstr. 73.
73	Burchard	Kreisrichter	Spandau.
74	Dr. Burmeister	Advokat	Plön (Holstein).
75	Bussenius	Rechtsanwalt am Ob.-Trib.	Berlin, Oranienstr. 107.
76	Buttel	Advokat	Neu-Strelitz (Mecklenburg).
77	Buttmann	Kammergerichts-Referendar	Berlin, Oranienstr. 101 u. 102.
78	Dr. Caesar	Obergerichtsrath	Detmold.

Nr.	Name.	Stand.	Wohnort.
79	Calm	Rechtsanwalt	Bernburg.
80	Casper	Justizrath, Rechtsanwalt	Berlin, Markgrafenst. 44.
81	Chomse	Kreisrichter	Culm.
82	Dr. Cnyrim	General-Postdirektions-Sekretair	Frankfurt a. M.
83	Cohn	Advokat	Neu-Strelitz.
84	Dr. Costa	geprüft. Advokatur-Kandidat	Laibach (Oesterreich).
85	Danner	Justizrath	Mühlhausen.
86	v. Dazür	Rechtsanwalt	Ostrowo.
87	Decker	Ober-Tribunalsrath	Berlin, Bernburgerst. 30.
88	Dr. Dedekind	Obergerichtsanwalt	Wolfenbüttel.
89	Deegen	Gerichts-Assessor	Berlin, Louisenstr. 34.
90	Dr. Demel	Landes-Advokat	Teschen (Oesterreich).
91	v. Dewitz	Justizrath, Rechtsanwalt	Stettin.
92	Diehl	Hofgerichtsrath	Dillenburg (Nassau).
93	Dietmar	Kreisgerichtsrath	Bernau.
94	Dr. Dietrich	Advokat	Troppau.
95	Dr. Dietzel	Professor	Leipzig.
96	Dönniges	Justizrath, Rechtsanwalt	Posen.
97	Dr. Doktor	Finanz-Prokurator für Böhmen	Prag.
98	Dorn	Justizrath, Rechtsanwalt am Ober-Tribunal	Berlin, Besselstr. 21.
99	Dr. Dove	Privat-Dozent	Berlin, Burgstr. 19.
100	Dr. Drechsler	Bürgermeister	Parchim (Mecklenburg-Schwerin).
101	v. Dresler	Kreisgerichtsrath	Greetz.
102	Dr. Droop	Amtsrichter	Leer.
103	Dr. Dugge	Advokat	Rostock.
104	Dulheuer	Gerichts-Assessor	Wernigerode.
105	Dr. Eberty	Kreisgerichtsrath	Wittenberg.
106	v. Eckenbrecher	Kreisgerichts-Direktor	Bergen auf Rügen.
107	Ehlers	Advokat	Rostock.
108	Elbers	Rechtsanwalt	Hagen.
109	Elbers	Gerichts-Assessor	Berlin, Wilhelmsplatz 4.

Nr.	Name.	Stand.	Wohnort.
110	v. Enckevort	Appellationsgerichtsrath	Stettin.
111	Engelhardt	Justizrath, Rechtsanwalt	Posen.
112	Engels	Kreisrichter	Alt-Landsberg.
113	Enzian	Gerichts-Assessor	Sonnenburg (Meining.).
114	Euler	Notar	Düsseldorf.
115	Faber	Ober-Tribunals- u. vortrag. Rath im Justiz-Minister.	Stuttgart.
116	Fiebiger	Rechtsanwalt	Halle a. S.
117	Dr. Filehne	Kreisrichter	Ratibor.
118	Dr. Fischel	Gerichts-Assessor	Berlin, U. d. Linden 49.
119	Fischer	Justizrath, Rechtsanwalt	Breslau.
120	Dr. Fischer	Kreisgerichtsrath	Schweidnitz.
121	Dr. Fischer sen.	Advokat	Dresden.
122	Fischer	Rechtsanwalt	Magdeburg.
123	Fleischauer	Appellationsgerichtsrath	Berlin, Friedrichsstr. 242.
124	Flittner	Stadtgerichtsrath	Berlin, Lindenstr. 23.
125	Dr. Flögel	Advokat	Jungbunzlau (Böhmen).
126	Förster	Advokat	Pirna.
127	Forkel	Justizrath, Rechtsanwalt	Coburg.
128	Fränkel	Advokatanwalt	Elberfeld.
129	Francke	Obergerichts-Vicedirektor	Lüneburg.
130	Francke	Advokat	Dresden.
131	Franken	Advokat	Crefeld.
132	Franz	Justizrath, Rechtsanwalt	Naumburg a. S.
133	Frech	Staatsanwalt	Berlin, Hirschelstr. 27a.
134	Fretzdorff	Justizrath, Rechtsanwalt	Berlin, Kochstr. 37.
135	Freund	Kreisgerichtsrath	Halle a. S.
136	v. Freydorf	Ministerialrath	Carlsruhe.
137	Friccius	Justizrath, Divis.-Auditeur	Berlin, Dessauerstr. 11.
138	Dr. Friedberg	Geh. Ober-Justizrath, vortr. Rath im Justiz-Minister.	Berlin, Hafenplatz 2.
139	Dr. Friedenthal	Landrath	Grottkau (Schlesien).
140	Dr. Friederici	Obergerichtsadvokat	Leipzig.
141	Friedländer	Geh. Ober-Justizrath	Berlin.
142	Gärtner	Obergerichtsrath	Wolfenbüttel.

Nr.	Name.	Stand.	Wohnort.
143	Gareis	Staatsanwalt	Pirna.
144	v. Garnier	Rechtsanwalt	Beuthen (Ob.-Schlesien).
145	Gebhardi	Gerichts-Assessor	Berlin, Louisenstr. 21.
146	Geck	Kreisrichter	Werden a. R.
147	Dr. Gehbler	Kreisrichter	Filehne.
148	Dr. v. Geldern	Wirklicher Geheimer Rath	Gera.
149	Gelineck	Justizrath, Rechtsanwalt	Breslau, Gartenstr. 32b.
150	Dr. Georgi	Advokat	Leipzig.
151	Dr. v. Gerber	Kanzler und Professor	Tübingen.
152	v. Gerhard	Syndikus	Königsberg i. P.
153	Gerhard	Advokat	Leipzig.
154	Dr. Gerhard	Staatsanwalts-Gehülfe	Labiau i. O.-S.
155	Gerlach	Ober-Staatsanwalt	Marienwerder.
156	Gesenius	Stadtrath	Berlin, Potsdamerstr. 38.
157	Dr. Geßler	Professor	Tübingen.
158	Dr. Getz	Advokat	Frankfurt a. M.
159	Giehlow	Staatsanwalt	Danzig.
160	Gierse	Rechtsanwalt	Münster.
161	Giesinger	Kreisrichter	Wollenstein.
162	Dr. Glaser	Professor	Wien.
163	Glasewald	Kreisrichter	Naumburg a. S.
164	Glasser	Advokat	Roda (Altenburg).
165	Dr. Gneist	Professor	Berlin, Mohrenstr. 6.
166	Göbecke	Justizrath, Rechtsanwalt	Halle a. S.
167	Dr. Görner	Advokat	Budweis (Böhmen).
168	Götting	Obergerichtsanwalt	Hildesheim.
169	Goltdammer	Ober-Tribunalsrath	Berlin, Askanischer Pl. 4.
170	Gotthardt	Obergerichtsadvokat	Braunschweig.
171	Gottschalk	Kreisrichter	Bielefeld.
172	v. Grävenitz	Staatsanwalt	Danzig.
173	Graßhof	Kreisgerichtsrath	Halberstadt.
174	Grisebach	Obergerichtsrath	Hameln an der Weser (Hannover).
175	Grodbeck	Rechtsanwalt	Schwetz.
176	Grolp	Rechtsanwalt	Neustadt i. Westpreußen.

Nr.	Name.	Stand.	Wohnort.
177	Gropius	Ober-Staatsanwalt	Naumburg a. S.
178	Dr. Freiherr v. Groß	Ober-Staatsanwalt	Eisenach.
179	Gubitz	Notar	Berlin, Heiligegeiststr. 13.
180	Haack	Rechtsanwalt	Glogau.
181	Haase	Advokat	Haynichen (Sachsen).
182	Haase	Rechtsanwalt	Zehdenick.
183	Hachtmann	Appellationsgerichtsrath	Naumburg a. S.
184	Häckel	Kreisrichter	Freienwalde a. O.
185	Hänisch	Rechtsanwalt	Colberg.
186	Hahn	Advokat	Neubrandenburg.
187	Hallbauer	Finanz-Prokurator	Meißen (Sachsen).
188	Hammerfeld	Rechtsanwalt	Berlin, Burgstr. 29.
189	Hanff	Justizrath, Rechtsanwalt	Frankfurt a. O.
190	Dr. Hanisch	Advokatur-Kandidat	Wien, Alsergrund, Vidtenburggasse 22.
191	v. Harleßem	Obergerichtsanwalt	Hannover.
192	v. Hartmann	Kreisgerichts-Direktor	Habelschwerdt.
193	Dr. Harum	Professor der Rechte	Pesth.
194	Hase	Advokat und Bürgermeister	Schmölln in Altenburg.
195	Dr. Hauschild	Landes-Advokat	Prag.
196	Haushalter	Rechtsanwalt	Wernigerode.
197	Havemann	Advokat	Grabow (Mecklenburg-Schwerin).
198	Hay	Rechtsanwalt	Insterburg.
199	Hayn	Justizrath, Rechtsanwalt	Breslau, Ring 19.
200	Dr. Heffter	Geh. Ober-Tribunalsrath und Professor	Berlin, Leipziger Pl. 19.
201	Heidsieck	Rechtsanwalt	Rahden (R.-B. Minden).
202	Heilborn	Stadtrichter	Berlin, Bendlerstr. 23.
203	Heimbrod	Kreisgerichts-Direktor	Rybnick.
204	Dr. Heimsoeth	Geh. Ober-Justizrath und Präsident	Cöln.
205	Heldman	Rechtsanwalt	Detmold.
206	Helfer	Advokat	Leipzig.
207	Hellmann	Bezirksgerichtsrath	Hof (Bayern).

Nr.	Name.	Stand.	Wohnort.
208	Hempel	Justizrath, Rechtsanwalt	Weißenfels.
209	Dr. Henle	Advokat	München.
210	Dr. Herbst	Professor	Prag.
211	Hermanni	Stadtgerichtsrath	Berlin, Louisenstr. 25.
212	Herms	Gerichts-Assessor	Berlin, Mohrenstr. 56.
213	Dr. Herrmann	Advokat	München.
214	Herzfeld	Rechtsanwalt	Insterburg.
215	Herzfeld	Rechtsanwalt	Sprottau.
216	Heß	Kreisgerichtsrath	Glatz.
217	Dr. Hesse	Advokat	Dresden.
218	Heubner	Advokat	Zwickau.
219	Dr. Heydemann	Geh. Justizrath u. Professor	Berlin.
220	Dr. Hierl	Bezirksgerichts-Assessor	München, Nymphenburgstraße 34.
221	Hiersemenzel	Stadtrichter	Berlin, Schönebergerst. 26
222	Dr. Hildenbrand	Professor	Würzburg.
223	Hilse	Kammergerichts-Auskultator	Berlin, Linienstr. 132.
224	Hinrichs	Kreisrichter	Halle a. S.
225	Dr. Hinschius	Justizrath und Rechtsanwalt	Berlin, Burgstr. 16.
226	Hölder	Rechtskonsulent	Stuttgart.
227	Höniger	Gerichts-Assessor	Berlin, Alexanderstr. 44.
228	Hörner	Ober-Justizrath	Eßlingen.
229	Hoffmann	Kreisgerichtsrath	Graudenz.
230	Holder-Egger	Polizeianwalt	Berlin, Anhaltstr. 16.
231	v. Holleben	Ober-Tribunalsrath	Berlin, Anhaltische Communikation 7.
232	Holthoff	Rechtsanwalt	Halberstadt.
233	Dr. F. v. Holtzendorff	Professor	Berlin.
234	Horn	Kreisgerichts-Direktor und Ober-Landesgerichtsrath	Naumburg a. S.
235	Horst	Justizrath, Rechtsanwalt	Breslau.
236	Dr. Horwitz	Rechtsanwalt	Liebenwerda.
237	Hoyer	Direktor der Strafanstalten	Vechta (Großh. Oldenburg).
238	Huck	Kreisrichter	Zehden.

Nr.	Name.	Stand.	Wohnort.
239	Hübener	Stadtgerichts-Direktor	Berlin, Grabenstr. 34.
240	Hübener	Kammergerichts-Referendar	Berlin, Neuenburgerstraße 11.
241	Humbert	Kreisgerichtsrath	Berlin, Matthäikirchstraße 11.
242	Hundrich	Rechtsanwalt	Waldenburg (O.-Schl.).
243	Dr. v. Huze	Hof- und Gerichts-Advokat	Wien.
244	Jäger	Gerichts-Assessor	Berlin, Zimmerstr. 80.
245	Dr. Jäger	Rechtsanwalt	Nürnberg.
246	Jancke	Direktor der Gerichts-Deputation	Rathenow.
247	Jaques	Ober-Appellationsrath	Celle.
248	Dr. Jaques	Verwaltungsrath der Handels-Akademie	Wien.
249	Jeschke	Gerichts-Assessor	Halberstadt.
250	Jester	Justizrath, Rechtsanwalt	Königsberg.
251	Dr. Ihering	Geh. Justizrath, Professor	Gießen.
252	Joël	Rechtsanwalt	Greiffenberg (Schlesien).
253	Ißmer	Justizrath; Rechtsanwalt am Ober-Tribunal	Berlin, Friedrichsstr. 18.
254	Judeich	Advokat	Dresden, Moritzstr. 9.
255	Jung	Geh. Justizrath, Rechtsanwalt am Ober-Tribunal	Berlin, Schifferstr. 7.
256	Just	Justizrath, Rechtsanwalt	Neu-Stettin.
257	Kanngießer	Ober-Staatsanwalt	Greifswald.
258	Karlowa	Auditeur	Bückeburg (L.-Bückebg.).
259	Dr. Karsten	Kanzlei-Advokat	Rostock.
260	Keibel	Gerichts-Assessor	Berlin, Stralauerstr. 52.
261	Kelch	Rechtsanwalt	Potsdam.
262	Dr. Keller	Ober-Staatsanwalt	Wien, Stadt 72.
263	Keller	Hof- und Appellationsgerichts-Prokurator	Dillenburg (Nassau).
264	Kempe	Rechtsanwalt	Stargardt (Pommern).
265	Dr. Edler v. Kerstorf	Hofrath, Advokat	Augsburg.
266	Keßler	Staatsanwalt	Burg (bei Magdeburg).

Nr.	Name.	Stand.	Wohnort.
267	Dr. Ritter v. Kindinger	Gerichtsadjunkt	Wien (St. Schottenhof).
268	v. Kitzing	Appellationsgerichtsrath	Münster.
269	Dr. Klauhold	Staatsanwalt a. D.	Hamburg.
270	Kneusel	Rechtsanwalt	Ratibor.
271	Kneusel	Kreisrichter	Cosel.
272	Knorr	Rechtsanwalt	Culm in Preußen.
273	Koch	Kreisgerichts-Direktor	Rothenburg O.-L.
274	Koch	Staatsanwalt	Trebnitz.
275	Koch	Gerichts-Assessor	Halberstadt.
276	Kochann	Stadtgerichtsrath	Berlin, Hollmannsstr. 20.
277	König	Justizrath, Advokatanwalt	Cleve.
278	Köpp	Obergerichts-Prokurator	Wolfenbüttel.
279	Körner	Geh. Rath u. Departements-Direktor im K. Sächsischen Ministerium des Innern	Dresden.
280	Kohli	Kreisrichter	Gandersheim.
281	Kolk	Kreisgerichtsrath	Berlin, Bernburgerst. 31.
282	Korb	Rechtsanwalt	Breslau, Junkerstr. 31.
283	Korn	Gerichts-Assessor	Quedlinburg.
284	Kortenbeit'l	Kreisrichter	Templin.
285	Kortum	Gerichts-Assessor	Halberstadt.
286	Kosche	Kreisrichter	Goldberg (Schlesien).
287	Kosmann	Appellationsgerichtsrath	Berlin, Potsdamerstr. 82.
288	v. Kraewel	Appellationsgerichtsrath	Naumburg a. S.
289	Dr. Krafft	Advokat	Nürnberg.
290	Kraut	Hofrath und Professor	Göttingen.
291	Krech	Gerichts-Assessor	Berlin, Friedrichsstr. 126.
292	Kremkow	Rechtsanwalt	Gleiwitz.
293	Kremnitz	Justizrath, Rechtsanwalt	Berlin, Wallstr. 7.
294	Kretschmann	Rechtsanwalt	Burg (bei Magdeburg).
295	Kretschmar	Advokat	Lichtenstein.
296	Krieger	Rechtsanwalt	Goldap (Ostpreußen).
297	Krüger	Advokat	Rostock.
298	Krüger	Kreisrichter	Schönau (Schlesien).
299	Krüger	Gerichtsaktuar und Richter	Zittau.

Nr.	Name.	Stand.	Wohnort.
300	Krug	Appellationsgerichtsrath	Naumburg a. S.
301	Kühn	Justizrath, Rechtsanwalt	Pyritz.
302	Kühnemann	Geh. Finanzrath und Haupt-Bank-Justitiar	Berlin.
303	Dr. Kühns	Privat-Dozent	Berlin, Köthenerstr. 17.
304	Küttner	Appellationsgerichtsrath	Posen.
305	Kuhr	Kreisrichter	Grottkau.
306	Dr. Kulenkamp	Oberappellations- und Niedergerichts-Prokurator	Lübeck.
307	v. Kunowski	Kreisgerichts-Direktor	Beuthen (Ob.-Schles.).
308	Dr. Kuntze	Professor	Leipzig.
309	Kuntzsch	Advokat	Chemnitz.
310	Kuwert	Rechtsanwalt	Kaukehmen.
311	Lambrecht	Kreisgerichtsrath	Lobsens.
312	Lange	Advokat	Rostock.
313	Langhans	Ober-Appellationsrath	Wiesbaden.
314	Lasker	Gerichts-Assessor	Berlin, Neustädtische Kirchstraße 2.
315	Lauenstein	Obergerichtsanwalt	Lüneburg.
316	Lauhn	Advokat	Dresden, Liliengasse 13.
317	Lauhn	Advokatur-Kandidat	Leipzig.
318	Lefeldt	Kreisrichter	Beuthen.
319	Dr. Leidesdorf	Advokat	Wien, Stadt 850.
320	Leitzring	Appellationsger.-Referendar	Halle a. S.
321	Lent	Rechtsanwalt	Breslau.
322	Dr. Lenz	Hof- und Gerichts-Advokat	Wien, Stadt 613.
323	Dr. Leo	Advokat	Hamburg.
324	Leonhard	Rechtsanwalt	Beuthen (Ob.-Schles.).
325	Leonhard	Rechtsanwalt	Grüneberg.
326	Lepsius	Appellationsgerichtsrath	Naumburg a. S.
327	Leske	Staatsanwalt	Schneidemühl.
328	Dr. Lette	Präsident des Revis.-Colleg. für Landeskultursachen	Berlin, Linksstr. 43.
329	Graf v. Leutrum	General-Staatsanwalt und Ober-Tribunalsrath	Stuttgart.

Nr.	Name.	Stand.	Wohnort.
330	Lewald	Rechtsanwalt	Berlin, Kurfstr. 51.
331	Lewald	Stadt- und Kreisrichter	Danzig, Holzmarkt 1.
332	Liebert	Justizrath, Rechtsanwalt	Danzig.
333	Liebmann	Stadtgerichtsrath*	Berlin, Leipzigerstr. 17.
334	Liman	Stadtrichter	Berlin, Leipziger Pl. 12.
335	Lincke	Gerichtsrath	Pirna.
336	Dr. v. Lindelof	Justiz-Minister	Darmstadt.
337	Lindner	Kreisrichter	Behrend bei Danzig.
338	Lindner	Advokat	Nürnberg.
339	Lipke	Rechtsanwalt	Schwetz.
340	Graf zur Lippe	Ober-Staatsanwalt	Berlin, Dorotheenstr. 28.
341	Lippold	Advokat	Altenburg.
342	Löper	Rechtsanwalt	Wittenberg.
343	v. Löper	Justizrath	Berlin, Kochstr. 58.
344	Löwenberg	Kammergerichts-Auscultator	Berlin, Bellevuestr. 14.
345	Loreck	Rechtsanwalt	Heiligenstadt.
346	Dr. Louis	Kreisgerichtsrath	Berlin, Victoriastr. 32.
347	Dr. Luck	Staatsanwalt	Potsdam.
348	Dr. Lürmann	Senator	Bremen.
349	Maaß	Staatsanwalt	Sagan.
350	Makower	Gerichts-Assessor	Berlin, Behrenstr. 5.
351	Dr. Malß	Rechtsanwalt	Frankfurt a. M.
352	Dr. Mann	Syndikus	Rostock.
353	Marggraff	Gerichts-Assessor	Berlin, Sophienstr. 12.
354	Dr. Martin	Justizamtmann	Kreuzburg (Sachsen-Weimar).
355	Martiny	Rechtsanwalt	Kaukehmen.
356	Dr. Mayersohn	Rechtsanwalt	Aschaffenburg.
357	Mayet	Justizrath, Rechtsanwalt	Berlin, Werderscher Markt 4.
358	Mehner	Assessor	Radeberg bei Dresden.
359	Meibauer	Kreisrichter	Schivelbein.
360	v. Meibohm	Geh. Justizrath	Berlin.
361	Mencke	Appellationsrath	Oldenburg.
362	Meyen	Staatsanwalt	Berlin, Charlottenstr. 97.

Nr.	Name.	Stand.	Wohnort.
363	Meyer	Geh. Justiz- u. vortragender Rath im Justiz-Minister.	Berlin, Eichhornstr. 1.
364	Meyer	Ober-Tribunalsrath	Berlin, Schellingstr. 5.
365	H. Meyer	Rechtsanwalt	Insterburg.
366	Siegm. Meyer	Gerichts-Assessor	Berlin.
367	Meyn	Rechtsanwalt	Berlin, Brüderstr. 2.
368	Michaelis	Kreisrichter	Worbis.
369	Minsberg	Rechtsanwalt	Bunzlau (Schlesien).
370	Dr. Mittermaier	Geh. Rath und Professor	Heidelberg.
371	Model	Stadtgerichtsrath	Berlin, Grabenstr. 3.
372	Molitor	Ober - Appellationsgerichts-Direktor	München.
373	Dr. Mommsen	Professor, Mitglied der Akademie der Wissenschaften	Berlin, Neuenburgerstraße 31.
374	Moritz	Rechtsanwalt	Torgau.
375	Moßner	Rechtsanwalt	Luckenwalde.
376	von u. zur Mühlen	Wirkl. Geh. Ober-Justizrath	Berlin.
377	Dr. v. Mühlenfels	Appellationsgerichtsrath	Greifswald.
378	Dr. v. Mühlfeld	Hof- und Gerichts-Advokat	Wien, Stadt 622.
379	v. Müller	Kreisgerichtsrath	Rothenburg O.-L.
380	Müller	Kreisgerichtsrath	Bromberg.
381	Müller	Staatsanwalt	Berlin.
382	Müller	Amtsrichter	Schopfheim im Badischen Wiesenthale.
383	Müller	Advokat	Leipzig.
384	Neumann	Kreisgerichtsrath	Brandenburg a. H.
385	Neumann II.	Advokat	Celle.
386	Dr. Neußer	Landesadvokat	Biala.
387	Niedt	Rechtsanwalt	Labiau.
388	Niemand	Kirchspielvogt	Büsum im Dithmerschen (Holstein).
389	Niewandt	Justizrath	Weißenfels.
390	Dr. Nißen	Privat-Dozent	Leipzig.
391	Nitzsch	Advokat	Kiel.

Nr.	Name.	Stand.	Wohnort.
392	Noah	Geh. Ober-Regierungs- und vortr. Rath i. Min. d. Inn.	Berlin.
393	Dr. Noël	Advokat	München.
394	v. Nordenskjöld	Kreisgerichtsrath	Beeskow.
395	Oberkampff	Rechtsanwalt	Tilsit.
396	Oehr	Rechtsanwalt	Gleiwitz.
397	Oelschläger	Staatsanwaltsgehülfe	Schwetz.
398	Oelzen	Kreisgerichtsrath	Merseburg.
399	Opitz	Reg.-Assessor u. Spec.-Commiss. der Gen.-Comm. zu Merseburg	Cölleda (Reg.-Bez. Merseburg).
400	Oppermann	Staatsanwalt	Berlin, Leipzigerstr. 2.
401	Orthmann	Ober-Staatsanwalt	Cöslin.
402	v. Ozowski	Stadtgerichtsrath	Berlin, Linksstr. 11.
403	Palmié	Kreisrichter	Halberstadt.
404	Panse	Rechtsanwalt	Cölleda (Reg.-Bez. Merseburg).
405	Pappritz	Kreisrichter	Cüstrin.
406	Parrisius	Kreisrichter	Brandenburg a. H.
407	v. Patow	Staats u. Finanz-Minister	Berlin.
408	Petermann	Advokat	Strelitz (Mecklenburg).
409	Peters	Rechtsanwalt	Wittenberg.
410	Petersen	Appellationsgerichts-Direktor	München.
411	Petiscus	Rechtsanwalt	Oels.
412	Petsch	Gerichts-Assessor	Berlin, Grenadierstr. 26.
413	Pezenburg	Rechtsanwalt	Frankfurt a. O.
414	Dr. Pfeiffer	Professor	Tübingen.
415	Dr. Pfeiffer	Advokat	Bremen.
416	Philippi	Landgerichts-Präsident	Elberfeld.
417	Pietsch	Bezirksgerichts-Direktor	Pirna.
418	Pietzker	Justizrath, Rechtsanwalt	Naumburg a. S.
419	Dr. Pilling	Advokat	Dresden.
420	Pinckert	Justizrath, Rechtsanwalt	Erfurt.
421	v. Piper	Kreisgerichtsrath	Wriezen.
422	Pitschky	Justizrath, Rechtsanwalt	Stettin.

Nr.	Name.	Stand.	Wohnort.
423	Dr. Planck	Professor	Kiel.
424	Planck	Obergerichts-Assessor a. D.	Göttingen.
425	Plathner	Kammergerichtsrath	Berlin, Friedrichsstr. 16.
426	Plathner	Justizrath, Rechtsanwalt	Breslau.
427	Plato	Rechtsanwalt	Colberg.
428	Dr. Pleßing	Advokat	Lübeck.
429	Plettner	Stadtrichter	Friedland (Mecklenburg-Strelitz).
430	Dr. Plitt	Richter	Lübeck.
431	Pohlandt	Kreisgerichtsrath	Spandau.
432	Pohle	Magistrats-Gerichts-Direktor und Syndikus	Schwerin in Mecklenbg.
433	Dr. Polaczek	Landes-Advokat	Reichenberg in Böhmen.
434	Polenz	Rechtsanwalt	Sprottau.
435	Dr. Preisenhammer	Advokatur-Kandidat	Brünn.
436	Primker	Stadtrichter	Breslau.
437	Probst	Rechtsconsulent	Stuttgart.
438	Pudor	Kammergerichts-Auscultator	Berlin, Schönhauser Allee 134.
439	Pündter	Landgerichts-Assessor	Eschenbach in Bayern.
440	Dr. Pütter	Professor	Greifswald.
441	Quenstedt	Kammergerichts-Auscultator	Berlin, Markgrafenst. 94.
442	v. Radecke	Staatsanwalt	Torgau.
443	Raht	Prokurator	Weilburg (Nassau).
444	Dr. Raudnitz	Advokatur-Kandidat	Prag.
445	Recken	Landoberschultheißerei-Verwalter	Weilburg (Nassau).
446	de Rège	Geh. Ober-Justizrath	Berlin.
447	Alfred Regner von Bleyleben	Professor	Brünn.
448	Rhamm	Obergerichts- und Consistorialrath	Wolfenbüttel.
449	Rheder	Klostersyndikus	Preetz (Holstein).
450	Ribbeck	Geh. Regierungs- u. vortrag. Rath im Min. d. Innern	Berlin, Schellingstr. 15.

Nr.	Name.	Stand.	Wohnort.
451	Ribbentropp	Landgerichtsrath	Posen.
452	Frhr. v. Richthofen	Kreisrichter	Habelschwerdt (Schles.).
453	Rieß	Gerichts-Assessor	Berlin.
454	Paul Rieß	Gerichts-Assessor	Berlin, Neue Promen. 1.
455	Dr. Rießer	Obergerichtsrath	Hamburg.
456	Röber	Kreisrichter	Lindow.
457	Dr. Röder	Appellationsger.-Referendar	Arnsberg.
458	Romberg	Gerichts-Assessor	Stettin.
459	Romeiß	Rechtsanwalt	Sangerhausen.
460	Rommel	Gerichts-Assessor	Trier.
461	Dr Rossi	Landes-Advokat	Iglau (Mähren).
462	Dr. Rubo	Kammergerichts-Referendar	Berlin, Potsdamerst. 139.
463	Rudolph	Kreisrichter	Märkisch Friedland.
464	Dr. Ruhwandl	Advokat	München.
465	Rumpelt	Staatsanwalt	Löbau (Sachsen).
466	Runde	Advokatanwalt	Wolfenbüttel.
467	Runnenberg	Stadtgerichtsrath	Detmold.
468	Sack	Gerichts-Assessor	Bielefeld.
469	Salzmann	Justizrath, Rechtsanwalt	Breslau, Junkerstr. 27.
470	Dr. Sammter	Stadtrath	Posen.
471	Sander	Gerichts-Assessor	Berlin, Grabenstr. 42.
472	Saran	Gerichts-Assessor	Stettin.
473	Sartorius	Kreisrichter	Angerburg.
474	Schäfer	Stadt- und Kreisrichter	Wollmirstedt.
475	Dr. Schäffer	Ober - Appellationsgerichtsrath	Darmstadt.
476	Dr. Schaffrath	Rechtsanwalt	Dresden.
477	Scharff	Kreisgerichtsrath	Jauer (Schlesien).
478	Scheller	Justizrath, Rechtsanwalt	Elbing.
479	Dr. Schenck	Notar	Altenburg.
480	Schepler	Amtmann	Leer.
481	Scheurich	Rechtsanwalt	Crossen.
482	Schiebler	Kreisrichter	Straußberg.
483	v. Schimmelpfennig	Rechtsanwalt	Gerdauen.
484	Dr. Schletter	Professor	Leipzig.

Nr.	Name.	Stand.	Wohnort.
485	Schlieben	Kreisrichter	Stargard i. P.
486	Schloß	Staatsanwalt	Kornenburg (Oester.).
487	Dr. Schmelkes	Landes-Advokat	Nikolsburg in Mähren.
488	Schmidt	Advokat	Dresden, Landhausst. 14.
489	Schmidt	Kreisrichter	Hainau (Schlesien).
490	Schmidt	Kammergerichts-Referendar	Berlin, Dorotheenstr. 63.
491	Schober	Staatsanwalts-Vertreter	Wien, Herrnals 311.
492	Schöneseiffen	Advokat	Gladbach.
493	Schönstedt	Kreisrichter	Seehausen i. d. Altmark.
494	Schörke	Rechtsanwalt	Belgard.
495	Schollmeyer	Kreisrichter	Cremmen.
496	Schreck	Advokat	Pirna.
497	Schröder	Advokat	Bernburg.
498	Schück	Strafanstalts-Direktor	Breslau.
499	Schütz II.	Ober-Tribunalsrath	Berlin, Ritterstr. 33.
500	Schütze	Kreisrichter	Braunschweig.
501	Schuhmann	Geh. Regierungsrath	Berlin.
502	Dr. Schulte	Professor	Prag.
503	Schultz	Rechtsanwalt	Wanzleben.
504	Schultze	Kreisrichter	Neuwied.
505	Schulz	Ober-Staatsanwalt	Wolfenbüttel.
506	Schulz	Gerichts-Assessor	Berlin, Leipzigerstr. 14.
507	Schulze	Rechtsanwalt	Spandau.
508	Schuster	Rechtsanwalt	Eisleben.
509	Schwarz	Rechtsanwalt	Berlin, Jüdenstr. 18.
510	Dr. Schwarze	General-Staatsanwalt	Dresden.
511	Schwerin	Kreisrichter	Sommerfeld.
512	Graf von Schwerin-Putzar	Staats- und Minister des Innern	Berlin.
513	Dr. Frhr. v. Seckendorff	Ober-Tribunalsrath	Berlin, Potsdamerst. 20.
514	Seehann	Notar	St. Pölten (Nieder-Oesterreich).
515	Seemann	Kreisgerichts-Direktor	Spremberg.
516	Sehlmacher	Rechtsanwalt	Pyritz.

Nr.	Name.	Stand.	Wohnort.
517	Dr. Seuffert	Erster Direktor des Appellationsgerichts	Nürnberg.
518	v. Seydewitz	Kreisrichter	Wittenberg.
519	Dr. Siegfried	Geh. Justiz- und Ober-Landesgerichtsrath	Dessau (Anhalt-Dessau).
520	Siemens	Rechtsanwalt am Ob.-Trib.	Berlin, Markgrafenst. 94.
521	Dr. Siemens	Amtsrichter	Hannover.
522	Dr. Sierig	Hülfsarbeiter bei der Staatsanwaltschaft	Leipzig.
523	Dr. Silberschlag	Stadt- und Kreisrichter	Magdeburg.
524	Simens	Kammergerichts-Auscultator	Jüterbogk.
525	Simon	Justizrath, Rechtsanwalt	Breslau, Junkerstr. 2.
526	Simon	Kreisrichter	Nauen.
527	Dr. Simonis	Senator	Rostock.
528	Simonis	Advokat	Rostock.
529	Dr. Simons	Justiz-Minister	Berlin.
530	Simonson	Rechtsanwalt	Berlin, Französische Straße 33 c.
531	Simson	Rechtsanwalt	Berlin, Jägerstr. 23.
532	Dr. Sintenis	Ober-Landesgerichts-Präsid.	Dessau.
533	Slevogt	Justizrath, Rechtsanwalt	Berlin, Mühlendamm 5.
534	Sönderop	Rechtsanwalt	Stargard (Pommern).
535	Spangenberg	Kammer-Direktor	Carolath.
536	Spiegelthal	Rechtsanwalt	Calbe a. S.
537	Stegemann	Rechtsanwalt	Halberstadt.
538	Steinbeck	Kreisgerichts-Direktor	Brandenburg a. H.
539	Steinhausen	Stadtgerichtsrath	Berlin.
540	Stelzer	Rechtsanwalt	Torgau.
541	Stephany	Kreisrichter	Spandau.
542	Frhr. v. Sternenfels	Ober-Tribunalsrath	Stuttgart.
543	Stölzel	Stadtgerichts-Assessor	Cassel.
544	Stöpel	Staatsanwalt	Potsdam.
545	v. Stöphasius	Stadt- und Kreisgerichts-Präsident	Magdeburg.
546	Stößell	Kreisrichter	Stolp.

Nr.	Name.	Stand.	Wohnort.
547	v. Stößer	Hofgerichtsrath	Bruchsal.
548	Dr. Straß	Kreisjustizrath a. D., Rechtsanwalt	Berlin, Leipzigerstr. 65.
549	Stremel	Advokat	Zittau.
550	Dr. Strümpell II.	Advokatanwalt	Wolfenbüttel.
551	Dr. v. Stubenrauch	Professor	Wien.
552	Stubenrauch	Rechtsanwalt	Cüstrin.
553	Summa	Advokat	Oettingen (Bayern).
554	Sutro	Gerichts-Assessor	Münster.
555	Sydow	Appellationsgerichtsrath	Berlin, Neue Friedrichsstraße 79.
556	Tafel sen.	Rechtsconsulent	Stuttgart.
557	Teichen	Gerichts-Assessor	Weißenfels.
558	Teichmann	Rechtsanwalt	Breslau, Tauenzienpl. 6.
559	Teichs	Amtsrichter	Harzburg.
560	Tellemann	Gerichts-Assessor	Cöln.
561	Tepler	Appellationsgerichtsrath	Naumburg a. S.
562	Teßmar	Kreisgerichts-Direktor	Lauenburg (Pommern).
563	Theremin	Gerichts-Assessor	Berlin, Albrechtstr. 6.
564	v. Thielenfeld	Justizrath, Rechtsanwalt	Frankfurt a. O.
565	v. Tippelskirch	Ober-Staatsanwalt	Stettin.
566	Treff	Rechtsanwalt	Wittenberg.
567	Tscharmann	Advokat	Leipzig.
568	Twesten	Stadtgerichtsrath	Berlin, Commandantenstraße 84.
569	Dr. Uchatzy	Notar	Reichenberg (Böhmen).
570	Dr. Ulrichs	Obergerichtsanwalt	Bremen.
571	Dr. Unger	Professor	Wien.
572	Dr. Uterhart	Advokat	Rostock.
573	Dr. v. Uttenhoven	Staatsrath	Meiningen.
574	Vißering	Obergerichtsanwalt	Aurich (Hannover).
575	Völtz	Justizrath, Rechtsanwalt	Danzig.
576	Vogel	Kreisrichter	Cölleda (Reg.-Bez. Merseburg).
577	Vogler	Justizrath, Rechtsanwalt	Berlin, Unterwasserst. 9a.

Nr.	Name.	Stand.	Wohnort.
578	Voigt	Kreisgerichtsrath	Greiffenhagen.
579	Volkelt	Notar	Prag.
580	Volkmar	Justizrath, Rechtsanwalt am Ober-Tribunal	Berlin, Lindenstr. 3.
581	Volkmar	Gerichts-Assessor	Berlin, Französische Straße 48.
582	Vorwerk	Obergerichtsrath	Wolfenbüttel.
583	Wache	Gerichts-Assessor a. D.	Berlin, Neuer Markt 4.
584	Wachsmuth	Advokat	Leipzig.
585	Dr. v. Wächter	Geh. Rath und Professor	Leipzig.
586	Dr. Wächter	Notar	Hamburg, Gr. Reichenstraße 49.
587	Wagner	Geh. Justiz- u. Appellationsgerichtsrath	Altenburg.
588	Wagner	Justizrath, Rechtsanwalt am Ober-Tribunal	Berlin, Ritterstr. 36.
589	Dr. Wahlberg	Professor	Wien.
590	Dr Waldeck	Ober-Tribunalsrath	Berlin, Linksstr. 19.
591	Dr. Wallaschek	Notar	Brünn.
592	Dr. Graf v. Wartensleben	Stadtgerichtsrath	Berlin, Kochstr. 73.
593	Dr. Waßerschleben	Professor	Gießen.
594	Weber	Obergerichtsanwalt	Stade (Hannover).
595	Weber	Justizrath, Rechtsanwalt	Berlin, Brüderstr. 11.
596	Weber	Justizrath, Rechtsanwalt	Quedlinburg.
597	Weber	Advokat	Elberfeld.
598	Max Weber	Dr. jur.	Bielefeld.
599	Weckmann	Senator	Rostock.
600	v. Wegner	Ober-Tribunalsrath	Berlin.
601	Wegner	Justizrath, Rechtsanwalt	Berlin, Poststr. 15.
602	Wegner	Kreisrichter	Stolp.
603	Wegner	Gerichts-Assessor	Berlin, Poststr. 15.
604	Wehnert	Justitiar beim ritterschaftl. Gerichtsvereine zu Crivitz und Advokat	Crivitz in Mecklenburg.

Nr.	Name.	Stand.	Wohnort.
605	Weickert	Advokat	Zwickau.
606	Dr. Weiske	Professor	Leipzig.
607	Weiß	Landesgerichtsrath	St. Pölten (Nieder-Oesterreich).
608	Weizsäcker	Postdirektions-Revisor	Stuttgart.
609	Wentzel	Kreisrichter	Wrietzen a. O.
610	Wenzel	Stadtgerichtsrath	Berlin, Linksstr. 2.
611	Dr. Wenzig	Stadtrichter	Berlin, Mohrenstr. 61.
612	Werner	Kammergerichts-Referendar	Berlin, Mühlendamm 22.
613	Werther	Stadtgerichtsrath	Berlin, Friedrichsstr. 127.
614	Dr. Wesselly	Professor	Prag.
615	Wetzel	Gerichts-Assessor	Berlin, Neue Grünstr. 24.
616	Westphal	Appellationsgerichtsrath	Naumburg a. S.
617	Dr. Wiedenfeld	Hof- und Gerichts-Advokat	Wien.
618	Wiener	Rechtsanwalt	Ohlau (Schlesien).
619	Wilke	Rechtsanwalt	Berlin, Heiligegeiststr. 51.
620	Wilke	Gerichts-Assessor	Berlin, Potsdamerst. 139.
621	v. Wilmowski	Geh. Finanzrath	Berlin, Bendlerstr. 22.
622	v. Winter	Geh. Regierungs- u. vortrag. Rath i. Minist. d. Innern	Berlin.
623	Wölfel	Rechtsanwalt	Lützen bei Merseburg.
624	Wolf	Stadt- und Kreisrichter	Magdeburg.
625	Dr. Wolf	Anwalts-Aspirant	Dresden.
626	Wolff	Justizrath, Rechtsanwalt am Ober-Tribunal	Berlin, Dorotheenstr. 47.
627	Wolff	Obergerichts-Advokat	Holzminden.
628	Wolff	Rechtsanwalt	Berlin, Neue Friedrichsstraße 50.
629	Wolff	Rechtsanwalt	Prenzlau.
630	Wollny	Geh. Finanzrath	Berlin, Kochstr. 19.
631	Dr. Wurzel	Landes-Advokat	Jung-Bunzlau (Böhmen).
632	Dr. Zachariae	Professor	Göttingen.
633	Dr. Zastrow	Senator	Rostock.
634	v Zastrow	Staatsanwaltsgehülfe.	Dramburg (Pommern).

Nr.	Name.	Stand.	Wohnort.
635	Zenker	Finanz-Prokurator	Dresden.
636	Zenthöfer	Kreisrichter	Rybnick.
637	v. Zerbst	Appellationsgerichtsrath	Greifswald.
638	v. Ziehlberg	Rechtsanwalt	Tuchel (Westpreußen).
639	Dr. Zöllner	Gerichts-Assessor	Berlin.

B.

Verzeichniß

derjenigen

Mitglieder des Deutschen Juristentages,

welche dem Verein schon im Jahre 1860 angehörten,

nach Staaten geordnet.

Nr.	Name.	Stand.	Wohnort.
	Herzogthum Anhalt-Bernburg.		
1	Dr. Bolze	Advokat	Bernburg.
2	Calm	Rechtsanwalt	Bernburg.
3	Schröder	Advokat	Bernburg.
	Herzogthum Anhalt-Dessau.		
4	Dr. Siegfried	Geh. Justiz- u. Ober-Landesgerichtsrath	Dessau.
5	Dr. Sintenis	Ober-Landesgerichts-Präsid.	Dessau.

Nr.	Name.	Stand.	Wohnort.

Großherzogthum Baden.

6	Brauer	Hofgerichtsrath	Bruchsal.
7	v. Freydorf	Ministerialrath	Carlsruhe.
8	Dr. Mittermaier	Geh. Rath und Professor	Heidelberg.
9	Müller	Amtsrichter	Schopfheim im Badischen Wiesenthale.
10	v. Stößer	Hofgerichtsrath	Bruchsal.

Königreich Bayern.

11	Bäumer	Bezirksgerichtsrath	Hof.
12	Dr. Bluntschli	Professor	München.
13	Hellmann	Bezirksgerichtsrath	Hof.
14	Dr. Henle	Advokat	München.
15	Dr. Herrmann	Advokat	München.
16	Dr. Hierl	Bezirksgerichts-Assessor	München, Nymphenburgstraße 34.
17	Dr. Hildenbrand	Professor	Würzburg.
18	Dr. Jäger	Rechtsanwalt	Nürnberg.
19	Dr. Edler v. Kerstorf	Hofrath, Advokat	Augsburg.
20	Dr. Krafft	Advokat	Nürnberg.
21	Lindner	Advokat	Nürnberg.
22	Dr. Mayersohn	Rechtsanwalt	Aschaffenburg.
23	Molitor	Ober-Appellationsgerichts-Direktor	München.
24	Dr. Noël	Advokat	München.
25	Petersen	Appellationsgerichts-Direktor	München.
26	Pündter	Landgerichts-Assessor	Eschenbach.
27	Dr. Ruhwandl	Advokat	München.
28	Dr. Seuffert	Erster Direktor des Appellationsgerichts	Nürnberg.
29	Summa	Advokat	Oettingen.

Nr.	Name.	Stand.	Wohnort.

Herzogthum Braunschweig.

30	Dr. Aronheim	Obergerichts-Advokat	Braunschweig.
31	Bode	Kreisrichter	Braunschweig.
32	Breymann	Obergerichtspräsident	Wolfenbüttel.
33	Dr. Dedekind	Obergerichtsanwalt	Wolfenbüttel.
34	Gärtner	Obergerichtsrath	Wolfenbüttel.
35	Gotthardt	Obergerichtsadvokat	Braunschweig.
36	Köpp	Obergerichts-Prokurator	Wolfenbüttel.
37	Kohli	Kreisrichter	Gandersheim.
38	Rhamm	Obergerichts- und Consistorialrath	Wolfenbüttel.
39	Runde	Advokatanwalt	Wolfenbüttel.
40	Schütze	Kreisrichter	Braunschweig.
41	Schulz	Ober-Staatsanwalt	Wolfenbüttel.
42	Dr. Strümpell II.	Advokatanwalt	Wolfenbüttel.
43	Teichs	Amtsrichter	Harzburg.
44	Vorwerk	Obergerichtsrath	Wolfenbüttel.
45	Wolff	Obergerichts-Advokat	Holzminden.

Freie Stadt Bremen.

46	Dr. Adami	Obergerichtsanwalt	Bremen.
47	Dr. Lürmann	Senator	Bremen.
48	Dr. Pfeiffer	Advokat	Bremen.
49	Dr. Ulrichs	Obergerichtsanwalt	Bremen.

Freie Stadt Frankfurt.

50	Dr. Cnyrim	General-Postdirektions-Sekretair	Frankfurt a. M.
51	Dr. Getz	Advokat	Frankfurt a. M.
52	Dr. Maltz	Rechtsanwalt	Frankfurt a. M.

Nr.	Name.	Stand.	Wohnort.

Freie Stadt Hamburg.

53	Dr. Aegidi	Professor	Hamburg.
54	Dr. Baumeister	Obergerichtsrath	Hamburg.
55	Dr. Klauhold	Staatsanwalt a. D.	Hamburg.
56	Dr. Leo	Advokat	Hamburg.
57	Dr. Rießer	Obergerichtsrath	Hamburg.
58	Dr. Wächter	Notar	Hamburg, Gr. Reichenstraße 49.

Königrrich Hannover.

59	Albrecht	Obergerichtsanwalt	Hannover.
60	Dr. André	Obergerichtsanwalt	Osnabrück.
61	Bauermeister	Obergerichtsanwalt	Hannover.
62	Bierwirth	Obergerichts-Assessor	Lüneburg.
63	Borchers	Ober-Appellationsgerichts-Anwalt	Celle.
64	Dr. Brüel	Obergerichtsrath	Verden.
65	Dr. Droop	Amtsrichter	Leer.
66	Francke	Obergerichts-Vicedirektor	Lüneburg.
67	Götting	Obergerichtsanwalt	Hildesheim.
68	Grisebach	Obergerichtsrath	Hameln an der Weser.
69	v. Harleßem	Obergerichtsanwalt	Hannover.
70	Jaques	Ober-Appellationsrath	Celle.
71	Kraut	Hofrath und Professor	Göttingen.
72	Lauenstein	Obergerichtsanwalt	Lüneburg.
73	Neumann II.	Advokat	Celle.
74	Planck	Obergerichts-Assessor a. D.	Göttingen.
75	Schepler	Amtmann	Leer.
76	Dr. Siemens	Amtsrichter	Hannover.
77	Vißering	Obergerichtsanwalt	Aurich.
78	Weber	Obergerichtsanwalt	Stade.
79	Dr. Zachariae	Professor	Göttingen.

Nr.	Name.	Stand.	Wohnort.

Kurfürstenthum Hessen-Cassel.

80	Dr. Bähr	Obergerichtsrath	Cassel.
81	Stölzel	Stadtgerichts-Assessor	Cassel.

Großherzogthum Hessen-Darmstadt.

82	Dr. Ihering	Geh. Justizrath, Professor	Gießen.
83	Dr. v. Lindelof	Justiz-Minister	Darmstadt.
84	Dr. Schäffer	Ober-Appellationsgerichtsrath	Darmstadt.
85	Dr. Waßerschleben	Professor	Gießen.

Herzogthum Holstein.

86	v. Bastian	Kanzlei-Vice-Direktor a. D.	Altona.
87	Dr. Burmeister	Advokat	Plön.
88	Niemand	Kirchspielvogt	Büsum (i. Dithmerschen).
89	Nitzsch	Advokat	Kiel.
90	Dr. Planck	Professor	Kiel.
91	Rheder	Klostersyndikus	Preetz (Holstein).

Fürstenthum Lippe-Bückeburg.

92	Karlowa	Auditeur	Bückeburg.

Fürstenthum Lippe-Detmold.

93	Dr. Caesar	Obergerichtsrath	Detmold.
94	Heldman	Rechtsanwalt	Detmold.
95	Runnenberg	Stadtgerichtsrath	Detmold.

Nr.	Name.	Stand.	Wohnort.
	Freie Stadt Lübeck.		
96	Bremer	Ober-Appellationsgerichts-Sekretair	Lübeck.
97	Dr. Kulenkamp	Oberappellations- und Niedergerichts-Prokurator	Lübeck.
98	Dr. Pleßing	Advokat	Lübeck.
99	Dr. Plitt	Richter	Lübeck.
	Großherzogthum Mecklenburg-Schwerin.		
100	Aarons	Advokat	Schwerin.
101	Dr. Drechsler	Bürgermeister	Parchim.
102	Dr. Dugge	Advokat	Rostock.
103	Ehlers	Advokat	Rostock.
104	Havemann	Advokat	Grabow.
105	Dr. Karsten	Kanzlei-Advokat	Rostock.
106	Krüger	Advokat	Rostock.
107	Lange	Advokat	Rostock.
108	Dr. Mann	Syndikus	Rostock.
109	Pohle	Magistrats-Gerichts-Direktor und Syndikus	Schwerin.
110	Dr. Simonis	Senator	Rostock.
111	Simonis	Advokat	Rostock.
112	Dr. Uterhart	Advokat	Rostock.
113	Weckmann	Senator	Rostock.
114	Wehnert	Justitiar beim ritterschaftl. Gerichtsvereine zu Crivitz und Advokat	Crivitz.
115	Dr. Zastrow	Senator	Rostock.
	Großherzogthum Mecklenburg-Strelitz.		
116	Bahr	Bürgermeister, Advokat	Fürstenberg.
117	Buttel	Advokat	Neu-Strelitz.

Nr.	Name.	Stand.	Wohnort.
118	Cohn	Advokat	Neu-Strelitz.
119	Hahn	Advokat	Neubrandenburg.
120	Petermann	Advokat	Strelitz.
121	Plettner	Stadtrichter	Friedland.

Herzogthum Nassau.

122	Diehl	Hofgerichtsrath	Dillenburg.
123	Keller	Hof- und Appellationsgerichts-Prokurator	Dillenburg.
124	Langhans	Ober-Appellationsrath	Wiesbaden.
125	Raht	Prokurator	Weilburg.
126	Recken	Landoberschultheißerei - Verwalter	Weilburg.

Kaiserreich Oesterreich.

127	Dr. Joseph Bach	Hof- und Gerichts-Advokat	Wien.
128	Dr. Bauer	Hof- und Gerichts-Advokat	Wien.
129	Dr. Berger	Hof- und Gerichts-Advokat	Wien, Stadt 427.
130	Dr. Brix	geprüfter Advokatur-Kandidat	Wien, Stadt 641.
131	Dr. Costa	geprüft. Advokatur-Kandidat	Laibach.
132	Dr. Demel	Landes-Advokat	Teschen.
133	Dr. Dietrich	Advokat	Troppau.
134	Dr. Doktor	Finanz-Prokurator für Böhmen	Prag.
135	Dr. Flögel	Advokat	Jungbunzlau (Böhmen).
136	Dr. Glaser	Professor	Wien.
137	Dr. Görner	Advokat	Budweis (Böhmen).
138	Dr. Hanisch	Advokatur-Kandidat	Wien, Alsergrund, Bidtenburggasse 22.
139	Dr. Harum	Professor der Rechte	Pesth.
140	Dr. Hauschild	Landes-Advokat	Prag.
141	Dr. Herbst	Professor	Prag.
142	Dr. v. Huze	Hof- und Gerichts-Advokat	Wien.

Nr.	Name.	Stand.	Wohnort.
143	Dr. Jaques	Verwaltungsrath der Handels-Akademie	Wien.
144	Dr. Keller	Ober-Staatsanwalt	Wien, Stadt 72.
145	Dr. Ritter v. Kindinger	Gerichtsadjunkt	Wien (St. Schottenhof).
146	Dr. Leidesdorf	Advokat	Wien, Stadt 850.
147	Dr. Lenz	Hof- und Gerichts-Advokat	Wien, Stadt 613.
148	Dr. v. Mühlfeld	Hof- und Gerichts-Advokat	Wien, Stadt 622.
149	Dr. Neußer	Landesadvokat	Biala.
150	Dr. Polaczek	Landes-Advokat	Reichenberg in Böhmen.
151	Dr. Preisenhammer	Advokatur-Kandidat	Brünn.
152	Dr. Raudnitz	Advokatur-Kandidat	Prag.
153	Alfred Regner von Bleyleben	Professor	Brünn.
154	Dr Rossi	Landes-Advokat	Iglau (Mähren).
155	Schloß	Staatsanwalt	Kornenburg.
156	Dr. Schmelkes	Landes-Advokat	Nikolsburg in Mähren.
157	Schober	Staatsanwalts-Vertreter	Wien, Herrnals 311.
158	Dr. Schulte	Professor	Prag.
159	Seehann	Notar	St. Pölten (N.-Oest.).
160	Dr. v. Stubenrauch	Professor	Wien.
161	Dr. Uchatzy	Notar	Reichenberg (Böhmen).
162	Dr. Unger	Professor	Wien.
163	Volkelt	Notar	Prag.
164	Dr. Wahlberg	Professor	Wien.
165	Dr. Wallaschek	Notar	Brünn.
166	Weiß	Landesgerichtsrath	St. Pölten (N.-Oest.).
167	Dr. Weselly	Professor	Prag.
168	Dr. Wiedenfeld	Hof- und Gerichts-Advokat	Wien.
169	Dr. Wurzel	Landes-Advokat	Jung-Bunzlau (Böhm.).

Großherzogthum Oldenburg.

170	Becker	Ober-Appellationsrath	Oldenburg.
171	Hoyer	Direktor der Strafanstalten	Vechta.
172	Mencke	Appellationsrath	Oldenburg.

Nr.	Name.	Stand.	Wohnort.

Königreich Preußen.

173	Ahlemann	Rechtsanwalt	Samter.
174	Albrecht	Kreisrichter	Lauenburg i. P.
175	Alschefski	Rechtsanwalt	Magdeburg.
176	Dr. Anschütz	Professor	Greifswald.
177	Anz	Kreisgerichtsrath	Tilsit.
178	Arndts	Staatsanwalt	Mohrungen.
179	Aschenborn	Rechtsanwalt	Arnswalde.
180	Assig	Gerichts-Assessor	Ohlau (Schlesien).
181	Bader	Kreisgerichtsrath	Heiligenstadt.
182	Balan	Stadt- und Kreisgerichtsrath	Magdeburg.
183	Ballhorn	Ober-Tribunalsrath	Berlin, Charlottenstr. 86.
184	Balthasar	Gerichts-Assessor	Greifswald.
185	Bartolomäus	Kreisrichter	Jacobshagen i. P.
186	Bauermeister	Advokat	Grabow.
187	Becher	Justizrath, Rechtsanwalt	Berlin, Commandantenstraße 84.
188	Behrend	Gerichts-Assessor	Berlin, Ritterstr. 45.
189	Berendt	Kreisrichter	Elbing.
190	Bergmann	Kreisrichter	Oranienburg.
191	Bergmann	Gerichts-Assessor	Berlin, Lindenstr. 101.
192	Berndt	Kammergerichtsrath	Berlin, Neuenburgerstraße 31.
193	Berner	Justizrath, Rechtsanwalt	Mohrungen.
194	Dr. Beseler	Geh. Justizrath u. Professor	Berlin, Kochstr. 18.
195	Billerbeck	Justizrath, Rechtsanwalt	Anclam.
196	Black	Staatsanwalt	Creuzburg.
197	Block	Rechtsanwalt	Burg.
198	Bock	Gerichts-Direktor a. D.	Hagen.
199	Bock	Kreisrichter	Pasewalk.
200	Bodstein	Kreisrichter	Habelschwerdt.
201	Böhmer	Kreisgerichtsrath	Stettin, Paradepl. 21.
202	Böle	Justizrath, Rechtsanwalt	Münster.
203	Borchardt	Stadtgerichtsrath	Berlin, Französ. Str. 32.

Nr.	Name.	Stand.	Wohnort.
204	Dr. Bornemann	Zweiter Präsident des Ober-Tribunals	Berlin, Potsdamerstraße 125/6.
205	Bothe	Rechtsanwalt	Trzemeszno.
206	Brachvogel	Justizrath, Rechtsanwalt	Bromberg.
207	Brachvogel	Justizrath, Rechtsanwalt	Wollenstein.
208	Brachvogel	Rechtsanwalt	Berlin, Neue Friedrichstraße 37.
209	Brebeck	Rechtsanwalt	Lötzen.
210	Brockhoff	Kammergerichts-Auskultator	Berlin, Prenzlauerstr. 39.
211	Bromme	Rechtsanwalt	Naumburg a. S.
212	Buddee	Kammergerichtsrath	Berlin, Ritterstr. 36.
213	Buddee	Gerichts-Assessor	Berlin, Ritterstr. 36.
214	Büchtemann	Kammergerichts-Auskultator	Berlin, Kochstr. 73.
215	Burchard	Kreisrichter	Spandau.
216	Bussenius	Rechtsanwalt am Ob.-Trib.	Berlin, Oranienstr. 107.
217	Buttmann	Kammergerichts-Referendar	Berlin, Oranienstr .101 u. 102.
218	Casper	Justizrath, Rechtsanwalt	Berlin, Markgrafenst. 44.
219	Chomse	Kreisrichter	Culm.
220	Danner	Justizrath	Mühlhausen.
221	v. Dazür	Rechtsanwalt	Ostrowo.
222	Decker	Ober-Tribunalsrath	Berlin, Bernburgerst. 30.
223	Deegen	Gerichts-Assessor	Berlin, Louisenstr. 34.
224	v. Dewitz	Justizrath, Rechtsanwalt	Stettin.
225	Dietmar	Kreisgerichtsrath	Bernau.
226	Dönniges	Justizrath, Rechtsanwalt	Posen.
227	Dorn	Justizrath, Rechtsanwalt am Ober-Tribunal	Berlin, Besselstr. 21.
228	Dr. Dove	Privat-Dozent	Berlin, Burgstr. 19.
229	v. Dresler	Kreisgerichtsrath	Greetz.
230	Dulheuer	Gerichts-Assessor	Wernigerode.
231	Dr. Eberty	Kreisgerichtsrath	Wittenberg.
232	v. Eckenbrecher	Kreisgerichts-Direktor	Bergen auf Rügen.
233	Elbers	Rechtsanwalt	Hagen.
234	Elbers	Gerichts-Assessor	Berlin, Wilhelmsplatz 4.

Nr.	Name.	Stand.	Wohnort.
235	v. Enckevort	Appellationsgerichtsrath	Stettin.
236	Engelhardt	Justizrath, Rechtsanwalt	Posen.
237	Engels	Kreisrichter	Alt-Landsberg.
238	Euler	Notar	Düsseldorf.
239	Fiebiger	Rechtsanwalt	Halle a. S.
240	Dr. Filehne	Kreisrichter	Ratibor.
241	Dr. Fischel	Gerichts-Assessor	Berlin, U. d. Linden 49.
242	Fischer	Justizrath, Rechtsanwalt	Breslau.
243	Dr. Fischer	Kreisgerichtsrath	Schweidnitz.
244	Fischer	Rechtsanwalt	Magdeburg.
245	Fleischauer	Appellationsgerichtsrath	Berlin, Friedrichsstr. 242.
246	Flittner	Stadtgerichtsrath	Berlin, Lindenstr. 23.
247	Fränkel	Advokatanwalt	Elberfeld.
248	Franken	Advokat	Crefeld.
249	Franz	Justizrath, Rechtsanwalt	Naumburg a. S.
250	Frech	Staatsanwalt	Berlin, Hirschelstr. 27a.
251	Fretzdorff	Justizrath, Rechtsanwalt	Berlin, Kochstr. 37.
252	Freund	Kreisgerichtsrath	Halle a. S.
253	Friccius	Justizrath, Divis.-Auditeur	Berlin, Dessauerstr. 11.
254	Dr. Friedberg	Geh. Ober-Justizrath, vortr. Rath im Justiz-Minister.	Berlin, Hafenplatz 2.
255	Dr. Friedenthal	Landrath	Grottkau (Schlesien).
256	Friedländer	Geh. Ober-Justizrath	Berlin.
257	v. Garnier	Rechtsanwalt	Beuthen (Ob.-Schlesien).
258	Gebhardi	Gerichts-Assessor	Berlin, Louisenstr. 21.
259	Geck	Kreisrichter	Werden a. R.
260	Dr. Gehbler	Kreisrichter	Filehne.
261	Gelineck	Justizrath, Rechtsanwalt	Breslau, Gartenstr. 32b.
262	v. Gerhard	Syndikus	Königsberg i. P.
263	Dr. Gerhard	Staatsanwalts-Gehülfe	Labiau i. O.-S.
264	Gerlach	Ober-Staatsanwalt	Marienwerder.
265	Gesenius	Stadtrath	Berlin, Potsdamerstr. 38.
266	Giehlow	Staatsanwalt	Danzig.
267	Gierse	Rechtsanwalt	Münster.
268	Giesinger	Kreisrichter	Wollenstein.

Nr.	Name.	Stand.	Wohnort.
269	Glasewald	Kreisrichter	Naumburg a. S.
270	Dr. Gneist	Professor	Berlin, Mohrenstr. 6.
271	Göbecke	Justizrath, Rechtsanwalt	Halle a. S.
272	Goltdammer	Ober-Tribunalsrath	Berlin, Askanischer Pl. 4.
273	Gottschalk	Kreisrichter	Bielefeld.
274	v. Gräveniß	Staatsanwalt	Danzig.
275	Graßhof	Kreisgerichtsrath	Halberstadt.
276	Grodbeck	Rechtsanwalt	Schweß.
277	Grolp	Rechtsanwalt	Neustadt i. Westpreußen.
278	Gropius	Ober-Staatsanwalt	Naumburg a. S.
279	Gubiß	Notar	Berlin, Heiligegeiststr. 13.
280	Haack	Rechtsanwalt	Glogau.
281	Haase	Rechtsanwalt	Zehdenick.
282	Hachtmann	Appellationsgerichtsrath	Naumburg a. S.
283	Häckel	Kreisrichter	Freienwalde a. O.
284	Hänisch	Rechtsanwalt	Colberg.
285	Hammerfeld	Rechtsanwalt	Berlin, Burgstr. 29.
286	Hanff	Justizrath, Rechtsanwalt	Frankfurt a. O.
287	v. Hartmann	Kreisgerichts-Direktor	Habelschwerdt.
288	Haushalter	Rechtsanwalt	Wernigerode.
289	Hay	Rechtsanwalt	Insterburg.
290	Hayn	Justizrath, Rechtsanwalt	Breslau, Ring 19.
291	Dr. Heffter	Geh. Ober-Tribunalsrath und Professor	Berlin, Leipziger Pl. 19.
292	Heidsieck	Rechtsanwalt	Rahden (R.-B. Minden).
293	Heilborn	Stadtrichter	Berlin, Bendlerstr. 23.
294	Heimbrod	Kreisgerichts-Direktor	Rybnick.
295	Dr. Heimsoeth	Geh. Ober-Justizrath und Präsident	Cöln.
296	Hempel	Justizrath, Rechtsanwalt	Weißenfels.
297	Hermanni	Stadtgerichtsrath	Berlin, Louisenstr. 25.
298	Herms	Gerichts-Assessor	Berlin, Mohrenstr. 56.
299	Herzfeld	Rechtsanwalt	Insterburg.
300	Herzfeld	Rechtsanwalt	Sprottau.
301	Heß	Kreisgerichtsrath	Glaß.

Nr.	Name.	Stand.	Wohnort.
302	Dr. Heydemann	Geh. Justizrath u. Professor	Berlin.
303	Hiersemenzel	Stadtrichter	Berlin, Schönebergerst. 26
304	Hilse	Kammergerichts-Auskultator	Berlin, Linienstr. 132.
305	Hinrichs	Kreisrichter	Halle a. S.
306	Dr. Hinschius	Justizrath und Rechtsanwalt	Berlin, Burgstr. 16.
307	Höniger	Gerichts-Assessor	Berlin, Alexanderstr. 44.
308	Hoffmann	Kreisgerichtsrath	Graudenz.
309	Holder-Egger	Polizeianwalt	Berlin, Anhaltstr. 16.
310	v. Holleben	Ober-Tribunalsrath	Berlin, Anhaltische Communikation 7.
311	Holthoff	Rechtsanwalt	Halberstadt.
312	Dr. F. v. Holtzendorff	Professor	Berlin.
313	Horn	Kreisgerichts-Direktor und Ober-Landesgerichtsrath	Naumburg a. S.
314	Horst	Justizrath, Rechtsanwalt	Breslau.
315	Dr. Horwitz	Rechtsanwalt	Liebenwerda.
316	Huck	Kreisrichter	Zehden.
317	Hübener	Stadtgerichts-Direktor	Berlin, Grabenstr. 34.
318	Hübener	Kammergerichts-Referendar	Berlin, Neuenburgerstraße 11.
319	Humbert	Kreisgerichtsrath	Berlin, Matthäikirchstraße 11.
320	Hundrich	Rechtsanwalt	Waldenburg (O.-Schl.).
321	Jäger	Gerichts-Assessor	Berlin, Zimmerstr. 80.
322	Jancke	Direktor der Gerichts-Deputation	Rathenow.
323	Jeschke	Gerichts-Assessor	Halberstadt.
324	Jester	Justizrath, Rechtsanwalt	Königsberg.
325	Joël	Rechtsanwalt	Greiffenberg (Schlesien).
326	Ißmer	Justizrath, Rechtsanwalt am Ober-Tribunal	Berlin, Friedrichsstr. 18.
327	Jung	Geh. Justizrath, Rechtsanwalt am Ober-Tribunal	Berlin, Schifferstr. 7.
328	Just	Justizrath, Rechtsanwalt	Neu-Stettin.
329	Kanngießer	Ober-Staatsanwalt	Greifswald.

Nr.	Name.	Stand.	Wohnort.
330	Keibel	Gerichts-Assessor	Berlin, Stralauerstr. 52
331	Kelch	Rechtsanwalt	Potsdam.
332	Kempe	Rechtsanwalt	Stargardt (Pommern).
333	Keßler	Staatsanwalt	Burg (bei Magdeburg).
334	v. Kitzing	Appellationsgerichtsrath	Münster.
335	Kneusel	Rechtsanwalt	Ratibor.
336	Kneusel	Kreisrichter	Cosel.
337	Knorr	Rechtsanwalt	Culm.
338	Koch	Kreisgerichts-Direktor	Rothenburg O.-L.
339	Koch	Staatsanwalt	Trebnitz.
340	Koch	Gerichts-Assessor	Halberstadt.
341	Kochann	Stadtgerichtsrath	Berlin, Hollmannsstr.20.
342	König	Justizrath, Advokatanwalt	Cleve.
343	Kolk	Kreisgerichtsrath	Berlin, Bernburgerst.31.
344	Korb	Rechtsanwalt	Breslau, Junkerstr. 31.
345	Korn	Gerichts-Assessor	Quedlinburg.
346	Kortenbeit'l	Kreisrichter	Templin.
347	Kortum	Gerichts-Assessor	Halberstadt.
348	Kosche	Kreisrichter	Goldberg (Schlesien).
349	Kosmann	Appellationsgerichtsrath	Berlin, Potsdamerstr.82.
350	v. Kraewel	Appellationsgerichtsrath	Naumburg a. S.
351	Krech	Gerichts-Assessor	Berlin, Friedrichsstr.126.
352	Kremkow	Rechtsanwalt	Gleiwitz.
353	Kremnitz	Justizrath, Rechtsanwalt	Berlin, Wallstr. 7.
354	Kretschmann	Rechtsanwalt	Burg (bei Magdeburg).
355	Krieger	Rechtsanwalt	Goldap (Ostpreußen).
356	Krüger	Kreisrichter	Schönau (Schlesien).
357	Krug	Appellationsgerichtsrath	Naumburg a. S.
358	Kühn	Justizrath, Rechtsanwalt	Pyritz.
359	Kühnemann	Geh. Finanzrath und Haupt-Bank-Justitiar	Berlin.
360	Dr. Kühns	Privat-Dozent	Berlin, Köthenerstr. 17.
361	Küttner	Appellationsgerichtsrath	Posen.
362	Kuhr	Kreisrichter	Grottkau.
363	v. Kunowski	Kreisgerichts-Direktor	Beuthen (Ob.-Schles.).

Nr.	Name.	Stand.	Wohnort.
364	Kuwert	Rechtsanwalt	Kaukehmen.
365	Lambrecht	Kreisgerichtsrath	Lobsens.
366	Lasker	Gerichts-Assessor	Berlin, Neustädtische Kirchstraße 2.
367	Lefeldt	Kreisrichter	Beuthen.
368	Leißring	Appellationsger.-Referendar	Halle a. S.
369	Lent	Rechtsanwalt	Breslau.
370	Leonhard	Rechtsanwalt	Beuthen (Ob.-Schles.).
371	Leonhard	Rechtsanwalt	Grüneberg.
372	Lepsius	Appellationsgerichtsrath	Naumburg a. S.
373	Leske	Staatsanwalt	Schneidemühl.
374	Dr. Lette	Präsident des Revis.-Colleg. für Landeskultursachen	Berlin, Linksstr. 43.
375	Lewald	Rechtsanwalt	Berlin, Kurstr. 51.
376	Lewald	Stadt- und Kreisrichter	Danzig, Holzmarkt 1.
377	Liebert	Justizrath, Rechtsanwalt	Danzig.
378	Liebmann	Stadtgerichtsrath	Berlin, Leipzigerstr. 17.
379	Liman	Stadtrichter	Berlin, Leipziger Pl. 12.
380	Lindner	Kreisrichter	Behrend bei Danzig.
381	Lipke	Rechtsanwalt	Schwetz.
382	Graf zur Lippe	Ober-Staatsanwalt	Berlin, Dorotheenstr. 28.
383	Löper	Rechtsanwalt	Wittenberg.
384	v. Löper	Justizrath	Berlin, Kochstr. 58.
385	Löwenberg	Kammergerichts-Auscultator	Berlin, Bellevuestr. 14.
386	Loreck	Rechtsanwalt	Heiligenstadt.
387	Dr. Louis	Kreisgerichtsrath	Berlin, Victoriastr. 32.
388	Dr. Luck	Staatsanwalt	Potsdam.
389	Maaß	Staatsanwalt	Sagan.
390	Makower	Gerichts-Assessor	Berlin, Behrenstr. 5.
391	Marggraff	Gerichts-Assessor	Berlin, Sophienstr. 12.
392	Martiny	Rechtsanwalt	Kaukehmen.
393	Mayet	Justizrath, Rechtsanwalt	Berlin, Werderscher Markt 4.
394	Meibauer	Kreisrichter	Schivelbein.
395	v. Meibohm	Geh. Justizrath	Berlin.

Nr.	Name.	Stand.	Wohnort.
396	Meyen	Staatsanwalt	Berlin, Charlottenstr. 97.
397	Meyer	Geh. Justiz- u. vortragender Rath im Justiz-Minister.	Berlin, Eichhornstr. 1.
398	Meyer	Ober-Tribunalsrath	Berlin, Schellingstr. 5.
399	H. Meyer	Rechtsanwalt	Insterburg.
400	Siegm. Meyer	Gerichts-Assessor	Berlin.
401	Meyn	Rechtsanwalt	Berlin, Brüderstr. 2.
402	Michaelis	Kreisrichter	Worbis.
403	Minsberg	Rechtsanwalt	Bunzlau (Schlesien).
404	Model	Stadtgerichtsrath	Berlin, Grabenstr. 3.
405	Dr. Mommsen	Professor, Mitglied der Akademie der Wissenschaften	Berlin, Neuenburgerstraße 31.
406	Moritz	Rechtsanwalt	Torgau.
407	Moßner	Rechtsanwalt	Luckenwalde.
408	von u. zur Mühlen	Wirkl. Geh. Ober-Justizrath	Berlin.
409	Dr. v. Mühlenfels	Appellationsgerichtsrath	Greifswald.
410	v. Müller	Kreisgerichtsrath	Rothenburg O.-L.
411	Müller	Kreisgerichtsrath	Bromberg.
412	Müller	Staatsanwalt	Berlin.
413	Neumann	Kreisgerichtsrath	Brandenburg a. H.
414	Niedt	Rechtsanwalt	Labiau.
415	Niewandt	Justizrath	Weißenfels.
416	Noah	Geh. Ober-Regierungs- und vortr. Rath i. Min. d. Inn.	Berlin.
417	v. Nordenskjöld	Kreisgerichtsrath	Beeskow.
418	Oberkampff	Rechtsanwalt	Tilsit.
419	Oehr	Rechtsanwalt	Gleiwitz.
420	Oelschläger	Staatsanwaltsgehülfe	Schwetz.
421	Oelzen	Kreisgerichtsrath	Merseburg.
422	Opitz	Reg.-Assessor u. Spec.-Commiss. der Gen.-Comm. zu Merseburg	Cölleda (Reg.-Bez. Merseburg).
423	Oppermann	Staatsanwalt	Berlin, Leipzigerstr. 2.
424	Orthmann	Ober-Staatsanwalt	Cöslin.
425	v. Ożowski	Stadtgerichtsrath	Berlin, Linksstr. 11.

Nr.	Name.	Stand.	Wohnort.
426	Palmié	Kreisrichter	Halberstadt.
427	Panse	Rechtsanwalt	Cölleda (Reg.-Bez. Merseburg).
428	Pappritz	Kreisrichter	Cüstrin.
429	Parrisius	Kreisrichter	Brandenburg a. H.
430	v. Patow	Staats- u. Finanz-Minister	Berlin.
431	Peters	Rechtsanwalt	Wittenberg.
432	Petiscus	Rechtsanwalt	Oels.
433	Petsch	Gerichts-Assessor	Berlin, Grenadierstr. 26.
434	Pezenburg	Rechtsanwalt	Frankfurt a. O.
435	Philippi	Landgerichts-Präsident	Elberfeld.
436	Pietzker	Justizrath, Rechtsanwalt	Naumburg a. S.
437	Pinckert	Justizrath, Rechtsanwalt	Erfurt.
438	v. Piper	Kreisgerichtsrath	Wriezen.
439	Pitzschky	Justizrath, Rechtsanwalt	Stettin.
440	Plathner	Kammergerichtsrath	Berlin, Friedrichsstr. 16.
441	Plathner	Justizrath, Rechtsanwalt	Breslau.
442	Plato	Rechtsanwalt	Colberg.
443	Pohlandt	Kreisgerichtsrath	Spandau.
444	Polenz	Rechtsanwalt	Sprottau.
445	Primker	Stadtrichter	Breslau.
446	Pudor	Kammergerichts-Auscultator	Berlin, Schönhauser Allee 134.
447	Dr. Pütter	Professor	Greifswald.
448	Quenstedt	Kammergerichts-Auscultator	Berlin, Markgrafenst. 94.
449	v. Radecke	Staatsanwalt	Torgau.
450	de Rège	Geh. Ober-Justizrath	Berlin.
451	Ribbeck	Geh. Regierungs- u. vortrag. Rath im Min. d. Innern	Berlin, Schellingstr. 15.
452	Ribbentropp	Landgerichtsrath	Posen.
453	Frhr. v. Richthofen	Kreisrichter	Habelschwerdt (Schles.).
454	Rieß	Gerichts-Assessor	Berlin.
455	Paul Rieß	Gerichts-Assessor	Berlin, Neue Promen. 1.
456	Röber	Kreisrichter	Lindow.
457	Dr. Röder	Appellationsger.-Referendar	Arnsberg.

Nr.	Name.	Stand.	Wohnort.
458	Romberg	Gerichts-Assessor	Stettin.
459	Romeiß	Rechtsanwalt	Sangerhausen.
460	Rommel	Gerichts-Assessor	Trier.
461	Dr. Rubo	Kammergerichts-Referendar	Berlin, Potsdamerst. 139.
462	Rudolph	Kreisrichter	Märkisch Friedland.
463	Sack	Gerichts-Assessor	Bielefeld.
464	Salzmann	Justizrath, Rechtsanwalt	Breslau, Junkerstr. 27.
465	Dr. Sammter	Stadtrath	Posen.
466	Sander	Gerichts-Assessor	Berlin, Grabenstr. 42.
467	Saran	Gerichts-Assessor	Stettin.
468	Sartorius	Kreisrichter	Angerburg.
469	Schäfer	Stadt- und Kreisrichter	Wollmirstedt.
470	Scharff	Kreisgerichtsrath	Jauer (Schlesien).
471	Scheller	Justizrath, Rechtsanwalt	Elbing.
472	Scheurich	Rechtsanwalt	Crossen.
473	Schiebler	Kreisrichter	Straußberg.
474	v. Schimmelpfennig	Rechtsanwalt	Gerdauen.
475	Schlieben	Kreisrichter	Stargard i. P.
476	Schmidt	Kreisrichter	Hainau (Schlesien).
477	Schmidt	Kammergerichts-Referendar	Berlin, Dorotheenstr. 63.
478	Schönebeiffen	Advokat	Gladbach.
479	Schönstedt	Kreisrichter	Seehausen i. d. Altmark.
480	Schörke	Rechtsanwalt	Belgard.
481	Schollmeyer	Kreisrichter	Cremmen.
482	Schück	Strafanstalts-Direktor	Breslau.
483	Schütz II.	Ober-Tribunalsrath	Berlin, Ritterstr. 33.
484	Schuhmann	Geh. Regierungsrath	Berlin.
485	Schultz	Rechtsanwalt	Wanzleben.
486	Schultze	Kreisrichter	Neuwied.
487	Schulz	Gerichts-Assessor	Berlin, Leipzigerstr. 14.
488	Schulze	Rechtsanwalt	Spandau.
489	Schuster	Rechtsanwalt	Eisleben.
490	Schwarz	Rechtsanwalt	Berlin, Jüdenstr. 18.
491	Schwerin	Kreisrichter	Sommerfeld.

Nr.	Name.	Stand.	Wohnort.
492	Graf von Schwerin-Putzar	Staats- und Minister des Innern	Berlin.
493	Dr. Frhr. v. Seckendorff	Ober-Tribunalsrath	Berlin, Potsdamerst. 20.
494	Seemann	Kreisgerichts-Direktor	Spremberg.
495	Sehlmacher	Rechtsanwalt	Pyritz.
496	v. Seydewitz	Kreisrichter	Wittenberg.
497	Siemens	Rechtsanwalt am Ob.-Trib.	Berlin, Markgrafenst. 94.
498	Dr. Silberschlag	Stadt- und Kreisrichter	Magdeburg.
499	Simens	Kammergerichts-Auscultator	Jüterbogk.
500	Simon	Justizrath, Rechtsanwalt	Breslau, Junkerstr. 2.
501	Simon	Kreisrichter	Nauen.
502	Dr. Simons	Justiz-Minister	Berlin.
503	Simonson	Rechtsanwalt	Berlin, Französische Straße 33c.
504	Simson	Rechtsanwalt	Berlin, Jägerstr. 23.
505	Slevogt	Justizrath, Rechtsanwalt	Berlin, Mühlendamm 5.
506	Sönderop	Rechtsanwalt	Stargard (Pommern).
507	Spangenberg	Kammer-Direktor	Carolath.
508	Spiegelthal	Rechtsanwalt	Calbe a. S.
509	Stegemann	Rechtsanwalt	Halberstadt.
510	Steinbeck	Kreisgerichts-Direktor	Brandenburg a. H.
511	Steinhausen	Stadtgerichtsrath	Berlin.
512	Stelzer	Rechtsanwalt	Torgau.
513	Stephany	Kreisrichter	Spandau.
514	Stöpel	Staatsanwalt	Potsdam.
515	v. Stöphasius	Stadt- und Kreisgerichts-Präsident	Magdeburg.
516	Stößell	Kreisrichter	Stolp.
517	Dr. Straß	Kreisjustizrath a. D., Rechtsanwalt	Berlin, Leipzigerstr. 65.
518	Stubenrauch	Rechtsanwalt	Cüstrin.
519	Sutro	Gerichts-Assessor	Münster.
520	Sydow	Appellationsgerichtsrath	Berlin, Neue Friedrichsstraße 79.
521	Teichen	Gerichts-Assessor	Weißenfels.

Nr.	Name.	Stand.	Wohnort.
522	Teichmann	Rechtsanwalt	Breslau, Tauenzienpl. 6.
523	Tellemann	Gerichts-Assessor	Cöln.
524	Tepler	Appellationsgerichtsrath	Naumburg a. S.
525	Teßmar	Kreisgerichts-Direktor	Lauenburg (Pommern).
526	Theremin	Gerichts-Assessor	Berlin, Albrechtstr. 6.
527	v. Thielenfeld	Justizrath, Rechtsanwalt	Frankfurt a. O.
528	v. Tippelskirch	Ober-Staatsanwalt	Stettin.
529	Treff	Rechtsanwalt	Wittenberg.
530	Twesten	Stadtgerichtsrath	Berlin, Commandantenstraße 84.
531	Völtz	Justizrath, Rechtsanwalt	Danzig.
532	Vogel	Kreisrichter	Cölleda (Reg.-Bez. Merseburg).
533	Vogler	Justizrath, Rechtsanwalt	Berlin, Unterwasserst. 9a.
534	Voigt	Kreisgerichtsrath	Greiffenhagen.
535	Volkmar	Justizrath, Rechtsanwalt am Ober-Tribunal	Berlin, Lindenstr. 3.
536	Volkmar	Gerichts-Assessor	Berlin, Französische Straße 48.
537	Wache	Kammergerichts-Assessor a. D.	Berlin, Neuer Markt 4.
538	Wagner	Justizrath, Rechtsanwalt am Ober-Tribunal	Berlin, Ritterstr. 36.
539	Dr Waldeck	Ober-Tribunalsrath	Berlin, Linksstr. 19.
540	Dr. Graf v. Wartensleben	Stadtgerichtsrath	Berlin, Kochstr. 73.
541	Weber	Justizrath, Rechtsanwalt	Berlin, Brüderstr. 11.
542	Weber	Justizrath, Rechtsanwalt	Quedlinburg.
543	Weber	Advokat	Elberfeld.
544	Max Weber	Dr. jur.	Bielefeld.
545	v. Wegner	Ober-Tribunalsrath	Berlin.
546	Wegner	Justizrath, Rechtsanwalt	Berlin, Poststr. 15.
547	Wegner	Kreisrichter	Stolp.
548	Wegner	Gerichts-Assessor	Berlin, Poststr. 15.
549	Wentzel	Kreisrichter	Wriezen a. O.
550	Wenzel	Stadtgerichtsrath	Berlin, Linksstr. 2.

Nr.	Name.	Stand.	Wohnort.
551	Dr. Wenzig	Stadtrichter	Berlin, Mohrenstr. 61.
552	Werner	Kammergerichts-Referendar	Berlin, Mühlendamm 22.
553	Werther	Stadtgerichtsrath	Berlin, Friedrichsstr. 127.
554	Wetzel	Gerichts-Assessor	Berlin, Neue Grünstr. 24.
555	Westphal	Appellationsgerichtsrath	Naumburg a. S.
556	Wiener	Rechtsanwalt	Ohlau (Schlesien).
557	Wilke	Rechtsanwalt	Berlin, Heiligegeiststr. 51.
558	Wilke	Gerichts-Assessor	Berlin, Potsdamerst. 139.
559	v. Wilmowski	Geh. Finanzrath	Berlin, Bendlerstr. 22.
560	v. Winter	Geh. Regierungs- u. vortrag. Rath i. Minist. d. Innern	Berlin.
561	Wölfel	Rechtsanwalt	Lützen bei Merseburg.
562	Wolf	Stadt- und Kreisrichter	Magdeburg.
563	Wolff	Justizrath, Rechtsanwalt am Ober-Tribunal	Berlin, Dorotheenstr. 47.
564	Wolff	Rechtsanwalt	Berlin, Neue Friedrichsstraße 50.
565	Wolff	Rechtsanwalt	Prenzlau.
566	Wollny	Geh. Finanzrath	Berlin, Kochstr. 19.
567	v. Zastrow	Staatsanwaltsgehülfe.	Drammburg (Pommern).
568	Zenthöfer	Kreisrichter	Rybnick.
569	v. Zerbst	Appellationsgerichtsrath	Greifswald.
570	v. Ziehlberg	Rechtsanwalt	Tuchel (Westpreußen).
571	Dr. Zöllner	Gerichts-Assessor	Berlin.

Fürstenthum Reuß.

572	Dr. v. Geldern	Wirklicher Geheimer Rath	Gera.

Königreich Sachsen.

573	Anschütz	Advokat	Leipzig.
574	Beschorner	Finanz-Prokurator	Dresden.

Nr.	Name.	Stand.	Wohnort.
575	Dr. Dietzel	Professor	Leipzig.
576	Förster	Advokat	Pirna.
577	Francke	Advokat	Dresden.
578	Dr. Friederici	Obergerichtsadvokat	Leipzig.
579	Gareis	Staatsanwalt	Pirna.
580	Dr. Georgi	Advokat	Leipzig.
581	Gerhard	Advokat	Leipzig.
582	Haase	Advokat	Haynichen.
583	Hallbauer	Finanz-Prokurator	Meißen.
584	Helfer	Advokat	Leipzig.
585	Dr. Hesse	Advokat	Dresden.
586	Heubner	Advokat	Zwickau.
587	Judeich	Advokat	Dresden, Moritzstr. 9.
588	Körner	Geh. Rath u. Departements-Direktor im K. Sächsischen Ministerium des Innern	Dresden.
589	Kretschmar	Advokat	Lichtenstein.
590	Krüger	Gerichtsaktuar und Richter	Zittau.
591	Dr. Kuntze	Professor	Leipzig.
592	Kuntzsch	Advokat	Chemnitz.
593	Lauhn	Advokat	Dresden, Liliengasse 13.
594	Lauhn	Advokatur-Kandidat	Leipzig.
595	Lincke	Gerichtsrath	Pirna.
596	Mehner	Assessor	Radeberg bei Dresden.
597	Müller	Advokat	Leipzig.
598	Dr. Nißen	Privat-Dozent	Leipzig.
599	Pietsch	Bezirksgerichts-Direktor	Pirna.
600	Dr. Pilling	Advokat	Dresden.
601	Rumpelt	Staatsanwalt	Löbau.
602	Dr. Schaffrath	Rechtsanwalt	Dresden.
603	Dr. Schletter	Professor	Leipzig.
604	Schmidt	Advokat	Dresden, Landhausst. 14.
605	Schreck	Advokat	Pirna.
606	Dr. Schwarze	General-Staatsanwalt	Dresden.

Nr.	Name.	Stand.	Wohnort.
607	Dr. Sierig	Hülfsarbeiter bei der Staatsanwaltschaft	Leipzig.
608	Stremel	Advokat	Zittau.
609	Dr. Tischer sen.	Advokat	Dresden.
610	Tscharmann	Advokat	Leipzig.
611	Wachsmuth	Advokat	Leipzig.
612	Dr. v. Wächter	Geh. Rath und Professor	Leipzig.
613	Weickert	Advokat	Zwickau.
614	Dr. Weiske	Professor	Leipzig.
615	Dr. Wolf	Anwalts-Aspirant	Dresden.
616	Zenker	Finanz-Prokurator	Dresden.

Herzogthum Sachsen-Altenburg.

617	Glasser	Advokat	Roda.
618	Hase	Advokat und Bürgermeister	Schmölln.
619	Lippold	Advokat	Altenburg.
620	Dr. Schenck	Notar	Altenburg.
621	Wagner	Geh. Justiz- u. Appellationsgerichtsrath	Altenburg.

Herzogthum Sachsen-Coburg.

622	Forkel	Justizrath, Rechtsanwalt	Coburg.

Herzogthum Sachsen-Meiningen.

623	Albrecht	Appellationsrath	Hildburghausen.
624	Enzian	Gerichts-Assessor	Sonnenburg.
625	Dr. v. Uttenhoven	Staatsrath	Meiningen.

Großherzogthum Sachsen-Weimar.

626	Dr. Freiherr v. Groß	Ober-Staatsanwalt	Eisenach.
627	Dr. Martin	Justizamtmann	Kreuzburg.

Nr.	Name.	Stand.	Wohnort.

Königreich Württemberg.

628	Bacher	Rechtskonsulent	Stuttgart.
629	Faber	Ober-Tribunals- u. vortrag. Rath im Justiz-Minister.	Stuttgart.
630	Dr. v. Gerber	Kanzler und Professor	Tübingen.
631	Dr. Geßler	Professor	Tübingen.
632	Hölder	Rechtskonsulent	Stuttgart.
633	Hörner	Ober-Justizrath	Eßlingen.
634	Graf v. Leutrum	General-Staatsanwalt und Ober-Tribunalsrath	Stuttgart.
635	Dr. Pfeiffer	Professor	Tübingen.
636	Probst	Rechtsconsulent	Stuttgart.
637	Frhr. v. Sternenfels	Ober-Tribunalsrath	Stuttgart.
638	Tafel sen.	Rechtsconsulent	Stuttgart.
639	Weizsäcker	Postdirektions-Revisor	Stuttgart.

Berichtigung.

In dem alphabetischen Mitglieder-Verzeichnisse ist sub Nr. 121 statt „Dr. Fischer sen." zu lesen: „Dr. Tischer sen."

Zur Nachricht.

Die Verzeichnisse der neuen Mitglieder gelangen erst in Dresden zur Vertheilung.

№ 1.

Gutachten

über

die fünf Vorschläge des Ober=Tribunalraths Dr. Waldeck.

(S. 9—36 der Verhandlungen des Ersten Deutschen Juristentages.)

A.

Gutachten des Obertribunalraths v. Sternenfels zu Stuttgart.

I. Ob mit der Angabe der thatsächlichen Behauptungen in Klage, Einrede, Replik 2c. die Angabe der Beweismittel zu verbinden ist?

Das erste Verfahren im Civilprozeß ist vorzugsweise dazu bestimmt, die thatsächlichen Behauptungen der Parteien über die zwischen ihnen im Streite liegenden Rechts-Verhältnisse festzustellen; während das Beweis-Verfahren sich damit beschäftigt, die Wahrheit der gegenseitig bestrittenen Behauptungen zu ermitteln, so daß auf feststehende thatsächliche Grundlagen der Rechtsspruch des Richters erfolgen kann. Der Kläger hat demnach die Thatsachen, auf welche sein Klag-Recht sich gründet, vorzutragen, der Beklagte sich zu erklären, ob er dieselben zugebe oder nicht (Einlassung) und zugleich die thatsächlichen Gründe, durch welche das Klag-Recht wieder ausgeschlossen wird (Einreden), vorzutragen, und ebenso der Kläger seine Repliken 2c. Um Verwirrungen der Streitfragen und überflüssiges Beweis-Verfahren zu vermeiden, ist es geboten, daß jene ersten Verhandlungen von der Frage, ob die gegenseitigen Behauptungen auch als erwiesen anzunehmen seien, möglichst getrennt gehalten werden.

Durch Trennung der Verhandlung über die Streitfragen und über die Beweismittel wird die erstere viel einfacher und oft wird sie auch ein reineres Resultat liefern. Wenn sich im Verlaufe des ersten Verfahrens herausstellt, daß die Behauptung einer Partei von der anderen zugegeben, oder durch unbestrittene Einreden entkräftet wird, so wären alle Verhandlungen über den Beweis jener Thatsachen unnöthig gewesen. Bevor das Vorbringen der gegenseitigen Behauptungen sein Ende erreicht hat, wäre die Einmischung des Beweisantritts auch deßwegen voreilig, weil sich vorher nicht bestimmen läßt, welche Thatsachen von dem Richter zur Schöpfung seines Urtheils für erheblich erkannt werden. Wenngleich den Parteien beim Beginn des Prozesses der Sachverhalt besser bekannt ist als dem Richter, so darf eine Partei sich doch nicht darauf verlassen, daß einzelne Thatsachen unbestritten bleiben werden; die Vorsicht würde daher gebieten, jede auch noch so unzweifelhafte Thatsache mit Beweisen zu belegen, und ihrer Beurtheilung, ob sie als relevant erscheine, nicht zuviel zuzutrauen, da dem Richter, welchem die Prozeßleitung zukommt, zunächst allein die Cognition hierüber zusteht. Bekenntnisse würden oft zurückgehalten werden, wenn der Antworter die Dürftigkeit der dem Andern zu Gebote stehenden Beweismittel zum Voraus erfährt. Daß diese Rücksicht durch die entgegengesetzte Betrachtung, daß der Gegner durch die producirten Beweismittel sich eher zu einem Geständniß herbeilasse, aufgewogen werde, läßt sich deßwegen nicht annehmen, weil die Vorsicht jedem Prozessirenden gebietet, mit seinen Einräumungen möglichst vorsichtig zu sein.

Alle diese Nachtheile erscheinen um so fühlbarer, wenn an die Unterlassung des Beweisantritts die Folge geknüpft werden soll, daß der Behauptende seiner Beweise verlustig wird, welches die nothwendige Consequenz des durchgeführten Grundsatzes wäre. Wollte man den Parteien gestatten, Versäumnisse, oder Ergänzungen ihrer Belege auch nach Aufstellung ihrer Behauptungen im ersten Verfahren nachzuholen nach den über Wiedereinsetzung bestehenden Grundsätzen, so würde hierdurch eine weitere Verwirrung und Verzögerung eintreten, welche in diesem Stadium des Prozesses, wo ein Ausspruch des Richters noch gar nicht erfolgt ist, und der Behauptende gleichsam mit sich selbst streiten würde, gewiß nicht am Platze wäre.

Was vom Beweise gilt, müßte auch vom direkten Gegenbeweise

gelten; so gut der Behauptende seiner Beweismittel, wenn er sie nicht producirt hat, verlustig würde, müßte auch der Gegner seiner Gegenbeweismittel, wenn er sie nicht rechtzeitig producirt, verlustig werden, da in dieser Beziehung die Rechte und Obliegenheiten Beider die gleichen sind; alle Unsicherheiten, die dem Behauptenden sich darbieten, würden daher auch für den Antworter eintreten und die Verschleppung der Verhandlung ins Unendliche sich verlieren.

Welchen Zweck hätte dann überhaupt noch eine Beweisauflage des Richters? Der Ausspruch desselben hätte sich nur noch auf Ausscheidung des Relevanten vom Irrelevanten zu beschränken, es wäre sofort zum Beweiseinzug zu schreiten, eine Bestimmung über die Beweislast wäre jetzt überflüssig, und könnte füglich bis zum Endurtheil ausgesetzt bleiben, wenn jetzt nicht schon der Prozeß zur Entscheidung reif ist, und es würden die Parteien oft zu ihrer Ueberraschung erfahren, daß sie ihrem eigenen Urtheile zu viel zugetraut haben, indem sie jedes Fingerzeigs des Richters über die von ihnen ferner zu erwartende Thätigkeit entbehrten.

Insbesondere erfordert es die Rücksicht auf den Beklagten, daß er nicht in Herbeischaffung seiner Beweismittel bei einem unerwarteten Angriffe zu sehr gedrängt werde, sondern ihm Zeit gelassen werde, nach Beweisen sich umzusehen.

Für die Verbindung der Beweisantretung mit den Behauptungen im ersten Verfahren wird geltend gemacht (Plank, Beweis-Urthl. S. 381 fl.), daß hierdurch erst eine vollständig genaue Einsicht in die Behauptungen der Partei möglich werde. Allerdings kann auf eine erschöpfende Aufstellung der thatsächlichen Behauptungen, durch welche die Klage, Einrede rc. begründet werden will, nicht genug Gewicht gelegt werden, und nur zu häufig hat die Nichtbeachtung dieser Obliegenheit eine Verwirrung und Verschleppung des ganzen Verfahrens zur Folge, so z. B. wenn präjudizielle Punkte, wie die Sachlegitimation, oder die Frage vom Eigenthum bei Servituten-Klagen bei der Begründung der Klage übergangen werden, oder wenn nur auf Aufstellung von Rechtssätzen sich beschränkt wird, ohne die Erwerbungs- oder Entstehungsart des Rechts anzuführen.

Zur Vermeidung dieser Unvollständigkeiten ist aber nicht nöthig, daß sogleich von vorne herein alle diese Behauptungen durch Beweise belegt werden, weil dies — wenn jene Thatsachen vom Gegner zugestanden, oder vom Richter für irrelevant erachtet werden, eine überflüssige Weitläufigkeit wäre. Es genügt vollkommen, wenn der Richter vermöge der ihm obliegenden Prozeßleitung und des ihm schon durch die Reichs-Gesetze eingeräumten Frage-Rechts den Gegner zu einer erschöpfenden Einlassung veranlaßt und, falls diese verneinend erfolgt, den Angreifenden zu einer näheren Substanzirung seiner Behauptungen auffordert.

Mit Recht verwirft daher der Herr Antragsteller einen Zwang zur Vorlegung der Beweismittel im ersten Prozeß-Stadium, da der Zweck der Beschleunigung, welchen man dabei im Auge hat, durch die dadurch herbeigeführten vergeblichen Verhandlungen meistens vereitelt und das Interesse der Parteien gefährdet würde. Deswegen haben auch die meisten neueren Gesetzgebungen, in Uebereinstimmung mit dem gemeinen Rechte, eine Anticipation des Beweisantritts, welche in einfachen Sachen sich von selbst empfiehlt, dem freien Ermessen der Parteien überlassen.

Auch in Württemberg gelten diese Grundsätze. Durch das IV. Organisations-Edikt v. 31. Dezember 1818, §. 85, 102 wurde es zwar dem Richter zur Obliegenheit gemacht, die Parteien vorläufig über die Mittel zu vernehmen, wodurch sie die Wahrheit der behaupteten Thatsachen, wenn solche geleugnet würden, nachzuweisen im Stande wären. Diese aus einer Annäherung an die Instruktionsmaxime hervorgegangene Vorschrift führt aber keinerlei Nöthigung der Parteien mit sich, ist auf das schriftliche Verfahren vor den höheren Gerichten nicht anwendbar und auch für das Verfahren in erster Instanz, seitdem die daselbst stattfindenden mündlichen Verhandlungen in Gegenwart beider Parteien vor sich gehen müssen (Novelle v. 15. September 1822 §. 15), mißlich, und in den Entwurf einer Prozeß-Ordnung von 1847 nicht aufgenommen worden.

Eine Ausnahme von diesem Grundsatz will der Herr Antragsteller gestatten für die Urkunden, indem dieselben häufig zur Begründung der Klage oder Einrede dienen, und durch sie erst eine vollkommene Anschauung der Behauptungen in Verbindung mit dem Rechtsgrund gewährt werde.

Es läßt sich nun allerdings nicht verkennen, daß, wenn der Grund der Klage oder Einrede auf eine Urkunde sich stützt, die Einsicht der Urkunde zur Klarheit des Sachverhalts wesentlich beiträgt und manche Unsicherheiten und Zweifel zum Voraus abzuschneiden geeignet ist. Allein zu weit geht diese Rücksicht, wenn sie auf den Urkunden-Beweis im Allgemeinen ausgedehnt werden will. In der den thatsächlichen Klaggrund bildenden Darstellung des Sachverhalts (Geschichts-Erzählung) kommen bei einigermaßen verwickelten Streitverhältnissen oft eine Menge von Einzelnheiten vor, welche der Behauptende wohl durch Urkunden nachzuweisen im Stande ist, die er aber nicht näher belegen zu müssen glaubt, weil er sie nicht für relevant hält, oder einen Widerspruch des Gegners hinsichtlich ihrer nicht erwartet. In der Sachlegitimation, oder bei bedingten oder subsidiären Ansprüchen werden oft Thatsachen vorausgesetzt, welche als unbestritten gelten, von dem Gegner aber dennoch beanstandet werden, oder es werden Lücken in der Schlußfolgerung für irrelevant gehalten, die der Richter für wesentlich erkennt. Wollte man nun den Angreifer für verbindlich erklären, alle Urkunden, durch welche solche einzelne Behauptungen nachgewiesen werden können, gleich von vorne herein bei Ausschlußstrafe vorzulegen, so würden alle die Unzuständigkeiten, welche oben entwickelt sind, daraus entstehen.

Dem geltend gemachten Bedürfniß, daß klare Einsicht in die Behauptung, auf welche die Klage, Einrede 2c. sich gründet, gewährt werden soll, wird dadurch abgeholfen, wenn auf die thatsächliche Begründung der Klage, Einrede 2c. sorgfältiger, als dies in vielen Prozessen geschieht, Gewicht gelegt, und sich nicht damit begnügt wird, wenn allgemeine Urtheile aus dem Inhalt einer Urkunde gezogen werden, ohne die relevanten Ausdrücke zur Kenntniß zu bringen. Solchen Ausstellungen nachzukommen kann sich keine Partei entschlagen. Unterläßt sie es im ersten Verfahren dennoch, so ist die Folge davon, daß ihr Angriff entweder wegen ungenügender Begründung von dem Richter zurückgewiesen, oder die unbewiesenen Thatsachen zum Beweis ausgesetzt werden, und legt sie erst im Beweisverfahren Urkunden, welche sie schon vorher hätte produziren können, vor, so muß ihr der Ersatz der etwa vergeblich aufgewendeten Kosten auferlegt werden.

Eine Verbindlichkeit zur Vorlegung einer Urkunde läßt sich daher nur in dem Falle rechtfertigen, wenn der Angreifer (in der Klage oder Einrede 2c.) solche besitzt, und zugleich die erschöpfende Erhebung des Sachverhalts aus derselben sich erwarten läßt, wie bei Urkunden über schriftliche Verträge, bei Testamenten 2c., der Gegner aber dem behaupteten Inhalt widersprochen hat. Eine Aufforderung des Richters zur Vorlegung der Urkunden läßt sich — auch ohne über die Relevanz derselben sich vorläufig auszusprechen — aus der Befugniß der Prozeßleitung wohl rechtfertigen, und ebensowohl das damit zu verknüpfende Präjudiz, daß die widersprochenen Behauptungen für beweislos gelten.

Die von dem Herrn Antragsteller vorgeschlagene Ausnahme hinsichtlich der Urkunden dürfte sich diesem nach nur mit der Beschränkung empfehlen, daß vom Gerichte die Produktion der Urkunden verlangt werden kann.

Ein Unterschied zwischen Urkunden und anderen Beweismitteln ist auch insofern zu statuiren, als über erstere, wenn sie produzirt wurden, eine weitere Verhandlung sich schon im ersten Verfahren rechtfertigen läßt, während dies bei den übrigen Beweismitteln nicht zutrifft. Eine produzirte Urkunde involvirt nämlich eine thatsächliche Behauptung des Produzenten, das Resultat dieses Beweismittels wird dem Richter vor Augen gelegt und seiner Beurtheilung unterworfen. Dies hat zur Folge, daß der Produzent sich nicht nur über den Inhalt derselben, sondern auch über ihre Aechtheit erklären muß und dazu angehalten werden kann. Letzteres findet auch statt bei Editions-Gesuchen an den Gegner, zumal wenn — was für das Contumacial-Verfahren unerläßlich ist — darauf gehalten wird, daß der Inhalt der Urkunde, ohne dessen genaue Kenntniß die thatsächliche Begründung mangelhaft ist, genau angegeben werde.

Bei andern Beweismitteln, wie Zeugen, Gutachten von Sachverständigen, Augenschein, hängt der Werth erst von dem Einzug des Beweises ab, ein reines Resultat läßt sich im ersten Verfahren nicht erzielen, und deshalb wäre es auch nicht am Platze, eine vorbereitende

Verhandlung der Parteien hierüber jetzt schon vorzunehmen. Zur Eidesdelation wird in der Regel erst geschritten, wenn andere Beweismittel unzulänglich sind, jedenfalls erfordert die Heilighaltung der Eide, daß nicht ein unnöthiger Gebrauch davon gemacht werde, und auch bei ihnen ist daher ein Zwang zur Erklärung des Gegners im ersten Verfahren nicht gerechtfertigt.

II. Sollen Beweis-Interlokute appellabel sein?

Die Beweisaufforderung ist der Ausspruch des Richters, von welchen bestrittenen Thatumständen der Sieg des Klägers abhängig sein soll. Sie schließt sich der Aufstellung der beiderseitigen Behauptungen im ersten Verfahren an und vermittelt durch den Beweiseinzug das Enderkenntniß. Diese Scheidung des ersten Verfahrens vom Beweisverfahren ist fast allgemein als zweckmäßig anerkannt. Die thatsächlichen Behauptungen lassen sich jetzt schon übersehen, und unter der Voraussetzung ihrer Wahrheit kann der Richter urtheilen, ob das in Anspruch genommene Recht existire oder nicht. Sind die thatsächlichen Voraussetzungen seines Urtheils aber ungewiß, so muß zu deren Ermittelung ein weiteres Verfahren eintreten, welches Zeit erfordert und zur Verhütung von Vermischung verschiedenartiger Thätigkeiten, von der Feststellung der spruchreifen Fragen getrennt wird.

Die Frage, ob diese Beweisaufforderung (Beweis-Interlokut) appellabel sein soll, fällt mit der Frage zusammen, ob sie ein der Rechtskraft fähiges Erkenntniß, oder eine abänderliche prozeßleitende Verfügung sein solle. Denn erkennt in Folge der zugelassenen Appellabilität der höhere Richter darüber, so muß es bei dessen Ausspruch bleiben und der Inhalt des Beweis-Interlokuts wird dadurch zur unabänderlichen Norm, an welche sich alle folgenden Verhandlungen anschließen.

Diese Frage wird von dem Herrn Antragsteller aus guten Gründen verneint. Mit der Beweisaufforderung ist ein definitiver Ausspruch des Richters noch nicht gegeben, erst durch das Enderkenntniß wird ein solcher bewirkt. Die Beweisaufforderung ist ein blos vorläufiger Ausspruch darüber, was noch bewahrheitet werden soll, bevor der endliche Sieg einer oder der andern Partei ausgesprochen werden kann. Sie ist blos Mittel zum Zweck, die Anbahnung des Weges, auf welchem der Richter in den Stand gesetzt wird, das ganze Rechtsverhältniß zu überschauen. Durch das Beweisverfahren, nämlich Antretung, Erhebung und Ausführung der Beweise können neue Erhebungen im Sachverhalt und veränderte Rechtsanschauungen des Richters sich ergeben, auch ohne daß ein Versäumniß der Parteien, oder eine unrichtige Reflexion des Richters dabei vorausgesetzt wird.

Sollten diese Neuerungen der Beurtheilung des Richters nicht zugänglich sein, und durch unterlassene Appellation oder Versäumung der Appellations-Nothfristen das Beweis-Interlokut rechtskräftig, d. h. unabänderliche Norm für das Endurtheil werden, so entstünde daraus ein mangelhaftes Urtheil, welches nicht das materiell Richtige ausspricht, sondern auf der Fiktion eines Sach- und Rechtsverhältnisses sich gründet, die mit der Wahrheit und dem besseren Bewußtsein des Richters und der Parteien in grellem Widerspruche sich befindet. Besonders fühlbar wäre dies für den höheren Richter, vor welchen die Endentscheidung des Prozesses nach eingezogenem Beweis gelangt. Dieser müßte auf den Grund des rechtskräftigen Beweis-Interlokuts in der Hauptsache sprechen, wenn er auch die vollkommenste Ueberzeugung von dem verkehrten Resultate haben sollte.

Man könnte zwar einwenden, daß diesem Mißstande durch Wiedereinsetzung in den vorigen Stand abgeholfen werden könne, allein dies würde die Restitutionen auf eine Weise ausdehnen, welche mit der subsidären Natur dieses Rechtsmittels nicht vereinbar wäre; es würde neue Weitläufigkeiten und Verzögerungen veranlassen, und am Ende durch diese schwerfällige Form blos das ergänzt werden, was eine zweckmäßige Prozeß-Ordnung vorgesehen haben soll.

Die Zweckmäßigkeit und die Gerechtigkeit erfordern daher, daß bis zum definitiven Spruch dem Richter jedes Mittel offen gehalten werde, ein richtiges Urtheil zu fällen, und dies kann nur geschehen, wenn er an seinen vorläufigen Ausspruch über das, was er zur Aufklärung des Rechtsverhältnisses für erforderlich hält, nicht gebunden wird, mit andern Worten, wenn die Inappellabilität der Beweisdekrete ausgesprochen wird.

Dafür, daß das Beweis-Interlokut eine richtige Grundlage für das Enderkenntniß abgebe, wird durch die Appellabilität desselben keine genügende Gewähr geboten, denn die Veränderungen, welche durch den Beweiseinzug am Stande der Sache sich etwa ergeben sollten, werden sich gleichmäßig ergeben, es möge das Beweis-Interlokut vom ersten, zweiten oder dritten Richter festgesetzt worden sein. Wohl aber wird durch diesen Instanzenzug und den damit unvermeidlich verbundenen Aufwand an Mühe und Zeit eine Verzögerung der Entscheidung bewirkt, welche in allen Ländern, in welchen eine solche Appellabilität besteht, nur zu sehr gefühlt wird, wogegen in Ländern, wo eine Rechtssache in der Regel nicht wiederholt in die höhere Instanz gelangen kann, die Beschleunigung der Rechtspflege sehr fühlbar ist.

Man hat für die Rechtskraft des Beweis-Interlokuts sich darauf berufen, daß durch die größere Wichtigkeit, welche demselben hierdurch beigelegt werde, der Richter angetrieben werde, größere Sorgfalt auf dasselbe zu verwenden. Dieser Grund ist aber von keinem Belang, da ein tüchtiger Richter auch dem Beweisdekret, welches nicht in Rechtskraft überzugehen fähig ist, diejenige Wichtigkeit beilegen wird, welche einem so wesentlichen Instruktionsakte gebührt. Unfähige Richter dürfen bei Erlassung von Gesetzen nicht vorausgesetzt werden, und mit dem gleichen Rechte könnte für einen solchen Fall geschlossen werden: wenn der interloquirende Richter weiß, daß sein Interlokut sofort anfechtbar ist, wird er sich weniger Mühe dabei geben und die Verantwortlichkeit auf den höheren Richter, welcher in letzter Instanz erkennt, überwälzen.

Man hat ferner geltend gemacht, ein nicht appellables, abänderliches Beweisdekret stelle den ganzen Nutzen der Ausscheidung des Relevanten in Frage, und am Schlusse des zweiten Verfahrens sehe man sich am Ende wieder auf den Anfang zurückgeworfen. Auch dieser Einwand hat nur eine Bedeutung, wenn dabei vorausgesetzt wird, daß durch Versehen des Richters das Beweisverfahren unrichtig instruirt worden ist, denn wenn ohne dessen Schuld, durch veränderte Gestaltung der Sache ein neues Beweisdekret nöthig wird, so kann die Zweckmäßigkeit desselben durch die Mühe eines wiederholten Beweiseinzugs nicht aufgewogen werden. Ein solches Uebersehen des Richters kann aber auch bei einem der Rechtskraft fähigen Beweis-Interlokut vorkommen, und um die Abänderung desselben in zweiter oder dritter Instanz zu bewirken, bedarf es leicht ebenso großer Weiterungen, als das vergeblich gewordene Beweisverfahren. Die Erfahrung der Länder, in welchen ein Beweisdekret nicht in Rechtskraft überzugehen geeignet ist, spricht dafür, daß wiederholte Beweisdekrete nicht häufig vorkommen, und sich meistens nur auf einzelne durch den Beweiseinzug sich ergebende neue Thatumstände erstrecken, während bei einer Appellabilität des Beweis-Interlokuts die Anwälte, auch wenn der ihrer Partei auferlegte Beweis ohne besondere Schwierigkeiten erbracht werden könnte, nur zu geneigt sind, bei der höheren Instanz eine Enthebung von dieser Last zu versuchen.

Die Inappellabilität und Abänderlichkeit des Beweisdekrets hat sich nicht nur über den Beweissatz, sondern auch über die Beweislast zu erstrecken. Schon oben ist angedeutet worden, daß durch Erhebung des Beweises sich neue Umstände ergeben können, welche als erheblich für die Entscheidung der Sache erscheinen. Durch ein Zeugenverhör oder Vernehmung von Sachverständigen können Thatsachen zur Sprache kommen, deren Ermittelung vorausgesetzt wird, ehe geurtheilt werden kann, ob der Hauptbeweis zu Gunsten des Produzenten ausgefallen ist; anscheinend irrelevante Umstände, auf welche weder von den Parteien, noch vom Richter Gewicht gelegt worden war, können sich als so erheblich darstellen, daß das Obsiegen oder Unterliegen einer Partei davon abhängig ist. Auch die Beweislast kann hierdurch geändert werden. Wenn z. B. eine Partei eine Rechtsvermuthung für sich in Anspruch nimmt, oder einen künstlichen Beweis durch Schlüsse führen zu können meint, die hierfür relevanten Thatsachen aber bestritten sind, so wird ihr der Beweis dieser Thatsachen auferlegt, sie erscheint als beweispflichtig. Führt sie diesen Beweis, so dreht sich die Beweislast über die Hauptfrage um und der Gegner erscheint nun hierfür beweispflichtig. Wen in einem solchen Falle die Beweislast in der Hauptfrage trifft, kann gar nicht entschieden werden, bevor der Beweis über die aufgestellten Vermuthungen eingezogen ist und gewürdigt werden kann.

Für den höheren Richter stellt sich bei der Appellabilität gegen das Beweis-Interlokut noch der weitere Mißstand dar, daß, wenn gegen den Beweissatz nicht, sondern blos gegen die Beweislast appellirt wird, er aber findet, daß der Beweissatz fehlerhaft ist, eine Verbesserung desselben, weil er rechtskräftig geworden, nicht zulässig ist, vielmehr über die Beweislast allein, folglich über einen Punkt, dem es an aller richtigen Grundlage fehlt, geurtheilt werden muß.

Abgesehen von dem Fall, wenn sich erst durch den Beweiseinzug ein reineres Resultat über die noch relevanten Beweissätze und die Beweislast ergiebt, kann es aber auch vorkommen, und geschieht erfahrungsgemäß nur zu häufig, daß durch den Beweiseinzug der Richter zu einer andern Ueberzeugung über die Erheblichkeit der Beweissätze oder über die Beweislast gelangt. Die konsequente Anwendung des Grundsatzes von der Rechtskraft der Beweis-Interlokute führt dahin, auch über irrelevante Umstände diese Rechtskraft anzuerkennen. Allerdings ist nun in einem solchen Falle das bisherige Beweisverfahren vielleicht vergeblich gewesen, es ist dies aber viel weniger nachtheilig, als wenn der Richter und die höheren Instanzen unabänderlich an das rechtskräftig gewordene Beweis-Interlokut gebunden sind, da in jenem Falle der höhere Richter leicht die zuerst von dem Unterrichter aufgestellte Ansicht theilen kann, und alsdann das Material, hiernach zu erkennen, bereits vorfindet. Jedenfalls wird durch Vereinigung der Würdigung der Beweisaufforderung und der Endentscheidung in höherer Instanz an Uebersichtlichkeit des ganzen Streits gewonnen.

Eine Ausscheidung der Beweislast in der Beweisaufforderung erscheint überhaupt, wenn man das Recht der Gegenbeweisführung genügend würdigt, nicht geboten. Die Frage, welcher Partei die Beweislast obliege, ist bekanntlich in vielen Fällen sehr bestritten, und jede Partei wird von selbst für den Fall, daß ihr die Beweislast aufgebürdet werden sollte, sich alle Mühe geben, die Beweise, welche sie zu erbringen im Stande ist, herbeizuschaffen, ohne sich für jetzt darüber Rechenschaft zu geben, ob dies als Hauptbeweis oder direkter Gegenbeweis aufzufassen ist. Der Gewinn, der dadurch erzielt wird, daß die beweispflichtige Partei schon in der Beweisaufforderung bezeichnet wird, ist daher sehr problematisch, zumal wenn, wie in neueren Prozeß-Ordnungen, z. B. der Badischen bestimmt ist, der erste Richter selbst auch von der Beweisauflage wieder abgehen und eine veränderte Auflage erlassen kann. Jedenfalls hätte eine Partei es ihrer Nachlässigkeit zuzuschreiben, wenn sie bei zweifelhafter Beweislast nicht alles, was in ihren Kräften steht, für ihre Behauptungen beigebracht hätte.

Eine vorläufige Entscheidung über die Beweislast erscheint daher sehr überflüssig, und kann füglich bis zum Enderkenntniß ausgesetzt werden, wo der Richter, wenn ein Beweispunkt unbewiesen geblieben ist, sich die Frage aufzuwerfen hat, welcher Partei denselben zu beweisen obgelegen wäre. Auf der andern Seite kommt es dagegen häufig vor, daß der Beweis einer Thatsache nach Abwägung der dafür und dagegen vorgebrachten Beweismittel so vollständig erbracht vorliegt, daß eine Beantwortung der zweifelhaften Frage von der Beweislast gar nicht nöthig ist, und daher diese oft schwierige Funktion des Richters ohne Gefahr unterbleiben kann.

Ein empfehlenswerthes Mittel, klare Einsicht in das Beweisdekret und den Ideengang des Richters zu erlangen, ist dagegen die Mittheilung von Entscheidungsgründen zum Beweisdekret, wie dies in mehreren neuen Gesetzgebungen bestimmt ist.

Die Hannöversche Prozeß-Ordnung schreibt dem Beweis-Interlokut zwar keine Rechtskraft zu und gestattet dem höheren Richter in der Hauptsache eine Abänderung desselben, sie bindet aber den ersten Richter an das von ihm erlassene Beweis-Interlokut. Mit Rücksicht auf das dieser Prozeß-Ordnung zu Grunde liegende mündliche Verfahren wird für jene Bestimmung geltend gemacht, daß das Gericht, welches die Endentscheidung fällt, nicht immer aus denselben Personen, welche das Beweis-Interlokut gefällt haben, zusammengesetzt sei, und eine Vergegenwärtigung der Sachlage, welche dem Beweis-Interlokut zu Grunde lag, der Erinnerung entschwinden könne, weshalb im Beweis-Interlokut ein Stadium erkannt werden müsse, welches die vorangegangenen Verhandlungen abschließe und die Grundlage für die folgenden Verhandlungen abgebe. Diese Gründe können aber gegenüber den oben erwähnten nicht als entscheidend erkannt werden. Die thatsächlichen Behauptungen, welche dem Beweis-Interlokut zu Grunde liegen, müssen jedenfalls in den Akten niedergelegt sein, weil sonst der höhere Richter, welcher über die Richtigkeit des Beweis-Interlokuts zu erkennen hat, einer Grundlage hierfür entbehren würde. Auch die Hannöversche Prozeß-Ordnung setzt dies voraus (§. 92 ff.). Die mündliche Verhandlung ist hauptsächlich für Rechtsausführungen bestimmt; kommen neue thatsächliche Vorbringen dabei zur Sprache, so müssen diese in Schriften (Urtheil oder Protokoll) niedergelegt werden (§. 101, 357). Ist nun der höhere Richter durch dieses Material in den Stand gesetzt, das Beweis-Interlokut gehörig würdigen zu können, so muß der erste Richter, bei welchem sich ein Bedürfniß der Abänderung oder Ergänzung des Beweis-Interlokuts herausstellt, dies in noch höherem Grade sein. Die vorausgegangene mündliche Verhandlung am Schlusse des ersten Verfahrens kann hierbei kein Hinderniß bewirken. Wird zur Erzielung eines richtigen Enderkenntnisses einmal ein neues Beweis-Interlokut als Bedürfniß erkannt, so kann dagegen auch die Mühe einer wiederholten mündlichen Verhandlung nicht in Betracht kommen, um so weniger, als am Schlusse des Beweisverfahrens ohnehin eine mündliche Beweisausführung stattfindet (§. 234).

Die Hannöversche Prozeß-Ordnung bietet ein leicht zugängliches Correktiv dar, um die Nachtheile eines als mangelhaft erkannten Beweis-Interlokuts schon in erster Instanz zu beseitigen, indem sie zur Sicherung gefährdeter Beweismittel in §. 244 die Aufnahme eines Beweises zum ewigen Gedächtniß, s e l b s t o h n e B e s c h e i n i g u n g d e r G e f a h r, daß das Beweismittel verloren gehe oder erschwert würde, gestattet. Daß dieses Auskunftsmittel auch nach Erlassung des Beweis-Interlokuts gebraucht werden könne, scheint keinem Zweifel zu unterliegen, weil für die Zeit seines Gebrauchs keine Schranke gesetzt ist. Glaubt nun eine Partei, daß in dem Beweis-Interlokut ein relevanter Umstand übergangen sei, so hat sie zur Ergänzung dieser Unvollständigkeit ein nahe liegendes Mittel in der Beweisaufnahme zum ewigen Gedächtniß bei der Hand, und dem Richter, wenn er sich von der Richtigkeit der Ausstellung gegen sein Beweis-Interlokut überzeugt, ist hierdurch eine Gelegenheit geboten, dem höhern Richter das erforderliche Material zum

Enderkenntniß zu liefern, er selbst darf aber keinen Gebrauch davon machen, weil er durch sein Beweis-Interlokut gebunden ist.

Zieht man die Erfahrungen der Länder, in welchen das Beweis-Interlokut in Rechtskraft überzugehen geeignet und daher appellabel ist, und der Länder, in welchen dies nicht stattfindet, zu Rathe, so dürfte sich die Wagschaale auf Seite der letzteren neigen. Zink, über die Ermittelung des Sachverhalts im Französischen Civilprozeß, München 1860, hat S. 294 die Nachtheile des appellabeln Beweisurtheils in Bayern unter Hervorhebung vieler Beispiele mit grellen Farben geschildert. Wie hoch in Preußen die Ungebundenheit des Richters in Beziehung auf das Beweisdekret geschätzt wird, hat sich beim ersten Deutschen Juristentag deutlich zu erkennen gegeben.

Für Württemberg, wo dieser Grundsatz schon seit 42 Jahren besteht, muß das Gleiche behauptet werden. Nach dem IV. Organisationsedikt vom 31. Dezember 1818 §. 102 ff. wird im ordentlichen Verfahren, nachdem beide Theile über die gegenseitigen Vorbringen gehört sind, von dem Richter eine Uebersicht über die Streitverhältnisse entworfen, in welcher die noch streitig gebliebenen Umstände, welche als erheblich erscheinen, herausgehoben werden. Es wird kein eigentliches Beweis-Erkenntniß ausgesprochen, sondern beide Theile werden in einem Beweisdekrete aufgefordert, in einem möglichst kurzen peremtorischen Termine, in der Regel von 30 Tagen, die bisher noch nicht benutzten Mittel, wodurch die Wahrheit ihrer sich widersprechenden Behauptungen in Absicht auf die vom Richter als erheblich ausgezeichneten Umstände an den Tag gebracht werden kann, dem Gerichte anzuzeigen, und so weit es von ihnen abhängt, in dessen Hände zu bringen. Diese Aufforderung wird an beide Theile gleichmäßig gerichtet. Keine Partei wird dabei, als ob ihr der Beweis vorzugsweise obläge, bezeichnet; vielmehr wird dann erst, wenn am Ende bei der Beurtheilung des ganzen Rechtsstreits der Beweis solcher Thatumstände, worüber nicht nur die Aufforderung an die Parteien ergangen ist, sondern welche auch das Gericht nun als die eigentlich entscheidenden erkennt, nicht genügend erscheint, eine Untersuchung darüber, welchem Theil dieser Beweis eigentlich obgelegen hätte, angestellt, und hierauf wird die Endentscheidung gegründet.

Die Aufforderung ist jedoch für die Endentscheidung sogar in der ersten Instanz nicht präjudiziell; das Gericht ist durch sie in seinem Urtheil darüber, von welchen Thatsachen die Entscheidung abhängen soll, nicht gebunden. Erwiesene oder wenigstens in das Beweisdekret aufgenommene Umstände können von dem Richter doch noch als unerhebliche beseitigt und dagegen andere von den Parteien vorgebrachte, oder sonst in den Akten liegende, von dem Richter aber bisher nicht beachtete Umstände den Parteien noch ebenso, wie es schon bei der Einleitung des Beweisverfahrens hätte geschehen sollen, zum Beweis hingestellt werden.

Diese Bestimmungen sind zwar zunächst für das mündliche Verfahren in erster Instanz gegeben, später aber auch für das schriftliche Verfahren bei den Kreisgerichten vorgeschrieben worden. Dieselben werden allgemein für zweckmäßig anerkannt, und es dürfte sich jetzt kaum ein Württembergischer Jurist mehr finden, der sie mit dem schleppenden Gange des früheren Beweisverfahrens vertauschen möchte.

In dem Entwurf einer bürgerlichen Prozeß-Ordnung für Württemberg von 1847 §. 594 ist zwar in Uebereinstimmung mit der Badischen Prozeß-Ordnung bestimmt, daß die Beweisauflage auch den Ausspruch, welche Partei den Beweis der einzelnen Thatsache zu führen habe, enthalten müsse, allein auch nach diesem Entwurf ist derselbe Richter von diesem Ausspruch wieder abzugehen befugt, und nach dem schon oben Bemerkten kann ein wesentlicher Vortheil in dieser Bestimmung nicht gefunden werden.

Das oberste Landesgericht Württembergs hatte früher Gelegenheit, die beiden Systeme mit einander zu vergleichen, indem es durch Verträge mit den Fürsten von Hohenzollern zugleich oberste Instanz für die Fürstenthümer Hechingen und Sigmaringen war, in welchen der gemeinrechtliche Grundsatz der appellabeln Beweiserkenntnisse galt. Das Obertribunal hat oft genug wahrzunehmen gehabt, in welcher mißlichen Lage der höhere Richter sich befindet, wenn er das Enderkenntniß in einer Sache fällen soll, welche durch ein unrichtiges Beweiserkenntniß, das in Rechtskraft übergegangen war, in eine falsche Bahn gerathen war, und unabweislich zu einem gegen das materielle Recht verstoßendem Endergebniß führen mußte.

III. Ob die Vertretung durch einen Rechtsanwalt obligatorisch zu machen?

Der Vorschlag, den prozeßführenden Parteien zur Obliegenheit zu machen, sich durch Anwälte vertreten zu lassen, dürfte sich als sehr zweckmäßig empfehlen. Bei der Ausbildung, welche unser Civilrecht und Civilprozeß erhalten hat, ist es einer rechtsunkundigen Partei, selbst bei den anscheinend einfachsten Rechtsstreitigkeiten, nicht möglich, den Umfang ihrer Rechtsbefugnisse und der dagegen vorzubringenden Einwendungen vollständig zu übersehen. Ein sehr einfach scheinender Klag-Anspruch kann durch Einreden oder prozessualische Zwischenfälle sehr verwickelt werden und schon bei Anbringung der Klage bedarf es oft der Kenntniß aller Rechtszuständigkeiten, um den richtigen Weg einzuschlagen, wenn der klagenden Partei ihr Recht auch noch so klar und einfach erscheinen sollte. Bei einigermaßen verwickeltem Thatbestande ist es schon schwer, aus dem oft verwirrten Vortrage eines Rechtsuchenden das herauszufinden, um was es sich eigentlich handelt, und was den Gegenstand des Streites bildet. Wenn diese Funktionen nicht einem Anwalte zugewiesen werden wollen, so muß der Richter das Interesse der Partei wahrnehmen und gleichsam ihren Anwalt machen. In mehreren Gesetzgebungen hat man diesen Weg wirklich eingeschlagen und auch der Württembergischen Prozeß-Verordnung (IV. Organisationsedikt vom 31. Dezember 1818) liegt diese Voraussetzung zu Grunde, indem bei dem mündlichen Verfahren vor den Oberamtsgerichten die Parteien nicht gehalten sind, rechtsgelehrter Beistände sich zu bedienen (§. 76); indem ferner der Richter, sobald die Anmeldung der Klage erfolgt ist, von Amtswegen beide Theile über die faktischen Umstände, worauf die gegenseitigen Ansprüche beruhen, befragen, überhaupt für den unzweifelhaften Zweck jeder Partei von Amtswegen thätig sein soll und sein Erkenntniß nicht durch bestimmte Anträge der Parteien bedingt ist, vielmehr einer Partei alles das, was ihr nach dem Resultat der Verhandlungen rechtlich gebührt, zuerkannt werden muß, wenn sie auch nur im Allgemeinen darum gebeten hat (§. 77).

So sehr die Motive sich auch dagegen verwahren, liegt dieser Vorschrift doch eine zu weitgehende Inquisitionsmaxime zu Grunde. Welche Unzuträglichkeiten sich hieraus ergeben, hat man aber in Württemberg zur Genüge wahrzunehmen Gelegenheit gehabt, wenngleich durch die Prozeßnovelle vom 15. November 1821 auch ein schriftliches Verfahren mittelst Vertretung durch Anwälte zugelassen worden ist; denn in vielen und oft nicht einfachen Fällen wird der Prozeß auch jetzt noch ohne Beiziehung von Advokaten von dem Einzelrichter protokollarisch mündlich instruirt. Die Parteien finden dies, der Kostenersparniß halber, ihrem Interesse entsprechend, und viele Richter zeigen sich, um den weitläufigen Ausführungen eines schriftlichen Verfahrens zu entgehen, häufig auch um die unvermeidlichen Kollisionen mit den persönlich anwesenden Anwälten zu vermeiden, geneigt, die Mühe der Prozeßinstruktion allein zu übernehmen. Daß eine und dieselbe Person nicht Rechtsbeistand und Richter zugleich sein kann, ist nun, selbst bei der größten Unparteilichkeit, von selbst begreiflich, und häufig läßt sich als Folge davon eine Einseitigkeit oder unwillkürlich vorgefaßte Meinung, die sich durch die ganze Instruktion hindurchzieht, in der Entscheidung nicht verkennen. Hierzu kommt der Mißstand, daß bei dem der niederen Volksklasse inwohnenden Argwohne die verlierende Partei nur zu geneigt ist, den Sieg des Gegners der demselben mehr günstigen Leitung des Richters zuzuschreiben. Wollte man aber dem Richter ein so weit gehendes Instruktionsrecht nicht einräumen, wie dies denn bei Beobachtung des richtigen Verhandlungsprinzips nicht geschehen darf, so bleibt die Partei ohne rechtsgelehrten Beistand rathlos, und der Richter, welchem alle Anhaltspunkte zu Einleitung eines ordnungsmäßigen Verfahrens fehlen, ist, wenn es ihm vermöge seines Fragerechts nicht gelingt, den Thatbestand aufzuklären, vornweg genöthigt, zu Ungunsten der nicht berathenen Partei blos aus formellen Gründen eine Entscheidung zu treffen.

Gegen die Obliegenheit, sich durch einen Rechtsanwalt vertreten zu lassen, spricht hauptsächlich die größere Kostspieligkeit; denn daß durch die Anwälte einfache Rechtssachen leicht zu verwickelten und weitläufigen werden, läßt sich bei einer zweckmäßigen Organisation des Advokatenstandes nicht annehmen. Die Kostspieligkeit kann sich nur nach den individuellen Verhältnissen jedes Landes beurtheilen lassen, indem es hierbei auf die Größe der Advokatentaxe und den dafür bestehenden Maßstab, sodann auf das Maß der Gerichtssporteln ankommt. Im Allgemeinen läßt sich nur so viel sagen, daß, wer den gerichtlichen Weg zur Schlichtung seines Rechtsstreites zu betreten sich entschließt, auch die durch den Zweck gebotenen Mittel aufwenden muß.

Als Erfahrungssatz darf aber wohl aufgestellt werden, daß mit der geringen Kostspieligkeit der Prozesse auch die Häufung derselben Hand in Hand geht. Einem in seinem Rechte Verletzten oder ungerecht Angegriffenen kann es zwar schwer ankommen, sich durch einen Advokaten vertreten lassen zu müssen, und die Kosten hierfür aufzuwenden; durch Einhaltung strengerer Grundsätze über Kostenkompensation wird der Richter aber selten in den Fall gesetzt sein, der unschuldigen Partei den Ersatz des gehabten Aufwandes absprechen zu müssen.

Andere Vortheile, welche der Herr Antragsteller hervorhebt, hängen zu sehr mit der konkreten Prozeß-Ordnung, auf welche sie sich beziehen, zusammen, als daß hier näher darauf eingegangen werden könnte, und nur soviel darf noch bemerkt werden, daß gerade bei mündlichem Verfahren, welches jedenfalls vorausgesetzt wird, die Zweckmäßigkeit des Vorschlags sich im hellsten Lichte zeigt, die Frage aber, in welchen Fällen das Gericht die persönliche Anwesenheit der Parteien verlangen kann, hiervon nicht berührt wird.

Ob für die Gerichte der untersten Instanz, wie in der Hannöverschen Prozeß-Ordnung, eine Ausnahme von der obligatorischen Vertretung gemacht werden sollte, dürfte sehr in Frage kommen. Die Geringfügigkeit des Streitgegenstandes ist kein Merkmal für die Einfachheit desselben. Wenn dagegen für Bagatellsachen ein summarisches Verfahren ohne rechtsgelehrte Beistände angeordnet werden wollte, so ließe sich dagegen weniger einwenden.

IV. Ob eine Abweisung der Klage per decretum zuzulassen?

Per decretum pflegt eine Klage abgewiesen zu werden, wenn sie schon an sich mangelhaft ist, und der Beklagte nicht darüber gehört worden ist. Die Mängel können solche sein, welche sich, wenn der Kläger darauf aufmerksam gemacht wird, leicht heben lassen, so z. B., wenn es an der Vollständigkeit oder Deutlichkeit des Klagvortrages, oder an der Prozeßlegitimation fehlt. Eine Auflage des Richters, welche die nöthigen Ergänzungen anordnet, ist schon im gemeinen Recht begründet, und läßt sich auch mit dem mündlichen Verfahren ganz wohl vereinigen. Für den Fall jedoch, daß der Versuch, diese Mängel zu beseitigen nicht gelingt, und der Kläger auf seiner Klage, wie sie angebracht ist, beharrt, oder daß der Richter seine Zuständigkeit nicht begründet findet, oder aus den vorgetragenen Thatsachen die Ueberzeugung erhält, daß der Anspruch in den Rechten nicht begründet, oder durch einen ihm entgegenstehenden Einwand aufgehoben ist, so fragt es sich, ob es zweckmäßiger ist, die Klage sofort zurückzuweisen, oder den Beklagten zuvor hierüber zu hören.

Die Hannöversche Prozeß-Ordnung schreibt die vorgängige Prüfung der Klage durch den Richter nicht vor, sondern ordnet sofortige Behändigung der Klage an den Beklagten und Festsetzung eines Gerichtstages an (§. 184—189). Die Eingangs erwähnten Mängel, welche durch eine vorläufige Auflage des Richters sich beseitigen ließen, werden auch in der Gerichtssitzung leicht gehoben werden können, wenngleich es einfacher und die Verhandlung abkürzend ist, dieselben vorher ergänzen zu lassen. Bei andern Mängeln aber, bei denen diese Voraussetzung nicht zutrifft, entsteht die Frage, wie es gehalten werden soll, wenn der Beklagte kontumax ist, und an dem Gerichtstage nicht erscheint? Der für diesen Fall in §. 368 vorgeschriebene Rechtsnachtheil, daß die vom Kläger vorgetragenen Thatsachen als zugestanden angenommen werden, ist nicht ausreichend, und deswegen auch in §. 369 die Ausnahme zugelassen, daß wenn die Klaganträge an einem wesentlichen Mangel leiden, eine erneuerte Vorladung anzuordnen sei. Allein auch diese Maßregel erscheint nicht ausreichend, wenn der Beklagte seinen Ungehorsam fortsetzt. In diesem Falle bleibt nichts übrig, als auf den Klagantrag, wie er gestellt ist, eine Verfügung zu treffen. Der Ungehorsam des Beklagten kann nicht ohne weiteres die Folge haben, daß dem Anspruche des Klägers gemäß erkannt werde. Ein Stattgeben der Klage ist nicht zulässig, wenn es z. B. an der Prozeßlegitimation fehlt, weil dieser Mangel eine Nichtigkeit des Ausspruchs zur Folge haben würde. Ist die Zuständigkeit des Richters nicht begründet, so kann demselben nicht zugemuthet werden, eine materielle Entscheidung zu fällen, weil diese ebenfalls an Nichtigkeit leiden würde, und ist endlich der Klaganspruch aus den vorgebrachten Thatsachen nicht abzuleiten, so kann derselbe auch nicht eine Anerkennung des Richters finden. Es bleibt also für diese Fälle nichts übrig, als die Klage zurückzuweisen. Die Unterlassung einer Prüfung von Richteramtswegen erscheint folglich nicht konsequent durchführbar, und schon diese Erwägung giebt zu dem Zweifel Anlaß, ob es nicht richtiger ist, gleich von Anfang an eine richterliche Prüfung der Zulässigkeit des Klagantrags eintreten zu lassen.

Der Herr Antragsteller führt zur Rechtfertigung des Grundsatzes, daß eine Klage, ohne den Gegentheil gehört zu haben, nicht verworfen werden soll, an, daß dem Kläger Gelegenheit gegeben werden müsse, seinen Anspruch dem Gegentheil gegenüber dem Richter vorzutragen. Daß nun dem Kläger vollständiges Gehör für seinen Klagantrag gestattet werden muß, ist allerdings erforderlich, es kann dies aber auch vor Behändigung der Klage an den Beklagten durch geeignete Ausstellungen des Richters geschehen. Welches Interesse des Beklagten verletzt werden sollte, wenn die Klage wegen Unstatthaftigkeit zurückgewiesen wird, ist nicht wohl einzusehen. Warum sollte nun seine Thätigkeit in Anspruch genommen werden? Dies würde nur zu Verzögerungen und Belästigungen des Beklagten führen, ohne dadurch für den Zweck des Prozesses etwas zu gewinnen. Es kommen zwar oft Fälle vor, in welchen es zweifelhaft ist, ob die Klage an sich gehörig begründet erscheine, auch in Folge der mündlichen Verhandlung können von dem Beklagten Mängel geltend gemacht werden, welche der Richter vorher nicht beachtet hatte, es kommen aber auch andererseits Fälle vor, in welchen ein Zweifel darüber nicht obwalten kann, daß die Klage unstatthaft ist. Beiderlei Fälle können nicht gleichmäßig behandelt werden, sondern dem richterlichen Ermessen, von dem bei einer vernünftigen Anwendung des Gesetzes so viel abhängt, muß überlassen bleiben, eine zweckmäßige Unterscheidung zu treffen. Was man hierbei zu vermeiden hat, ist nur, daß für alle Fälle eine unabänderliche Norm aufgestellt und dem Richter die Möglichkeit entzogen werde, ganz klare Ueberschreitungen abzuschneiden.

Die Preußische Gerichts-Ordnung hat daher in Uebereinstimmung mit dem gemeinen Recht gewiß mit Recht eine vorgängige Prüfung der Klage dem Richter zur Pflicht gemacht.

Auch der Württembergische Prozeß erkennt diesen Grundsatz an. Das IV. Organisationsedikt vom 31. Dezember 1818 unterscheidet in §. 86 u. 87, indem es dem Richter gestattet, Mängel, welche sich heben lassen, durch geeignete Verfügung zu beseitigen, diejenigen Fälle, in welchen eine Klage durch ein vorläufiges, nicht in Rechtskraft übergehendes Dekret zurückgewiesen werden kann, von den Fällen, wo das Gericht, nachdem der Kläger vollständig gehört ist, aus dessen Vorbringen selbst die vollkommene Ueberzeugung erhält, daß, wenn auch alle vom Kläger angegebenen Thatsachen als richtig angenommen werden, dessen Anspruch doch völlig unstatthaft sein würde. In Fällen der letzten Art soll die Klage durch ein der Rechtskraft fähiges Erkenntniß abgewiesen werden.

Zu den Fällen der ersten Art rechnet der §. 86, wenn die Gerichtsbarkeit des angerufenen Richters nicht begründet ist, wenn die Parteien nicht die Fähigkeit haben, vor Gericht zu streiten, wenn Jemand das Recht eines Dritten vertheidigt, ohne sich über seine Befugniß hierzu ausweisen zu können. Außerdem ist zwar auch genannt: wenn die Klage zu früh angebracht war. Da aber dieser Fall, wenn der Kläger sich von seinem Klaganspruch nicht abbringen läßt, lediglich das materielle Recht der Partei berührt, und die Gültigkeit und Wirksamkeit des ganzen Verfahrens dadurch nicht, wie bei der Prozeßlegitimation oder der Zuständigkeit des Richters bedingt ist, so erscheint es nicht gerechtfertigt, diesen Fall zu dieser Klasse zu zählen, er erheischt vielmehr eine der Rechtskraft fähige Entscheidung, wie dies auch in der Praxis und in dem Entwurf einer bürgerlichen Prozeß=Ordnung von 1847 Art. 392 anerkannt worden ist.

Ebenso ist die gleichfalls im Art. 86 berührte Frage, ob die wahren Interessenten bei dem Streite vorhanden sind, sofern sie die Sachlegitimation berührt, wenn der Mangel sich nicht durch Ergänzungen der Klage heben läßt, eine mit der Materie des Rechtsstreits zusammenhängende Frage und es wird nach der Praxis auch hier nur eine der Rechtskraft fähige Abweisung zugelassen.

Für den Fall der Abweisung einer Klage durch Erkenntniß setzt der §. 87 voraus, daß der Beklagte sich darüber erklärt habe, daß er dem Anspruch nicht freiwillig stattgeben wolle. In den Motiven wird diese Bestimmung damit zu rechtfertigen gesucht, daß dadurch alle Zweifel entfernt werden, ob für den Beklagten die Einwendung der res judicata begründet werde, von welcher Zeit an, wenn das Erkenntniß in der höheren Instanz abgeändert würde, die Sache als litigios zu betrachten sei, wenn die Verjährung unterbrochen werde. Allein da die gleichen Wirkungen auch durch Mittheilung des Erkenntnisses an den Beklagten erzielt werden können, und an dem Widerspruch des Beklagten, wenn der Kläger zu Erhebung einer Klage sich entschließt, zumal bei der vorausgesetzten Beschaffenheit, ohnehin nicht gezweifelt werden kann, so dürfte sich diese Einschränkung nicht zur Nachahmung empfehlen.

Mit diesen Grundsätzen stimmt im Wesentlichen auch überein die Badische Prozeß=Ordnung von 1851 Art. 281—283.

Diesem Allem nach dürfte die Frage, ob eine Klage ohne Gehör des Beklagten abgewiesen werden könne, zu bejahen sein.

Die Frage, ob diese Abweisung durch ein Dekret oder Erkenntniß zu erfolgen habe, dürfte darnach zu bemessen sein, ob durch den Ausspruch ein materielles Recht zwischen den Parteien festgesetzt wird oder nicht. In letzterem Falle dürfte aber auch gegen das die Klage zurückweisende Dekret dem Kläger ein Beschwerderecht bis an den obersten Richter offen zu halten sein.

V. Ob das Rechtsmittel letzter Instanz die Sache in vollem Umfange, oder, mit Ausschluß der thatsächlichen Würdigung, neben Competenzüberschreitung und gewissen Prozedurfehlern, nur die Anwendung und Auslegung des Gesetzes zur Entscheidung des höchsten Gerichtshofes bringen soll?

Diese Frage läßt sich in folgende Theile zerlegen?

1) Soll über reine Thatfragen eine dritte Instanz bestehen?

2) Soll für Beschwerden gegen unrichtige Auslegung oder Anwendung des Gesetzes ein Kassationshof bestehen?

3) Soll der Kassationshof auch über Verletzung wesentlicher Prozedurfehler entscheiden?

Zu 1: Die Thätigkeit des Richters bei der Urtheilsfällung äußert sich:

a) in Feststellung der von den Parteien geltend gemachten Thatsachen, was geschehen kann in Folge von Zugeständnissen der Gegenpartei, von Präsumtionen und von Erhebung der angetretenen Beweise; und

b) in Anwendung der Rechtsnormen auf die festgestellten Thatsachen.

Die Prüfung der Richtigkeit der hieraus hervorgehenden Entscheidung, auf die von einer Partei dagegen erhobene Beschwerde, ist Obliegenheit des Richters zweiter Instanz. Zum Vorbringen thatsächlicher Behauptungen und der zu ihrer Nachweisung dienlichen Beweismittel ist zwar regelmäßigerweise die erste Instanz bestimmt. Da aber die Sachlage durch Einziehung des Beweises und geänderte Ansichten der Parteien und des Richters Neuerungen erfahren kann, in welche erst die Entscheidung des Richters den Gesichtspunkt öffnet, da ferner der erste Richter in Auffassung und Würdigung der Thatsachen und der dafür erbrachten Beweise sich irren kann, so erscheint es zur Sicherung einer gerechten Entscheidung unerläßlich, dem unterliegenden Theile in zweiter Instanz zu gestatten, neue Thatsachen und neue Beweise geltend zu machen, und den Ausspruch des ersten Richters auch in dieser Richtung der Prüfung des höheren Richters zu unterwerfen, so daß dieser in der Lage ist, den Streit, auf welchen sich die an ihn gelangte Beschwerde bezieht, in seinem ganzen Umfange, in facto et jure zu würdigen und zu entscheiden.

Es fragt sich nun, ob diese ganze Funktion auch in einer dritten Instanz sich wiederholen soll, ob namentlich das Recht der Parteien, nova vorzubringen, und ob die Thätigkeit des Richters, welche in der Würdigung des Thatbestandes besteht, auch hier stattfinden soll.

Die Vorbringung neuer Thatsachen und Beweise ist schon in zweiter Instanz streng genommen eine Anomalie, weil sie sich mit der zweimaligen Würdigung des vorliegenden Materials durch zwei verschiedene Richter, welches Zweck der Appellation ist, nicht vereinigen läßt, sofern über das in zweiter Instanz neu Vorgebrachte nur der höhere Richter urtheilen kann, der erste Richter dies nicht konnte. Dies Recht ist aber den Parteien einzuräumen, weil es zur Herstellung des richtigen Thatbestandes in zweiter Instanz unerläßlich ist. Eine wiederholte Gestattung dieses Nachbringens in dritter Instanz wäre aber eine zu weit ausgedehnte Nachsicht gegen die Partei, welche bei gehöriger Umsicht in den beiden ersten Instanzen im Stande war, alles ihr Dienliche zu sammeln und vorzubringen, zu welcher Nachsicht, da Vertretung durch einen Rechtsbeistand vorausgesetzt wird, kein genügender Grund vorliegt. Restitutionen werden hierdurch, wie sich von selbst versteht, nicht berührt. Deswegen haben auch neuere Gesetzgebungen, selbst bei Gestattung einer Oberappellation das Vorbringen von nova hierbei ausgeschlossen.

Auch wenn man die Thätigkeit des Richters in das Auge faßt, läßt sich eine nochmalige Würdigung aller Thatfragen nicht vertheidigen.

Bei der Aufstellung des Thatbestandes durch den Richter handelt es sich weniger von Anwendung abstrakter Rechtsnormen, welche der Kritik des höheren Richters unterstellt werden können, als von einfacher Verstandesthätigkeit, wobei auf alle in einem besondern Falle zusammentreffenden Umstände Rücksicht zu nehmen und ein Faktum aufzustellen ist, welches der Wahrheit möglichst entspricht. Die hierbei nöthigen Conklusionen hängen so sehr vom Eindruck der mündlichen Erörterungen und von der Subjektivität der Richter ab, daß sich nicht behaupten läßt, der dritte Richter werde gerade das absolut Richtige treffen. Im

Gegentheil ist eher anzunehmen, daß je näher der Richter den Parteien steht, je besser er die Personal- und Lokalverhältnisse zu würdigen verstehen werde.

Wenn alle Streitfragen in die dritte Instanz verfolgt werden könnten, so würde dieselbe mit so vielen Geschäften belastet, daß eine Bewältigung derselben ohne eine für die Einheit der Rechtsprechung bedenkliche Scheidung der zahlreichen Mitglieder in Sektionen nicht möglich wäre. Man hat deshalb auch überall nur für höhere Streitsummen eine Oberberufung zugelassen und für den Fall, daß die beiden ersten Urtheile gleich lauten, entweder die Appellationssumme noch weiter erhöht, oder gar keine Oberberufung gestattet. Dies führt aber zu einer ungleichen Behandlung der Rechtsuchenden, da dem Unbemittelten ein geringer Streitgegenstand so viel werth ist, als dem Reichen ein hoher, und die Verwickelungen und Schwierigkeiten sich nicht nach der Größe des Streitwerths richten. Ueberdies sind mit der Ermittelung der Streitsumme, mit der Unterscheidung zwischen gleichförmigen und ungleichförmigen Urtheilen, und mit der Ausmittelung der eigentlichen Beschwerdepunkte und deren Zusammenrechnung, wie die Erfahrung lehrt, oft so viele Schwierigkeiten und Subtilitäten verbunden, daß darauf leicht mehr Zeit und Mühe als auf die materielle Entscheidung zu verwenden ist.

Der gemeinrechtliche Grundsatz der drei Instanzen hat sich theils aus der mangelhaften Organisation der Gerichte, theils aus der Unsicherheit der Rechtsnormen und der Unvollständigkeit der Prozeßvorschriften, theils aus politischer Zersplitterung und dem Mangel fester Grundsätze über Organisation der Gerichte unter sich entwickelt. In allen diesen Beziehungen ist die neuere Zeit sehr vorgeschritten. Die Unabhängigkeit und Fähigkeit der Richter ist mehr und mehr zur Wahrheit geworden, und wenn der Grundsatz des mündlichen und öffentlichen Verfahrens und daß auch die Untergerichte collegialisch besetzt werden, durchgeführt wird, so bietet schon die erste Instanz alle Garantien einer gründlichen und verständigen Rechtsprechung dar. Die Theorie des Rechts und der Prozeßvorschriften haben durch die Wissenschaft und Legislaturen eine solche Ausbildung erhalten, daß Fehler im Verfahren viel leichter zu vermeiden sind, der politischen Zersplitterung endlich und dem daraus hervorgehenden Mangel gehöriger Begrenzung der Zuständigkeit wird vorgebeugt durch ein gemeinsames Gesetzbuch, welches einheitliche Proceßnormen für ganz Deutschland aufstellt.

Jener gemeinrechtliche Grundsatz dürfte daher unbedenklich gegen die Vortheile der von dem Herrn Antragsteller beantragten Einrichtung zu vertauschen sein.

Die Zulässigkeit einer Beschränkung der Thatfragen auf zwei Instanzen hat man wegen Art. 12 der deutschen Bundesakte, worin Gerichte dritter Instanz als eine Fundamentalbestimmung aufgenommen sind, bezweifelt; allein schon im Bundesbeschluß vom 14. März 1822 (Bundes-Protokolle Band XIII. S. 215 vergl. mit S. 178 fl.) ist anerkannt worden, daß hierdurch keine Beschränkung in Feststellung der Gerichts-Ordnung und in Regelung der Appellationen nach bestimmten Vorschriften habe ausgesprochen werden wollen. Von welcher Beschaffenheit die Rechtsmittel, welche an das oberste Gericht gelangen, sein sollen, ist Gegenstand der Gerichtsorganisation, welcher durch jene Bundesbestimmung keine Schranken gesetzt sind.

Diesem nach dürfte diese erste Frage zu verneinen sein.

Zu 2: Ganz anders als bei der Feststellung der Thatfragen gestaltet sich das Interesse, wenn positive Rechtssätze durch den Urtheilsspruch verletzt sind. Solche Verletzungen beschränken sich nicht auf den konkreten Streitfall, sondern äußern vermöge ihrer präjudiziellen Natur ihre Wirkung auf die Anwendung des Rechts auch in andern Fällen, greifen in die Wirksamkeit der bestehenden Rechtsnormen ein, und der Staat selbst hat ein Interesse daran, daß die Gültigkeit seiner Gesetze nicht gefährdet werde. Um solche Verletzungen zu erkennen, bedarf es nicht des Eingehens in die thatsächlichen Verhältnisse des konkreten Falls und einer Vergegenwärtigung des Ganges, wie sich der Thatbestand allmälig gestaltet hat. Die Thätigkeit des Richters, welcher über diese Verletzungen zu erkennen hat, ist von viel mäßigerem Umfang, als wenn er sich durch die Windungen der thatsächlichen Entwickelungen hindurch zu finden hat, um zu einem selbstständigen Resultat über die Thatfragen zu gelangen. Eine Beschränkung auf höhere Streitwerthe und alle deren nachtheilige Folgen treffen hier nicht zu.

Handelt es sich blos um Auslegung eines Gesetzes, so sind die Funktionen des obersten Richters die einfachsten, weil er die angefochtene Auslegung des Unterrichters vor sich hat und seine Cognition nur auf Interpretation des Gesetzes sich zu beschränken braucht. Schwieriger wird allerdings die Würdigung des Richters, wenn es sich von der richtigen Anwendung eines Gesetzes auf den konkreten Fall handelt, dies erfordert nicht nur ein tieferes Eingehen auf die Thatsachen, sondern es ist oft auch sehr schwer, die Grenze zwischen einer Thatfrage und Gesetzesanwendung zu bestimmen. Diese Schwierigkeit ist als Grund angeführt worden, eine Unterscheidung zwischen Thatsache und Rechtsgrundsatz überhaupt nicht zuzulassen, sondern dem höchsten Richter die Würdigung des ganzen Streits in facto et jure zu unterstellen. Allein die oben unter 1 entwickelten Grundsätze über Beschränkung der Thatfrage auf zwei Instanzen sind zu bedeutend, als daß sie dieser Schwierigkeit zum Opfer gebracht werden sollten. Nähere Grundsätze, nach welchen der Kassationshof bei Abgrenzung des Faktischen vom Rechtlichen zu urtheilen hat, lassen sich hier nicht aufstellen; einer konsequenten Praxis an der Hand einer allmälig verbessernden Gesetzgebung dürfte aber die Lösung dieser Schwierigkeit gelingen.

Die Verletzung eines Rechtsgrundsatzes ist vorhanden, mag es sich von Gegenständen des materiellen Rechts oder von prozessualischen Grundsätzen handeln. Das allgemeine Interesse an einer richtigen Rechtsprechung, wie das Interesse der Parteien fordert, daß nicht nur das, was Rechtens ist, vom Richter ausgesprochen werde, sondern daß auch dasjenige Verfahren eingehalten werde, welches die Gesetze zur Ermittelung des Thatbestandes vorgeschrieben haben; eine Verletzung dieser Vorschriften würde die Rechtshülfe ebensogut vereiteln, wie die Aufstellung unrichtiger Rechtssätze. Eine Ausscheidung des Thatsächlichen wird bei Verstößen gegen Prozeßnormen nicht schwieriger sein, als bei materiellen Rechtsverletzungen, sondern in der Regel weit leichter sich bewerkstelligen lassen. Es giebt zwar gewisse wesentliche Prozeßverstöße, welche sich auf Thatfragen stützen und deren Beurtheilung voraussetzen, z. B. wenn es sich von gewissen Unfähigkeitsgründen eines Richters handelt, bei Erkenntnissen ultra petitum oder solchen, die mit den Entscheidungsgründen im Widerspruch stehen, worüber das Nähere unter Nr. 3 vorkommen wird; das hindert aber nicht, sie dem hier aufgestellten Grundsatze zu unterwerfen, daß Rechtsverletzungen ebenso anfechtbar sein müssen, wenn sie einen Verstoß gegen Prozeßgesetze, als wenn sie einen Verstoß gegen Rechtsgesetze enthalten.

Bei diesen Verletzungen wird aber vorausgesetzt werden müssen, daß sie wirklich den angefochtenen Richterspruch herbeigeführt haben. Unrichtige Rechtssätze, welche der Appellationsrichter blos beiläufig in seine Erwägungen aufgenommen hat, und welche von seinem Standpunkte aus auf das Urtheil keinen entscheidenden Einfluß haben, ferner fehlerhafte Prozeduren zur Feststellung und Ermittlung von Thatfragen, wenn letztere von dem Richter für sein Urtheil schließlich als irrelevant erkannt wurden, können den Kassationshof auch nicht bestimmen, ein Vernichtungsurtheil auszusprechen, denn der Ausspruch des Kassationsrichters soll sich immer über wirklich zugefügte Beschwerden erstrecken und es kann nicht seine Sache sein, Unrichtigkeiten der unteren Gerichte, wo er sie findet, aufzudecken und, auch wenn sie ohne praktischen Erfolg geblieben sind, zu korrigiren, was ihn weit von seinem Berufe abführen würde.

Auch von dieser Regel giebt es Ausnahmen, wenn das Gesetz die Beobachtung gewisser äußerer Formen vorschreibt, z. B. Besetzung des Gerichts, Oeffentlichkeit der Gerichtssitzung, und Verletzungen dieser Vorschriften vorgekommen sind. Hier muß eine Nichtigkeitsklage gestattet sein, auch ohne daß ein Causalzusammenhang mit dem Inhalte des Erkenntnisses sich nachweisen läßt, worüber weiter unten bei Nr. 3 die Rede sein wird.

Die Wichtigkeit einer solchen Institution des Kassationshofes kann nicht hoch genug angeschlagen werden. Sie ist nicht nur zum Schutze gekränkter Rechte der Parteien unentbehrlich, sondern bildet auch die Grundlage einer fortschreitenden Gesetzgebung. Kein Gesetzbuch hat Anspruch auf Vollkommenheit; die fortschreitende Rechtsbildung im Volke macht Ergänzungen und Verbesserungen nöthig, für deren Verwirklichung dauernde Organe geschaffen werden sollten. Wenn die Aussprüche des Kassationshofes, was schon zur Erzielung einer konsequenten Rechtsprechung nöthig ist, sorgfältig gesammelt und festgestellt werden, so geben diese die richtigste Erfahrung an die Hand, welcher Ergänzungen die Gesetze bedürftig sind. Unter Beihülfe der Wissenschaft und der vorzugsweise mit ihr beschäftigten Theoretiker wird sich alsdann durch eine ständige Gesetzgebungs-Kommission eine definitive Entscheidung der Kontroversen, Ausfüllung von Lücken der Gesetzgebung und von Zeit zu Zeit eine neue verbesserte Redaktion des Gesetzes bewerkstelligen lassen. Diese Einrichtungen können ihren vollen Nutzen zwar nur bei durchgängiger Einheit des Rechts durch alle Theile des Rechtsgebiets bewähren. Wenn aber vorerst auch nur für den bürgerlichen Prozeß eine einheitliche Gesetzgebung in Deutschland geschaffen würde, so wäre ein gemeinsamer Kassationshof demungeachtet eine Konsequenz, welche die wohlthätigsten Folgen für das Gesetzbuch selbst und für Verallgemeinerung des Rechts haben müßte, wenn auch der Kassationshof für jetzt nach den Partikulargesetzen der einzelnen Länder zu sprechen genöthigt wäre, was durch geeignete Zusammensetzung desselben leicht ausführbar wäre.

Die Frage: ob Auslegungen von Verträgen und Willenserklärungen der Entscheidung des Kassationshofes anheimfallen (Waldeck Nichtigkeitsbeschwerde S. 52 ff.), wird im Allgemeinen zu verneinen sein, da hier sehr subtile Distinktionen vorkommen, Umstände, welche außerhalb der Urkunde liegen, den Erklärungsgrund im speziellen Falle abgeben können, und selten ein präjudizieller Vorgang für andere Fälle dadurch gebildet wird.

Die Hannöversche Prozeß-Ordnung kennt ein Nichtigkeitsverfahren wegen Verletzung gesetzlicher Vorschriften nicht, sondern gestattet in solchen Fällen nur dem Ober-Staatsanwalt eine Nichtigkeitsbeschwerde zur Wahrung des Gesetzes (§. 443). Von dieser blos fakultativen Befugniß dürfte verhältnißmäßig selten Gebrauch gemacht werden, der Staat wird folglich ein Mittel der Gesetzeskorrektion entbehren, was bei einem großen, unter einem höchsten Gerichte stehenden Landesgebiete um so fühlbarer wäre, als durch die Mehrzahl der Appellationsgerichte eine sehr verschiedene Praxis sich bilden kann, welche nothwendig einer Concentrirung bedarf. Ohne praktische Wirksamkeit für den konkreten Fall und ohne kontradiktorisches Verfahren wird aber auch das lebendige Interesse abgeschwächt und dem Gerichte mehr die Bedeutung einer Gesetzes-Commission als eines rechtsprechenden Richters beigelegt. Diese Einrichtung dürfte sich daher nicht allgemein empfehlen.

In Württemberg besteht eine Nichtigkeitsklage in dem bisher entwickelten Sinne gleichfalls nicht. Das Landrecht von 1610, welches in dieser Materie durch die neueren Prozeßvorschriften keine Aenderung erlitten hat, führt Th. I Tit. 56 außer prozessualischen Nichtigkeiten von Gesetzesverletzungen, welche 10 Jahre lang eine Anfechtung des Urtheils gestatten, nur zwei auf: §. 10. „Da ein Urthel in gleicher Sach vnd zwischen einerley Partheyen oder deren Nachkommen, wider ein vorgehende Urthel, so in ihr Krafft vnd Würckung kommen, ausgesprochen" und §. 11 „Da in der Urthel ein offenbahrer Irrthumb Rechtens begriffen, vnd also wider lautere Dispositionen der Rechten, kundtlich ergangen were" und bezieht sich im übrigen auf das gemeine Recht. Die Zweckmäßigkeit des ersten Nichtigkeitsgrundes, welcher übrigens schon im gemeinen Recht (l. 1 C. sententiam rescindi non posse VII, 50) begründet ist, wird mit Recht bezweifelt, da es Sache der Parteien ist, die aus einem früheren Erkenntnisse ihnen zustehenden Rechte geltend zu machen und wenn sie dies unterlassen, eben so gut, wie wenn sie auf einen Vergleich sich zu berufen unterlassen, ein Verzicht hierauf anzunehmen ist (Gönner Handbuch III S. 442, Linde Civilprozeß §. 421, Bayer Civilprozeß S. 1092, Mittermaier Beitrag III, 124); im Fall aber der Richter über die exceptio rei judicatae unrichtig entschieden hat, ein über die konkreten Rechtsverhältnisse sich erstreckender Reflexionsfehler vorliegt, welcher auf Anfechtbarkeit vor dem Kassationshof keinen Anspruch hat.

So viel den zweiten Nichtigkeitsgrund (§. 11) betrifft, so ist durch die Praxis derselbe dahin festgestellt worden, daß er nur dann zutreffe, wenn der Richter ein klares Gesetz ignorirt habe, nicht aber dann, wenn er die Auslegung und Anwendung des Gesetzes zum Gegenstande seiner Reflexion gemacht, hierbei aber das Richtige nicht getroffen habe. Da in Württemberg der oberste Gerichtshof, wenn die Größe des Streitwerths für die dritte Instanz hinreichend ist, die Beurtheilung des Appellationsrichters ihrem ganzen Inhalte nach zu prüfen hat und auch über die Thatfrage entscheiden kann und selbst nova hierbei zulässig sind, so werden Nichtigkeitsbeschwerden wegen Verstoßes contra clarum jus in thesi meistens nur dann erhoben, wenn die erforderliche Appellationssumme nicht vorhanden ist; daß aber nach den vorhin erwähnten Grundsätzen solche Nichtigkeitsbeschwerden nur in den seltensten Fällen einen Erfolg haben, ist von selbst klar. Der bedeutendste Nutzen eines Kassationshofes, Herstellung eines gleichmäßigen Rechts, kann hierdurch nicht erzielt werden.

Zu 3. Auch außer den Fällen in Nr. 2 kann der Schutz des Kassationsmittels nothwendig werden, wenn im Prozeßverfahren wesentliche Mängel vorgekommen sind, welche der Natur der Sache nach einem gerechten Erkenntnisse im Wege stehen, oder weil überhaupt jede Garantie fehlt, daß richtig geurtheilt worden sei, wenn diese Mängel auch nicht eine Verletzung ausdrücklicher Prozeßvorschriften enthalten, wenn auch nicht ersichtlich ist, daß sie gerade die Ursache sind, daß so wie geschehen und nicht anders erkannt worden, und wenn auch hierbei die Ermittlung relevanter Thatfragen durch den Kassationshof vorausgesetzt wird. Hierunter gehört Inkompetenz des Richters, Bestechung oder ähnliche Inhabilität desselben, mangelnde Besetzung des Gerichts, Mängel in der Prozeßlegitimation, wenn dem Unterliegenden die Möglichkeit der Vertheidigung nicht gewährt ist, wenn auf etwas erkannt ist, worauf das Gesuch keiner Partei gerichtet gewesen, oder in der höheren Instanz eine Abänderung des Urtheils zum Nachtheil des Beschwerdeführers verfügt worden ist, wenn das Erkenntniß an Dunkelheit, Unverständlichkeit, Unbestimmtheit oder Widersprüchen mit den Entscheidungsgründen leidet.

Es kann nicht die Absicht dieser Erörterungen sein, diese Fälle der prozessualischen Nichtigkeit hier zu erschöpfen, es dürfte aber bei Redaction eines Gesetzes geboten sein, nach dem Beispiele neuerer und älterer Gesetzgebungen sie möglichst vollständig aufzuzählen.

Daß Verstöße gegen solche wesentliche Prozeßerfordernisse der Anfechtung vor dem Kassationshof unterworfen werden müssen, folgt schon aus dem gemeinrechtlich feststehenden Grundsatze, daß Verletzungen der substantialia des Prozesses Nichtigkeit des Urtheils nach sich ziehen (J. R. A. §. 122), und ist auch von allen Gesetzgebungen anerkannt.

Inkompetenz des Richters, habe sie ihren Grund darin, daß der Streit überhaupt nicht vor die Gerichte gehört, oder daß nicht der rechte Richter entschieden hat, hat zwar nicht nothwendig auch eine materielle Verletzung des Rechts der Parteien zur Folge; die Rechtsordnung verlangt aber, daß ein Urtheil nur von derjenigen Behörde, welche vom Staate dafür aufgestellt ist, ausgesprochen werde; der Ausspruch eines inkompetenten Richters kann daher nicht zu Recht bestehen.

Bestechung des Richters, Unverständlichkeit des Urtheils, Widerspruch zwischen dem Urtheil und den Entscheidungsgründen und ähnliche Nichtigkeitsgründe liegen so sehr in der Natur der Sache, machen auch zum Theil die Vollziehung des Erkenntnisses unmöglich, daß sie, auch ohne daß in der Prozeß-Ordnung ausdrücklich die Gültigkeit des Urtheils von der Nichtexistenz dieser Umstände abhängig gemacht ist, und eben deswegen unter den Nichtigkeitsgründen aufgeführt werden müssen.

Ob die Verletzung einer Prozeßnorm auf das Urtheil des Richters wesentlichen Einfluß gehabt habe, läßt sich nicht in allen Fällen solcher Verletzungen erkennen; der angefochtene Verstoß ist nicht immer ein Glied der Schußfolgerung, zu welcher der Richter in seinem Urtheil gelangt, es kann ungewiß bleiben, ob auch ohne jene Verletzung das Urtheil nicht dennoch ebenso ausgefallen wäre. Demungeachtet muß eben wegen dieser Ungewißheit eine Nichtigkeit des Urtheils angenommen werden, weil es an der Garantie, die das Gesetz für ein gerechtes Urtheil vorgeschrieben hat, fehlt, z. B. wenn das Gericht nicht gehörig besetzt war.

Daß die Beurtheilung von Thatfragen hierbei sich manchmal nicht umgehen läßt, kann keinen Grund abgeben, sie der Cognition des Kassationshofes zu entziehen, weil es überhaupt nicht die Aufgabe desselben ist, die Prüfung alles Thatsächlichen prinzipiell auszuschließen, sondern nur die Verstöße gegen bestimmte Regeln von den der Reflexion des unteren Richters überlassenen Thatfragen zu unterscheiden.

Ein Gutachten über Fatalien und Formalien der Nichtigkeitsklage, namentlich auch die Frage, ob der Kassationshof für alle und jede Nichtigkeiten in Thätigkeit zu treten habe, oder ob der Zweckmäßigkeit wegen hierfür nach dem Werthe der Beschwerdesumme eine Grenze gesteckt werden solle, ferner das Verfahren vor dem Kassationshofe würde zu weit führen, als daß in gegenwärtiger Beurtheilung hierauf näher eingegangen werden könnte.

B.

Gutachten des Obergerichts-Anwalts Dr. André zu Osnabrück.

Der Aufforderung, über die Anträge des Herrn Geh. Ober-Tribunalsrath Waldeck (Seite 36 der gedruckten Verhandlungen des Juristentags vom Jahre 1860) mich gutachtlich zu äußern, komme ich mit großem Vergnügen nach. Nicht als ob ich glaubte, wesentlich nützen zu können, aber schon die Arbeit für dieses Ziel ist mir eine Freude, so gering auch der Werth derselben sein mag.

Meine Stellung als Anwalt bringt es mit sich, daß ich mich dabei weniger auf den theoretischen Standpunkt stelle und die Sache vorzugsweise vom praktischen Gesichtspunkte aus in's Auge fasse. — Bevor ich mich jedoch zur Sache selbst wende, darf ich Einiges voranschicken, um meinen allgemeinen Widerspruch gegen die Annahme der Waldeck'schen Anträge auf dem letzten Juristentage näher zu beleuchten und die damals (pag. 263 der gedruckten Verhandlungen) abgerissen hingestellten und vielleicht dem Einen oder Andern paradox erschienenen Aeußerungen näher zu rechtfertigen.

I.

Der Kardinalpunkt in dieser Angelegenheit, gegen den alles Andere zurücktritt, ist für mich der, daß eine allgemeine Deutsche Civilprozeß-Ordnung zu Stande kommt. Es handelt sich also für mich nicht um eine Verbesserung der partikulären Civilprozeßgesetze. Die Erörterung prozessualischer Grundsätze auf einem allgemeinen Juristentage kann zwar auch für die partikulären Gesetzgebungen durch Anregung allgemeiner Gesichtspunkte von Interesse sein; allein ich lege hierauf deshalb keinen Werth, weil die Verbesserung der partikulären Prozeßgesetzgebungen von dem höheren Ziele ableitet und unter keiner Bedingung das Grundübel beseitigen kann. Das Grundübel besteht eben in den partikulären Gesetzgebungen selbst, welche die tiefere und wissenschaftliche Auffassung und Ausbildung des Stoffes unmöglich machen. Es gilt davon auf diesem Gebiete das Nämliche, was so treffend in Rücksicht des Strafrechts pag. 57 der gedruckten Verhandlungen ausgeführt ist. In der That kann es nicht anders sein. Der Partikularismus hat zwar im Rechtsleben eine unzweifelhafte Berechtigung und Bedeutung, aber nur in gewissen Sphären und auch hier nur in beschränkter Weise. Er ist berechtigt nur in Bezug auf solche Rechtsinstitute, die ihrer Natur nach mit dem individuellen Leben und Charakter einzelner Volkszweige verwachsen und deren materielle Grundlagen je nach der Verschiedenheit der Volksstämme verschieden sind. Dahin gehört beispielsweise das Bauerngüterrecht. Dieses kann, ohne Ueberlieferungen Zwang anzuthun, welche die Sitte geheiligt hat, ohne Verhältnisse zu verletzen, welche nach Landessitte und Ortsgebrauch sich verschieden gestalten, nicht in ganz Deutschland gleichmäßig behandelt werden. In solchen Sphären ist der Partikularismus berechtigt. Selbst auf diesen Gebieten kann aber die Rechtswissenschaft die Anlehnung an ein größeres Ganze nicht entbehren und am allerwenigsten willkürlich eingreifen und schaffen. Vielmehr ist der Partikularismus innerhalb seiner Sphäre darauf verwiesen, die Basis einer gemeinen Rechtsentwickelung festzuhalten, daran anzuknüpfen und das bildende und schaffende Element nicht in der Gesetzgebung zu suchen, sondern in der Sitte und Gewohnheit, deren Ausdruck die Gesetzgebung sein muß. Ganz anders steht die Sache aber auf den Gebieten, welche ihrer Natur nach eine allgemeinere Bedeutung haben. Dahin gehören das allgemeine Civilrecht, das Criminalrecht und der Prozeß. — Der Partikularismus, auf diese Gebiete verpflanzt und an die modernen Staatenbildungen in Deutschland anknüpfend, findet keine andere Basis, von der aus er seine gesetzgeberische Thätigkeit entwickeln kann, als die eines kosmopolitischen Vernunftrechts. Die gesunde Grundlage nationaler Rechtsentwicklung widerspricht seinem inneren Wesen und er ist daher instinktiv dagegen eingenommen, so sehr auch der Schein hier und da dagegen sprechen mag. Es fehlt ihm, wenn er auch wollte, an allen nationalen Anknüpfungspunkten. Nun ist aber das Recht nicht das Produkt kosmopolitischer Anschauungen, wenn auch hier wie auf anderen Gebieten die Arbeit aller kultivirten Völker in einem gewissen Sinne etwas Gemeinsames hat und dasjenige, was allen gemeinsam ist, hier ebenfalls als solches zur Erscheinung kommen muß. Das Recht ist vielmehr das Produkt des individuellen Nationalcharakters. Eben so wie die Sprache nichts Willkührliches ist, so ist es auch das Recht nicht, vielmehr wird das Recht durch die Entwicklung der Nation gegeben und durch die drei Träger aller menschlichen Entwicklung, Nationalität, Familie und Religion, die sich einander gegenseitig unterstützen, fördern und einschränken, getragen. Es muß demnach jede Rechtsentwicklung, die von dem eigentlichsten Faktor des Rechts, worin dieses zur Erscheinung kommt, nämlich der Nation, sich ablöst, willkürlich und schwankend werden, so natürlich und bestimmt sie auch scheinen mag. Offenbar fehlt es hiernach in den einzelnen Deutschen Staaten, jeden für sich betrachtet, an einem gesunden Boden für die Rechtsentwicklung, und zwar um so mehr, je kleiner der Staat ist und je weiter derselbe sich von dem vormaligen gemeinen Deutschen Rechte entfernt. Daher haben denn auch sonst vortreffliche Partikulargesetze durchaus nicht den Nutzen, den sie haben könnten, wenn sie gemeinsame Gesetze für ganz Deutschland wären. Nehmen wir z. B. in Hannover die Strafrechtspflege. Wir besitzen ein an sich ganz gut gearbeitetes Kriminalgesetzbuch aus dem Jahre 1840. Man sollte also annehmen, daß die Kriminalrechtswissenschaft in Hannover seitdem fortgeschritten wäre und sich in dieser Sphäre ein reges Leben entwickelt hätte. Nun haben wir auch gewiß vortreffliche Arbeiten aufzuweisen, z. B. die Abhandlungen von Bothmer und den Kommentar von Leonhardt. Nichts desto weniger ist aber das Interesse für die Kriminalrechtswissenschaft im Absterben begriffen. Woher das? Einfach daher, daß die Begriffe des Kriminalrechts keine speziell Hannoversche Bedeutung haben. Es mag für einen scharfen Logiker interessant sein, nach Komma und Punktum des Kriminalgesetzes von 1840 Alles abzuzirkeln und zu definiren; gleichwohl ist es eine innere Unwahrheit, danach ein Verbrechen zu konstruiren, daß gerade in Hannover die Worte des Kriminalgesetzbuchs so und nicht anders lauten. Allerdings können Uebelstände dieser Art auch an ein allgemeines Deutsches Kriminalgesetzbuch sich knüpfen; es würde ja die Wissenschaft, wenn z. B. das Hannoversche Gesetz von 1840 für ganz Deutschland Geltung hätte, auch auf dieses Gesetzbuch fußen, an seine Begriffsbestimmungen sich halten und seine Fassung berücksichtigen müssen. Allein die Mannigfaltigkeit der dann in Frage kommenden Rechtsverhältnisse, die Verschiedenheit der dann auftretenden wissenschaftlichen Kräfte würden die Bedeutung des Buchstabens auf das richtige Maaß zurückführen, den Ausgangspunkt der wissenschaftlichen Deduktion in das Wesen der Sache verlegen, das Strafrecht mit dem Nationalcharakter in Verbindung bringen, wenn auch unbewußt und instinktiv, und den richtigen Boden für eine wahre wissenschaftliche Entwickelung gewinnen, mithin an die Stelle der scholastischen und sophistischen Buchstabengelehrsamkeit, welche die nothwendige Folge des Partikularismus ist, eine echte Wissenschaft setzen und durch diese die Gefahren des Legismus überwinden. Gerade so liegt die Sache auf dem Gebiete des Civilprozesses, und vielleicht ist hier die Gefahr des Partikularismus noch größer, als auf dem Gebiete des Kriminalrechts.

Eine gemeinsame Civilprozeßgesetzgebung ist also für die wissenschaftliche Entwicklung des Civilprozesses eine Nothwendigkeit, und dieses der Kardinalpunkt, von dem ausgegangen werden muß. Ich meinestheils lege darauf so entscheidendes Gewicht, daß ich selbst ein fehlerhaftes Deutsches Civilprozeßgesetz der partikulären Gesetzgebung vorziehe. Unsere Hannoversche Civilprozeß-Ordnung besteht jetzt seit reichlich acht Jahren, und man kann schon gegenwärtig bemerken, wie sehr mit der Anwendbarkeit des gemeinen Deutschen Civilprozesses dessen Kenntniß zurücktritt und Alles sich auf die Hannoversche Gesetzgebung reduzirt. Ich will damit Niemandem und am allerwenigsten den Richtern einen Vorwurf machen, bei denen dieser Uebelstand der Natur der Sache nach ohnehin nicht so leicht einreißt, als gerade bei dem Anwalt. Ich will vielmehr offen gestehen, daß ich von mir selber spreche, wenn ich sage, daß die Nothwendigkeit, stets mit der Hannoverschen Civilprozeß-Ordnung zu operiren und die geringe Veranlassung, auf das gemeine Civilprozeßrecht und dessen wissenschaftliche Entwicklung zu rekurriren, im Drange des Geschäftslebens die Kenntniß desselben verdunkelt und folgeweise die Fähigkeit zur wissenschaftlichen Auffassung prozessualischer Fragen verkümmert. Ich mag gar nicht denken, wie es erst sein würde, wenn man schon auf der Universität vor Augen gehabt hätte, daß der gemeine Deutsche Civilprozeß nur ein theoretisches und höchstens gelegentlich ein praktisches Interesse haben werde. Und doch liegt ein Hauptverdienst unserer Hannoverschen Prozeß-Ordnung darin, daß sie keinesweges gänzlich von dem materiellen gemeinen Prozeßrechte sich abschließt, sondern vielmehr damit in enger Verbindung steht. Wie ganz anders würde sich das Alles gestalten, wenn an der Ausbildung des Civilprozesses auf Grundlage derselben Prozeß-Ordnung alle Universitäten gemeinsam sich betheiligten, wenn man schon auf der Universität in eine gründliche und wissenschaftliche Auffassung der Prozeß-Ordnung, mit der man demnächst zu arbeiten hat, eingeführt würde, wenn die Literatur des Prozeßes wieder ein gemeinsames Gut für ganz Deutschland wäre! Welcher Kampf der Geister, welche mannigfache Entwicklung würde uns dann bevorstehen!

Freilich ist es wahr, daß eine gute Civilprozeßgesetzgebung allein die Uebel der Prozeßführung nicht beseitigt; es liegt sehr viel an ganz andern Dingen, namentlich an der Art und Weise der Handhabung. Ich darf in dieser Beziehung auf die Bemerkung in Briegleb's summarischen Prozessen pag. 165 hinweisen. So lange man hauptsächlich mit Examen und Tabellen die Wissenschaft fördern und Alles in Ordnung halten will, wird man allerdings hier nicht von Grund aus helfen. Im Gegentheil ist die übertriebene Vorliebe für diese beiden Specifica, wie ich mich nicht enthalten kann, hier geradezu auszusprechen, eine äußerst bedenkliche und gefährliche Erscheinung. Nichts hindert die wissenschaftliche Ausbildung mehr, als die bis zum Mannesalter getragene Zwangsjacke der Examina, deren übertriebene Bedeutung durchschnittlich die Mittelmäßigkeit fördert und das wissenschaftliche Streben tödtet. Man wird zu einer gründlichen Abhülfe hier schwerlich eher gelangen, als bis man sich entschließt, in der Hauptsache das Leben wieder zum Probirstein der Brauchbarkeit zu machen. Freigebung der Advokatur nach bestandenem Examen und Besetzung der jüngsten Richterstellen aus der Zahl derer, die sich im Leben wissenschaftlich oder praktisch bewährt haben, ähnlich wie dieses in den freien Städten der Fall ist, wird wohl einzig und allein helfen.

Doch ich schweife vom Thema ab und wende mich daher zur Sache zurück, indem ich auf die Frage zurückkomme, von welchem Standpunkte aus ich die Waldeck'schen Anträge werde zu begutachten haben.

Das ist nach dem Obigen zunächst der Standpunkt einer allgemeinen Deutschen Civilprozeß-Ordnung.

Weiter wird sich fragen, welche Grundlage bei dieser allgemeinen Deutschen Civilprozeß-Ordnung gewählt werden soll. Nach meiner Meinung ist es nothwendig, hierüber vorab in's Klare zu kommen, bevor ein bestimmtes Urtheil über die Zweckmäßigkeit der Waldeck'schen Anträge möglich ist.

Mir ist aus praktischer Uebung der gemeine Deutsche Civilprozeß und die Hannoversche Prozeß-Ordnung von 1850 bekannt, welche letztere seit dem 1. Oktober 1852 hier in Geltung ist und seitdem für alle Civilsachen Anwendung findet. Der gemeine Deutsche Prozeß, den ich aus der früheren Zeit, wo er hier allein Geltung hatte, praktisch kenne, gilt seitdem nur für diejenigen allmählig verschwindenden Prozesse, die nach den transitorischen Bestimmungen noch danach zu behandeln sind. Solche Prozesse, meistens verwickelte und wichtige Sachen, sind noch jetzt anhängig; ich selbst habe deren noch mehrere zu führen. Außerdem gilt der gemeine Civilprozeß in Ehesachen und zwar hier nach der Calenbergschen Kanzlei-Ordnung vom Jahre 1663, mit artikulirtem Zeugenverhör und allem Apparat des gemeinen Prozesses. Der Preußische und Rheinische Prozeß ist mir nur aus mündlichen Mittheilungen, Büchern und einigen Akten bekannt. — Ich meine nun, daß man vorab sich darüber wird zu entscheiden haben, auf welcher Grundlage die Deutsche Civilprozeß-Ordnung fußen soll. Selbst wenn man ein öffentlich mündliches Verfahren mit Collegialgerichten voraussetzt, ist damit noch nicht genug gesagt. Erstlich nämlich versteht man unter mündlichem Verfahren sehr verschiedene Dinge, worauf ich sogleich näher eingehen werde, und sodann ist es auch schwerlich möglich oder zweckmäßig, eine Prozeß-Ordnung aus Prinzipien ganz neu aufzubauen. Ein solches System würde sicher allzu künstlich werden und ihm jedenfalls die Richtschnur praktischer Erfahrung fehlen, so daß Härten und zweckwidrige Bestimmungen unvermeidlich wären, und man gewissermaßen die Schule der Erfahrung von vorn anfangen müßte. In der That ist denn wohl auch keine der wichtigeren Prozeß-Ordnungen in dieser Art entstanden.

Ich kehre zu dem ersten Punkt zurück. Der gemeine Deutsche Prozeß hat bekanntlich das Prinzip der Schriftlichkeit, woran es auch gar nichts ändert, daß in diesem Prozesse Termine vorkommen, in denen die Parteien direkt vor dem Richter verhandeln. Denn die Grundlage der richterlichen Entscheidung ist niemals das gesprochene Wort, sondern vielmehr das, was protokollirt ist; das Protokoll ist hier also der Schriftsatz und ein eben solcher Schriftsatz, wie jeder andere auch, nur daß er vom Richter verfaßt wird und nicht von den Parteien.

Der schriftliche Deutsche Prozeß hat nun freilich auch interessante Seiten. Er gestattet eine so ruhige, abgerundete, ausführliche, präzise und wissenschaftliche Deduktion, daß man mit Behagen an die Zeit zurückdenken kann, wo man dergleichen Elaborate mit Gemüthsruhe ausarbeiten und ohne sich allzu sehr zu erhitzen, doch auf der Schreibstube sich in eine gewisse Wärme hineinarbeiten konnte, mit der man dem Gegner zu Leibe ging. Allein die unerträgliche Langsamkeit des Prozeßganges, die Nothwendigkeit nach Jahr und Tag wieder die Akten zur Hand zu nehmen, um dieselben Sachen zum zweiten und dritten Male durchzuarbeiten, das Anschwellen der allmählig voluminösen Akten und schließlich das stille Grauen, mit dem man die unzählige Male zur Hand genommenen Akten wieder hervorholt, um sich zur neuen Arbeit anzuschicken, machen die geisttödtende Langeweile dieser Prozeßführung zuletzt stärker, als das lebendigste Interesse des Anwalts und Richters und das Ganze trotz der gesunden Grundlagen der gemeinrechtlichen

Prozeßtheorie zu einer wahren Plage. Man will doch auch ein Ende haben, und was hilft alle Gründlichkeit, wenn kein Schluß in die Sache kommt? Da ist z. B. ein Prozeß seit dem Jahre 1848 über die Frage anhängig, ob zwischen zwei Grenzsteinen die Linie nach der Ackerfurche eine krumme oder aber eine gerade sei. Von beiden Seiten wird der Prozeß mit aller Zähigkeit geführt, der ein rechtschaffener Westphale fähig ist. In Haupt- und Nebenpunkten wird aller mögliche Scharfsinn aufgeboten, und da es das Unglück will, daß pendente lite von einem unnützen Jungen der eine Grenzstein zur Auflage für ein Essigfaß weggeholt ist, der Okularriß aber als ungenau sich darstellt, so ist Gelegenheit zu kriegerischen Unternehmungen hinter dem grünen Tische genug. So haben wir denn in dieser Sache zur Zeit bereits vier Fakultätsgutachten, von denen das eine noch gelehrter ist, als das andere, und reich an gründlichen Deductionen über die Natur und Beschaffenheit der Grenzsteine. Anmuthig wechseln Regen und Sonnenschein, bald hat der Eine Recht, bald der Andere, und wer schließlich Recht behalten wird, das ist zur Zeit noch gar nicht abzusehen. Das ist nun freilich eine Zeit lang recht behaglich und gemüthlich, am letzten Ende aber doch wirklich ermüdend und allenfalls nur für den besitzenden Theil ersprießlich, dessen begünstigte Lage im gemeinen Prozeß bekanntlich sprüchwörtlich geworden ist.

Im geraden Gegensatz zu der Schriftlichkeit des gemeinen Deutschen Prozesses hat das Rheinische Verfahren und das der Hannoverschen Prozeß-Ordnung von 1850 nach Französischem Vorbild die Mündlichkeit zur Grundlage des Verfahrens gemacht. Hier entscheidet bei der Verhandlung vor dem Richter lediglich das gesprochene Wort, so wie es vom Richter aufgefaßt wird. Allerdings gehen nach der Hannoverschen Prozeß-Ordnung der Verhandlung Parteianträge voran, welche von Anwalt zu Anwalt gewechselt und bei der mündlichen Verhandlung als Anhalspunkte benutzt werden. Allein diese Anträge beeinträchtigen die Mündlichkeit des Verfahrens durchaus nicht. Jede Partei kann nämlich (der Kläger muß nur das Klagfundament in seinen wesentlichen Beziehungen beibehalten) im Laufe der mündlichen Verhandlung davon beliebig abweichen. Dasjenige, was solcher Gestalt dem Richter vorgetragen wird, stellt derselbe nach der mündlichen Verhandlung durch den dem Urtheil vorangeschickten Thatbestand zusammen. Dieser Thatbestand kann demnächst auf Antrag der Parteien berichtigt werden; die Entscheidung selbst bleibt aber bestehen. Allerdings gestattet die Hannoversche Prozeß-Ordnung, daß auf Antrag der Parteien oder selbst von Amtswegen auch im Laufe der Verhandlung Abweichungen von den Voranträgen förmlich zu Protokoll genommen werden (§. 102 der Civilprozeß-Ordnung). Allein in der Regel wird davon kein ausgedehnter Gebrauch gemacht. Sehr viel hängt freilich von dem Ermessen des die Verhandlung leitenden Richters ab, und je nachdem der Vorsitzende diese Vorschrift auffaßt, kann sich die mündliche Verhandlung ganz verschieden gestalten. Ich kenne Gerichte, bei denen so gut wie gar nichts protokollirt wird, bei denen stundenlange Verhandlungen ohne Aufenthalt zu Ende gehen. Ein solches Verfahren entspricht auch meines Erachtens dem Geiste der Prozeß-Ordnung durchaus. Wenn nämlich ein entgegengesetztes Prinzip befolgt und jede Abweichung genau protokollirt wird, so entsteht dadurch eine ermüdende Weitläufigkeit der Verhandlung, die bei verwickelten Sachen so auseinandergetrieben werden kann, daß das Gesammtbild verloren geht. Allerdings liegt die Versuchung nahe, durch ausgedehnten Gebrauch des §. 102 das Verfahren in thatsächlicher Beziehung gegen Ausstellungen sicher zu stellen. Allein diese Sicherung ist mehr eine scheinbare als eine wirkliche. Da nämlich die Abweichungen wegen des zeitraubenden Protokollirens jedenfalls sehr kurz gefaßt werden müssen, so ist man eben doch nicht sicher, daß nun gerade Alles genau so, wie es gemeint ist, zu Protokoll kommt. Gerade das Protokolliren kann dann gefährlich werden. Bei den Amtsgerichten, wo die ganze Verhandlung protokollirt wird, hat man mitunter Schwierigkeit, Alles genau ins Protokoll zu bekommen, weil der Richter das für überflüssig hält; in zweiter Instanz giebt dann gleichwohl der geschriebene Buchstabe in seiner aphoristischen Kürze Maß und Ziel. Man muß daher förmlich darauf sinnen, jedesmal beim Protokolliren einen kurzen und präcisen Ausdruck zu finden, um den Richter nicht zu ermüden, und derjenige, welcher diese lakonische Kürze in der Gewalt hat, hat dabei einen großen Vorsprung. Beim schriftlichen Verfahren ist das eben anders. Da wird nur wenig protokollirt und was protokollirt wird, kommt umständlich und genau zu Protokoll. Beim mündlichen Verfahren ist man aber nothwendig auf einen nach der Verhandlung abgefaßten (und zwar, wie die Hannoversche Prozeß-Ordnung glücklich ausspricht, vom Richter abgefaßten) Thatbestand verwiesen. Dieser sichert besser als das Protokoll. — Im Anfang des Verfahrens habe ich selbst große Bedenken gegen diese Bedeutung des Thatbestandes gehabt. Bei verwickelten Sachen habe ich manchmal mit Sorge das Urtheil in die Hand genommen, um nachzusehen, ob der Thatbestand dem Vortrage entspreche oder nicht. Es sind mir auch natürlich Fälle vorgekommen, wo mich die Art und Weise der Abfassung des Thatbestandes nicht befriedigte, und es mir lieber gewesen wäre, wenn das Eine oder das Andere anders gefaßt wäre. Namentlich ist es den Parteien gegenüber manchmal recht fatal, wenn bei einer ungünstigen Entscheidung im Thatbestande die Ausführungen des unterliegenden Theils zu sehr auf das rein Thatsächliche sich beschränken, und nicht zu sehen ist, daß sich der Anwalt gehörig Mühe gegeben hat, die Rechte seiner Partei zu vertreten. Je länger ich aber mit dem Verfahren bekannt geworden bin, desto mehr sind meine Bedenken geschwunden. Allerdings fordert die mündliche Verhandlung Aufmerksamkeit. Man wird nicht allein die Anführungen des Gegners zu beachten haben, um sich vor stillschweigenden Zugeständnissen zu hüten, da Alles, was nicht geleugnet wird, für zugestanden gilt, man wird auch besonders darauf zu sehen haben, die wichtigen und entscheidenden Punkte vorzugsweise hervorzuheben, man wird hier und da Wiederholungen, Absätze in der Rede oder dergleichen nicht scheuen. Bei gehöriger Aufmerksamkeit geht aber Alles gut. — Alle Versuche, die Bedeutung des Thatbestandes zu umgehen oder zu beseitigen, beeinträchtigen das mündliche Verfahren selbst, besonders auch der Versuch, nach Maßgabe des §. 102 der Hannoverschen Civilprozeß-Ordnung das faktische Material im Laufe der Verhandlung durch Protokolliren zu fixiren. Das Protokolliren muß sich eben auf das Nothdürftigste beschränken; in der Regel haben die Protokolle nichts weiter zu enthalten, als daß zur Sache verhandelt ist. Daher entsprechen Urtheile, die im Eingange statt des Thatbestandes die Bemerkung enthalten, daß die Parteien nach den schriftlichen Anträgen und dem Sitzungsprotokolle verhandelt hätten, der Bedeutung des Thatbestandes im Systeme der Prozeß-Ordnung meines Erachtens durchaus nicht; es müßte denn sein, daß einmal zufällig die Anträge Alles genau und so übersichtlich enthielten, daß eine anderweite Ueberarbeitung und gegenseitige Verschmelzung der Parteidarstellung vom richterlichen Standpunkte aus völlig überflüssig wäre. Wenn ich in dieser Beziehung eine Aenderung der Hannoverschen Civilprozeß-Ordnung zu proponiren hätte, so würde sie gerade darin bestehen, daß in dem gedachten §. 102 nur das Protokolliren auf Antrag der einen oder anderen Partei bestehen bliebe. Es kann füglich Sache der Partei bleiben, auf protokollarische Fixirung einzelner Punkte anzutragen. (Vergl. Breitling im Archiv für civilistische Praxis Bd. XLIII, S. 336 ff.)

Der gemeine Deutsche Prozeß und die Hannoversche Prozeß-Ordnung stehen sich also im Punkte der Schriftlichkeit und Mündlichkeit schroff entgegen. Nun giebt es allerdings auch ein Verfahren, welches gewissermaßen eine Mittelstufe bildet und z. B. in der Oldenburgschen Prozeß-Ordnung adoptirt ist. Darnach entscheiden die Schriftsätze; in der mündlichen Verhandlung sind nur Erläuterungen oder unwesentliche Verbesserungen zulässig. Einreden, Repliken, Dupliken sind durch den Schriftenwechsel vor der Verhandlung bereits fixirt, respektive präkludirt. Wir haben selbst für Ausnahmefälle ein solches Verfahren, nämlich das nach §. 460 ff. der Hannoverschen Civilprozeß-Ordnung, welches für Sachen, die wegen außergewöhnlicher Verwickelung der thatsächlichen Verhältnisse sich für das eigentlich mündliche Verfahren nicht eignen, stattfinden kann. Wir haben also hier Gelegenheit, beide Arten des Verfahrens neben einander kennen zu lernen. Wäre nun das letztere in der That zweckmäßiger als das gewöhnliche, so würde man diese Vorzüge bemerken müssen, und es würde davon ohne Zweifel ein ausgedehnter Gebrauch gemacht werden. Die Erfahrung lehrt aber ganz entschieden das Gegentheil. Das fragliche Ausnahmeverfahren ist bei Richtern und Anwälten unbeliebt und zwar nicht blos, weil die Sachen, die darin verhandelt werden, in der Regel verwickelt sind, sondern wegen der Art des Verfahrens selbst. (Vergl. Breitling im Archiv für civ. Praxis Bd. XLIII, S. 323 ff.) — Das Verfahren entbehrt die Beweglichkeit und Lebendigkeit, welche das mündliche Verfahren charakterisiren und den Vorzug desselben ausmachen. Die mündliche Verhandlung in demselben giebt zwar allerdings eine parteiseitige Kontrolle des Referenten dafür, daß dem Gerichte alles Thatsächliche richtig und vollständig vorgetragen wird, und gestattet den Parteien, ihre Rechtsdeductionen dem Gerichte vorzuführen. Eine Verhandlung dieser Art kann aber niemals so die Aufmersamkeit spannen und Richter und Parteien so lebendig in die Sache hineinführen, wie eine wirklich rein mündliche Verhandlung. Die beisitzenden Richter, sicher, daß das Thatsächliche genügend in den Akten fixirt ist, und daß sie jeden Augenblick auf diese rekurriren können, haben keinen sehr dringenden Anlaß, der Verhandlung mit voller Aufmerksamkeit zu folgen, und es wird die ohnehin schon dadurch erschwert, daß der Vortrag des Referenten, wenn er auch an sich sehr gut sein mag, doch nicht so spannt und anzieht, wie die Rede und Gegenrede der Parteien. Nahe liegt es, daß sich die beisitzenden Richter auf den Referenten verlassen, daß dieser im Wesentlichen seine Rechtsansicht festgestellt hat, wenn er in die Sitzung kommt, oder wohl gar ein ausgearbeitetes Urtheil mitbringt, die Parteivorträge nicht unbefangen würdigt und über die andern Richter prävalirt.

Die eigentlichen und wahren Vorzüge des mündlichen Verfahrens wird man daher durch eine solche Form der Verhandlung nicht oder nur in sehr beschränkter Weise erreichen, und im Wesentlichen wird sich die Mündlichkeit auf eine Kontrolle des Referenten beschränken.

Damit ist nun freilich nicht gesagt, daß die Mündlichkeit im Sinne der Hannoverschen Civilprozeß-Ordnung das einzige Mittel sei, um der Prozeßnoth des gemeinen Deutschen Prozesses abzuhelfen, oder daß mit der Mündlichkeit des Verfahrens Alles erzielt wäre.

Bleiben wir einmal bei der Schriftlichkeit stehen und denken uns solche mit angehängter mündlicher Verhandlung, so läßt sich

1) durch Abschneidung der vielen Zwischenappellationen, so wie dadurch, daß nach Art des Hannoverschen und Preußischen Ver-

fahrens dieses in erster Instanz ganz zu Ende geführt wird, und erst am völligen Schlusse der ersten Instanz eine neue Instanz mit Zulassung neuer Thatsachen und Beweise eintritt, ein erhebliches Resultat gewinnen. Adoptirt man daneben

2) eine einfache Theorie über die Rechtsmittel, so wie ferner

3) den Preußischen Grundsatz (der hier ganz vortrefflich passen würde), daß das Beweis-Interlokut den Richter, der es erlassen, nicht bindet, so würde man bei

4) zweckmäßiger Gestaltung der in der Hannoverschen Civilprozeß-Ordnung viel zu sehr eingeengten prozeßhindernden Einreden, (vergl. Briegleb summ. Prozesse S. 74) und

5) einer angemessenen Befugniß des Richters, auf die Wahrung der Fristen zu halten und die Sache energisch zu leiten, im Anschluß an die materielle Prozeßtheorie des gemeinen Prozesses, ein Verfahren erzielen können, welches an Sicherheit des Urtheils und Schnelligkeit der Prozedur dem mündlichen Verfahren der Hannoverschen Civilprozeß-Ordnung keineswegs nachstände.

So lebendig und frisch, wie das mündliche Verfahren wird freilich ein Verfahren dieser Art nie werden, und daher jenes immerhin seine gerade hierauf beruhende Anziehungskraft behaupten.

Mag man nun zu dem Einen oder Andern sich entschließen — es ist mir hier die Aufgabe nicht gestellt, das Eine gegen das Andere zu rechtfertigen und ich fasse mich daher in dieser Hinsicht kurz — so ist doch so viel gewiß, daß ein Verfahren, wie es z. B. die Oldenburgsche Prozeß-Ordnung vorschreibt und ähnlich auch die Preußische Gesetzgebung, ganz anderer Natur ist, als dasjenige, was wir hier in Hannover unter mündlichem Verfahren verstehen. Nun gewinnen aber die übrigen Bestimmungen der Prozeß-Ordnung eine wesentlich verschiedene Bedeutung, je nachdem die eine oder andere Art des Verfahrens vorausgesetzt wird. Eben daher meine ich, muß man vorab sich darüber entschließen, welche Art des Verfahrens man zum Grunde legen will.

Was nun mich betrifft, so kann ich nicht füglich von einer andern Prozeß-Ordnung ausgehen als der Hannoverschen von 1850, und ich glaube wohl auch, daß man gerade dieses und nichts anderes von mir erwartet haben wird, da sich ohne Zweifel über das Verhältniß der Waldeck'schen Anträge zu andern Prozeß-Ordnungen kompetentere Richter äußern werden. Ich muß mich aber dabei von vorn herein gegen die Auffassung verwahren, als wenn ich die Hannoversche Prozeß-Ordnung in allen Stücken für mustergültig ansähe. Die Mündlichkeit der Prozeß-Ordnung habe ich freilich schon rühmend hervorgehoben. Außerdem ist anzuerkennen, daß dieselbe in den materiellen Bestimmungen sich im Allgemeinen mit großem Geschick und Glück an das gemeine Prozeßrecht anschließt, indem sie die auf dieser Grundlage gearbeitete Prozeß-Ordnung von 1847 mit der Mündlichkeit in Verbindung bringt. Es finden sich aber in der Prozeß-Ordnung auch große Uebelstände, ja schreiende Härten, deren Abänderung gewiß dringend zu wünschen wäre, und die augenscheinlich darthun, daß die Mündlichkeit des Verfahrens allein kein Präservativ gegen alle Uebel der Prozeßführung ist. Wenn den Anwaltskammern Gelegenheit geboten würde, über die Mängel der Civilprozeß-Ordnung sich auszusprechen, so würde gewiß Manches zur Sprache kommen, was den Richtern entgeht, da eben der Natur der Sache nach manche Härten und Unzuträglichkeiten nur den Anwälten fühlbar werden. Ich spreche hier nicht von dem Formalismus überhaupt, der eben nur durch die Wissenschaft zu beseitigen ist und nur theilweise seinen Grund in der Prozeß-Ordnung und deren schroffen Bestimmungen hat. Wohl aber ist hervorzuheben, daß 1) die Prozeß-Ordnung vielfach auf den Buchstaben und auf die genaue Abzirkelung und Bestimmung zu großes Gewicht legt. Das vernünftige Ermessen des Richters darf ungestraft nicht allzusehr eingeengt werden; die Oldenburgische Prozeß-Ordnung trifft hierin manchmal, wie mir scheint, mehr das Richtige, als die Hannoversche.

Namentlich ist in der letzteren der richterlichen Prozeßleitung mehrfach ein zu geringer Spielraum eingeräumt. Für gewisse Prozesse, z. B. Erbtheilungen ist das Verfahren in Folge dessen geradezu unzweckmäßig. In solchen Fällen können nur die eigentlichen Streitpunkte zur mündlichen Verhandlung kommen. Das Uebrige hat eben nicht die Natur eines gewöhnlichen Prozesses und muß daher auch anders behandelt werden.

2) Die Nachtheile der Versäumung sind bei einigen Prozeßfristen, besonders den Fristen für Einspruch und Berufung derartig schroff hingestellt, daß daraus nicht selten die größten und ganz widersinnige Härten entstehen. So kann z. B. eine Berufung durch Unglücksfälle, durch irgend welchen ganz unverschuldeten Zufall, der bei der Behändigung der Anträge eintritt, verloren gehen, ohne daß dagegen irgend etwas zu machen wäre. Ich weiß zwar sehr wohl, um mit Briegleb (Summarische Prozesse S. 167) zu reden, daß man nicht alle Uebel vermeiden kann, wenn man nicht Gefahr laufen will, den Ritter von der traurigen Gestalt nachzuahmen, allein est modus in rebus, sunt certi denique fines. Ueberschwemmung, Mord und Brand, nichts rührt die stoische Ruhe des Gesetzes. Auffallende Beispiele ließen sich leicht häufen, Beispiele theilweise komischer Art, wenn sie nicht eben sehr ernsthaft wären. Aus solchen Bestimmungen entstehen dann die völlig leeren und nichts sagenden Controversen, welche gegenwärtig in der Theorie unserer Prozeß-Ordnung eine viel zu große Rolle spielen.

3) In manchen Zwischenpunkten bewirkt die Durchführung des Systems der Mündlichkeit oder der im Systeme liegenden Formalitäten eine nutzlose Kostenvermehrung, so daß der Gesetzgeber durch eine ungezwungene Behandlung der Sache da, wo diese angebracht ist, den Parteien viel Geld und Zeit sparen könnte.

4) Uebertriebenes Gewicht ist der Eventualmaxime beigelegt, indem nach §. 196 der Civilprozeß-Ordnung zu den prozeßhindernden Einreden nur die gehören, welche das Gericht, die Parteien oder die prozessualische Geltendmachung des Anspruchs betreffen. Im Eifer gegen den gemeinrechtlichen Prozeßjammer hat man hier das Kind mit dem Bade ausgeschüttet und nicht bedacht, daß es eben nicht sehr angenehm ist, auf frivole Klagen oder solche Klagen, die sofort durch liquide Einreden widerlegt werden können, mit allem Apparat der Vertheidigung antworten zu müssen. Hier ist eine Abhülfe wünschenswerth. Zwar kann man sich in einzelnen Fällen mit §. 112 der Civilprozeß-Ordnung durch eine Trennung der Verhandlungen helfen, aber

auch nur in ganz seltenen Fällen, zumal der §. 346 durch die Vorschriften über die Berufung hemmend eingreift.

5) Ein großer Uebelstand ist ferner das Verfahren vor den Amtsgerichten. Zunächst ist es sehr mißlich, daß bei den vom Sitze des Obergerichts entfernten Amtsgerichten die Parteien nicht selten mit enormen Kosten ihre Prozesse durch auswärtige Anwälte führen lassen müssen. Die Kompetenz der Amtsgerichte ist nämlich sehr ausgedehnt, theils der Summe nach (150 Thlr.), theils nach den Gegenständen des Prozesses (Wegeprozesse, Grenzstreitigkeiten und dergleichen), theils in Folge der freiwilligen Prorogation, die nicht immer gleich beachtet wird. Daher können die Parteien, wenn zufällig kein geeigneter Advokat am Orte des Amtsgerichts vorhanden ist, oft nicht umhin, sich an auswärtige Advokaten zu wenden. Dann kostet aber ein einziger Termin soviel, daß das zwar für die Anwälte lukrativ, für die Parteien aber ein harter Bedruck ist. Sodann ist das Verfahren bei den Amtsgerichten mit den bei den Obergerichten gar nicht zu vergleichen. Es ist im Wesentlichen ein Verfahren zu Protokoll, ähnlich dem sogenannten mündlichen Verfahren der Untergerichts-Ordnung von 1827, das damals die Regel bilden sollte, aber fast ausnahmslos, außer in Bagatellsachen unter 30 Thlr., durch schriftliches Verfahren ersetzt wurde. Während aber nach der Untergerichts-Ordnung das langweilige Protokolliren leicht abgeschnitten wurde und sich im Wesentlichen nur auf solche Sachen beschränkte, wo die Parteien selbst erschienen und Alles in einem Termine abgemacht war, oder auf die reinen Bagatellsachen, und während der Richter durch die Prozeßleitung ziemlich eingreifen konnte und Formalitäten nicht sonderlich zu beachten waren, ist das jetzige Verfahren ein wahres Muster von einem Verfahren, wie es nicht sein soll. Die Verhandlungen schleppen sich durch eine Reihe von Terminen hin, besonders dann, wenn am Sitze des Obergerichts ein beschäftigter Anwalt auch Sachen am Amtsgerichte zu führen hat, die durchschnittlich als Nebensachen behandelt werden müssen. Nun kommen die Formalitäten der neuen Prozeß-Ordnung hinzu, die gerade hier, wenn die Sache in die Berufungsinstanz kommt, manchmal sehr unangenehme Folgen haben. Es ist daher unbegreiflich, wie man vor Kurzem die

Kompetenz der Amtsgerichte von 100 Thlr. auf 150 Thlr. hat erhöhen können.

6) In Konkursen ist besonders das Prioritätsverfahren bis zur ersten Verhandlung unerträglich weitläufig und kostspielig. Mir sind Fälle dieser Art bekannt, die ich selbst nicht glauben würde, wenn sie mir nicht vorgekommen wären. In der Konkurssache der Fabrikanten S. und S. wurde das Prioritätserkenntniß angefochten, weil die Cridare kurz vor dem Konkurse drei Hypotheken ausgestellt hatten. Der eine der drei Gläubiger, gegen den das Amtsgericht einen Beweis nachgelassen hatte, durch den er sich beschwert erachtete, mußte für seine Prioritätsklage bis zu dem Termine, wo die mündliche Verhandlung vor sich gehen sollte (die Sache wurde dann verglichen, da alle Betheiligten von einem panischen Schrecken über die Kosten ergriffen wurden), an Gerichts- und sonstigen Auslagen ohne das Deservit für den Anwalt reichlich 130 Thaler bezahlen, und die anderen Prioritätsklagen verursachten ähnliche Kosten. Noch neulich ereignete es sich, daß in einem ganz einfachen Konkurse ein Gläubiger, der mit einer Forderung von 150 Thaler unrichtig locirt zu sein behauptete, und dieserhalb beim Amtsgerichte eine bessere Priorität anmeldete, blos für das erste Protokoll und dessen Behändigung an Gerichts-, Gerichtsvogtsgebühren, Stempel und Kopialien über 22 Thaler auszugeben hatte. Das war der erste Akt des Dramas, dem noch zwei ähnliche Akte bis zur mündlichen Verhandlung folgen mußten, glücklicherweise aber nicht folgten, indem der Gläubiger vorher Abstand nahm.

Uebrigens ist es sehr bedenklich, daß das Gericht bei notorischer Insolvenz und offenbaren Verschleppungen nach §. 607 nie von Amtswegen einschreiten kann.

Doch ich will mich nicht zu sehr in Spezialitäten verlieren und nunmehr lieber zu den Waldeck'schen Anträgen selbst übergehen.

II.

Der erste dieser Anträge stimmt insofern mit der Hannoverschen Civilprozeß-Ordnung überein, als die Angabe der Beweismittel mit Ausnahme der Urkunden erst nach abgelassenem Beweis-Interlokut zu geschehen braucht. Hiergegen habe ich meinerseits nichts einzuwenden und theile die desfallsigen Ansichten des Herrn Geh. Ober-Tribunalsrath Waldeck vollkommen. Etwas anders steht die Sache in Rücksicht der Urkunden. Die Hannoversche Prozeß-Ordnung gestattet in § 220 die Anticipation des Beweises überhaupt, verpflichtet aber den Gegner nicht zur Erklärung, Urkunden ausgenommen, über die sich der Gegner nach §. 201 sofort erklären muß, wenn sie im Originale oder beglaubigter Abschrift vorgelegt worden. Demnach muß nicht unbedingt der Urkundenbeweis schon im ersten Verfahren stattfinden, und insofern weicht der Waldeck'sche Antrag von der Hannoverschen Civilprozeß-Ordnung ab. Im Allgemeinen ist es nun gewiß zweckmäßig, daß der Richter die Urkunden, welche bei Beurtheilung der Sache wesentlich in Betracht kommen, sofort kennen lernt. Allein dieses zu ermöglichen, genügen die Bestimmungen der Hannoverschen Civilprozeß-Ordnung völlig. Wenn nämlich solche Urkunden vorhanden sind, so wird präsumtiv die eine oder die andere Partei ein Interesse dabei finden, sie sofort herbeizuziehen, und dieses Interesse genügt, die Herbeischaffung zu bewerkstelligen. Sollte das einmal versäumt werden, so wird der Vorsitzende, falls er es zweckmäßig findet, daß das Gericht Urkunden, von denen die Rede ist und die, sofern sie wesentlich sind, selten ganz unerwähnt bleiben werden, einsieht, diesen Wunsch nur auszusprechen haben, um die Partei zur Vorlegung zu bestimmen oder die Gegenpartei zur Stellung desfallsiger Editionsanträge. Allein billigen Anforderungen dürfte jedenfalls genügt sein, wenn

1) in §. 110 dem Vorsitzenden oder dem Gerichte die Befugniß gegeben würde, auch die Herbeiziehung von Urkunden ausdrücklich vorzuschreiben und wenn
2) die Anticipation des Urkundenbeweises überhaupt in der Weise gestattet würde, daß die Vorschriften der §§. 305 ff. für das Beweisverfahren Anwendung finden können.

Eine unbedingte Pflicht zur Beibringung der Urkunden zu statuiren, halte ich dagegen für unnöthig und bedenklich. Für unnöthig, weil durch die Befugniß der Parteien und des Gerichts alles Wesentliche erreicht wird. Für bedenklich einestheils deshalb, weil eine Präclusion der Urkunden, die nicht gleich beigebracht sind, das System der Prozeß-Ordnung unterbricht und man mit Präclusionen möglichst sparsam sein muß, anderntheils, weil man beim ersten Verfahren nicht immer übersehen kann, welche Urkunden möglicherweise wichtig werden. Ein vorsichtiger Anwalt würde sehr vieles überflüssige Material heranschaffen und es würde dadurch die Verhandlung übermäßig erschwert werden. Nichts destoweniger würde man nicht selten finden, daß doch das Eine oder Andere übersehen ist. Das tritt um so mehr hervor, weil die Erklärung des Gegners über die aufgestellten Behauptungen erst in der mündlichen Verhandlung erfolgt. Unter diesen Behauptungen können viele sein, von denen man vernünftigerweise gar nicht voraussetzt, daß der Gegner sie bestreiten wird. Warum soll man sich zum Beweise solcher Thatsachen schon vor dem Termine mit Urkunden versehen? Und das müßte man doch, wenn sie bei Strafe der Präclusion im Termine beigebracht werden müßten. Ist die Sache wirklich von dem Belange, daß es zur Vereinfachung dient, wenn die Urkunden gleich vorliegen, so ist die Möglichkeit dazu hinlänglich gegeben.

Uebrigens enthalten die §§. 188 und 191 der Civilprozeß-Ordnung allerdings einen gewissen Zwang zur Beibringung von Urkunden, sofern nämlich dieselben im Besitze der Prozeßpartei sich befinden. Das angedrohte Präjudiz, Verurtheilung in die Kosten des verzögerten Prozesses, ist der Sachlage angemessen und hält sich innerhalb einer zweckmäßigen Schranke.

Von großer Bedeutung ist der zweite Satz der Anträge: Beweis-Interlokute sind nicht appellabel.

Vergegenwärtigen wir uns zunächst das System der Hannoverschen Prozeß-Ordnung. Diese schreibt nach dem ersten Verfahren, welches sich in der mündlichen Verhandlung schließlich auf einen Termin konzentrirt, ein Beweisurtheil vor, auf dessen Grundlage die Beweisantretung, Beweisaufnahme und Beweisausführung vor sich gehen und das für das demnächstige Enderkenntniß eine unabänderliche Norm abgiebt.

Das Beweisverfahren unterscheidet sich dadurch wesentlich von dem ersten Verfahren, daß dabei die Mündlichkeit eine geringe Rolle spielt. Nicht daß hier das System der Prozeß-Ordnung ein wesentlich anderes wäre, die Natur der Sache bringt es so mit sich. Zwar erfolgt die Beweisantretung mündlich in der Sitzung des Gerichts, die vorbereitenden Anträge und die Protokollirung gewinnen aber faktisch eine ganz andere Bedeutung, da es sich im Beweisantretungstermine weniger um eine Entscheidung handelt, als vielmehr um die Fixirung des Materials. Nur Incidentpunkte, z. B. Anträge auf Verwerfung von Zeugen, kommen zur förmlichen Verhandlung und Entscheidung. Die Beweisaufnahme ist im Wesentlichen schriftlich. Die Vernehmung der Zeugen geschieht gewöhnlich durch einen Richtercommissär, in einfachen Sachen wohl auch in der Sitzung des Gerichts. Letzteres vermeidet man aber mit Recht so viel als möglich, weil das Protokolliren zu lange aufhält. Endlich geht die mündliche Beweisausführung auf Grund des schriftlichen Beweismaterials vor sich. Ist ein Richter mit Aufnahme von Beweismitteln beauftragt, so referirt er hierüber, im Uebrigen verhandeln die Parteien. Nach dem Schlusse der Verhandlung erfolgt das Enderkenntniß.

Jetzt wird die Sache, mag definitiv oder auf einen Eid erkannt sein, zur Berufung reif, welche nunmehr in der zweiten Instanz den ganzen Prozeß zur Cognition des Oberrichters bringt. Als vorbehaltene kann die Berufung nun noch nachträglich gegen das Beweisurtheil zur Hand genommen werden. Wenn nach der ersten Verhandlung ohne Beweis-Interlokut sofort definitiv in der Sache erkannt sein sollte, gelangt der ganze Prozeß auch in die zweite Instanz und wenn in zweiter Instanz eine Beweisauflage nöthig gehalten wird, so wird der Beweis in zweiter Instanz aufgenommen und dann am Schlusse des Beweisverfahrens endgültig in der Sache entschieden.

In einzelnen Fällen kommen allerdings auch frühere Berufungen vor; dahin gehören

§. 37. Zurückweisung einer Nebenintervention.

§. 246. Zurückweisung des Antrages auf Beweisaufnahme zum ewigen Gedächtniß.

§. 261. Zeugnißweigerung.

§. 307. Gestattung der vollständigen Einsicht einer Urkunde.

§. 309. Eidliche Bestärkung des Inhalts einer verlornen Urkunde.

§. 316. Zulassung eines Editionsgesuchs.

§. 325. Editionspflicht Dritter.

Dahin gehören ferner Erkenntnisse über prozeßhindernde Einreden und überhaupt alle Erkenntnisse, welche auf einen Eid (auch Diffessions-, Schätzungs- und Editionseid) erkennen. Außerdem kann das Gericht auf Antrag überhaupt die sofortige Berufung zulassen, wo sonst nur die vorbehaltene Platz greifen würde, ausgenommen dann, wenn das Gesetz die Berufung ausdrücklich nur als vorbehaltene gestattet. Zu diesen speziellen Fällen gehört gerade das Beweisurtheil. §. 397. Das Berufungsurtheil beschränkt sich, wenn in solchen Neben- oder Incidentpunkten die sofortige Berufung zur Hand genommen ist, auf diese Punkte und erledigt nur diese, aber diese vollständig. §. 425 der Civilprozeß-Ordnung. Wenn also eine prozeßhindernde Einrede in erster Instanz zugelassen oder verworfen ist und dagegen die Berufung zur Hand genommen wird, so gelangt die Sache zur weiteren Verhandlung an die erste Instanz zurück, falls in zweiter Instanz die Einrede verworfen wird.

Im Allgemeinen beruht die Prozeß-Ordnung hiernach auf dem System zweier die ganze Sache bezielenden und erledigenden Instanzen und unterscheidet sich dadurch wesentlich aber vortheilhaft von dem System des gemeinen Prozesses, welcher besonders durch seine unzähligen Zwischenappellationen das Verfahren lähmt.

Der wesentliche Unterschied gegen die Preußische Gerichtsordnung besteht in der Natur des Beweis-Interlokuts. Nach der Hannoverschen Prozeß-Ordnung theilt dieses die erste Instanz in zwei Theile und behält in dieser Hinsicht die Auffassung des gemeinen Prozesses bei, während die Preußische Gerichtsordnung, indem sie das Interlokut zu einem Resolut macht, die ganze erste Instanz schärfer zusammenfaßt und gewissermaßen auf die Schlußverhandlung konzentrirt. Ich halte diese letztere Idee an sich für richtig und für einen Vorzug des Preußischen Verfahrens, glaube aber, daß sie zu dem mündlichen Verfahren der Hannoverschen Prozeß-Ordnung nicht paßt. Vorab wende ich mich jedoch zur Vergleichung der Hannoverschen Civilprozeß-Ordnung mit dem gemeinen Prozesse zurück.

Das Beweis-Interlokut hat also nach der Hannoverschen Prozeß-Ordnung zwar auch vim definitivae, kommt aber mit der vorbehaltenen Berufung erst nach gänzlich beendigtem ersten Verfahren in zweiter Instanz zur Sprache und das Gericht kann auch, was sonst gestattet ist, §. 397, die sofortige Berufung nicht zulassen. — Meines Erachtens ist nun dieses System gegenüber dem des gemeinen Prozesses ein Fortschritt. Erstlich nämlich wird dadurch das Verfahren vereinfacht. Wenn gegen das Beweisurtheil sofort die Berufung zur Hand genommen werden muß bei Strafe der Rechtskraft, so wird eine vorsichtige Partei auch solche Beschwerden gegen das Interlokut zur Cognition des Oberrichters bringen, die schließlich kein Interesse haben, weil man ja von vornherein nicht mit Sicherheit wissen kann, in wie weit es gelingt, einen Beweis zu führen oder nicht. Die Erfahrung lehrt denn auch, daß von dieser vorsorglichen Maßregel regelmäßig und sehr häufig Gebrauch gemacht wird.

Zweitens wird durch die Instruktion der Beweise die ganze Sache sehr oft viel gründlicher aufgeklärt, als in der ersten Verhandlung. Der Berufungsrichter hat also in der zweiten Instanz eine bessere Grundlage für sein Urtheil und die Parteien haben bessere Anhaltspunkte für ihre Anträge. Manchmal stellt sich erst jetzt heraus, daß bei Abfassung des Interlokuts in dem einen oder andern Punkte die Sache schief aufgefaßt ist oder Rechtssätze zur Anwendung gebracht sind, die eigentlich nicht passen. Nach dem gemeinen Prozesse gehen nicht selten Sachen blos an einer ungeschickten Fassung des Interlokuts verloren.

Freilich treten diese Vorzüge hauptsächlich nur dann hervor, wenn in erster Instanz bereits ein im Wesentlichen richtiges Interlokut erzielt wird. Wenn in erster Instanz unrichtigerweise gar nicht auf Beweis erkannt oder ein ganz anderer Beweis auferlegt ist, als in zweiter Instanz, verschwindet die Möglichkeit, das Beweismaterial in zweiter Instanz gleich beim ersten Urtheil zu berücksichtigen, und die zweite Instanz bezüglich der Prüfung des Beweismaterials geht ganz verloren.

Man darf nun zwar nicht vergessen, daß im Allgemeinen die Urtheile erster Instanz besonders beim Verfahren vor den Collegialgerichten wenigstens die Präsumtion für sich haben, daß im Wesentlichen die Beweissätze die richtigen Punkte treffen; die Fälle, wo diese Uebelstände praktisch werden, sind daher so ganz häufig nicht. Sie kommen aber nichts destoweniger vor und sind auch dadurch nicht zu beseitigen, daß die Kompetenz der Amtsgerichte möglichst niedrig gegriffen, daß ferner das Gebiet der prozeßhindernden Einreden erweitert wird. Vielmehr bleiben auch dann noch Fälle übrig, in denen das System der Prozeß-Ordnung zu Unzuträglichkeiten führt. Ich könnte leicht Beispiele aus meiner Praxis anführen.

Daß nun für das Beweisverfahren, wenn in zweiter Instanz ein ganz neues Urtheil abgegeben wird, nur eine einmalige richterliche Prüfung stattfindet, läßt sich meines Erachtens ändern. Ich finde kein Bedenken, dem Richter zweiter Instanz zu g e s t a t t e n, im Falle der Abänderung des Interlokuts die Akten an den Richter erster Instanz zu remittiren, um die Beweise zu instruiren und darüber in erster Instanz zu erkennen. In allen Fällen, wo das Interlokut geändert wird, ist es nicht nöthig, davon Gebrauch zu machen, sondern nur dann, wenn ganz neue Beweise auferlegt oder wesentliche Abänderungen vorgenommen werden. Billigen Anforderungen wird man daher durch die Befugniß des Gerichts, auf Antrag von der einen oder andern Seite eine desfallsige Verfügung zu erlassen, genügen.

Der zweite Uebelstand, daß der Richter den Vortheil verliert, bei Abfassung seines Erkenntnisses das Beweismaterial zu berücksichtigen, läßt sich dagegen nicht beseitigen.

Das System der Hannoverschen Prozeß-Ordnung beschwert die Partei in e i n z e l n e n Fällen mit einem überflüssigen Beweise, der bei Zulassung sofortiger Berufung gegen das Interlokut wegfallen würde. Das hat aber für das materielle Recht keinen Nachtheil, sondern bringt nur Zeitverlust und Kosten mit sich, welche letztere ohnehin der Gegner ersetzen muß, wenn er kann. Ich würde daher auf diesen Punkt kein wesentliches Gewicht legen, da man eben keine Einrichtung schaffen kann, die alle Uebelstände beseitigt, und da man zwischen dem Einen oder Andern wählen muß. Inzwischen sehe ich auch nicht ein, was dabei zu erinnern wäre, dem Richter erster Instanz zu gestatten, auch beim Interlokut ausnahmsweise die sofortige Berufung auf übereinstimmenden Antrag beider Theile zuzulassen. Ein übertriebener Gebrauch wird davon schwerlich gemacht werden. Mitunter wünschen beide Theile die sofortige Berufung. Mir sind selbst Beispiele bekannt, — warum soll man in solchem Falle diese Berufung hindern und die Parteien auf künstliche Hülfsmittel verweisen?

Das System der Hannoverschen Civilprozeß-Ordnung verdient also nach meiner Meinung vor dem des gemeinen Prozesses entschieden den Vorzug. Ich würde nur empfehlen, dem Richter in der hervorgehobenen Weise einen gewissen Spielraum zu lassen.

Wenden wir uns nun zu dem Preußischen System, welches dem Waldeck'schen Antrage zum Grunde liegt.

Ich habe schon zugegeben, daß ich an sich das Preußische System, welches den Richter an das von ihm erlassene Interlokut nicht bindet, richtig finde. Es ist ein unbestreitbarer Satz, daß der Richter die ganze Sache am sichersten und richtigsten am Schlusse des Verfahrens beurtheilt, wenn die Beweise instruirt sind. Ohnehin ist die Abfassung eines bis auf das Detail angemessenen Beweis-Interlokuts eben keine kleine Sache; irgend eine unbeachtet bleibende Wortfassung macht nachher Schwierigkeit. Alles das ist bei dem Preußischen System unschädlich. Freilich kann ab und zu durch Aenderung der Auffassung des Richters erster Instanz eine größere Weitläufigkeit entstehen. Das scheue ich aber nicht sehr und zwar deshalb nicht, weil nach dem Preußischen System der vorangehende Schriftwechsel das ganze Verfahren bereits festgestellt hat und neue Einreden, Repliken, Dupliken nicht weiter vorkommen können. Ganz anders stellt sich die Sache aber, wenn man die Mündlichkeit in der Weise zum Grunde legt, wie die Hannoversche Prozeß-Ordnung. Hier muß man entweder der Partei gestatten, noch im Deduktionstermine mit ganz neuen Behauptungen hervorzutreten, gerade so, wie das im ersten Verhandlungstermine geschehen konnte, ohne Rücksicht auf die vorangegangenen Verhandlungen. Dann kann aber ein chikaneuser Gegner den Prozeß ungehörig verschleppen. Eine solche Befugniß setzt wohl auch der Herr Geh. Ober-Tribunalsrath Waldeck selbst nicht voraus; wie mir scheint, geht er vielmehr davon aus, daß im Deduktionstermine das Material, was der Richter zu beurtheilen hat, vollständig vorliegt und neue Einreden und Repliken nicht mehr zugelassen werden sollen. Oder man muß das faktische Vorbringen der Parteien auf dasjenige Material beschränken, was schon in den Vorverhandlungen zu Tage getreten ist. Dann ändert sich aber die Bedeutung der mündlichen Verhandlung. Die erste Entscheidung auf Grund des mündlichen Vortrags ist dann nur eine provisorische und die zweite und endliche Entscheidung beruht auf einer Verhandlung, deren thatsächliche Grundlage nicht durch die mündlichen Vorträge der Parteien und das gesprochene Wort, sondern durch die Akten (Schriftsätze und Thatbestand) fixirt wird. Der Thatbestand des Urtheils erster Instanz bekommt auch eine viel eingreifendere Bedeutung als jetzt, und man wird schon bei der ersten Verhandlung von selbst zu einer größeren Aengstlichkeit im Fixiren der Thatsachen und im Protokolliren gelangen, als sich mit der Mündlichkeit verträgt.

Bei Abfassung der Hannoverschen Prozeß-Ordnung ist diese Frage speziell erwogen. Die Regierungsmotive zum §. 218 sprechen sich darüber folgendermaßen aus:

> „Das Beweis-Interlokut soll den Richter, welcher dasselbe erlassen hat, binden, während mehrere Gesetzgebungen selbst den Unterrichter an das Beweis-Interlokut nicht gebunden wissen wollen. Gegen diese letztere Ansicht sprechen vorzugsweise zwei Gründe: der erste derselben ist mehr allgemeiner Natur und betrifft die Gefahr, welcher das Prozeßverfahren ausgesetzt ist, sobald es in einer und derselben Instanz nicht einmal, sondern selbst mehrere Male auf denselben Punkt zurückgeworfen werden kann. Der zweite mehr spezielle Grund hängt mit der Natur des mündlichen Verfahrens zusammen. Wenn es ein unbedingtes Erforderniß ist, daß jedes Mitglied eines Gerichts von dem Gegenstande einer bestimmten Beurtheilung vollständige Kenntniß erhalten habe, die Rekonstruktion eines Gerichts aus denselben Personen in vielen Fällen aber nicht allein schwierig, sondern ganz unmöglich erscheint; wenn die Güte eines Urtheils dadurch bedingt wird, daß der zu beurtheilende

Vorgang den zur Beurtheilung berufenen Personen in lebendiger Erinnerung sei, das menschliche Gedächtniß aber schwach und trügerisch ist, so stellen sich im mündlichen Verfahren Stadien, welche, indem sie eine frühere Verhandlung abschließen, die Grundlage für die folgende Verhandlung abgeben, als durchaus wünschenswerth dar. Ein solches Stadium bildet das Beweis-Interlokut, sobald das Gericht, welches dasselbe erließ, daran gebunden bleibt. Ohne dies Gebundensein würde, zumal wenn die Beweisaufnahme eine längere Zeit in Anspruch genommen hat, die Wiederholung der früheren Verhandlungen in sehr häufigen Fällen nicht zu vermeiden sein."

Diese Auffassung muß ich für richtig halten. Wollte man den Preußischen Grundsatz mit der Mündlichkeit des Verfahrens vereinigen, so würde das auf Grund des Systems der Hannoverschen Prozeß-Ordnung nicht zweckmäßig geschehen können; dann müßte man die Eventualmaxime aufgeben und ein nach anderer Richtung hin ganz abweichendes Verfahren konstruiren, das wohl sicher besondere Uebelstände mit sich führen und in das gemeinrechtliche Prozeßsystem noch viel tiefer einschneiden würde, als die Hannoversche und Preußische Prozeß-Ordnung.

Der dritte Antrag, die Vertretung der Parteien betreffend, ist meines Erachtens unter der Voraussetzung eines Verfahrens, wie es die Hannoversche Civilprozeß-Ordnung kennt, nicht nur zweckmäßig, sondern absolut nöthig und versteht sich ganz und gar von selbst. Ein mündliches Verfahren dieser Art ist ohne Anwaltszwang undenkbar. Bei einem Verfahren etwa, wie es die Preußische Verordnung vom 21. Juli 1846 im Auge hat, scheint mir der Anwaltszwang über den Inhalt dieser Verordnung hinaus nicht nöthig.

Die vierte Frage, ob eine Zurückweisung der Klage per decretum wegen offenbarer Nichtbegründung unzulässig sein solle, kann nach der Hannoverschen Civilprozeß-Ordnung gar nicht aufgeworfen werden. Das Gericht bekommt nämlich die Klage vor der mündlichen Verhandlung nicht zu sehen, nur der Präsident setzt darauf den Tag zur Verhandlung an. Natürlich kann der Präsident die Klage nicht zurückweisen. Eine berathende Sitzung des Gerichts über den Inhalt der

Klage würde ohne allen Grund das System der Civilprozeß-Ordnung völlig durchbrechen. Es ist übrigens bekannt genug, daß auch im gemeinen Prozesse, wo eine solche Abweisung stattfinden kann, davon selten Gebrauch gemacht wird. Die Abweisung einer Klage per decretum ist meines Erachtens kein Palladium des gemeinen Prozesses und wohl weiter nichts, als eine nicht lobenswerthe Konsequenz des diesem Prozesse zum Grunde liegenden Systems.

Von wesentlicher Bedeutung ist wiederum der fünfte Waldeck'sche Antrag. Dieser weicht zwar auch von der Hannoverschen Civilprozeß-Ordnung ab, ich stimme ihm aber nichts destoweniger vollständig bei, ja ich halte diesen Antrag für einen ganz unentbehrlichen Schlußstein einer Deutschen Prozeß-Ordnung, für einen solchen Cardinalpunkt, daß ich ihm gegenüber abgesehen von der Deutschen Civilprozeß-Ordnung selbst jede andere Rücksicht aufopfern würde.

Der Antrag weicht insofern von der Hannoverschen Civilprozeß-Ordnung nicht ab, als er auf dem Systeme der Nichtigkeitsbeschwerde beruht. — Auch darin sehe ich keine erhebliche Abweichung, daß nach der Hannoverschen Civilprozeß-Ordnung der Kassationsrichter unter Umständen in der Sache selbst erkennt, nach der vom Herrn Geh. Ober-Tribunalsrath Waldeck entwickelten Ansicht aber nicht in der Sache selbst erkennen soll. Es heißt nämlich in §. 440 der Civilprozeß-Ordnung folgendermaßen:

„Findet das Gericht den vorgebrachten Nichtigkeitsgrund begründet, so ist die angefochtene Entscheidung, so wie das derselben voraufgegangene Verfahren, in so weit der Nichtigkeitsgrund auf dieses einwirkt, zu vernichten.

Dasselbe hat daneben die durch die Vernichtung der angefochtenen etwa nothwendig werdende anderweite Entscheidung abzugeben. War jedoch der Nichtigkeitsgrund in dem Verfahren und nicht in der Entscheidung selbst enthalten, oder bedarf die anderweite Entscheidung besonderer Verhandlung, so soll der Regel nach eine Verweisung der Sache an das frühere oder an ein anderes Gericht gleichen Ranges erfolgen, welches alsdann die von dem über die Nichtigkeitsbeschwerde entscheidenden

Gerichte anerkannten und der ausgesprochenen Vernichtung zum Grunde gelegten Rechtsgrundsätze als maßgebend anzuerkennen und der von ihm abzugebenden Entscheidung gleichfalls zum Grunde zu legen hat, widrigenfalls die letztere der Nichtigkeitsbeschwerde unterliegt."

Man kann meines Erachtens die Zurückverweisung ohne sonderliches Bedenken und ohne daß dadurch das Prinzip beeinträchtigt wird, ganz allgemein verfügen.

Ein wesentlicher Unterschied besteht aber darin, daß die Hannoversche Civilprozeß-Ordnung keinen Nichtigkeitsgrund darin findet, wenn contra jus in thesi erkannt ist.

Für das Königreich Hannover ist das allerdings erträglich. Die wichtigeren Sachen gelangen nämlich in erster Instanz an die großen Senate der Obergerichte und dann in der zweiten Instanz an den betreffenden Senat des Ober-Appellationsgerichts. Deren giebt es drei und für jeden Landestheil ist nach der Verfassung des Ober-Appellationsgerichts ein bestimmter Senat vorgeschrieben, in dem stets Richter aus der betreffenden Provinz sitzen. Davon ist nun allerdings die Folge, daß die Rechtseinheit im Königreiche, dieses als ein Ganzes betrachtet, wenig gewahrt ist. Denn es kann sehr gut vorkommen, und kommt faktisch vor, daß die verschiedenen Senate über die nämlichen Rechtsgrundsätze verschiedene Ansichten haben. Das erstreckt sich auf alle Fälle, auch auf die, worüber Landesgesetze vorhanden sind, ja sogar auf die Civilprozeß-Ordnung selbst, deren Bestimmungen von den verschiedenen Senaten verschieden aufgefaßt werden. Nur daß bei der Civilprozeß-Ordnung in manchen Punkten sich die Ansichten durch den Cassationssenat berichtigen, insofern nämlich, als dabei zugleich eine Nichtigkeit des Verfahrens in Frage kommt. Ein durchgreifendes Bedürfniß nach größerer Rechts**einheit** im Königreich Hannover ist nicht vorhanden; die Rechts**sicherheit** wird aber durch die bestehende Einrichtung hinlänglich gewahrt. Da das höchste Gericht für jeden Landestheil, d. h. der betreffende Senat des Ober-Appellationsgerichts, Gelegenheit genug hat, sich als Gericht **zweiter** Instanz über wichtige Rechtsfragen auszusprechen, so ist leicht zu begreifen, daß man über die wichtigeren Fragen des materiellen Rechts in jedem Landestheile die Ansichten des betreffenden Senats ziemlich gut kennt und es kann daher das Bedürfniß, dem Cassationshofe ein Erkenntniß über materielle Rechtsfragen zu vindiciren, nicht zum Bewußtsein kommen. Eine Zeit lang (von 1837—1848) hatte das Ober-Appellationsgericht die Befugniß, zweifelhafte Rechtsfragen dem Justizministerio gutachtlich vorzutragen und das Justizministerium hatte das Recht, solche gutachtliche Entscheidungen mit Gesetzeskraft als declaratorische Verordnungen zu publiziren. Man hat auch einigen Gebrauch davon gemacht, nachher wurde die Befugniß aber wieder aufgehoben. Auf eine größere Rechtseinheit war es dabei wohl weniger abgesehen, als auf Entscheidung von Controversen.

Ganz anders gestaltet sich aber die Sache, sobald es sich um eine Deutsche Gesetzgebung handelt und um Vermittelung der Rechtseinheit in Deutschland. Hier ist ein oberster Gerichtshof augenscheinlich nothwendig, um die Rechtseinheit in solchen Gebieten, worüber gemeinsame Gesetze vorhanden sind, zu erhalten und ihr auf anderen Gebieten vorzuarbeiten. Es versteht sich dann weiter von selbst, daß ein solcher Gerichtshof einerseits nicht mit zu vieler Arbeit belästigt werden darf, und andererseits, daß derselbe Gelegenheit haben muß, sich über das Recht selbst auszusprechen. Beides wird durch den Antrag des Geh. Ober-Tribunalsrath Waldeck erreicht. In beiden Beziehungen wüßte ich auch demjenigen, was der Herr Geh. Ober-Tribunalsrath Waldeck zur Begründung seines Antrags S. 30 ff. der gedruckten Verhandlungen des Juristentags und in der neuerdings erschienenen Broschüre über die Nichtigkeitsbeschwerde anführt, nichts Wesentliches hinzuzusetzen. Ich möchte nur glauben, daß die Cassation aus dem Grunde, weil contra jus in thesi erkannt worden, in dem Falle wegfallen kann, wenn die beiden ersten Instanzen übereinstimmen, hauptsächlich, um den obersten Gerichtshof nicht mit zu vielen Sachen zu behelligen, da die dadurch herbeigeführte übermäßige Theilung in Senate wieder der Rechtseinheit hinderlich ist. Der Hauptpunkt gegenüber der Hannoverschen Civilprozeß-Ordnung, welche die Nichtigkeitsbeschwerde aus dem Grunde, weil contra jus in thesi erkannt worden, ausschließt, ist meines Erachtens schon dadurch entschieden, daß S. 278 der gedruckten Verhandlungen der Juristentag für einen obersten Gerichtshof sich ausgesprochen hat, ein Beschluß, der wiederum nur die nothwendige Konsequenz der erstrebten allgemeinen Gesetzgebung ist und als Schlußstein des Gewölbes angesehen werden muß.

Vielleicht wird vom Standpunkte der Hannoverschen Civilprozeß-Ordnung der Einwand gemacht, daß ja der Staatsanwaltschaft die Nichtigkeitsbeschwerde zur Wahrung des Gesetzes zustehe, und daß auf diesem Wege eine Rechtseinheit ermöglicht werden könne. Allein gerade in Civilsachen ist dieses Institut ohne praktischen Nutzen. Die Staatsanwaltschaft hat zu wenig Interesse bei der Sache, um mit dem nöthigen Zeitaufwand den Verhandlungen zu folgen und die materielle Rechtsprechung in zweifelhaften Fällen zu kontrolliren; dazu gehört eben der Standpunkt der Partei. Die Staatsanwaltschaft wird die Beschwerde wohl nur dann zur Hand nehmen, wenn sie annimmt, daß im öffentlichen Interesse die Anerkennung eines bestimmten Rechtsgrundsatzes wünschenswerth sei. Die Nichtigkeitsbeschwerde der Staatsanwaltschaft enthält ohnehin mehr oder minder stets einen Vorwurf gegen das Gericht, und es spricht daher immerhin eine gewisse Scheu dagegen, ohne Noth das Gericht anzugreifen. Daher ist von vornherein zu vermuthen, daß die fragliche Befugniß der Staatsanwaltschaft nur selten und viel zu selten zur Anwendung kommen werde. In der That bestätigt die Erfahrung diese Voraussetzung hier zu Lande vollkommen. Mir ist kein Fall einer solchen Beschwerde in Civilsachen bekannt geworden. Diese Abhülfe ist daher eben keine.

Demnach bleibt also nichts übrig, als durch die Nichtigkeitsbeschwerde der Parteien dem obersten Gerichtshofe Gelegenheit zu geben, sich über die Rechtssätze, welche den Entscheidungen erster Instanz zu Grunde liegen, auszusprechen. Oder mit andern Worten, es bleibt nichts anders übrig, als die Nichtigkeitsbeschwerde zuzulassen, wenn contra jus in thesi erkannt ist.

C.

Gutachten des Professors Dr. Planck zu Kiel.

Von der ständigen Deputation des Deutschen Juristentages aufgefordert zur Abgabe eines Gutachtens über die Anträge des Herrn Geh. Ober-Tribunalsrath Dr. Waldeck in Betreff einer einheitlichen Deutschen Civilprozeßgesetzgebung versuche ich, in den folgenden Blättern meine Ansicht kurz darzulegen und zu begründen. Manches wird freilich bei der Kürze der Zeit mehr angedeutet als ausgeführt werden können.

Da es bei den Anträgen selbst sowohl als bei den Verhandlungen darüber darauf abgesehen ist, Grundlagen für eine allgemeine Deutsche Civilprozeßgesetzgebung zu gewinnen, so wird es geboten sein, von dem in Deutschland geschichtlich Gegebenen und insbesondere von dem gemeinen Deutschen Prozeßrecht, aus welchem als der gemeinsamen Grundlage die einzelnen Deutschen Partikularprozesse als eigenthümliche Entwickelungsformen hervorgegangen sind, auszugehen und zu prüfen, inwiefern nach den zur Zeit vorhandenen Zuständen und Bedürfnissen der Gegenwart die Aenderung oder Beibehaltung rathsam sei.

Die Anträge sind in ihrer praktischen Bedeutung sehr ungleich. Einige betreffen verhältnißmäßig untergeordnete Fragen, andere greifen so tief in den ganzen Organismus des Prozeßrechts ein, daß es meines

Erachtens unmöglich ist, über sie ein begründetes Urtheil abzugeben, ohne auf weitere Fragen der Gerichtsverfassung und des Verfahrens einzugehen, die von dem Herrn Antragsteller nur beiläufig berührt sind. Es mag vergönnt sein, die Betrachtung auf jene wichtigeren Fragen zu beschränken und den Ausgang von diesen allgemeinen Gesichtspunkten zu nehmen.

§. 1.

I. Bemerkungen zur Gerichtsverfassung.

Ueber die Zweckmäßigkeit der im Verfahren anzuwendenden Formen läßt sich nicht streiten, ehe man sich nicht über die Organe verständigt hat, die jene Formen anzuwenden berufen sind.

Man hat bei den mancherlei partikularrechtlichen Reformen der Gerichtsverfassung im Ganzen die in Deutschland geschichtlich hergebrachte dreifache Unterordnung der Gerichte beibehalten, zugleich aber, gewiß mit Recht, die Forderung aufgestellt, daß in die Gerichte unterster Instanz der eigentliche Schwerpunkt der Rechtspflege verlegt werden müsse. Es fehlt aber viel, daß dieser Forderung bereits ausreichend genügt sei. Eine folgerichtige Durchführung unter gleichmäßiger Berücksichtigung der Bedürfnisse der Recht Suchenden und der Leistungsfähigkeit des Staats mag folgende Skizze versuchen.

A. Die Gerichte erster Instanz, die eigentlichen Gerichte, müssen so organisirt sein, daß die Annahme gerechtfertigt ist, ihre Sprüche seien der nach Lage der Sache und dem dermaligen Stand der Wissenschaft erreichbare Ausdruck des Rechts. Dazu sind erforderlich: Große Richterkollegien, residirend in Städten eines regen geistigen Verkehrs, deren einzelne Mitglieder, befreit von allen lästigen, zerstreuenden und ermüdenden Geschäften der Verwaltung, auch der Justizverwaltung, sicher gestellt durch ein bedeutendes Einkommen, der Rechtspflege ihre ganze Aufmerksamkeit zuzuwenden, und sowohl einzeln als durch den gegenseitigen Verkehr sich selbst wissenschaftlich weiter zu entwickeln und durch ihr in praktischer Erfahrung und Anwendung geläutertes und geschärftes Urtheil der Fortentwickelung der Wissenschaft wie Gesetzgebung zu dienen in den Stand gesetzt sind. Die Ehrenauszeichnung und die ökonomische Lage der Richter insbesondere muß so gestellt sein, daß sie eine würdige Vergütung für die Anstrengungen der edelsten und besten Kräfte der Nation ausmacht und für diese nicht den dürftigen Ausgangspunkt, sondern das befriedigende Ziel ihres Strebens bildet.

Schon um diesen Anforderungen genügen, aber nicht minder um der verderblichen Zersplitterung der Rechtspflege vorbeugen, und der Benutzung mittelmäßiger oder sogar untergeordneter Kräfte entrathen zu können, wird der Staat sich begnügen, wenige derartige Richterkollegien mit sehr großen Sprengeln einzurichten. Die Bewältigung der Geschäftslast wie das Bedürfniß der Recht Suchenden fordert die Einschränkung der Kompetenz dieser Richterkollegien auf die wichtigeren Sachen und führt ganz von selbst zu dem Advokaturzwang für die vor ihnen zu verhandelnden Rechtsstreitigkeiten. Es steht nichts im Wege, zur ferneren Erleichterung der Parteien in Zeit, Mühe und Kosten, die öffentlich mündlichen Termine etwa zu regelmäßig wiederkehrenden Zeiten außerhalb der Residenz des Gerichts in anderen Städten oder Orten des Sprengels durch entsendete Deputationen des Kollegiums, wandernde Richter, abhalten zu lassen.

Die minder wichtigen Sachen, in denen eine rasche und möglichst wenig kostspielige Beilegung des Streits erforderlich ist, mögen einem formloseren Verfahren vor einem Friedensrichter, allenfalls mit Zuziehung aus der Gemeinde gewählter Schöffen übergeben werden.

Für die wichtigeren Sachen aber ist es unter obigen Voraussetzungen möglich und ohne Gefährdung des wirklichen Rechts durch zu befürchtende Misgriffe zulässig, eine feiner und schärfer ausgebildete Form des Verfahrens einzurichten, sowie die Anstalten bedeutend einzuschränken, die bisher zur Sicherung und Verbesserung etwaiger, fast scheint es, als regelmäßig vorkommend vermutheter Fehler des s. g. untergerichtlichen Verfahrens für unumgänglich erachtet worden sind.

B. Für die Gerichte zweiter Instanz, ihre Einrichtung und ihren Wirkungskreis, würde der Gedanke der leitende sein, daß sie nur zur Aushülfe für außerordentliche Fälle, insbesondere aber nicht zur Verbesserung etwaiger Fehler der Parteien, sondern lediglich zum Schutz gegen etwaige Fehler der Gerichte erster Instanz dienen sollen.

Es wäre die Frage, ob es für diesen Zweck nöthig sei, eigene Richterkollegien einzurichten, ob es nicht vielmehr ausreiche, ja sogar vorzuziehen sei, den Richterkollegien erster Instanz zu überlassen, etwa in verstärkten Abtheilungen diese Aufgabe zu erledigen.

Will man eigene Appellationsgerichtshöfe beibehalten, so genügen deren jedenfalls sehr wenige, deren im weitesten Umfang gezogene Sprengel ganze Provinzen (oder Staaten) umfassen.

Ihr Wirkungskreis aber kann nur der von wirklichen Appellationsgerichten sein, nicht, wie es mehrfach in Deutschland neuerdings eingeführt ist, der von Gerichten einer wiederholten ersten Instanz. Er muß sich daher beschränken auf die Beurtheilung streitiger Rechtsfragen, und zwar unter gänzlichem Ausschluß aller s. g. nova an Thatsachen und Beweisen. Die Zulässigkeit und Rathsamkeit dieser beiden Forderungen wird weiter unten vom Standpunkt der zweckmäßigen Einrichtung des Verfahrens näher zu beleuchten sein. Um jede nachtheilige Störung und Unterbrechung des eigentlichen Rechtsstreits vor den Gerichten erster Instanz auszuschließen, wird endlich das Angehen der Appellationsgerichte zu beschränken sein auf den Schluß der größeren Abschnitte des Rechtsstreits, so daß das dieselben abschließende Urtheil den Gegenstand der Anfechtung ausmacht.

C. Das Bedürfniß eines obersten Gerichtshofes dritter Instanz liegt in dem Streben nach Aufrechthaltung der Einheit und Gleichmäßigkeit der Rechtspflege. Kann demnach der Gerichtshof nur ein und derselbe sein für das ganze Gebiet des einheitlichen Rechts, so ergiebt sich andererseits, daß sein Wirkungskreis auf den eines Appellationsgerichts, wie er vorhin beschrieben wurde, gegenüber den Gerichten zweiter Instanz sich beschränken muß.

Seine Aufgabe ist demnach lediglich die Entscheidung streitiger Fragen des Prozeßrechts, wie des materiellen Rechts.

Die Art der Erledigung aber ist die einer bindenden Entscheidung des einzelnen Falles. Die Aufgabe aller Rechtspflege, also auch des höchsten Gerichtshofes, ist nicht, daß das Recht um seiner selbst willen gesprochen werde, sondern um dem praktischen Bedürfniß der Ordnung streitiger Lebensverhältnisse nach dem Maßstab des Rechts zu genügen. Dazu kommt, daß jede gerichtliche Entscheidung ihre Färbung den Umständen des vorgelegten Falles entnimmt, und auch in ihrer rechtlichen Bedeutung für andere ähnliche Fälle richtig nur im Zusammenhalt mit diesen Umständen gewürdigt werden kann. Auch der oberste Gerichtshof wirkt daher am sichersten für die Vortrefflichkeit und Einheit der Rechtspflege nicht durch das Aussprechen abstrakter Rechtssätze in Veranlassung vorgelegter Fälle, sondern durch die musterhafte Entscheidung dieser Fälle selbst. Muß daher einerseits die Entscheidung des obersten Gerichtshofes als bindend für den vorgelegten Fall überall anerkannt werden, so wird auch andererseits regelmäßig verlangt werden müssen, daß der oberste Gerichtshof den Fall durch seine Entscheidung so weit erledigt, als er dermalen zur Entscheidung reif ist. In letzterer Beziehung mag die Nützlichkeitsrücksicht auf Vermeidung einer übermäßigen Geschäftslast es empfehlen, daß dem obersten Gerichtshof die Befugniß beigelegt werde, sich auf die Erledigung der zunächst vorgelegten Streitfragen zu beschränken, und die Erörterung und Entscheidung der davon trennbaren erst folgeweise in Betracht zu ziehenden Fragen den subordinirten Gerichtshöfen zu überlassen. Man mag sogar es als leitende Maxime der Geschäftsbehandlung aufstellen, daß der oberste Gerichtshof von dieser Befugniß der Remission regelmäßig Gebrauch machen soll. Aber man sollte es nicht als den prinzipiellen Ausgangspunkt für die Thätigkeit und Aufgabe des obersten Gerichtshofs hinstellen.

Scheint hiernach die in Deutschland hergebrachte Auffassung der Stellung des obersten Gerichtshofs (abgesehen von der nach dem Obigen allerdings auszuschließenden Möglichkeit der Anfechtung der Thatfrage) vor der Französischen den Vorzug zu verdienen, so möchte auch kein Grund vorliegen, die Deutsche Terminologie mit der Französischen zu vertauschen. Insbesondere erscheint der a l l g e m e i n e Name des Rechtsmittels an den obersten Gerichtshof als Nichtigkeitsbeschwerde oder Kassation wenig empfehlenswerth. Er paßt nur für die Fälle streitiger Prozeßrechtsfragen, nicht aber für die Anfechtung eines Urtheils wegen fehlerhafter Behandlung der anzuwendenden materiellen Rechtssätze. Denn das Urtheil, welches einen falschen Rechtssatz, oder einen Rechtssatz falsch auf die vorgelegten Thatsachen anwendet, ist kein richtiges Urtheil, sondern eben ein schlechtes, fehlerhaftes.

II. Bemerkungen das Verfahren betreffend.

§. 2.

A. Allgemeines.

Um für die Beurtheilung der in Frage stehenden Anträge den sicheren Boden zu gewinnen, sind vorweg zwei Punkte zu berühren, welche die allgemeine Anlage des Verfahrens angehen.

Der erste betrifft die Reform des Beweisverfahrens und zumal darin die vollständige Durchführung des Prinzips der Mündlichkeit. Die Erfahrungen, welche die Reform des Strafverfahrens in Deutschland neuerdings dargeboten hat, werden auch dem Civilverfahren zu Gute kommen müssen. Hat man sich auf jenem Gebiete entschlossen, aus der frühern gesetzlichen Beweistheorie nur die unentbehrlichen Vorschriften über Zulässigkeit und Form der Beweismittel festzuhalten, im Uebrigen aber dem Gericht die Bildung einer Ueberzeugung über das Bewiesene aus dem vorgelegten Material völlig frei zu stellen, so wird dasselbe auch auf diesem Gebiete geschehen dürfen und müssen. Die Beweisaufnahme, welche dort in Gegenwart und unter Mitwirkung beider Parteien vor sich geht, wird auch hier in gleicher Weise vorzunehmen sein; ja man wird sich hier vielleicht eher, als dort entschließen, die wünschenswerthe Einrichtung zu treffen, daß die Beweisesvorlage den Anwälten der Parteien selbst anvertraut, die Reihenfolge der Beweise von diesen bestimmt, die Zeugen von ihnen verhört werden 2c. Man wird Hand anlegen an die dringend nothwendige Reform der Eidestheorie, und insbesondere in Erwägung ziehen, ob nicht der Gebrauch des zugeschobenen Eides dadurch, daß man die Parteien selbst einem Zeugenverhör unterwirft, eingeschränkt oder vielleicht ganz ersetzt werden kann. Aus dem Prinzip der Mündlichkeit aber wird zunächst die Forderung abzuleiten sein, daß die Beweisaufnahme vor dem erkennenden Gerichte unmittelbar vor sich gehe, daß insbesondere die persönliche Abhörung der Auskunftspersonen nur in den Fällen unabwendbarer Verhinderung durch die Vorlesung von anderwärts aufgenommenen Verhörsprotokollen ersetzt werden dürfe. Aus demselben Prinzip fließt aber die zweite Forderung, daß die vom Gericht abgegebene Entscheidung der Beweisfrage auch in Civilsachen durch das Rechtsmittel der Berufung unanfechtbar sei, eine Anfechtung vielmehr nur mittelst der Bitte um Restitution beim Vorhandensein besonderer Billigkeitsgründe auf Grund neuer, d. h. neu entdeckter Thatsachen und Beweise gestattet werde. Die theoretische Unvereinbarkeit einer Appellation gegen die Entscheidung der Beweisfrage mit dem Prinzip der Mündlichkeit ist von verschiedenen Seiten in eingehender Weise für den neuen Deutschen Strafprozeß gezeigt worden. Man könnte indeß zugeben, daß bei der Unmöglichkeit der völlig gleichen Reproduktion der unterrichterlichen Vorlagen eine Kritik des Oberrichters über diese Entscheidung zwar unmöglich sei; man könnte gleichwohl aus praktischen Gründen eine Wiederholung des Beweisverfahrens vor einem zweiten Gericht zum Zweck eines neuen Spruchs über die Beweisfrage für wünschenswerth erklären. Zu diesem Zweck müßte nachgewiesen werden, es sei Hoffnung vorhanden, daß der zweite Spruch besser sein werde als der erste. Die bessere Besetzung des zweiten Gerichts läßt sich dafür nicht anführen, wenn der Staat in der Besetzung der Gerichte den oben angestellten Forderungen genügt hat. Die Bemerkung, daß die Parteien häufig erst durch die erste Verhandlung auf die Lücken ihrer Beweisführung und auf die eigentlich wesentlichen Punkte derselben aufmerksam werden, und daher in einer wiederholten zweiten besser gerüstet dastehen, wird allerdings für denjenigen von Gewicht sein, der sich nicht entschließen mag, die volle Strenge scharf entwickelter Prozeßformen anzuerkennen, auf denen gleichwohl die Sicherheit, Schnelligkeit und verhältnißmäßige Billigkeit *)

---

*) Die finanziellen Vorzüge der Wegschneidung der zweiten Instanz in der Beweisfrage liegen auf der Hand. Die Parteien sparen die Kosten eines zweiten

der Rechtspflege ruht. Das Hülfsmittel gegen Fehler der Parteien sollte nicht in der Einrichtung eines laxen formloseren Verfahrens, sondern in der Tüchtigkeit des Advokatenstandes gefunden werden. Im älteren Römischen, wie im älteren Deutschen und im heutigen Englischen Prozeß hat man sich dabei beruhigen zu können geglaubt, und die erste Entscheidung der Beweisfrage als die maßgebende festgehalten. Eine andere Frage ist, ob für die Güte dieser ersten Entscheidung noch weitere Garantien, etwa durch Hereinziehung volksthümlicher Elemente in das Gericht, durch Gestattung ausgedehnter Recusationsrechte gegen die Personen der Richter, durch die Forderung eines einhelligen Spruchs der Urtheiler, benutzt werden sollen; eine Frage, die hier nicht weiter verfolgt werden kann.

Der zweite mit dem vorhergehend besprochenen nicht vollständig zusammenfallende Punkt betrifft die Behandlung der s. g. nova. Während das ältere Deutsche Prozeßrecht im Fall eines gescholtenen Urtheils die Erledigung des Streits lediglich von der Frage abhängig macht, ob nach den gegebenen Vorlagen das gescholtene oder das sofort von dem Schelter gefundene Urtheil das richtige sei, gestattet bekanntlich das spätere gemeine Deutsche Prozeßrecht nach Vorgang des rezipirten Römisch-Canonischen im Fall der Berufung zur Rechtfertigung der aufgestellten Beschwerden die Benutzung neuer Anführungen von Thatsachen und Beweisen in beschränkter Weise. Erst neuere Partikularprozeß-Ordnungen erweitern diese Befugniß des neuen Vorbringens so sehr, daß fast nur die Festhaltung des in erster Instanz gestellten Klagantrags die Grenze bildet. Der Charakter der Berufungsinstanz wird dadurch wesentlich geändert. Die Bedeutung des von dem ersten Richter abgegebenen Urtheils ist fortan die eines Schiedsspruchs, dem sich die Parteien freiwillig ganz oder theilweise unterwerfen können. Rücksichtlich der angefochtenen Theile aber beginnt vor dem Oberrichter

Beweisverfahrens, welche um so bedeutender sein müssen, je aufrichtiger man, insbesondere durch das unabweisliche Gebot vollständiger Wiederholung, zu Werke geht. Der Staat aber spart an den Kosten der Einrichtung der Gerichte zweiter Instanz und wird dadurch in den Stand gesetzt, die Gerichte erster Instanz, die eigentlichen Gerichte, in gehöriger Weise zu bedenken.

von vorne mindestens über den betreffenden Prozeßabschnitt ein neues erstes Verfahren, in welchem jeder Partei alle einem solchen zukommenden Befugnisse offen stehen. Die Berufungsinstanz ist mit einem Wort keine zweite für die Kritik des ersten Urtheils bestimmte, sondern eine wiederholte erste Instanz. Anderwärts, z. B. in den Herzogthümern Schleswig und Holstein seit 1834, in Braunschweig seit 1850 hat man den umgekehrten Weg eingeschlagen, die Benutzung neuer Thatsachen und Beweise bei der Berufung gänzlich ausgeschlossen, und an das Rechtsmittel der Restitution und dessen besondere Bedingungen verwiesen.

Es mag zugegeben werden, daß das gemeinrechtliche System einer Verbesserung bedarf. Die schwankenden Grenzbestimmungen über die Zulässigkeit der nova führen zu vielfachem unnützen Gezänk, und lassen am Ende weder die Vortheile der einen noch der anderen in ihrer Schärfe durchgeführten neueren Einrichtung hoffen.

Die Frage aber, welche dieser neueren Einrichtungen die vorzüglichere sei, ist zunächst eine Frage der Gerichtsverfassung. Die erstere bedingt ein ungleich größeres Personal vom Staat angestellter Richter. Soll das revidirte erste Verfahren seinem Zweck entsprechen, so ist dafür zu sorgen, daß ein zweites, wo möglich stärker und besser besetztes Gericht die Revision vornehme. Auch wird die Zahl dieser zweiten Gerichte nicht gering sein dürfen, da die Geschäftslast an Umfang nicht unbedeutend sein kann, insofern jede Partei, falls sie die Kosten nicht zu scheuen braucht, es vorziehen wird, das revidirte erste Verfahren zu erlangen, ja sogar darauf ihre Hauptanstrengung zu verwenden. Die Leistungsfähigkeit des Staats an Geld und insbesondere an für die Richterstellen besonders geeigneten Personen hat aber ihre Grenzen. Man wird genöthigt sein, den Bedarf auch aus den mittelmäßigeren Kräften zu befriedigen und die Besoldungen möglichst gering stellen. Die Folge ist immer, daß die Gerichte erster Instanz mit den jüngeren unbedeutenderen, nicht ausreichend besoldeten Personen, die Obergerichte mit den ältern tüchtigeren Richtern besetzt werden, daß die besten Stellen an den letzteren das Ziel des Strebens für die ersteren werden. Der Schwerpunkt der Rechtspflege liegt alsdann nicht in den Gerichten erster Instanz, und die Forderung, die Richterstellen nur mit den besten Kräften der Nation zu besetzen, diese aber an Rang und Einnahme möglichst hoch zu stellen, läßt sich nicht erfüllen. Bessere Aussichten gewährt in dieser Beziehung die letztere Einrichtung. Die Aufgabe des Oberrichters ist hier eine ziemlich einfache, die der Kritik auf Grund der dem Unterrichter gemachten Vorlagen. Es scheiden ferner aus der Zahl der Berufungen alle die Fälle aus, in denen die Hoffnung der Partei auf ein günstigeres Erkenntniß nicht auf den Nachweis von Fehlern des Unterrichters, sondern auf Verbesserung ihrer eigenen Fehler durch nova sich gründet. Der verminderte Umfang der Geschäftslast wird eine Verminderung der Obergerichte und folgeweise die Möglichkeit einer besseren Berücksichtigung der Untergerichte eröffnen. — Im vollen Umfang freilich wird diese Hoffnung sich nur erfüllen, wenn man sich entschließt, nach dem, was oben gesagt ist, die Appellation in der Beweisfrage gänzlich auszuschließen.

Für die erstere Einrichtung ist sodann angeführt worden, sie sei in einem mündlichen Verfahren unentbehrlich. Soll damit gesagt sein, das Prinzip der Mündlichkeit verlange die erstere Einrichtung, so ist das schwerlich nachzuweisen. Vielmehr steht danach die Sache so: Beim Streit über Rechtsfragen ist es nach beiden Einrichtungen den Parteien unverwehrt, in der Appellationsinstanz neue Rechtsgründe für sich anzuführen, die ja auch der Unterrichter von Amtswegen berücksichtigen konnte und mußte, die daher als nova nicht anzusehen sind. Bei dem Streit über Thatfragen aber ist allerdings die zweite Einrichtung in einem mündlichen Verfahren festzuhalten prinzipiell nicht möglich. Denn da der Unterrichter Alles vor ihm mündlich Verhandelte und nur dieses berücksichtigen soll, dieses Alles sich aber niemals vollständig durch die Schrift fixiren läßt, um einer neuen Prüfung unterzogen zu werden, so ist es unthunlich, dem Oberrichter mit Ausschluß aller und jeder nova denselben Stoff vorzulegen. Daraus folgt aber eben nur die prinzipielle Unmöglichkeit einer zweiten Instanz in der Thatfrage bei mündlichem Verfahren; es folgt daraus noch nicht die prinzipielle Nothwendigkeit einer wiederholten ersten Instanz. Es ist vielmehr eine aus anderen Rücksichten zu entscheidende Zweckmäßigkeitsfrage, ob man bei jener Ausschließung der zweiten Instanz in der Thatfrage einfach stehen bleiben, oder den Parteien ein neues eigenthümlich gestaltetes Rechtsmittel eröffnen will. Und dabei bleibt dann immer noch die weitere Frage offen, ob man der letzten Einrichtung folgend von der neuen Verhandlung alles Thatsächliche ausschließen will, was erweislich dem Unterrichter nicht vorgelegt ist, oder nach der ersteren die Benutzung neuer Thatsachen und Beweise ohne Einschränkung gestatten will.

Unter den für die letztere Alternative angeführten Gründen scheint nun bei weitem der wichtigste der bereits oben für die Beweisfrage kurz berührte, daß durch die erste Verhandlung die Parteien auf die Lücken ihres Angriffs oder ihrer Vertheidigung erst aufmerksam werden mügen, und die Gestattung einer wiederholten ersten Verhandlung ihnen die Möglichkeit bietet, jene Lücken passend zu ergänzen. Kommt es doch einmal zu einer neuen Verhandlung, so scheint es rathsam, den Parteien zu gestatten, darin nicht nur die etwaigen Fehler des Unterrichters in der Konstruktion der Thatfrage zu rügen, sondern ohne weitere Umschweife auch ihre eigenen Fehler zu verbessern.

Meines Erachtens ist gleichwohl diese Einrichtung abgesehen von den obigen der Gerichtsverfassung entnommenen Bedenken nicht zu empfehlen. Sie ist zunächst eine unbillige Begünstigung der nachlässigen Partei auf Kosten der aufmerksamen. Die letztere ist gezwungen, Zeit Mühe und Kosten zwiefach aufzuwenden, und dafür giebt die etwa gesetzlich in Aussicht gestellte Kostenverurtheilung des Gegners nur einen zweifelhaften Ersatz. Sodann bewirkt gerade der Ausschluß der nova ein höchst wünschenswerthes Zwangsmittel gegen die Parteien, Angriff und Vertheidigung in der ersten Verhandlung möglichst sorgfältig vorzubereiten, den Werth aller ihnen zu Gebote stehenden Mittel umsichtig zu erwägen, und die Verhandlung selbst mit Aufwendung des höchsten Fleißes durchzuführen. Einfachheit, Ordnung und Klarheit des Verfahrens, Eigenschaften, die sich nirgends sichtbarer geltend machen, als gerade im mündlichen Verfahren, werden gesichert durch den Ausschluß der nova. Mag man immerhin die erste Verhandlung als ein Ganzes ansehen, es wird doch auch darin eine gewisse Ordnung z. B. die der Klage, Vernehmlassung, Replik und Duplik herrschen müssen.

Wird nun in der Appellationsinstanz der Klaggrund durch nova verändert, so stürzt das frühere Gebäude zusammen. Dadurch können, wenn das frühere Erkenntniß nicht in allen seinen Theilen und zwar von beiden Parteien angefochten ist, schwierige Verwickelungen in der Beurtheilung und Zusammensetzung des rechtskräftig Feststehenden und des auf Grund der nova Umzuändernden entstehen. Ist aber das ganze Erkenntniß von beiden Parteien angefochten, so beginnt eben eine ganz neue erste Verhandlung, für welche am Ende aus gleicher Rücksicht der Billigkeit die Möglichkeit einer wiederholten Prüfung mit Gestattung von nova gefordert werden könnte. Strenge, scharf ausgeprägte Formen, insbesondere das Festhalten an der einmal abgegebenen Erklärung, ein charakteristischer Zug des ältern Deutschen Prozeßrechts, sind im mündlichen Verfahren unentbehrlich. Der Schutz gegen die Härte des formellen Rechts sollte nicht gesucht werden in einer Beeinträchtigung der Formen selbst, sondern in der Ausbildung eines tüchtigen Advokatenstandes, wozu die Hoffnungen in Deutschland von Tage zu Tage wachsen, seitdem man es gewagt hat, die gerichtliche Bevormundung der Parteien aufzugeben und sie auf ihre eigenen Füße zu stellen. In der That ist aber die unbeschränkte Gestattung der nova in einem wiederholten ersten Verfahren am Ende doch auch nur ein vom Staat dargebotenes Mittel, durch die Thätigkeit der Gerichte die Fehler der Parteien zu verbessern. Für außerordentliche Fälle schuldlosen Versäumnisses gewährt das Rechtsmittel der Restitution die geeignete Hülfe. Die Erfahrung der Herzogthümer Schleswig und Holstein, in denen man seit 1834 diesen Weg eingeschlagen hat, giebt demselben das günstigste Zeugniß.

Je nachdem man nun in diesen vorweg besprochenen Punkten für die eine oder andere Ansicht sich entscheidet, das wird für die Beurtheilung der zur Erwägung stehenden, das Beweisverfahren betreffenden Anträge von entscheidendem Einfluß sein.

B. Die Abgrenzung des Beweisverfahrens und die Beweis-Interlokute.

§. 3.

Trennung des s. g. ersten und des Beweisverfahrens.

In einem auf Mündlichkeit gebauten Verfahren wird sich zum Zweck der wünschenswerthen Klarheit und Ordnung immer das Bedürfniß geltend machen, die jedesmal vorzunehmende Verhandlung auf möglichst einfache Fragen zu beschränken und erst nach Erledigung derselben zu weiteren Fragen fortzuschreiten. Die Aufgabe des Gesetzgebers wird sein, einerseits diesem Bedürfniß abzuhelfen, andererseits der Gefahr einer zu großen Zersplitterung und der damit verbundenen Gefahr des Verlustes an Zeit, Mühe und Kosten vorzubeugen. Das gemeine Deutsche Prozeßrecht zertheilt zu diesem Zweck die ganze dem Endurtheil vorausgehende Streitverhandlung in mehrere größere Abschnitte und erzwingt die genaue Einhaltung derselben durch die Anordnung, daß Rechtsbehelfe, die einem früheren Abschnitt angehören, in einem späteren regelmäßig nicht nachgeholt werden können, sondern für die säumige Partei verloren sind. In dieser Weise stehen sich zunächst gegenüber der Streit über das Vorhandensein der prozessualischen Bedingungen für den Antrag des Klägers: der s. g. prozeßdilatorische Abschnitt, und der s. g. Streit in der Hauptsache über die Existenz und Wirkung des Klagrechts gegen den Beklagten. Bekanntlich wird seit dem J. R.-A. der erstere Abschnitt regelmäßig gleichzeitig und verbunden mit dem zweiten instruirt, und tritt nur in Ausnahmefällen der s. g. prozeßhindernden Einreden auch äußerlich als ein selbstständiger getrennter Abschnitt heraus. Es kann hier dahin gestellt bleiben, inwiefern es rathsam ist, diese Einrichtung beizubehalten, oder statt dessen zu der dem mündlichen Verfahren anscheinend angemesseneren Regel der Trennung zurückzukehren, und die verbundene Instruktion nur dann eintreten zu lassen, wenn der Beklagte und das Gericht darein willigen. — Das gemeine Recht scheidet aber ferner den Streit in der Hauptsache in zwei Abschnitte, das s. g. erste Verfahren, in welchem die Parteien ihre Behauptungen, und zwar a l l e bei Strafe des Ausschlusses, das Beweisverfahren, in welchem sie ihre Beweise vorzubringen haben. Diese deutschrechtliche Scheidung (es ließen sich auch andere Scheidungen denken und sind geschichtlich nachzuweisen: z. B. Streit über die Klage, Streit über die peremtorischen Einreden 2c.) beizubehalten, scheint man allerseits geneigt. Auch darüber, daß der Nutzen dieser Scheidung zumal im mündlichen Verfahren nur zu erreichen sei, wenn sie streng in der Weise durchgeführt wird, daß nach dem Schluß des ersten Verfahrens dahin gehörige Rechtsbehelfe im Beweisverfahren, abgesehen von Restitutionsfällen, nicht nachgebracht werden dürfen, ließe sich wohl eine Einigung unschwer herbeiführen. — Gestritten wird über dreierlei:

1) über den Inhalt, der dem ersten Abschnitt im Gegensatz des zweiten zuzuweisen sei;
2) über die Art seiner Erledigung, ob den Parteien überlassen bleiben soll, nach eigenem Ermessen die Resultate des ersten Abschnitts sich zu ordnen, oder ob sie durch das Gericht und zwar entweder in Form eines prozeßleitenden Dekrets oder eines Urtheils festgestellt werden sollen;
3) über die Art der Anfechtung dieses Dekrets oder Urtheils.

Diese drei Fragen werden einzeln zu erörtern sein.

§. 4.

1. Inhalt des ersten Verfahrens.

Die Streitverhandlung in der Hauptsache setzt sich folgendermaßen zusammen. Die Parteien sollen zunächst die Rechte behaupten, die sie in dem streitigen Rechtsverhältniß für sich geltend zu machen denken: Kläger sein Klagrecht, Beklagter seine etwaigen Exzeptionsrechte 2c. Sind diese Rechte bestritten, so wird der sie Behauptende den Nachweis ihrer Existenz zu übernehmen haben. Das geschieht durch Behauptung der Thatsachen, aus denen auf die Entstehung dieses Rechts geschlossen werden kann. Dem Gegner steht es frei, seinerseits Thatsachen zu behaupten, aus denen zu schließen ist, daß jene im vorliegenden Fall nicht ausreichen, um den beabsichtigten Schluß auf die Existenz des behaupteten Rechts zu begründen, sei es weil dadurch die

Entstehung gehindert, oder das entstandene Recht wieder aufgehoben ist. Ist auch über diese beiderseits angeführten Thatsachen Streit, so wird jede Partei die in ihrem Interesse aufgestellten thatsächlichen Behauptungen gegen den Widerspruch des Gegners durch die zu diesem Zweck gesetzlich zulässigen Mittel zu sichern suchen, insbesondere durch Eröffnung von Kenntnißquellen, aus denen das Gericht sich selbst die Ueberzeugung von der Wahrheit ihrer thatsächlichen Behauptungen schöpfen kann. — Der Einschnitt zwischen erstem und Beweisverfahren nun läßt sich an verschiedener Stelle denken. Während der ältere Römische Formularprozeß den ersten Abschnitt, das Verfahren in jure, schließt mit der Anführung der beiderseits behaupteten Rechte, erweitert das Deutsche Prozeßrecht denselben dahin, daß auch die Thatsachen angeführt werden sollen, worauf die Parteien ihre Behauptung der Existenz resp. Nichtexistenz jener Rechte stützen wollen. Und diese letztere Einrichtung beizubehalten scheint man allerdings geneigt. Die Abweichung in den Meinungen und Deutschen Gesetzgebungen zeigt sich erst darin, daß man die letztere Forderung strenger oder weniger streng versteht und durchführt. Die Forderung nämlich, daß die Parteien die für ihr Interesse wichtigen Thatsachen im ersten Abschnitt behaupten und anführen sollen, läßt sich

1) so verstehen, daß darunter nur diejenigen begriffen werden, aus denen auf die Existenz beziehungsweise Nichtexistenz der behaupteten Rechte unmittelbar geschlossen werden soll: unmittelbar erhebliche Thatsachen, nicht aber diejenigen, welche nur dazu dienen, die Wahrheit resp. Unwahrheit dieser letzteren durch Schlußfolgerung zu erweisen: mittelbar erhebliche Thatsachen. Jene müssen die Parteien bei Strafe des Ausschlusses im ersten Abschnitt vorbringen, diese dürfen sie vorbringen, um einen vorläufigen Versuch zu machen, durch etwaiges Zugeständniß des Gegners gleich im ersten Verfahren den Beweis oder Gegenbeweis zu führen. Mislingt der Versuch, oder wird er gar nicht unternommen, so steht jedenfalls der Partei frei, jene mittelbar erheblichen Thatsachen als Thema eines künstlichen Haupt- oder direkten Gegenbeweises im Beweisverfahren vorzubringen und darzuthun. Der Versuch steht somit auf einer Stufe mit der s. g. Antizipation des

Beweises, die nach diesem System den Parteien ebenfalls innerhalb gewisser Grenzen freisteht. -- Diese Einrichtung kann zur Abkürzung mitunter führen. Das Hauptbedenken dagegen aber besteht darin, daß sie eben so häufig zu einer unnützen Anschwellung der Verhandlungen des ersten Verfahrens führt, weil sie gar keine Sicherheit bietet, daß die Parteien alles thatsächlich Erhebliche angeführt haben, denselben vielmehr freisteht, im Beweisverfahren andere Wege des Beweises einzuschlagen oder die eingeschlagenen in anderer Weise zu verfolgen. Das Gericht und der Gegner hat am Schluß des ersten Abschnitts weder das Faktum, wie es die Partei behaupten kann, vollständig vor sich, noch auch einen einfachen Grundriß dieses Faktums, sondern einen Grundriß, an dem einzelne Theile näher ausgeführt sind, ohne daß eine Sicherheit vorläge, daß es dabei bleiben werde. Dieser Uebelstand läßt sich auf eine doppelte, einander entgegengesetzte Weise vermeiden, und das führt zu den beiden folgenden Systemen.

2) Die Parteien können angewiesen sein, alle thatsächlichen Behauptungen, die ihnen zu Gebote stehen, unmittelbar oder mittelbar erhebliche, bei Strafe des Ausschlusses, im ersten Abschnitt vorzutragen. Eine im ersten Verfahren nicht angebotene künstliche Haupt- oder Gegenbeweisführung ist mit einem Wort ausgeschlossen. Das einfache Mittel, um diesen Zwang durchzuführen, besteht in dem Befehl, im ersten Verfahren sofort den Inhalt der Beweismittel anzuzeigen, deren sich die Parteien im Beweisverfahren bedienen wollen, mit einem Wort in dem Befehl, mit dem Vortrag der thatsächlichen Behauptungen das Angebot der Beweismittel zu verbinden, natürlich mit dem Erfolg, daß nur die angebotenen demnächst benutzt werden dürfen. Es läßt sich, wenn man will, mit dieser Einrichtung der weitere Vortheil verbinden, daß der Streit über die Zulässigkeit der angebotenen Beweismittel als solcher ebenfalls in das erste Verfahren herübergezogen wird. Allein dieser secundäre Nutzen ist von geringer Erheblichkeit, und mag leicht durch Gefahren anderer Art, wie sie der Herr Antragsteller in seinem ersten Antrage hervorhebt, aufgewogen werden. Das Wesentliche vielmehr, was von ihm, wie mir scheint, nicht genügend hervorgehoben ist, besteht darin, daß auf diesem Wege die Parteien gezwungen werden,

das Faktum vollständig, so wie sie es sich zu beweisen getrauen, vorzulegen. Nicht die Angabe der Beweismittel ist das Entscheidende, sondern die Angabe des Inhalts der Beweismittel. Genau dieselbe Betrachtung, die zu dem Wunsche führt, daß die Parteien gleich im ersten Verfahren den Inhalt der ihnen zu Gebote stehenden Urkunden vollständig anführen, und sich nicht darauf beschränken, Schlußfolgerungen aus diesem Inhalt dem Gericht vorzutragen, führt zu dem gleichen Wunsch, daß sie auch den Inhalt dessen, was ihre Zeugen an Thatsachen bekunden können, vollständig erzählen, und sich nicht darauf beschränken, diesen Inhalt in vielleicht irrige Schlußfolgerungen zusammenzufassen. Zu dem genannten Zweck ist die Angabe der Beweismittel selbst nur das unentbehrliche Mittel, weil nur dadurch die Parteien bei dem Beweisangebot über ihre Erzählungen genau festgehalten werden können. — Die untergeordnete Frage, mit welchem Zeitpunkt im ersten Verfahren dieses Beweisangebot zu verbinden sei, ob mit der Behauptung oder nach erfolgtem Leugnen des Gegners, oder schlechthin bis zum Schluß der mündlichen Verhandlung über den ersten Abschnitt, mag hier unerörtert bleiben. — Für das Beweisverfahren bleibt demnach nur die ziemlich einfache Untersuchung übrig, ob die Parteien im Stande sind, die von ihnen angebotenen und als erheblich erachteten Beweise in der erforderlichen Stärke zu liefern.

Dieses System wird sich, wie ich glaube, als das zweckmäßigste*) empfehlen, wenn man sich nicht entschließen kann, die Berufung in der Thatfrage gänzlich auszuschließen und dabei doch, wofür meines Erachtens nach Obigem überwiegende Gründe sprechen, die Benutzung von nova zur Rechtfertigung der Beschwerden für unzulässig erklärt. Es hat nämlich keine Schwierigkeit, was in solchem Fall doch geschehen muß, die thatsächlichen Erzählungen der Parteien mit ihren Beweisangeboten schriftlich zu fixiren, etwa durch die die mündliche Verhandlung vorbereitenden Schriften, welche dann das Faktum vollständig enthalten müßten; damit wäre in soweit eine gleiche Grundlage der

*) Die Vorzüge desselben im Einzelnen zu schildern, würde zu weit führen. Es möge erlaubt sein, dafür auf eine früher von mir versuchte Zusammenstellung zu verweisen: Die Lehre vom Beweisurtheil. 1848. S. 380.

Beurtheilung für den Unter- und Oberrichter gewonnen. Man behielte alsdann immer noch freie Hand, rücksichtlich der zweiten Frage, ob die angebotenen Beweise in der erforderlichen Stärke geliefert seien, entweder den Spruch des Unterrichters als unanfechtbar zu erklären, oder auch hiegegen eine Anfechtung zu gestatten, wobei dann freilich eine schriftliche Fixirung des Inhalts der Beweisaufnahme, etwa durch gerichtliche Protokolle, bereits bei weitem mißlicher ausfallen müßte. — Diesem entgegengesetzt ist das dritte System:

3) Die Parteien können angewiesen sein, im ersten Abschnitt nur die unmittelbar erheblichen Thatsachen vorzutragen, mit Ausschluß aller weiteren thatsächlichen Zergliederung und jeder antizipirten Beweisführung, abgesehen natürlich von der Anführung von solchen Urkunden, die zur Existenz des behaupteten Rechts erforderlich sein mögen. Der erste Abschnitt bezweckt in solchem Fall eine vorläufige Orientirung über die von den Parteien behaupteten Rechte und juristischen Thatsachen, aus denen sie deren Existenz oder Nichtexistenz herleiten. Er liefert den für die Parteien bindenden Grundriß, der im folgenden zweiten Abschnitt erörtert werden soll. Erst der letztere bringt die Auseinandersetzung, wie die Parteien zur Aufstellung jener Behauptungen gelangt, das Angebot ihrer Beweise, deren Aufnahme und schließlich die Beurtheilung ihres Werths. — Will man sich entschließen, den Wahrspruch des ersten Gerichts über den Beweis als unanfechtbar aus materiellen Gründen gelten zu lassen, so möchte dieses System den Vorzug verdienen. Der erste Abschnitt liefert in einfacher Weise mit Hinwegschneidung aller dem rein thatsächlichen Gebiet angehörigen Deduktion die Uebersicht der in Betracht kommenden rechtlichen Gesichtspunkte, und bezeichnet zugleich die Grenze der möglichen Anfechtung durch in das Materielle des Streits hineingehende Rechtsmittel.

§. 5.

2. Richterliche Erledigung des ersten Abschnitts.

Die Art und Weise, wie der Uebergang aus dem ersten in den zweiten Abschnitt erfolgen soll, läßt sich verschieden anordnen.

1) Zunächst so, daß den Parteien überlassen bliebe, falls sie nicht schon jetzt ein Endurtheil zu ihren Gunsten auszuwirken vermögen, nach eigenem Ermessen die Resultate zu ziehen, und danach im Beweisverfahren die nach ihrer Meinung ihnen zufallenden Beweise zu versuchen. Man hat von jeher in Deutschland, und wohl mit Recht, es zur Abschneidung unnützer Verhandlungen im Beweisverfahren sowie zur Sicherung der Erforschung des wirklich Erheblichen für zweckmäßig gehalten, diesen Weg nicht einzuschlagen, sondern dem Gericht eine gewisse Einwirkung auf die Feststellung des Beweissatzes und der Beweislast übertragen. Nur über die Art dieser Einwirkung ist großer Streit. Sie läßt sich in doppelter Weise denken: durch ein prozeßleitendes Dekret oder durch Urtheil.

2) Der dem Beweisdekret zum Grunde liegende Gedankengang ist etwa folgender: Sieht sich der Richter am Schluß des ersten Abschnitts außer Stande, auf Grund des darin vorgebrachten Materials ein Endurtheil abzugeben, weil über wesentliche Punkte unter den Parteien noch Streit ist und es darüber an den nöthigen Aufklärungen fehlt, so hat er zum Vortrag der letzteren den Parteien Gelegenheit zu geben, und zu diesem Zweck die nöthigen Anordnungen durch Ansetzung von Fristen und Tagefahrten zu treffen. Dabei kann er zugleich auf den Inhalt der zu erwartenden Parteienthätigkeit in geringerem oder größerem Umfange bestimmend einwirken, um sie auf die nach seiner Meinung wesentlichen Punkte hinzuleiten. Dergleichen Verbote oder Gebote aber sind, wenngleich für die Parteien bindend, doch für den Richter, wie alle Ausflüsse seiner prozeßleitenden Thätigkeit, nicht bindend. Er kann, sofern er sich später von deren Unzweckmäßigkeit oder Unrechtmäßigkeit überzeugt, sie abändern und das ihm nunmehr richtig Scheinende anordnen. In dieser Unverbindlichkeit und Abänderlichkeit durch den Richter liegt eben das charakteristische Merkmal des Beweisdekrets. Diese prozeßleitende Thätigkeit kann aber vom Richter in verschiedenem Umfange verlangt werden.

a) Er soll nur alle offenbar unnützen Beweisverhandlungen verhüten, somit verbieten, daß über gewisse Punkte, die er für gänzlich unerheblich hält, Beweise vorgebracht werden, während er im Uebrigen beiden Parteien in der Auswahl des von ihnen zu Beweisenden, also rücksichtlich des Beweissatzes und der Beweislast, vollkommen freie Hand läßt. Man mag dies das negative Beweisdekret (des reichskammergerichtlichen Prozesses) nennen. Diese Einrichtung ist mit den Grundlagen des Deutschen Prozesses, insbesondere mit dem Verhandlungsprinzip, sehr wohl verträglich. Nur wird man von dem Nutzen der richterlichen Thätigkeit keine zu großen Erwartungen hegen dürfen. Zu einem solchen Verbot wird sich der Richter nur im Fall ganz offenbarer Unerheblichkeit der aufgestellten Behauptungen oder angebotenen Beweise entschließen, um der Partei, der im Uebrigen die ganze Verantwortung und Gefahr überlassen bleibt, den freien Spielraum nicht zu beschränken. Diese überwachende und verhütende Thätigkeit des Richters wird übrigens nicht blos im Beginn, sondern auch im Lauf des Beweisverfahrens heraustreten, und allerdings dazu dienen, die gröbsten Auswüchse abzuschneiden und die Parteien bei der Sache selbst festzuhalten. Im Uebrigen aber trifft das negative Beweisdekret so ziemlich mit der oben unter 1) berührten Einrichtung zusammen. Ob man sich dazu entschließen will, das wird hauptsächlich von dem Inhalt abhängen, der dem ersten Abschnitt zugewiesen ist. Hat man darin den Parteien gestattet (§. 4 Nr. 1) oder sogar geboten (daselbst Nr. 2), das ganze Faktum in allen seinen Einzelnheiten dem Gericht vorzutragen, so scheint es doch rathsamer, die Arbeit, die das Gericht in Prüfung dieses gesammten Stoffs am Schluß des ersten Abschnitts vorgenommen hat, nicht blos in negativer Richtung für die Parteien nutzbar zu machen, sondern auch dadurch, daß positiv ihnen angezeigt wird, worauf es im folgenden Beweisverfahren anzukommen habe. Haben dagegen die Parteien nur ihre Rechte und die als Basis derselben dienenden juristischen Thatsachen vorbringen dürfen (daselbst Nr. 3), so wird man schon eher geneigt sein, die Zergliederung und den Beweis der letztern nur mit Hinwegschneidung des offenbar Ueberflüssigen der eigenen Geschicklichkeit der Parteien zu überlassen. Immer aber wird man sich der Konsequenz nicht entziehen dürfen, daß am Schluß des Beweisverfahrens kein Nachholen versäumter Beweise zulässig sei, daß mithin die ohne Beweis gelassenen Punkte vom Richter als unbeweislich zum Nachtheil der von ihm als beweispflichtig zu betrachtenden Partei angenommen werden müssen. Wer jetzt nachträglich noch eine positive Beweisauflage zuläßt, der thäte offenbar besser, eine solche gleich am Anfang des Beweisverfahrens zu fordern. Gerade dieser Gefahr, daß die Parteien das nach Meinung des Richters Richtige verfehlen und dadurch am Schluß formell unterliegen müssen, hat man durch die folgenden Einrichtungen vorbeugen wollen.

b) Der Richter soll gleich am Schluß des ersten Abschnitts oder, was dasselbe ist, am Eingang des zweiten die Punkte bezeichnen, welche nach seiner dermaligen Auffassung des Streitverhältnisses zu beweisen sind, und die Partei, von der er zunächst den Beweis erwarten zu müssen glaubt: positives Beweisdekret. Diese Form des Beweisdekrets ist, wie man es auch wenden mag, mit den Grundlagen des Deutschen Prozeßrechts, insbesondere mit dem Verhandlungsprinzip, nicht zu vereinigen. Es wird durch einen die Parteien bindenden, sie bevormundenden Befehl des Richters ihnen der Weg vorgeschrieben, auf dem sie ihr Recht zu verfolgen haben, und der Inhalt des Beweisverfahrens zur sicheren Ausmittelung der Wahrheit durch die positive Thätigkeit des Richters bestimmt. Man kann auch nicht einwenden, daß der Richter ja nur aus den von den Parteien angebotenen Thatsachen und Beweisen die erheblichen auswähle. Denn so lange diese Auswahl nicht aus Rechtsgründen in Form eines Urtheils, das die Bedingungen des Sieges endgültig feststellt, sondern aus Zweckmäßigkeitsgründen, weil der Richter vorläufig, ohne sich die Hände binden zu wollen, auf diesem Wege das Richtige treffen zu können hofft, geschieht, so lange ist die Auswahl ein außerhalb des eigentlichen Richteramts liegender Rath an die Parteien, und da der Rath in Form eines zu befolgenden Befehls erfolgt, ein Akt der Bevormundung. Es müßten daher, um dies Beweisdekret empfehlen zu können, schon überwiegende Nützlichkeitsrücksichten nachzuweisen sein, damit man sich zur singulären Abweichung von dem allgemeinen Prinzip entschlösse. Es findet aber meines Erachtens gerade das Gegentheil statt. Da das Beweisdekret weder den Richter, der es erlassen hat, noch den Oberrichter bindet, so ist die Gefahr mehrfach wiederholter Beweisinstanzen nicht zu vermeiden. Da es gleichwohl für die Parteien bindend ist, so fällt die Verschuldung der vergeblich aufgewendeten Zeit, Mühe und Kosten nicht auf die Parteien, sondern auf den Richter selbst, der sie durch seinen Befehl auf falsche Wege gezwungen hat. Der erstere Nachtheil wird mit verdoppelter Stärke hervortreten, je freigebiger man gegen die Parteien in der Gestattung des Vorbringens von nova in der zweiten Instanz ist. Dazu kommt, daß gerade in einem mündlichen Verfahren das Zurückgehen auf den Beginn der Beweisinstanz mit besonderen Gefahren für den Schutz des materiellen Rechts selbst verknüpft ist. Man wird sich kaum entschließen, das ganze Beweisverfahren zu wiederholen, sondern sich wohl nur darauf beschränken, die später erst für erheblich erachteten, früher bei Seite geschobenen Punkte zu ermitteln. Nun liegt es aber in der Natur des menschlichen Gedächtnisses, daß das Andenken an den vollständigen Inhalt, daß der lebendige Eindruck der früheren Beweisverhandlung, mit der die nachfolgende doch in Verbindung gesetzt werden soll, rasch schwindet. Ja es ist sogar fraglich, ob es möglich sein wird, überall dieselben Richterpersonen, welche der ersten Verhandlung beigewohnt haben, auch für die zweite zu benutzen. Es ist bekannt, wie streng wegen dieser Rücksichten das neuere Kriminalverfahren jede Unterbrechung des Beweisverfahrens zu vermeiden sucht und am Schluß desselben die sofortige Abgabe des Urtheils verlangt. Die gleichen Gründe gelten für den Civilprozeß und reden, wie mir scheint, mit Entschiedenheit gegen eine Einrichtung, die das Beweisverfahren in mehrere der Zeit nach verhältnißmäßig lange aus einander liegende Verhandlungen zersplittert. Man hat also meines Erachtens nur die Wahl: entweder gar kein positives Beweisdekret oder ein auch für den Richter, mindestens den, der es gemacht hat, bindendes, d. h. ein Beweisurtheil.

3) Der dem Beweisurtheil zum Grunde liegende Gedankengang ist folgender. Am Ende des ersten Abschnitts wird vom Gericht ein Urtheil erwartet über den bis dahin von den Parteien dem Gericht vorgelegten Stoff. Das Urtheil wird ein Endurtheil sein, wenn die in Betracht kommenden thatsächlichen Punkte bereits liquide vorliegen. Aber auch wenn diese Voraussetzung nicht gegeben ist, wird dennoch die Forderung eines Urtheils festgehalten, welches dann natürlich nur diejenigen Seiten des streitigen Rechtsverhältnisses, welche ausschließlich im ersten

Abschnitt von den Parteien zu verhandeln waren, definitiv entscheiden kann, unter Vorbehalt des dem Beweisverfahren zugewiesenen Stoffs. Es wird ein **bedingtes** Endurtheil sein, unter Vorbehalt der zu erbringenden Beweise. Es ist für diese theoretische Auffassung des Beweisurtheils vollkommen gleichgültig, ob auch der Form nach jene Bedeutung eines bedingten Endurtheils durch die ausdrückliche Hinzufügung der Folgen des geführten oder mißlungenen Beweises hervortritt. Das Beweisurtheil setzt durch seine Entscheidung über Beweissatz und Beweislast die Bedingungen des Sieges unabänderlich fest, auch wenn der Richter die nähere Ermittelung der Folgen dem am Schluß des Beweisverfahrens über das Gelingen der geführten Beweise abzugebenden Endurtheile vorbehalten hat. Für die praktische Ausführung aber kann es rathsam sein, in ähnlicher Weise, wie dies bei dem Erkenntniß auf Eid schon jetzt allgemein üblich ist, auch im Beweisurtheil die schließlichen Folgen ausdrücklich aussprechen zu lassen. — Die Frage nun, ob dieses dem Deutschen Prozeßrecht (wenn man von der allerdings ähnlichen formula des älteren Römischen Prozesses absieht) eigenthümliche Institut beizubehalten oder abzuschaffen sei, reduzirt sich meines Erachtens nach dem vorhin Gesagten im Wesentlichen auf die Frage, ob es besser sei, den Parteien nach dem Schluß des ersten Abschnitts die Auswahl der Beweissätze und die Beurtheilung der Beweislast für das zu beginnende Beweisverfahren auf die Gefahr hin zu überlassen, daß sie am Schluß das Richtige verfehlt haben, allenfalls mit Wegschneidung des ganz offenbar Unerheblichen (durch negatives Beweisdekret), oder statt dessen durch den Richter im Vorweg den Streit über beides entscheiden zu lassen, auf die Gefahr hin, daß er am Schluß sich außer Stande sieht, etwaige Fehler, die er nachträglich einsehen lernt, zu verbessern. Ich halte die letztere Gefahr für die geringere, weil es am Ende doch Sache des Richters ist, und nicht der Parteien, am Schluß des Beweisverfahrens über Beweissatz und Beweislast zu entscheiden. Sind mithin die Gefahren beider Einrichtungen mindestens gleich, so scheint mir für das Beweisurtheil der besonders in einem mündlichen Verfahren sehr erwünschte Vortheil zu entscheiden, daß dadurch der die Aufgabe des ersten Abschnitts bildende Parteienstreit definitiv abgeschlossen und damit die sichere und einfache Grundlage für den kommenden zweiten Abschnitt gewonnen wird. Die erste mündlich öffentliche Verhandlung erhält damit, ähnlich wie das Römische Verfahren in jure durch die formula, ihren sicheren Abschluß und auf Grund desselben kann die spätere zweite, deren Grenzen damit abgesteckt sind, ähnlich dem Römischen Verfahren in judicio, geordnet beginnen. Einfachheit, sichere Erkennbarkeit des vorgesteckten Ziels und die dadurch bedingte Klarheit der Verhandlung sind aber die wesentlichen Bedingungen für den günstigen Erfolg jedes mündlichen Verfahrens.

§. 6.

3. Anfechtbarkeit des richterlichen Bescheides.

Entschließt man sich dazu, dem Richter vor Beginn des Beweisverfahrens eine gewisse, sei es prozeßleitende oder entscheidende Einwirkung auf den Inhalt desselben zu gestatten, so wird man unzweifelhaft den Parteien innerhalb der durch das im Uebrigen angenommene Rechtsmittelsystem gezogenen Grenzen die Möglichkeit der Anfechtung des erlassenen Bescheides gestatten müssen. Streitig ist nur, ob das zu diesem Zweck gestattete Rechtsmittel sofort vor dem Beginn des Beweisverfahrens eingelegt, verhandelt und entschieden, oder den Parteien vorbehalten werden soll, bei Gelegenheit der Anfechtung des am Schluß des Beweisverfahrens erlassenen Endurtheils auch die hierher gehörenden Beschwerden geltend zu machen.

Hier bedarf es nun keiner weiteren Ausführung darüber, daß ein sofort zulässiges Rechtsmittel gegen ein Beweis dekret, einerlei ob negatives oder positives, unzweckmäßig sein würde, weil dadurch nur nutzlose Weiterungen herbeigeführt werden würden. Man würde indeß zu weit gehen, wenn man annähme, daß der Wegfall solcher sog. Zwischenappellationen eben bedingt sei durch die Annahme der Form des Beweisdekrets. Dasselbe Resultat läßt sich vielmehr auch mit der Form des Beweisurtheils dadurch erreichen, daß eine Anfechtung desselben erst gelegentlich der Appellation vom Endurtheil gestattet würde. Die Folge wäre dann, daß der Unterrichter zwar an das von ihm abgegebene

Beweisurtheil gebunden wäre, der Oberrichter dagegen nicht, falls die Partei sich nachträglich dagegen beschwert. Bei der Frage aber, ob gegen das Beweisurtheil eine sofortige oder nur eine vorbehaltene Berufung zu gestatten sei, ist meines Erachtens der Wunsch nach Vermeidung der Zwischenappellationen durchaus nicht allein maßgebend. Es wird dabei vielmehr wesentlich in Betracht kommen, einerseits, welcher Inhalt dem ersten Abschnitt zugewiesen ist, andererseits inwieweit eine Anfechtung der Beweisfrage überhaupt und insbesondere durch nova in der zweiten Instanz für zulässig erklärt worden ist. Von den vielen in dieser Beziehung möglichen Kombinationen sollen hier nur folgende drei näher erwogen werden.

1) Beschränkt man den ersten Abschnitt auf den Vortrag der von den Parteien in Anspruch genommenen Rechte und der unmittelbar erheblichen Thatsachen (§. 4. 3), und gestattet demnächst keine Anfechtung des Urtheils über die Beweisfrage, auch nicht durch nova, welche letztere vielmehr nur in der Form einer Restitution Berücksichtigung finden, so scheint es mir jedenfalls rathsam, das Beweisurtheil, welches den ersten Abschnitt schließt, für sofort anfechtbar zu erklären. Die juristische Seite des Rechtsstreits wird dadurch vollständig fixirt. Die Gefahr doppelter Appellationen fällt weg, wenn man die bedingte Hinzufügung des Endurtheils gebietet. Der ganze Verlauf des Rechtsstreits bietet dann etwa folgendes Bild. Im ersten Abschnitt haben die Parteien ihre angeblichen Rechte und die für deren Beurtheilung unmittelbar erheblichen Thatsachen vorzutragen. Am Schluß folgt möglicher Weise das Endurtheil, oder das Beweisurtheil in Form eines bedingten Endurtheils unter Vorbehalt des Beweises der unmittelbar erheblichen Thatsachen. In beiden Fällen ist die Berufung sofort zulässig. Nach rechtskräftiger Feststellung des Beweisurtheils folgt die Beweisantretung der beweispflichtigen Partei, bei welcher eine negative prozeßleitende Einwirkung des Richters durch Ausscheidung des offenbar Unerheblichen eintreten mag. Dann die vollständige Beweisaufnahme vor versammeltem Gericht und sofort der Wahrspruch, durch welchen das im Beweisurtheil festgestellte Rechtsprinzip endgültig auf das vorgelegte Faktum angewandt wird. Rechtsmittel dagegen, abgesehen von der prozessuali-

schen Nichtigkeitsbeschwerde, und der außerordentlichen Restitution auf Grund unverschuldet übersehener später entdeckter nova sind unzulässig.

2) Glaubt man die Appellation gegen die Thatfrage nicht ganz entbehren zu können, entschließt sich aber zur Ausschließung aller nova, so empfiehlt sich meines Erachtens für den Inhalt des ersten Abschnitts am meisten die Einrichtung, wonach die Parteien dort das ganze Faktum genau so, wie sie es demnächst zu beweisen gedenken, vortragen müssen (§. 4. 2). Auch in diesem Fall scheinen mir doch überwiegende Gründe für die sofortige Anfechtbarkeit des den ersten Abschnitt abschließenden Beweisurtheils zu sprechen. Die Gefahr unnützer und doppelter Appellationen wird mindestens aufgewogen durch die andererseits drohende Gefahr unnützer und doppelter Beweisinstanzen. Der Einwand, daß im Beweisverfahren selbst neue Seiten des Faktums hervortreten können, welche zu berücksichtigen ein inzwischen rechtskräftig gewordenes Beweisurtheil unmöglich mache, ist nicht begründet, da eben vorausgesetzt wird, daß die Parteien nur das beweisen dürfen, wozu sie sich im ersten Abschnitt erboten haben. Entscheidend für mich ist der Wunsch, vor Beginn des Beweisverfahrens eine sichere, unumstößliche Basis zu gewinnen, und ein Zurückgehen auf die Streitfragen des ersten Abschnitts unmöglich zu machen. Hieran knüpft sich dann die Möglichkeit, die Entscheidung über die Streitfrage des Beweisverfahrens, ob die angebotenen Beweise in zureichender Stärke geliefert seien, ausschließlich und ohne Gestattung eines Rechtsmittels in die Hand des ersten Gerichtshofes zu legen: eine Einrichtung, zu welcher am Ende doch die kaum abzuweisende Reform des Beweisrechts auch in Civilsachen hinzudrängen scheint.

3) Soll aber das Recht der nova den Parteien bei Gelegenheit der Berufung in unbeschränkter Weise, so daß nur der ursprüngliche Klagantrag festzuhalten ist, eingeräumt werden, so ist es gewiß das Rathsamste, gegen das untergerichtliche Beweisurtheil nicht eine sofortige, sondern nur eine vorbehaltene Berufung zu gestatten. Denn da in solchem Falle die Berufung den Charakter einer wiederholten Instruktion des ganzen Rechtsstreits wenigstens dann trägt, wenn die Parteien darauf antragen, so ist es offenbar besser, die Theile derselben nicht zu

zerreißen, vielmehr die zweite Instruktion erst eintreten zu lassen, nachdem sich das Resultat der ersten vollständig übersehen läßt. Das Beweisurtheil des ersten Richters erfüllt dann nur den immer sehr erwünschten Zweck, der untergerichtlichen Instruktion die nöthige Ordnung, Klarheit und Sicherheit zu verleihen, kann aber, falls es die Parteien nicht freiwillig anerkennen wollen, für die obergerichtliche Instruktion keine bindenden Wirkungen äußern.

Möchte durch die vorstehenden Bemerkungen wenigstens das dargethan sein, daß sich über diese Fragen keine Entscheidung treffen läßt, ehe man sich nicht über die allgemeinen Grundzüge der Gerichtsverfassung und des Verfahrens überhaupt geeinigt hat, und daß es daher kaum gerathen erscheint, über dergleichen nur im Zusammenhange des Ganzen zu beurtheilende Einzelfragen, wie die Appellabilität der Beweis-Interlokute, einen abgesonderten Beschluß zu fassen, durch welchen man sich für die hoffentlich bald in Angriff zu nehmende Ausarbeitung einer einheitlichen Deutschen Civilprozeßgesetzgebung im Voraus die Hände gebunden hätte.

№. 2.

Gutachten

über

drei auf das Verfahren in bürgerlichen Rechtsstreitigkeiten bezügliche Gesetzgebungsfragen.

A.

Gutachten des Hofgerichtsrath Eduard Brauer in Bruchsal.

Daß der bürgerliche Prozeß und das Strafverfahren, bei aller Rücksicht auf die besondere Natur des Privatrechts und des Strafrechts und die darin wurzelnde Verschiedenheit der bürgerlichen und der strafgerichtlichen Rechtsverfolgung, in wichtigen Hauptgrundsätzen, die nicht mit dieser besonderen Natur zusammenhängen, auf die Dauer nicht in störendem Widerstreit verbleiben dürfen, sondern im Interesse einer gesunden Rechtsentwicklung in angemessenen Einklang zu bringen sind, ist eine Wahrheit, die vor einem Areopag sachkundiger Männer der Wissenschaft und Praxis keines Beweises bedarf.

Nachdem im Strafverfahren der Grundsatz der Oeffentlichkeit und Mündlichkeit (Unmittelbarkeit) des Verfahrens und das damit eng zusammenhängende System der Nichtigkeitsbeschwerde (Kassation), sowie auch der Grundsatz des Urtheilens auf freie Ueberzeugung ohne bindende Beweisvorschriften zur Anerkennung und Verwirklichung gelangt ist, erscheint es daher, auch abgesehen von der Zweckmäßigkeit jener Grundsätze auch hinsichtlich der bürgerlichen Rechtspflege, als eine über kurz oder lang unabweisliche Folge, daß jene Grundsätze auch im bürgerlichen Verfahren zur Anerkennung und Geltung kommen, soweit nicht die besondere Natur des bürgerlichen Rechts oder stark überwiegende Gründe der Zweckmäßigkeit entgegenstehen.

In Bezug auf den Grundsatz der Oeffentlichkeit und der Mündlichkeit hat dies der erste Deutsche Juristentag in seiner Plenarsitzung vom 30. Aug. 1860 durch einstimmigen Ausspruch bereits anerkannt. (Protokoll 4, Verhandlungen S. 347.) Die Zeit des ängstlichen Bedenkens und kleinlichen Beschränkens in Betreff der Annahme dieser heilsamen, durch das Interesse eines gedeihlichen Rechtslebens und das allgemeine Rechtsbewußtsein entschieden geforderten Verbesserungen des Gerichtsverfahrens liegt, wie zu hoffen steht, hinter uns.

Gleichwohl läßt sich über das Maß der Berücksichtigung und Durchführung dieser, sowie der übrigen oben bezeichneten Grundsätze im bürgerlichen Prozeß, und ferner auch über die mit in Frage kommende Einführung der Staatsanwaltschaft, auch etwa den Beizug von Geschwornen bei Sachen von besonderer Beschaffenheit, in mancher Hinsicht noch viel streiten, und es wird auch die Rücksicht, sich nicht ohne Noth allzusehr vom geschichtlichen Boden und vom Deutschen Recht zu entfernen, hierbei nicht ganz unbeachtet bleiben dürfen.

Nach Vorausschickung dieser einleitenden und vorbereitenden Bemerkungen wende ich mich zur Erörterung und Beantwortung der drei besonderen Fragepunkte, worüber die hochverehrliche Deputation des Juristentags mein Gutachten zu vernehmen wünscht.

Zu Frage I.

Soll die Thätigkeit der Staatsanwaltschaft auch auf bürgerliche Rechtsstreitigkeiten ausgedehnt werden und inwieweit?

Daß die Einführung der Staatsanwaltschaft für das Strafverfahren nothwendig die Wirksamkeit des Staatsanwalts auch auf dem Kampfplatze des bürgerlichen Rechtsstreites zur Folge haben müsse, läßt sich mit Grund überall nicht behaupten, wenn man die hier unverkennbar hervortretende wesentliche Verschiedenheit der Strafgerechtigkeit und der bürgerlichen Rechtspflege gehörig ins Auge faßt. Ist doch das Strafrecht seinem Hauptcharakter nach ein Theil des öffentlichen Rechts und der Staat hierbei viel unmittelbarer betheiligt, als bei der Handhabung des bürgerlichen Rechts, wo nur das Mein und Dein des Einzelnen, abhängig von Privatinteresse und Privatwillkür, zunächst in Frage steht. Eine besondere Vertretung des Staats erscheint hier von ganz anderer Bedeutung und Wichtigkeit und es hat der Staatsanwalt als öffentlicher Ankläger in Strafsachen eine Hauptrolle, für welche im bürgerlichen Prozeß weder Raum, noch Bedürfniß vorhanden ist.

Die Frage kann daher nur die sein: Ob und in welchem Maße die Zweckmäßigkeit für die fragliche Ausdehnung der staatsanwaltlichen Wirksamkeit spricht.

Als erstes Vorbild erscheint hier Frankreich, wo sich die einflußreiche Staatsanwaltschaft schon frühe unter dem alten Königthum durch eigenthümliche Verhältnisse (als „suite de tentatives heureuses“, wie die Franzosen meinen) nach und nach ausgebildet hat. Vergl. Daniels, Grundsätze des Rheinischen und Französischen Strafverfahrens §. 37—45; Frey, Frankreichs Civil- und Criminalverfassung, S. 205—226; auch Feuerbach, Betrachtungen über Oeffentlichkeit und Mündlichkeit, Bd. II, Abth. 1, Hauptst. 9.

Das Englische Recht (von Schottland abgesehen) kennt keine eigentlichen Staatsanwälte, nur Privatanwälte des Königs oder der Königin mit gewissen Vorzügen, während das Fiscalat in Deutschen Landen, hauptsächlich zur Wahrnehmung der landesherrlichen Vermögensrechte bestimmt, obwohl früher öfter auch mit der Strafverfolgung betraut, selbst in seiner größten Ausbildung sich nicht bis zur Höhe einer eigentlichen Staatsanwaltschaft emporschwang, vielmehr in Verfall gerieth. (Daniels a. a. O. §. 45.)

Es fand jedoch das Französische Vorbild, die auch auf bürgerliche Rechtssachen ausgedehnte Staatsanwaltschaft, nicht nur in Belgien, Holland und anderen nicht Deutschen Ländern, sondern auch in Deutschland, und zwar auch außer den linksrheinischen Ländern, bereits Nachahmung, wie die Gesetzgebungen von Hannover, Braunschweig, Oldenburg beweisen. In Baden, wo das Französische Civilgesetzbuch (mit Zusätzen) seit dem Jahr 1810 eingeführt ist, trat ein auf die Kronanwaltschaft bezügliches Gesetz vom Mai 1809 niemals in das Leben, und die Staatsanwaltschaft in Strafsachen, deren Beginn schon im Jahr 1832 eintrat, wurde bisher nicht auf bürgerliche Streitsachen ausgedehnt; ein dringendes Bedürfniß zu dieser Ausdehnung hat sich auch nicht gezeigt, obwohl seit 1832 die Oeffentlichkeit und Mündlichkeit des bürgerlichen Verfahrens Platz griff.

Bekannt sind auch die zum Theil gewichtigen Gründe, die gegen eine solche Ausdehnung in verschiedener Richtung geltend gemacht werden. In dieser Beziehung ist namentlich auch zu verweisen auf Frey's angeführte Schrift S. 228—253, und Archiv für civilistische Praxis Bd. 41, S. 90—92 verglichen mit Bd. 40, S. 114.

Im Allgemeinen scheint eine in den Kreis des Mein und Dein tiefer eingreifende, mit ausgedehnten Befugnissen ausgestattete Staatsanwaltschaft in bürgerlichen Rechtssachen dem Deutschen Rechtsbewußtsein weniger zuzusagen. Es läßt sich auch nicht wohl verkennen, daß eine solche in manchen Beziehungen zur Verzögerung der Prozesse, zu überflüssigen rechtlichen Ausführungen und Förmlichkeiten, je nach der Persönlichkeit des Staatsanwaltes, insofern das Gesetz bei ihm Eigenschaften voraussetzt, die sich nur selten in vollem Maaß vereinigt finden werden, sogar zu noch größeren Mißständen führen kann und dem Ansehen der Gerichte wenig förderlich scheint. Auf der anderen Seite ist aber auch nicht zu beabreden, daß die Mitwirkung der Staatsanwaltschaft öfters, namentlich wenn ein wichtiges öffentliches Interesse in Frage steht, erhebliche Vortheile zu gewähren vermag. Auch treffen die geltend gemachten Bedenken größtentheils mehr die allzugroße Ausdehnung der staatsanwaltlichen Thätigkeit im bürgerlichen Prozeß, als die Mitwirkung des Staatsanwaltes überhaupt, während das Interesse eines angemessenen Einklangs in der Gesetzgebung zwar nicht unabweislich, aber doch immer in gewissem Grade dafür spricht, der Saatsanwaltschaft, nachdem sie sich im Strafverfahren einmal eingebürgert hat, auch im bürgerlichen Verfahren da, wo dies zweckmäßig geschehen kann, einige Thätigkeit anzuweisen.

Ausgehend von diesen Erwägungen, deren ausführlichere Erörterung hier umgangen werden muß, glaube ich die Frage I dahin beantworten zu müssen:

Eine Ausdehnung des staatsanwaltlichen Wirkungskreises auf das Gebiet des bürgerlichen Prozesses erscheint allerdings nicht schlechthin nothwendig, und wenn sie in bedeutendem Maß und Umfang geschieht, sogar mehrfach bedenklich. In angemessener Beschränkung wird dieselbe aber gleichwohl als zweckmäßig zu empfehlen sein.

Vom Wirkungskreis des Staatsanwaltes wäre meines Erachtens die unnütze Vermittelung des geschäftlichen Verkehrs zwischen verschiedenen Behörden, die unpassende Erstattung rechtlicher Gutachten auf Anfrage von Gerichtsstellen, sowie auch die mit seiner richtigen Stellung nicht zu vereinigende Vertretung blos fiscalischer Interessen, namentlich auch der Domänen, jedenfalls auszuschließen. Im Uebrigen dürfte dessen Thätigkeit in ähnlicher Weise, wie in der Hannoverschen Prozeß-Ordnung §. 82 und der Oldenburgischen §. 68 (verglichen mit Art. 83 des Französischen Prozeßgesetzbuchs) zu begrenzen sein, mit Beschränkung auf solche Fälle, wo ein öffentliches Interesse im eigentlichen Sinne zu wahren ist.

Auch eine mitbeaufsichtigende Thätigkeit des Staatsanwaltes in Bezug auf die Gesetzmäßigkeit des bürgerlichen Rechtsganges, namentlich auch in Bezug auf das Vollstreckungswesen, dürfte, maßvoll und mit Wahrung des richterlichen Ansehens geregelt, nicht auszuschließen sein.

Ob der Staatsanwaltschaft auch das Recht der Nichtigkeitsbeschwerde zur Wahrung des Gesetzes eingeräumt werden kann und soll, wird von der Beschaffenheit des angenommenen Systems der Rechtsmittel abhängen.

Zu Frage II.

Soll der Schwerpunkt des nach dem Grundsatz der Oeffentlichkeit und Mündlichkeit zu regelnden Verfahrens in bürgerlichen Streitsachen in der mündlichen Verhandlung oder in dem als Grundlage dienenden schriftlichen Vorverfahren liegen, namentlich was das Verfahren in erster Instanz betrifft?

Eine verhängnißvolle Frage, in deren Kern eigentlich eine theilweise Erneuerung des anscheinend beigelegten Streites der alten Schriftlichkeit mit der neuen Mündlichkeit zu stecken scheint! Nach ihrem Sinn und Zweck richtig aufgefaßt, wird diese Frage mit anderen Worten dahin näher zu bestimmen sein:

Soll ein dem Französischen ähnliches System, wie es mit Benutzung der Verbesserungen der Genfer Gesetzgebung in der Hannöverschen bürgerlichen Prozeß-Ordnung vom Jahr 1850 angenommen wurde, nämlich ein rein mündliches Hauptverfahren mit einem nur kurz vorbereitenden schriftlichen Vorverfahren von Anwalt zu Anwalt, oder ein dem in Preußen seit dem Jahr 1833 aufgenommenen ähnliches System, nämlich ein mündliches Schlußverfahren mit einem als wesentliche, in der Regel unabänderliche Grundlage dienenden, richterlich geleiteten schriftlichen Vorverfahren, gewählt werden?

Welche Meinungsverschiedenheit unter den aufrichtigen Freunden eines mündlichen Prozeßverfahrens besonders in dieser Hinsicht hervortrat, ist bekannt.

Man vergleiche z. B. Dernburg, Abhandlungen aus dem Gebiete des gemeinen und schriftlichen Prozeßrechts S. 311 ff.; Gerau, über Ausführung des Prinzips der Mündlichkeit im bürgerlichen Prozeß, Archiv für civilistische Praxis Bd. 33, S. 416, Bd. 34, S. 84; ferner ebendaselbst Bd. 33, S. 138; Bd. 35, S. 1 u. 153; Bd. 36, S. 130; Bd. 37, S. 128; Bd. 38, S. 285; Bd. 39, S. 415; Bd. 41, S. 77.

Der Deutschen Gründlichkeit im besseren Sinne scheint es mehr zuzusagen, daß eine feste schriftliche Grundlage für die mündliche Verhandlung gewonnen werde und erstere eine gewisse Bedeutung bewahre. Auch ist die Rücksicht auf möglichste Anschließung an den gemeinen Deutschen Prozeß, der bei allen Mängeln auch seine großen Vorzüge hatte, nicht zu mißachten. Viele, ja die meisten Deutschen Prozeßgesetze und Prozeßgesetzentwürfe der letzten 12 Jahre haben sich demgemäß nicht für das erste, sondern mehr für das zweite obiger Systeme entschieden.

Im Großherzogthum Baden, worüber ich aus eigener unmittelbarer Erfahrung Zeugniß zu geben vermag, hat sich das für bürgerliche Rechtsstreitigkeiten schon seit dem Jahre 1832 geltende öffentliche und mündliche Verfahren mit einer auf das Thatsächliche beschränkten wesentlichen schriftlichen Grundlage in manchen Beziehungen als zweckmäßig bewährt und thatsächlich den Beweis geliefert, daß eine Verbindung der Hauptgrundsätze des gemeinen Deutschen Prozesses mit dem Grundsatze der Oeffentlichkeit und Mündlichkeit des Verfahrens recht wohl ausführbar ist. Freilich ist die Mündlichkeit der Verhandlung vor den Obergerichten, abgesehen von der Beschränkung, die bezüglich des abgekürzten Verfahrens durch das abgeänderte Prozeßgesetz vom Jahre 1851 eintrat, insofern nur eine beschränkte, als in Folge der Nichteinführung der ursprünglich vorausgesetzten Kollegialgerichte erster Instanz ein Theil der Verhandlung, nämlich die Beweiserhebung, gegen die ursprüngliche Absicht des Gesetzes nur in seltenen Ausnahmsfällen unmittelbar vor den Augen und Ohren des Gerichts vor sich geht. Auch diese beschränktere Mündlichkeit oder Unmittelbarkeit des Verfahrens hat sich indeß in ihrer Verbindung mit Oeffentlichkeit der Verhandlung im Ganzen als heilsam gezeigt. Es hat sich hierbei namentlich die mündliche Rechtsausführung der Anwälte mit kurzer Darlegung des thatsächlichen Streitstoffs vom Standpunkt der einen wie der andern Partei als eine Hauptsache bei der mündlichen Verhandlung in bürgerlichen Rechtsstreitigkeiten herausgestellt. Für die Erstattung eines Vortrags des Referenten in der Schlußverhandlung, sowohl bezüglich des Prozeßgangs als bezüglich der Sache selbst, hat sich niemals das geringste Bedürfniß ergeben. Für die Verhandlung erscheint der abwechselnde Vortrag der Anwälte in der Regel durchaus genügend, ein öffentlicher Vortrag des Referenten aber unnütz, in mehrfacher Hinsicht zweckwidrig, ja selbst die rechte Ausbildung einer wahren Mündlichkeit des Verfahrens gefährdend, was als ein wichtiger Punkt hier besonders hervorgehoben werden soll. Da hinsichtlich der mündlichen Verhandlung bei Preßvergehen in Baden früher ein solcher Vortrag gesetzlich Statt fand,*) beruht dieser Ausspruch auf einer um so gründlicheren Erfahrung und Vergleichung.

Bei der Frage über die nähere Regelung des mündlichen Verfahrens in bürgerlichen Streitsachen darf jedenfalls auch nicht verkannt werden, daß die eigenthümliche Beschaffenheit der bürgerlichen Rechtsstreitigkeiten häufiger eine größere thatsächliche Verwicklung und besondere

*) Nur in gewissen Fällen. Prozeßgesetz vom Jahre 1831, §§, 67, 83.

Schwierigkeiten mit sich bringt, welchen gebührende Rechnung getragen werden muß. Eine kurz gefaßte schriftliche Grundlage zur (wenigstens vorläufigen) Feststellung des thatsächlichen Hauptstoffs darf, abgesehen von Streitsachen geringster Art, im bürgerlichen Prozeß nicht fehlen. Auch giebt es Streitigkeiten, wie namentlich Rechnungsprozesse, verwickelte Geschäftsauseinandersetzungen, Liquidationen u. dergl., deren Beschaffenheit eine größere Ausdehnung des schriftlichen Verfahrens rechtfertigt. (Vergl. Badische Prozeß-Ordn. §§. 219, 220, 1063 ff.; Hannoversche Prozeß-Ordn. §§. 207, 208, 460 ff. und bezüglich des Oldenburgischen Prozeßgesetzes das Archiv für civil. Praxis Bd. 43, S. 92.) Ueberhaupt erscheint es im bürgerlichen Verfahren weniger nothwendig als im Strafprozeß, daß gerade alles Wesentlichere stets unmittelbar vor den Augen des urtheilenden Gerichts abgehandelt werde. Zeugenverhör, Urkundenerhebungen und Begutachtungen können in vielen Fällen füglich durch einen Beauftragten des Gerichts (ein Mitglied desselben oder einen untergeordneten Richter) vollzogen werden; nur sollte es den Parteien in nicht unbedeutenden Sachen geeigneten Falls freistehen, die unmittelbare Erhebung durch Antrag von der einen oder anderen Seite zu veranlassen. (Vergl. Badische Prozeß-Ordn. §§. 1093—1100; Hannoversche Prozeß-Ordn. §§. 272, 276, 281.)

Demungeachtet glaube ich, wenn es sich um die Frage einer zeitgemäßen gemeinsamen Prozeßgesetzgebung für ganz Deutschland handelt, mich für die Annahme des Hannoverschen Systems erklären zu müssen.*) Seit einer langen Reihe von Jahren mit dem gemeinen Deutschen Civilprozeß befreundet, dessen Vorzüge ich in mancher Hinsicht schätzen lernte, zugleich einem Bundeslande angehörig, wo sich die Verbindung desselben mit Oeffentlichkeit und Mündlichkeit des Verfahrens in der angedeuteten Weise als ausführbar und nicht unzweckmäßig gezeigt hat, dabei sonst nichts weniger als geneigt, der allzu beliebten Nachahmung Französischer Vorbilder das Wort zu reden, komme ich dennoch nach reiflicher Ueberlegung zu dem Ergebniß, daß eine wahr-

*) Daß, abgesehen von unbedeutenden Streitsachen, schon in erster Instanz Collegialgerichte entscheiden sollen, glaube ich ohne nähere Begründung als Voraussetzung annehmen zu dürfen.

hafte Mündlichkeit des Verfahrens und eine genügende Abhülfe gegen die alten Schäden des schriftlichen Prozeßwesens, deren Nachwirkung und Rückkehr namentlich in einzelnen Ländern mit Grund zu besorgen sein möchte, nur auf diesem Wege sicher zu erreichen ist. Wenn man auch eine schriftliche Grundlage für die mündliche Verhandlung namentlich in wichtigeren, verwickelteren Sachen nicht wohl entbehren kann, so muß doch der eigentliche Schwerpunkt der Verhandlung, wie dies auch im Strafprozeß der Fall ist oder sein soll, immer in das mündliche Verfahren, als die Haupt- und Schlußverhandlung, gelegt werden, die schriftliche Grundlage darf nicht als unabänderliche Norm für die Hauptverhandlung gelten, wenn auch Abänderungen nicht gerade zu begünstigen sind.

Die bezüglichen Bestimmungen des Hannoverschen Prozeßgesetzes, welches neben dem regelmäßigen obergerichtlichen Verfahren mit einfacher schriftlicher Grundlage (§§. 184—374, wovon das amtsgerichtliche Verfahren, §§. 375—391, sich wieder unterscheidet) noch ein ausgedehnteres schriftliches Vorverfahren für besonders schwierige oder verwickelte Sachen (§§. 207—213) und selbst ein schriftliches Verfahren unter Leitung eines beauftragten Richters mit mündlicher Schlußverhandlung (§§. 460—474) ausnahmsweise zuläßt, erscheinen an sich eben so einfach als zweckdienlich und für alle Fälle ausreichend. Dem Interesse der Deutschen Gründlichkeit, gegenüber Französischer Oberflächlichkeit, ist dabei genügende Rücksicht zu Theil geworden. (Vergl. §§. 92, 94, 95, 101, 102 (auch 376 ff.), 184, 191, 203, 204, 205, 207 ff., 212 und 214, 460 ff., 473.*)

Wie sehr sich das Hannoversche System aber auch praktisch bewährte, so daß manche frühere Gegner desselben in kurzer Zeit zu warmen Freunden desselben wurden, wird durch sehr glaubhafte Zeugnisse bestätigt.

Man vergleiche die Mittheilungen von Oppermann im Archiv

*) Wegen des richterlichen Vortrags ist jedoch das oben Gesagte in Erwägung zu ziehen. Eine kurze Bezeichnung des Hauptstreitgegenstandes durch den Richter dürfte genügen und viel zweckmäßiger erscheinen, als eine mündlich rekapitulirte Schriftlichkeit.

für civilist. Praxis Bd. 37, S. 442 ff., bes. 448, Bd. 38, S. 14 ff., bes. S. 23, 51; ferner die Erklärungen anderer Praktiker ebendort S. 238, 242, 251, 261, 266. Hierzu auch Bd. 39, S. 403 und Bd. 41, S. 80.

Wie die Juristen des Preußischen Rheinlandes die Vorzüge des Französischen Verfahrens hochzustellen pflegen, ist bekannt. Durch öfteren Aufenthalt in Köln und Koblenz habe ich selbst die Erfahrung gemacht, daß eine sehr günstige Ansicht bezüglich des bürgerlichen Verfahrens entschieden hervortrat. Die Annahme des obigen, als des verbesserten Französischen Systems würde daher wohl den besonderen Vortheil gewähren, daß es auch in den Rheinlanden, die mit großer Beharrlichkeit an ihren Französischen Rechtserrungenschaften hängen, leichter Eingang finden könnte, eine Nebenrücksicht, die allerdings nur von untergeordneter Bedeutung erscheinen kann.

In Obigem glaube ich die Frage II. beantwortet zu haben. Eine nähere Ausführung muß der Kürze wegen unterbleiben.

Zu Frage III.

Soll, was den Beweis in bürgerlichen Streitsachen betrifft, das Urtheil nach freier richterlicher Ueberzeugung, ohne fest bindende Beweisregeln erfolgen?

Diese Frage ist meines Erachtens entschieden zu bejahen. Bei näherer Erwägung der Verhältnisse, bei Vergleichung des in Strafsachen längst zur Geltung gelangten Systems und bei Zuratheziehung des allgemeinen Rechtsbewußtseins muß man wohl hierüber bald in's Klare kommen.

Ist einmal das naturgemäße System der Urtheilsfällung nach freier richterlicher Ueberzeugung auf Grund mündlicher Verhandlung, mit oder ohne Zuzug von Geschworenen, in Bezug auf das Strafverfahren in Deutschland fast überall anerkannt*) und zur Geltung gelangt, so

*) Vergl. Preußen, Verordnung vom 3. Januar 1849 §. 22; Bayern, Schwurgerichtsgesetz Art. 171, 323; Hannover, St.-P.-O. §. 149; K.-R. Sachsen, St.-P.-O. Art. 10; Baden, Schwurgerichtsgesetz §. 104; Kurhessen, Gesetz über

kann dies auf die Dauer nicht ohne Rückwirkung auf den bürgerlichen Prozeß bleiben. Dahin führt die Natur der Dinge, die Nothwendigkeit eines angemessenen Einklangs der Gesetzgebung in zwei, wenngleich wesentlich verschiedenen, doch so innig verwandten Gebieten der Gesetzgebung und die (nach richtigen Grundsätzen festzuhaltende) Rückwirkung der Strafurtheile in Bezug auf die Ansprüche der Beschädigten vor dem bürgerlichen Richter. Wird der vorhandene Zwiespalt nicht im Wege der Gesetzgebung ausgeglichen, so wird ihn die Rechtsübung, nach bekannten Erfahrungen, mit Durchbrechung der gesetzlichen Schranken nach und nach auszugleichen versuchen, was dem Interesse eines sicheren Rechtszustandes zuwider ist.

Wie möchte auch eine weise Gesetzgebung dem Richter zumuthen, heute im Saal Nr. 1 (im Strafgerichtssaal) auf Grund freier Ueberzeugung zu urtheilen, morgen aber, sobald er die Schwelle des Saals Nr. 2 (des Civilgerichtssaals) überschritten hat, seine freie Ueberzeugung der Zwingherrschaft bindender Beweisregeln auf Gnade oder Ungnade gefangen zu geben?

Allerdings ist nicht zu verkennen und nicht außer Acht zu lassen, daß bei der Beweislichkeit bürgerlicher Rechtsgeschäfte eigenthümliche Gesichtspunkte in Betracht kommen. Eine gemessenere Formstrenge, einzelne Vorschriften über gesetzmäßige Beschaffenheit, ja in besonderen Fällen wohl selbst über Zulässigkeit, Werth oder Vorzug gewisser Beweismittel erscheinen hier durch die Natur der bürgerlichen Rechtsverhältnisse selber gerechtfertigt. Ist doch in bürgerlichen Rechtsangelegenheiten jeder Betheiligte in der Regel im Stande und durch eigenes Interesse und gewöhnliche Klugheit aufgefordert, für die Beweislichkeit seiner Ansprüche gehörig Sorge zu tragen. Hierbei tritt natürlich der Beweis durch Urkunde, als der gewöhnlichsten und sichersten Form der Beweislichmachung von Rechtsgeschäften, in den Vordergrund, während der Beweis durch andere, mehr vom Zufall abhängige, minder zuver-

---

das Strafverfahren von 1848 §. 120; Thüringen, St.-P.-O. Art. 252; Braunschweig, St.-P.-O. §. 92 (vergl. aber §. 58); Oldenburg, St.-P.-O. Art. 5; Frankfurt, Gesetz über das Strafverfahren von 1856 Art. 292, 318 ꝛc.; auch die Sachsen-Altenburgische Strafprozeß-Ordnung von 1854.

lässige Beweismittel, wie namentlich der Zeugenbeweis und der Beweis durch Vermuthungen (durch zusammentreffende Umstände), welche im Strafprozeß die Hauptrolle spielen, mehr nur in zweiter Reihe zur Aushülfe und Unterstützung in Frage kommt und weniger Begünstigung verdient. Einzelne maßgebende Vorschriften in dieser Beziehung werden auch unter dem System der Urtheilsfällung nach freierer richterlicher Ueberzeugung noch Raum finden können. Schon der Grundsatz der Verhandlungsmaxime, der in der Hauptsache wenigstens nicht aufzugeben, sondern nur zweckmäßig zu mildern sein wird,*) würde ein ganz unbeschränktes freies Walten des richterlichen Ermessens nicht gestatten.

Im Allgemeinen aber muß der Grundsatz der Befreiung der richterlichen Ueberzeugung vom unbedingten Zwang bindender Beweisregeln auch im bürgerlichen Prozeß zur Geltung kommen. Die Wahrheit dieses Satzes ist schon von vielen Seiten anerkannt worden.

Vergl. z. B. Archiv für civilist. Praxis Bd. 37, S. 144, Bd. 39, S. 409 (Mittermaier); Bd. 37, S. 63, Bd. 39, S. 86 (Busch); Bd. 38, S. 1 (Kräwel); Bd. 41, S. 92 und 289 (Endemann).

Hinsichtlich der einzelnen Beweismittel ausführlichere Andeutungen zu geben, muß ich hier unterlassen, und es kann dies um so füglicher geschehen, als ich in der Lage bin, mich wegen der näheren Anwendung des obigen Satzes auf die verschiedenen Beweismittel auf meine demnächst erscheinende Abhandlung in Band 44, S. 49 des erwähnten Archivs über den nöthigen Einklang des Civilprozesses mit der Strafgesetzgebung, Abtheilung 3, berufen zu können.

Indeß erlaube ich mir wegen der nothwendigen Verständigung über die richtige Auffassung jenes Satzes doch die Hauptpunkte hier hervorzuheben:

---

*) Ausgedehntes Fragrecht des Richters. Vorzügliche Rücksicht auf Sinn und Absicht bei Parteienvorträgen. Befugniß nicht ausdrücklich Beabredetes den Umständen gemäß ohne Weiteres als unbestritten zu behandeln. Vor Allem, zu Ehren des Rechts wie der Sittlichkeit, Anspruch auf Wahrheit und einen ehrlichen Kampf auch im Civilprozeß.

Auch die Eventualmaxime wird im Geiste des mündlichen Verfahrens einiger Milderung bedürfen. Deren Auswüchse werden zu beseitigen sein.

1) Der Urkundenbeweis darf, wenn er auch etwa für einzelne Fälle besonderer Art noch bevorzugt werden mag, und wenn es auch Fälle giebt, wo aus gesetzgeberischen Klugheitsrücksichten nur Urkundenbeweis zuzulassen sein wird,*) nicht nach einer starren Regel für ganze Gattungen von Rechtsgeschäften aller Art als einziges gesetzlich zulässiges Beweismittel erklärt werden (wie in Art. 1341 des Code Napoléon). Dem richterlichen Ermessen muß in dieser Beziehung, sowie auch in Bezug auf bestehende Vorschriften über die gesetzmäßige Form der Urkunden, wie z. B. wegen der Beisetzung von Ort, Jahr und Tag**), nach Umständen sogar hinsichtlich der Unterschrift, stets ein gewisser Spielraum freigelassen werden, so daß mehr die Natur der Sache und die Erfahrung des Lebens sowie das Bedürfniß des Verkehrs, als die völlig formgerechte Abfassung der Urkunde in Erwägung kommt.

Auch hinsichtlich der Frage der Echtheit einer bestrittenen Urkunde muß eine unbeengte Freiheit des richterlichen Ermessens anerkannt werden, mag der Beweis durch Schriftvergleichung bewirkt werden, oder wie sonst.

2) Der Zeugenbeweis ist nicht nach Französischem Muster für ganze Gattungen von Rechtsgeschäften unbedingt auszuschließen. Eine bestimmte Zahl von Zeugen darf nicht unbedingt gefordert werden. Auch sind nicht einzelne Personen unbedingt als unzulässig oder verdächtig zu erklären. Ueberall muß hierbei dem richterlichen Ermessen eine freiere Bewegung zugestanden werden.

3) Das Nämliche gilt großentheils auch bezüglich des Beweises durch Sachverständige.

4) Der Beweis durch Vermuthungen (durch zusammen-

*) Wo die Urkunde zur Rechtsbeständigkeit oder Wirksamkeit des Rechtsgeschäftes erforderlich ist, wie z. B. bei Wechseln, letzten Willensanordnungen, bei der Offenkundigmachung von Rechtsgeschäften durch Eintrag in öffentliche Bücher und dergl. ergiebt sich die Nothwendigkeit der Urkunde ohnehin von selbst.

**) Die vermeintlichen Schutzvorschriften der Art. 1325, 1326 des Code Napoléon verdienen auf Deutschem Boden keine Nachahmung, am wenigsten aber unter dem System der freien Beweisprüfung.

treffende Umstände) ist, abgesehen von ganz besonderen Ausnahmsfällen (s. oben Ziffer 1), für Rechtsgeschäfte aller Art zuzulassen, und dem Richter die Befugniß zu wahren, die sich mit Sicherheit ergebenden Schlußfolgerungen aus feststehenden Thatsachen auch ohne förmlichen Antrag der Parteien zu ziehen.

5) Eine größere Freiheit des Richters hinsichtlich der Auflegung von Notheiden, die sich schon aus Obigem ergiebt, ist hinsichtlich der Wahl des Erfüllungs- oder Reinigungseides, so wie sonst, anzuerkennen. Der Hauptеid ist weder ganz zu verbannen, noch ganz dem Ermessen des Richters anheimzustellen; doch dürfte das Letztere auch nicht ganz auszuschließen sein. (Vergl. das mehr erwähnte Archiv Bd. 39, S. 410.)

Hiermit schließe ich mein Gutachten mit dem Wunsche, daß es es seinem Zweck entsprechend erscheinen und als eine kleine Vorarbeit zur Verständigung über die obigen wichtigen drei Fragen anregend beitragen möge.

B.

Gutachten des Kammergerichtsraths Plathner zu Berlin.

Um der unterm 8. April 1861 an mich ergangenen ehrenvollen Aufforderung in angemessener Weise zu entsprechen, wäre es mir erwünscht gewesen, mich vor Abgabe des Gutachtens über den Sachstand in sämmtlichen Deutschen Staaten vollständig zu informiren. Wollte ich aber davon die Abgabe des Gutachtens abhängig machen, so würde das zur Folge haben, daß ein wesentlicher Zweck vereitelt würde, denn die ständige Deputation des Deutschen Juristentags würde dann nach der Bekanntmachung vom 26. März d. J. nicht in der Lage sein, über das Gutachten zu berathen. Diese Erwägung einerseits und andererseits der Glaube, ein bestimmtes und motivirtes Gutachten schon jetzt abgeben zu können, bewegt mich, ohne weiteren Verzug dazu zu schreiten.

Ich habe versucht, die Sätze, welche dem nächsten Juristentage als Resultat der Gutachten vorzulegen, möglichst scharf und kurz zu präcisiren, und mich ebenso bestrebt, die Motivirung nicht weiter auszudehnen, als mir unumgänglich nothwendig erschien.

I. Die Zuziehung der Staatsanwaltschaft.

A. Sätze.

I. Die Staatsanwaltschaft ist nur als Partei zuzulassen.

II. Die Staatsanwaltschaft hat ein Recht zur Klage:

1) auf Nichtigkeitserklärung von Ehen,

2) auf Interdiktion;

sie ist als Mitverklagte zuzuziehen bei Klagen auf Nichtigkeitserklärung oder Scheidung von Ehen.

III. Wieweit sie in anderen Fällen in Vertretung eines öffentlichen Interesses als Partei zuzulassen ist, ist nach den bezüglichen Landesrechten zu beurtheilen.

B. Motive.

Wie die Staatsanwaltschaft, so ist auch deren Zuziehung in Civilprozessen eine dem Deutschen Recht fremde Institution.

In Preußen ist sie durch die Verordnung über das Verfahren in Ehesachen vom 28. Juni 1844 eingeführt worden. Der Staatsanwalt hat in den Prozessen wegen Scheidung, Ungültigkeit oder Nichtigkeit der Ehe das öffentliche Interesse wahrzunehmen. Er ist einerseits verpflichtet, nichtige Ehen, die zu seiner Kenntniß kommen, anzufechten, andrerseits in den anderen Fällen von amtswegen zuzuziehen.

Obwohl die Tendenz der Ehescheidungsrechts-Reform seit jener Zeit beharrlich bekämpfend, bin ich doch dieser Neuerung von Herzen beigetreten und habe den Wunsch ausgesprochen, daß wir recht bald überall da, wo ein öffentliches Interesse wahrzunehmen ist, Staatsanwalte möchten auftreten sehen. (Reform von Eberty Bd. I, S. 33.) Da ich nun durch die mir zugegangene Aufforderung erfahre, daß bereits einer der Herren Mitglieder der Deputation sich dahin ausgesprochen hat:

> „daß die Zuziehung der Staatsanwaltschaft in engen Grenzen, in Fällen, wo das öffentliche, nicht blos fiskalische Interesse zu vertreten ist, erfolge,

so könnte ich mich darauf beschränken, diesem gewiß wohlmotivirtem Gutachten ohne Weiteres beizutreten. Wenn ich es jedoch nicht thue, so geschieht es natürlich nicht, um gegen jenes Gutachten in Opposition zu treten, sondern deshalb, weil ich glaube, daß eine nähere Bestimmung desselben unumgänglich nothwendig ist.

Ich bin nämlich der Ansicht, daß zwar jenes Gutachten sicher auf allgemeine Zustimmung zu rechnen hat, daß aber, wenn es sich um die praktische Ausführung desselben handeln wird, durchaus abweichende Ansichten zu Tage kommen werden.

Es dürfte sich dasselbe Resultat herausstellen, wie schon jetzt bei der zunächst zu erörternden Frage sich herausgestellt hat, nämlich, daß bei anscheinender Uebereinstimmung über das Prinzip doch wesentlich verschiedene Auffassungen desselben vorhanden sind.

Von diesem Gesichtspunkte aus erachte ich es für eine nicht abzuweisende Forderung, daß zweierlei Gesichtspunkte schon jetzt der Erörterung unterzogen werden, nämlich:

1) die Stellung der Staatsanwaltschaft im Civilprozeß,
2) die Detaillirung der Fälle, welche eine Vertretung durch die Staatsanwaltschaft erfordern.

In beiderlei Beziehung zeigen die bestehenden Prozeß-Ordnungen durchaus widersprechende Ansichten.

Ich sehe ab von den Prozeß-Ordnungen, welche eine Zuziehung der Staatsanwaltschaft nicht kennen, und fasse nur solche ins Auge, welche von dem Prinzip ausgehen, die Staatsanwaltschaft habe das öffentliche Interesse zu vertreten.

Es tritt dabei folgender entscheidende Gegensatz hervor. Man hat einerseits einen selbstständigen Weg eingeschlagen, wie z. B. in Preußen; andrerseits aber hat man sich dem System des Französischen Rechts angeschlossen, sei es durch unmittelbare Aufnahme des Französischen Rechts und Französischer Rechtsinstitutionen, sei es durch Nachbildung der hier in Rede stehenden Institution, wie z. B. in Hannover und Braunschweig.

Wenn daher jetzt die Deutsche Nation danach trachtet, sich eine einheitliche Civilprozeß-Ordnung zu schaffen, so muß sie bezüglich gedachter Institution entscheiden, welchen Weg einzuschlagen dem nationalen Geiste entsprechend ist.

Ich nehme keinen Anstand, mich unumwunden gegen jede Nachbildung des ministère public, soweit dasselbe hier in Betracht kommt, zu erklären. Ich thue das nicht aus Abneigung gegen Französische Institutionen. Ich habe zu einer Zeit, wo der Gegensatz des Deutschen und Französischen Prozeßverfahrens noch nicht so ausgeglichen war, wie er es jetzt großentheils ist, hervorgehoben, daß und warum das formelle Verfahren der Romanen, speziell der Franzosen, vor dem der Germanen den Vorzug habe, und deshalb damals beansprucht, die Prinzipien des Französischen Verfahrens zur Grundlage zu nehmen. Das ist seitdem vielfach geschehen. Aber ich habe auch seit jener Zeit beharrlich dagegen angekämpft, das Französische Recht da zum Muster zu nehmen, wo es im Widerspruch steht mit unserem Deutschen Wesen und Rechtsbewußtsein. Und um einen solchen Fall handelt es sich in vorliegender Frage.

Es ist hier der Ort nicht, zu prüfen, ob vielleicht das ministère public eine Seite an sich hat, von der es wünschenswerth wäre, daß sie bei der Justizorganisation zum Vorbild genommen werde, denn um Justizorganisation handelt es sich zur Zeit nicht. Hier kommt nur die Wirksamkeit des ministère public in Civilprozessen als Organ, als Wächter des Gesetzes in Betracht, und von diesem Gesichtspunkte aus habe ich den ersten Satz formulirt, dessen Tendenz ist, Protest dagegen zu erheben, daß man die Institution der partie jointe in den Deutschen Civilprozeß aufnehme.

Das Verfehlte dieser Institution ist anderweit so gründlich dargelegt, daß ich mich hier jeder näheren Auseinandersetzung enthalte. (Feuerbach, Betrachtungen über Oeffentlichkeit und Mündlichkeit Bd. II, S. 141 ff.; Frey, Frankreichs Civil- und Criminalverfahren S. 225 ff., 237 ff.) Nur zweierlei will ich hervorheben, nämlich einerseits, daß die Institution der partie jointe keineswegs ungetheilten Beifall in Frankreich hat, und andrerseits, daß der letztgedachte Verfasser eine eben nicht zur Empfehlung gereichende Erfahrung mittheilt. Er sagt:

> „Ich habe daher auch immer bei den Pariser Civilgerichten bebemerkt, daß, wenn nach der mündlichen Parteiverhandlung die Staatsbehörde zu concludiren begann, das Gericht mit Ausnahme des Präsidenten seine furchtbare Langeweile durch Zeitunglesen, oder durch eine kleine Siesta oder durch Handzeichnungen sich zu vertreiben suchte."

Dies Bild mag etwas grell gemalt sein, aber treffend ist es gewiß. Denn einem Gerichtshofe zuzumuthen, nach dem die Sache nach allen Seiten erschöpfendem Vortrage der Parteien noch durchaus zwecklose gutachtliche Aeußerungen, conclusions, anzuhören, kann nur Langeweile und Ungeduld zur Folge haben.

Aus diesem Grunde halte ich alle Nachbildungen des Art. 83 des Code de procedure, also namentlich §. 82 der bürgerlichen Prozeß-Ordnung für Hannover und §. 12—14 der Civilprozeß-Ordnung für Braunschweig für verfehlte Unternehmen.

Im Wesentlichen dasselbe gilt von der Kassation der Urtheile im Interesse des Gesetzes ohne Wirkung bezüglich der Parteien. (Prozeß-Ordnung für Hannover §. 443.)

Auch wird die Insinuation an die Staatsanwaltschaft (§. 124, 125 l. c.) fortfallen müssen.

Wird vorstehender Ansicht beigetreten, so halte ich es ungeachtet der nicht zu verkennenden Schwierigkeit, bei dem Bestehenbleiben wesentlich divergirenden materiellen Rechts und sehr verschiedenartiger Rechtsorganisationen eine einheitliche Prozeß-Ordnung zu schaffen, doch für sehr wohl ausführbar, bezüglich der Zuziehung der Staatsanwaltschaft eine Uebereinstimmung der Ansichten wenigstens in der Hauptsache zu erzielen.

Wird nämlich die Staatsanwaltschaft nur als Partei zugelassen, so ergiebt sich, daß sie eben auch nur als Partei zu behandeln ist. Sie muß sich also gleich jeder andern Partei den allgemeinen Prozeßregeln unterordnen und hat in keiner Beziehung eine exceptionelle Stellung zu beanspruchen. Namentlich ist im Falle ihres Nichterscheinens gegen sie ebenso zu verfahren, wie gegen jede nicht erscheinende Partei. Nur für den Fall, wenn sie als Mitverklagte zuzuziehen ist, wird zu erwägen sein, welche Stellung sie im Falle der Eidesdelation einzunehmen hat. (Reform von Eberty Bd. I, S. 33 ff.)

Die Detaillirung der Fälle anlangend, welche eine Vertretung durch die Staatsanwaltschaft erfordern, so wird dieselbe auch wesentliche Schwierigkeiten nicht darbieten, sofern nämlich daran festgehalten wird, nur diejenigen Fälle in Betracht zu ziehen, bezüglich deren auf eine möglichst allseitige Zustimmung zu rechnen ist. Es dürften dabei folgende Gesichtspunkte maßgebend sein.

Die Staatsanwaltschaft ist wesentlich ein Organ, vermittelst dessen der Staat gegen Eingriffe privater Willkür in die staatliche Ordnung einschreitet. Jede Uebertretung der Strafgesetze ist ein solcher Eingriff, daher muß der Staatsanwalt jeden derartigen Eingriff strafrechtlich verfolgen. Wesentlich anders steht es bei Verletzung privatrechtlicher Gesetze. Der Privatverkehr, dies Wort in der weitesten Bedeutung genommen, ist zunächst der Willkür der Privaten überlassen. Jede Verletzung des Privatrechts erzeugt nur privatrechtliche Ansprüche, deren Verfolgung lediglich den Betheiligten anheimfällt. Dies gilt namentlich auch bezüglich aller fiskalischen Ansprüche, denn sie sind rein privatrechtliche Ansprüche. Es wäre daher ein völliges Verkennen des Wesens der Staatsanwaltschaft, wenn sie mit der Verfolgung derartiger Ansprüche beauftragt würde. Auch die Uebertretung privatrechtlicher Verbotsgesetze rechtfertigt nicht das Einschreiten der Staatsanwaltschaft, denn ihre Folgen sind eben nur privatrechtlicher Natur, Nichtigkeit des Geschäfts und privatrechtliche und speziell fiskalische Ansprüche.

Ein Einschreiten der Staatsanwaltschaft in die Freiheit des Verkehrs darf nur zugelassen werden, wenn ein wesentliches Interesse des Staates, der öffentlichen Ordnung eine Beschränkung der Freiheit des Verkehrs erfordert. Ich glaube, daß bezüglich der im zweiten Satze hervorgehobenen Fälle wohl ziemlich allseitig anerkannt werden wird, es handle sich um ein wesentliches Interesse des Staates, der öffentlichen Ordnung. Wenigstens ist dies in den Gesetzen vielfach anerkannt. Gegen Wahnsinnige, Blödsinnige und Verschwender schreitet schon jetzt, sofern es die zunächst Betheiligten nicht thun, der Staat durch den fiskalischen Bedienten oder durch den Staatsanwalt als partie principale in mehreren deutschen Landen ein, ebenso ist die Zuziehung des Staatsanwalts in Ehesachen schon jetzt in mehreren Landen in Uebung. Wenn die Ehesachen aus anderen Gründen eine einheitliche Prozeßgesetzgebung erschweren, namentlich wegen Exemtion von der bürgerlichen Gerichtsbarkeit, wie in Oesterreich in Folge des auf Grund des Concordats erlassenen Kaiserlichen Patents vom 8. October 1856, so kann darin meines Erachtens kein Grund liegen, bei Anfertigung eines Deutschen Gesetzbuchs die Ehesachen außer Acht zu lassen.

Es hat zwar beispielsweise die Braunschweigische Civilprozeß-

Ordnung §. 16 Nr. 2 im Anschluß an den Code **Napoléon** die Ehescheidungssachen nicht als solche bezeichnet, in denen der Staatsanwalt als Partei aufzutreten hat, ich bin aber doch der Ansicht, daß sie unter diesen Gesichtspunkt gehören. Denn der Staat hat allerdings ein wesentliches Interesse dabei, daß nicht Ehen geschieden werden auf Grund nur fingirter Ehescheidungsgründe. Ob ein derartiger Fall vorliegt, zu ermitteln, ist aber nicht Sache des Gerichts, sondern des Staatsanwalts. Das Gericht kann nur auf Grundlage thatsächlicher Ermittelungen entscheiden, die erforderlichen Beweise herbeizuschaffen aber ist dem Staatsanwalt zu überlassen. (Reform von Eberty Bd. I, S. 33 ff.)

Alle übrigen in den Gesetzen der Einzelstaaten noch außerdem hervorgehobenen Fälle können nicht beanspruchen, in einer Prozeß-Ordnung für Deutschland berücksichtigt zu werden. So halte ich z. B. die Bestimmung der Braunschweigischen Civilprozeß-Ordnung §. 16 Nr. 4:

> in allen Fällen, wo gesetzlich verbotene Handlungen im öffentlichen Interesse anzufechten und wieder aufzuheben sind,

für zu unbestimmt, um auf Berücksichtigung Anspruch machen zu dürfen.

Ebenso eignet sich der Fall der Vertretung von Abwesenden durch den Staatsanwalt nicht zur Aufnahme in eine Deutsche Prozeß-Ordnung (Code Napoléon Art. 114; Braunschweigische Civilprozeß-Ordnung §. 16 Nr. 1). Denn für Abwesende zu sorgen, ist eine Pflicht des Staats als Obervormundschaft, und zur Wahrnehmung dieser Pflicht bestehen in den verschiedenen Theilen Deutschlands verschiedene Organe.

Endlich basiren die im Französischen Recht noch speziell hervorgehobenen Fälle (vergl. Frey S. 228) auf wesentlich eigenthümlichen Grundsätzen und Institutionen, und gestatten deshalb keine Uebertragung auf ein allgemeines Gesetz für Deutschland.

Dasselbe gilt von solchen Fällen, die in einzelnen Staaten das Einschreiten des Staatsanwalts als wünschenswerth möchten erscheinen lassen.

Alle diese Fälle werden zweckmäßig den einzelnen Landesrechten zu überweisen sein, nämlich in dem Sinne, daß die bezüglichen Landesrechte zu bestimmen haben, ob in derartigen Fällen dem Staatsanwalt ein Recht zur Klage beizulegen ist, sei es durch allgemeines Gesetz, sei es in Folge speziellen Auftrages eines anderen staatlichen Organes.

In diesem Sinne ist der dritte Satz aufzufassen.

Derselbe hat keineswegs die Tendenz oder die Folge, die durch den zweiten Satz angestrebte einheitliche Gesetzgebung zu elidiren, sondern er soll nur bei einheitlicher Prozeßgesetzgebung der Verschiedenartigkeit des materiellen Rechts und der Justizorganisation den nöthigen Raum lassen.

II. Die Bedeutung der mündlichen Verhandlung.

A. Sätze.

I. Es ist ein Recht, nicht eine Verpflichtung der Partei, ihre Sache dem entscheidenden Gericht mündlich vorzutragen.

II. Nur die durch die Schrift erkennbar gemachten Erklärungen der Parteien dürfen die Grundlage der Entscheidung bilden.

III. Es ist in der Regel zweckmäßig, die mündliche Verhandlung erst nach beendetem Schriftwechsel eintreten zu lassen.

IV. Das Vortragen des Streitstandes durch ein Mitglied des Gerichts vor dem Beginn der mündlichen Verhandlung Seitens der Parteien verstößt nicht gegen das Prinzip der Mündlichkeit; ob es statthaben soll oder nicht, ist eine Frage praktischer Zweckmäßigkeit.

B. Motive.

Wie das verehrliche Schreiben vom 6. April c. hervorhebt, handelt es sich wesentlich darum zu entscheiden, ob das Prinzip der Preußischen oder das Prinzip der Hannoverschen Prozeß-Ordnung zur Basis der Deutschen Prozeß-Ordnung genommen werden soll.

Bei Beantwortung dieser Frage befinde ich mich in der mißlichen Lage, als praktischer Preußischer Jurist gegen das Prinzip einer Prozeß-Ordnung, die mir praktisch gänzlich fremd und theoretisch erst durch neuestes Studium bekannt geworden ist, mich zu erklären. Dieser Mißstand wird aber dadurch an Bedeutung verlieren, daß ich bei der Erörterung der nach meiner Ansicht entscheidenden Gesichtspunkte mich auf praktische Erfahrung gar nicht stützen werde, sondern nur auf die prinzipielle Bedeutung der mündlichen Verhandlung.

Diese Bedeutung ist im Civilverfahren eine durchaus andere als im Strafverfahren.

Beim Strafverfahren ist der Staat unmittelbar betheiligt. Es liegt wesentlich in seinem Interesse, die objektive Wahrheit zu ermitteln. Die mündliche Verhandlung ist das geeignetste Mittel, diesen Zweck zu erreichen. Eine wahrhaft mündliche Verhandlung aber ist nur vorhanden, wenn folgende Momente zusammentreffen:

1) persönliches Erscheinen des Angeklagten,
2) unmittelbare Beweisaufnahme in der Verhandlung,
3) Einheitlichkeit der Verhandlung,
4) Spruch über die Thatfrage nur auf Grund der mündlichen Verhandlung.

Eine nothwendige Konsequenz ist Unanfechtbarkeit des Spruchs über die Thatfrage durch die gewöhnlichen Rechtsmittel. Ausnahmen von diesem Grundsatz sind Inkonsequenzen.

Alle vorstehend als wesentlich hervorgehobenen Momente der mündlichen Verhandlung im Strafverfahren sind fast durchgängig ausgeschlossen bei der mündlichen Verhandlung im Civilverfahren.

1) Das persönliche Erscheinen oder wenigstens das Sprechen in der mündlichen Verhandlung ist den Parteien vielfach erschwert oder geradezu untersagt.
2) Eine unmittelbare Beweisaufnahme in der ersten mündlichen Verhandlung verhindert in der Regel der vorgeschriebene Gang des Prozesses.
3) Eine Erledigung der Sache in einer einzigen einheitlichen Verhandlung ist in allen Fällen, in welchen auf Beweis resolvirt wird, unmöglich.
4) Der Spruch über die Thatfrage erfolgt erst in der letzten Verhandlung der Instanz und unterliegt in der Regel der Anfechtung durch die gewöhnlichen Rechtsmittel.

Dieser direkte Gegensatz in allen wesentlichen Punkten läßt erkennen, daß der Zweck der mündlichen Verhandlung im Civilprozeß ein ganz anderer sein muß als im Strafprozeß.

Dies ist denn auch in der That der Fall. Beim Civilprozeß ist der Staat unmittelbar nicht betheiligt, er hat gar kein Interesse dabei, daß die objektive Wahrheit ermittelt werde. Der Civilprozeß ist eben, wie jede andere Privatangelegenheit, nur eine die betheiligten Parteien interessirende Angelegenheit. Sie erlangt nur dadurch einen eigenthümlichen Charakter, daß eine Partei richterliche Entscheidung anruft. Der wesentliche Zweck des dadurch hervorgerufenen Prozesses ist definitive Feststellung des zwischen den Parteien streitigen Rechtsverhältnisses. Neben manchen anderen Mitteln, wodurch dies Ziel zu erreichen, ist eines vorzugsweise erheblich. Der Richter muß darüber vollständig im Klaren sein, worüber die Parteien eigentlich streiten. Zu diesem Zwecke muß ihm der Streitstand vorgetragen werden, sei es durch die Parteien vermittelst mündlicher oder schriftlicher Parteivorträge, sei es durch einen Referenten. Nur auf Einem Wege aber kann die Partei die Gewißheit erlangen, daß der Richter von allen die Entscheidung bedingenden Umständen wirklich Kenntniß erlangt hat, nämlich wenn sie selbst resp. ihr Vertreter die Sache dem Richter mündlich vorträgt. Ob der Richter Alles, was sie vorträgt, richtig auffaßt, dafür hat sie freilich keine Gewähr, aber sie erlangt doch die Gewißheit, daß dem Richter die Sachlage, so wie sie dieselbe ansieht, zur Kenntnißnahme vorgetragen worden ist. Es kann dies namentlich von Wichtigkeit sein, wenn der entscheidende Gerichtshof aus mehreren Personen besteht, welche, wenn die Partei nicht ihnen allen die Sache vortrüge, von derselben voraussätzlich nur durch Vermittelung eines Referenten Kenntniß erlangen würden.

Einzig und allein im Interesse und zum Schutze der Partei muß ihr das Recht gegeben werden, ihre Sache dem entscheidenden Gericht vorzutragen. Will sie von diesem Recht keinen Gebrauch machen, so muß ihr das freistehen.

Ich halte es daher für ein vollständiges Verkennen des wahren Wesens der Mündlichkeit im Civilprozeß, wenn dies Recht der Partei in eine Verpflichtung der Partei umgewandelt wird. Ich will auf die praktischen Inkonvenienzen nicht hinweisen, mir kommt es nur darauf an, das Unrichtige des Prinzips hervorzuheben. Wollte man einer Partei eine derartige Verpflichtung auflegen, so müßte man doch angeben können, wer der Berechtigte dabei ist. Aber das ist unmöglich. Der Gegner kann kein Recht haben, eine Partei, welche es vorzieht, ihm und dem Richter schriftlich ihre Erklärungen zuzustellen, zu zwingen, daß sie es mündlich thue; das Recht des Gegners ist vollständig dadurch gewahrt, daß er das Recht hat, die Sache mündlich vorzutragen. Der Berechtigte müßte also der Richter sein. Aber wie will man das Recht des Richters begründen, jede schriftliche Erklärung einer Partei unbeachtet zu lassen und nur die mündlich von ihr gehaltenen Vorträge zu berücksichtigen. Ein derartiger Grundsatz mag für Richter recht bequem sein, aber bei der Entscheidung eines Prozesses kommt es doch allererst auf das Recht der Partei an, und dies Recht der Partei wird verletzt, wenn das Gericht schriftliche Parteivorträge zwar annimmt, der demnächst entscheidende Richter aber ablehnt, von deren Inhalt Kenntniß zu nehmen und die Partei zwingt, ihm den ganzen Streitstand mündlich vorzutragen.

Eine derartige Verletzung des Rechts der Partei enthält nach meiner Auffassung die Hannoversche Prozeß-Ordnung. Wenigstens entnehme ich aus den §§. 99, 101, 356, 357 den Grundsatz:

> Was in der mündlichen Verhandlung nicht vorgetragen worden ist, darf der Richter nicht berücksichtigen, selbst dann nicht, wenn es in den vom Gericht angenommenen Schriftsätzen enthalten ist.

Sollte ich mich irren, so würde zwar der der Hannoverschen Prozeß-Ordnung gemachte Vorwurf ein unbegründeter sein, der unter I aufgestellte Satz aber würde durch diesen Irrthum nicht betroffen werden. Allererst diesen Satz zur Entscheidung zu stellen, halte ich aber für unumgänglich nothwendig. Denn das gesammte Prozeßverfahren muß sich in durchaus verschiedener Weise gestalten, jenachdem die Entscheidung nach der einen oder anderen Seite ausfällt.

Es ist namentlich der unter II aufgestellte Satz, eine nothwendige Konsequenz des unter I formulirten Satzes.

Hat die Partei zwar das Recht, aber nicht die Verpflichtung mündlichen Vortrags, so folgt daraus, daß der Richter verpflichtet ist, alle schriftlich in gehöriger Form abgegebenen Erklärungen zu berücksichtigen. Abänderungen derselben dürfen nur soweit beachtet werden, als sie durch Schrift erkennbar gemacht sind, also mündlich abgegebene Erklärungen nur sofern sie protokollarisch festgestellt worden. Was nicht durch Schrift erkennbar gemacht worden ist, das ist so anzusehen, als wäre es nicht vorhanden. Der Richter darf darauf keine Entscheidung gründen. In diesem Sinne ist der einigermaßen unbestimmte Ausdruck zu verstehen, das schriftliche Verfahren bilde die Grundlage der Entscheidung.

Hat dagegen die Partei die Verpflichtung, ihre Sache mündlich vorzutragen, so muß konsequenter Weise der entgegengesetzte Grundsatz gelten, d. h. der Richter darf die Entscheidung nur auf die mündlichen Parteivorträge gründen, also auch dann, wenn die mündlichen Parteivorträge anders lauten als die eingereichten Schriftsätze und wenn die mündlichen Parteivorträge nicht protokollarisch festgestellt worden sind. Mit Rücksicht auf den Umstand, daß der höhere Richter nur das schriftlich in den Akten niedergelegte Material erkennen kann, müssen dann Vorkehrungen getroffen werden, daß auch ihm die Resultate der mündlichen Verhandlung erkennbar gemacht werden. Darauf basiren die §§. 357 und 360 der Hannoverschen Prozeß-Ordnung, bezüglich deren ich nur gelegentlich bemerken will, daß ich mir nicht klar machen kann, wie die Sache ihre Erledigung finden soll, wenn sich nach gesprochenem Urtheil bei dessen Absetzung oder bei der beantragten Berichtigung herausstellt, daß die einzelnen Richter, welche der Sitzung beigewohnt haben, über den wahren Inhalt der mündlichen Parteivorträge sich nicht verständigen können, insbesondere auch, wenn inzwischen einer der Richter in eine Lage gekommen ist, Erklärungen nicht mehr abgeben zu können.

Die unter **III** und **IV** aufgestellten Sätze haben keine prinzipielle Bedeutung; sie beabsichtigen nur, das Verhältniß der mündlichen Verhandlung zu den übrigen Theilen des Prozesses anzudeuten.

Ist die durch Schrift erkennbar gemachte Erklärung die allein entscheidende, so ergiebt sich daraus die Nothwendigkeit eines fest geregelten Prozeßganges unter zu Grundlegung der Eventualmaxime. Als selbstverständlich habe ich das nicht in einem besonderen Satze ausgesprochen. Dagegen schien es mir zweckmäßig, hervorzuheben:

1) das Stadium, in welchem die mündliche Verhandlung einzutreten hat. Da die durch Schrift erkennbar gemachte Erklärung entscheidend ist, so halte ich es für angemessen, daß die Erklärung unmittelbar durch die Partei selbst resp. deren Vertreter abgegeben werde, also im Wege des Schriftwechsels, nicht durch Vermittelung eines Dritten, also nicht durch protokollarische Niederschreibung. Die Ansetzung der mündlichen Verhandlung ist daher erst an der Zeit, wenn die Sache im Wege des Schriftwechsels wenigstens in der Hauptsache zu Ende geführt worden ist. Wird die mündliche Verhandlung früher angesetzt, so ergeben sich mehrfache Inconvenienzen. Die Partei kann dadurch verhindert werden, ihre Erklärungen schriftlich abzugeben, sie muß sich mündlich erklären und mit protokollarischer Niederschrift begnügen. Sie wird dadurch der Gefahr ausgesetzt, daß sie sich nicht so vollständig und präcis erklärt und daß ihre Erklärung nicht so vollständig und präcis niedergeschrieben wird, wie es in ihrem Interesse liegt. Der Gerichtshof aber wird mit Sachen behelligt, welche außer seinem eigentlichen Beruf, Recht zu sprechen, liegen. Er muß protokolliren lassen, was bei weitläufigen Parteierklärungen in sehr störender Weise ihn von seinem eigentlichen Beruf abhält. Nebenbei kann er seine Zeit ganz unnütz vergeuden, sofern sich nämlich herausstellt, daß die Sache zur Abgabe eines Spruches noch nicht reif ist.

Wenn gegen diese unbestreitbaren Inkonvenienzen vornämlich das Interesse der Prozeß-Beschleunigung geltend gemacht wird, so habe ich dagegen zu bemerken: einerseits, daß es eine schwer zu entscheidende thatsächliche Frage ist, ob durch die rechtszeitige oder durch die frühzeitige Ansetzung der mündlichen Verhandlung die Prozesse mehr beschleunigt zu werden pflegen, und andrerseits, daß in Sachen, die einer besonderen Beschleunigung nicht bedürfen, das Interesse der Beschleunigung dem Interesse einer wohlvorbereiteten Entscheidung nicht voranstehen dürfte.

2) In der mündlichen Verhandlung den Streitstand durch einen Referenten vortragen zu lassen, widerspricht nicht dem Prinzip der Mündlichkeit nach der im Satz I. aufgestellten Auffassung. Wieweit aber

durch einen solchen Vortrag die Sache gefördert wird oder nicht, das hängt wesentlich ab einerseits von der Eigenthümlichkeit der Sache, andrerseits von der Individualität des Referenten und der Art des Vortrages. Bestimmte allgemeine Normen werden sich daher schwer aufstellen lassen. Nur eine Erfahrung steht mir fest: ein schlecht vorgelesenes Referat zumal in weitläufigen Sachen und bei nicht gehöriger Verarbeitung des Stoffes durch den Referenten verfehlt vollständig seinen Zweck, ein wohldurchdachtes und gut vorgetragenes Referat dagegen kann die Sache wesentlich fördern.

Wichtiger als die Frage, ob und wie ein Referat vorzutragen, erachte ich die Ernennung eines Referenten für eine jede Sache zu dem Zwecke, die Sache in thatsächlicher und rechtlicher Beziehung für die Entscheidung des Gerichts vorzuarbeiten.

II. Beweisregeln.

A. Sätze.

I. Es ist nothwendig, für bestimmte Fälle bestimmte den Richter verpflichtende Beweisregeln aufzustellen.

II. Soweit das Gesetz solche bestimmte Regeln nicht enthält, hat der Richter über die Kraft des geführten Beweises zu entscheiden.

III. Erachtet er einen Beweis für unvollständig geführt, so darf der Beweis nur durch einen nothwendigen Eid ergänzt werden.

B. Motive.

Daß die Aufstellung einzelner bestimmter Beweisregeln nicht zu umgehen ist, wird keiner Begründung bedürfen. In Frage kann eigentlich nur kommen, wie weit der Gesetzgeber zu gehen hat. Es hängt diese Frage mit der Frage der Kodifikation zusammen. Ich werde natürlich hier auf eine Erörterung letzterer Frage nicht eingehen und beschränke mich auf folgende Bemerkung. Nur der hat überhaupt den Beruf, Gesetz zu geben, welcher auf der Höhe seiner Zeit steht. Die Resultate der Wissenschaft und des praktischen Lebens müssen offen vor ihm daliegen, und seine Aufgabe ist, dem allgemeinen Rechtsbewußtsein die Form des Gesetzes zu geben, und die positiver Bestimmung bedürfenden Fälle in praktisch angemessener Weise zu entscheiden.

Bezüglich des vorliegenden Gegenstandes erachte ich es daher für die Aufgabe der Gesetzgebung, diejenigen Grundsätze, worüber das derzeitige Rechtsbewußtsein außer Zweifel ist, durch Aufnahme in das Gesetz zu fixiren und für diejenigen Fälle, welche positiver Entscheidung bedürfen, die richtige Entscheidung zu treffen.

Wenn also das derzeitige Rechtsbewußtsein darüber einig wäre, daß die eidliche Aussage zweier völlig glaubwürdigen Zeugen vollen Beweis geben muß, so würde ich es für angemessen halten, diesen Grundsatz im Gesetz auszusprechen. Wenn andererseits das allgemeine Rechtsbewußtsein einig wäre, daß die alleinige Aussage nur Eines Zeugen vollen Beweis nicht geben kann, so würde ich es gleicher Weise für zweckmäßig halten, dies gesetzlich festzustellen.

Fälle, die einer positiven Entscheidung bedürfen, sind z. B. die Fragen, welche Personen beim Widerspruch einer Partei nicht vernommen werden dürfen, welche Personen das Recht haben, Zeugnißablegung abzulehnen, welche Grundsätze in Bezug auf Eideszuschiebung gelten sollen, wie weit gegen einen durch Eideszuschiebung angetretenen oder geführten Beweis Gegenbeweis zulässig ist, wie weit gegen vollständig geführten Beweis Eideszuschiebung statthaft ist oder nicht.

Aber es sind dies Alles Detail-Fragen, deren Erörterung natürlich hier nicht erfolgen kann. Hier läßt sich nur der allgemeine Satz aussprechen: Gewisse Beweisregeln, also gewisse Beschränkungen des richterlichen Ermessens sind unumgänglich nothwendig.

Soweit das Ermessen des Richters nicht eingeschränkt ist, folgt aber aus der Natur der Sache, daß daß vernünftige richterliche Ermessen die alleinige Instanz ist, über die Kraft des geführten Beweises zu entscheiden. Es scheint mir das auch einer weiteren Begründung nicht zu bedürfen, und will ich nur gelegentlich bemerken, daß z. B. die Preußische Allgemeine Gerichts-Ordnung in den §§. 10, 23, I, 13 im Prinzip den richtigen Grundsatz enthält. Es handelt sich wesentlich mehr um eine praktische als um eine prinzipielle Frage. Die Aufgabe ist nämlich, die richtige Grenze zwischen den Beweisregeln und dem richterlichen Ermessen zu ziehen.

Der Schwerpunkt scheint mir in dem unter III aufgestellten Satze zu liegen, nämlich in Beantwortung der Frage:

> Was soll geschehen, wenn der Richter einen Beweis für nicht vollständig geführt erachtet?

Im Strafverfahren ist die nothwendige Folge die Freisprechung des Angeklagten, und zwar aus dem Grunde, weil der Eid des Angeklagten unstatthaft ist.

Im Civilverfahren aber steht die Sache anders. Das letzte Mittel der Feststellung der Wahrheit ist der einer Partei auferlegte Eid und zwar in letzter Instanz der Ignoranzeid. Es muß daher im Falle eines unvollständig geführten Beweises zu diesem letzten Mittel geschritten werden.

Wenn also der Grundsatz aufgestellt wird:

> Der Richter soll nach der aus dem ganzen Inbegriff der Verhandlungen und Beweise geschöpften Ueberzeugung den Thatbestand würdigen,

so habe ich gegen diesen Grundsatz nichts einzuwenden, wenn er den Sinn haben soll:

> Der Richter soll nach jenen Momenten die Kraft der Beweise prüfen.

Wenn aber jener Satz den Sinn haben sollte:

> Um die Auferlegung von Eiden, namentlich des Ignoranzeides zu vermindern, soll der Richter das Recht haben, obwohl er den Beweis für unvollständig geführt erachtet, die Thatfrage ohne Auferlegung eines Eides zu entscheiden,

so müßte ich mich auf das Allerentschiedenste gegen einen solchen Grundsatz erklären. Ein solcher Satz enthielte einen logischen Widerspruch und wäre ein Freibrief richterlicher Willkür auf Kosten der Partei. Denn in's Praktische übersetzt, hieße er:

> Ich, der Richter, erachte den Beweis für unvollständig geführt.
> Von Rechts wegen müßte ich also auf einen Eid erkennen.
> Aber ich thue dies nicht, sondern dekretire:

entweder: der Beweis ist vollständig geführt,

oder: es ist gar nichts bewiesen.

Die neueren Preußischen Gesetze haben zwar in einzelnen Fällen die positiven Beweisregeln für nicht maßgebend erklärt, aber eigentlich nur im Sinne des unter II aufgestellten Satzes; außerdem enthalten sie Einschränkungen bezüglich einzelner Beweismittel; so schließt namentlich §. 41 der Verordnung über das Verfahren in Ehesachen vom 28. Juni 1844 den Ignoranzeid über den Grund der Scheidung aus, und der §. 39 hat allerdings eine etwas bedenkliche Fassung, aber er gestattet doch wenigstens eine Deutung, welche ihn nicht als geradezu verwerflich erscheinen läßt. Ueberhaupt möchte ich nicht wünschen, die bei Gelegenheit der Reform des Eherechts in Preußen zu Tage geförderten Ideen irgend wie zur Norm aufzustellen. Denn die bezüglichen Bestrebungen enthalten eines der schlimmsten Nachtstücke Preußischer Gesetzgebung.

№ 3.

Gutachten über drei das bürgerliche Recht betreffende Gesetzgebungsfragen.

Vom Professor Dr. Unger in Wien.

Ueber Aufforderung der geehrten ständigen Deputation des Deutschen Juristentages erstatte ich hiermit das verlangte Gutachten über die Frage, ob es wünschenswerth sei, „daß schon jetzt gemeinsame Bestimmungen über folgende drei Punkte, die auch zum Theil in das prozessualische Verfahren eingreifen, getroffen werden:

a) über den Zeitpunkt der Großjährigkeit;

b) über die Handlungsfähigkeit der Personen unter väterlicher Gewalt;

c) über die Intercessionen der Personen weiblichen Geschlechts."

Meiner Meinung nach ist diese Frage in Ansehung aller drei Punkte zu verneinen.

Wenn ich nicht irre, so liegt die Veranlassung zur gewünschten gleichförmigen Regelung jener Punkte in der leidigen Erfahrung, daß bei der Verschiedenheit der Gesetzgebungen, welche in dieser Beziehung stattfindet, Rechtsgeschäfte sich häufig wegen Mangels der Handlungsfähigkeit eines der Contrahenten hinterher als ungültig erweisen. Mag man nun bei der Beurtheilung der Rechts- und Handlungsfähigkeit eines Ausländers auf die Staatsangehörigkeit oder den Wohnsitz desselben sehen, immer bleibt eine solche Untersuchung mißlich und schwierig, und es wird als eine lästige Bedrückung des Verkehrs empfunden werden, wenn die nachträgliche Herausstellung des Umstandes, daß der Mitcontrahent nach dem Rechte seines Landes oder Wohnsitzes noch minderjährig war, oder daß der Darlehnsempfänger unter väterlicher Gewalt stand (Sc. Macedonianum), oder daß der Bürgin das beneficium Sc. Vellejani zusteht, die Ungültigkeit des Rechtsgeschäftes zur Folge hat. (Savigny System VIII, S. 147 ff.)

Um diesen mißlichen Uebelständen abzuhelfen, scheint man geneigt zu sein, die Aufhebung der in den gesetzlichen Bestimmungen über jene Punkte obwaltenden Verschiedenheit zu proponiren. Gilt in ganz Deutschland derselbe Zeitpunkt für die Großjährigkeit, dieselbe Norm für die Handlungsfähigkeit der unter väterlicher Gewalt stehenden Personen, dieselbe Bestimmung für die Intercessionen der Frauenspersonen, so kann freilich eine Verletzung der Interessen bei Abschließung eines Rechtsgeschäftes zwischen Angehörigen verschiedener Staaten oder Bewohnern verschiedener Orte aus jenen Gründen nicht mehr vorkommen.

Das vorgeschlagene Mittel geht jedoch weit über den Zweck hinaus, der erreicht werden soll: es behebt nicht so sehr die entstehenden Schwierigkeiten, sondern es beseitigt vielmehr deren Entstehung. Eine solche Proposition schießt über das Ziel hinaus: statt den Fluß in ein besseres Bett zu leiten, gräbt sie ihm die Quellen ab.

Nicht die gesetzlichen Bestimmungen über Rechts- und Handlungsfähigkeit brauchen geändert resp. deren Verschiedenheit aufgehoben zu werden, sondern die aus dieser Mannigfaltigkeit entstehenden praktischen Inconvenienzen sollen behoben werden. Das Mittel zur Abhülfe liegt auf dem Boden des internationalen Privatrechts: hier ist der passende Regulator, das ausreichende Correktiv zu finden.

Vor einer stückweisen Aenderung des geltenden Rechts sollte man sich überhaupt, wie mir scheint, sorgfältig hüten. Es hängt in der Kette der Rechtssätze ein Glied mit dem andern so eng zusammen, es steht jede rechtliche Bestimmung mit so vielen anderen in innerem Connex, daß eine Aenderung auf einem Punkt unfehlbar eine gefährliche Erschütterung und unvorhergesehene Untergrabung anderer Bestimmungen zur Folge hätte. So läßt sich die Frage über die Handlungsfähigkeit von Personen unter väterlicher Gewalt füglich nicht zweckmäßig regeln, ohne auf die väterliche Gewalt selbst, deren Inhalt und Tragweite, deren Entstehung und Beendigung einzugehen. Ist insbesondere in Ansehung der letzteren Punkte die Gesetzgebung nicht eine gemeinsame, so wird selbst durch eine conforme Bestimmung über die Handlungsfähigkeit der väterlichen Gewalt unterworfener Personen das gewünschte Resultat nicht erreicht. Die Intercession der Frauenspersonen wird aus verschiedenen Gesichtspunkten zu erwägen und hierbei insbesondere das Rechtsverhältniß zu berücksichtigen sein, in dem die Frau zu ihrem Ehemann steht. Was endlich die Volljährigkeit betrifft, so gehört diese, wie ich glaube, selbst bei einer gemeinsamen Codificirung des Privatrechts unter jene Punkte, welche der Sondergesetzgebung zu überlassen sind, da es in dieser Beziehung auf eine bedeutende Zahl lokaler Bestimmungsgründe ankömmt und die Verschiedenheit der physischen und geistigen Verhältnisse zu berücksichtigen sein wird.

Die Abhülfe liegt, wie gesagt, auf dem Boden des internationalen Privatrechts. In dieser Hinsicht ist uns schon die Deutsche Wechselordnung Art. 84 mit trefflichem Beispiel vorangegangen und es kann sich nur darum handeln, jenem fruchtbaren Gedanken, der mit der L. 3 pr. D. de Sc. Maced. in gewisser Verwandtschaft steht, die entsprechende Ausdehnung und die ihm innewohnende Tragweite zu verleihen, um allen gerechten Ansprüchen zu genügen.

Es scheint mir hiernach folgende Bestimmung wünschenswerth zu sein, welche mit Billigung der geehrten ständigen Deputation dem nächsten Juristentage zur Beistimmung und Adhäsion vorzulegen wäre:

> „Die Handlungsfähigkeit eines Ausländers wird in der Regel nach den Gesetzen seines Wohnsitzes beurtheilt. Doch wird ein nach diesen Gesetzen nicht handlungsfähiger Ausländer durch die Abschließung von Rechtsgeschäften im Inlande verpflichtet, wenn er nach den Gesetzen des Inlands handlungsfähig wäre."

№ 4.

Gutachten

über

den Antrag des Rechtsanwalt Lewald und die dazu gestellten Nebenanträge.

(S. 70—71, 246—258, 323—325, 344—345 der Verhandlungen des Ersten Deutschen Juristentages.)

A.

Gutachten des Ober=Staatsanwalts Dr. v. Groß in Eisenach.

In der zweiten Plenarversammlung des ersten Juristentages wurde beschlossen:

„Der Antrag des Herrn Lewald und die dazu gestellten übrigen Anträge sind der ständigen Deputation zur Prüfung und zum Vortrage beim nächsten Juristentage zu überweisen.

Ueber die bezeichneten Anträge ist nun der Unterzeichnete von dem Herrn Präsidenten der ständigen Deputation um Ausarbeitung eines Referats ersucht worden und beehrt sich, diesem Auftrage in Folgendem zu entsprechen:

Erster Abschnitt.

§. 1.

Der Antrag des Herrn Lewald zerfällt in drei Abschnitte. Der erste Abschnitt geht dahin:

„Der Juristentag wolle als seine Rechtsüberzeugung aussprechen: Jedem Privatbetheiligten ist die Erhebung der Anklage in solchen Fällen zu gestatten, wo sich die Staatsanwaltschaft dessen weigert."

Zu diesem ersten Lewald'schen Antrage gehören folgende Amendements:

das des Dr. von Holtzendorff in Berlin:

„dem Verletzten in denjenigen Fällen der Ehr- und Körperverletzung, sowie rechtswidriger Freiheitsbeschränkung und Gefangenhaltung, in welchen die Staatsanwaltschaft ein Einschreiten verweigert, die Erhebung der Privatanklage zu gestatten,"

mit einem Zusatze des Professor Geßler aus Tübingen:

„sowie in denjenigen Fällen, in welchen die Staatsanwaltschaft in Collision tritt mit früher durch sie durchgeführten Anklagen;"

der Antrag des Staatanwalts von Grävenitz aus Danzig:

„der Deutsche Juristentag wolle anerkennen, daß das Recht der durch eine strafbare Handlung verletzten Privaten im Falle verweigerter Verfolgung durch die Staatsanwaltschaft eines ferneren Schutzes durch die gewährte Möglichkeit richterlicher Entscheidung bedürfe."

Die bisher referirten Anträge haben die gemeinschaftliche Tendenz: eine Beschränkung der der Staatsanwaltschaft ausschließlich zustehenden Initiative der Strafverfolgung herbeizuführen. In dieser Beziehung haben die Herren Antragsteller zwei prinzipiell von einander verschiedene Wege eingeschlagen. Die Remeduren sollen liegen:

A. entweder in der Zulassung der subsidiären Privatanklage,

B. oder in der Einrichtung, daß dem Privatbetheiligten gegen Verfügungen, durch welche die Staatsanwaltschaft ein Einschreiten verweigert, eine Beschwerde an einen höhern Gerichtshof zustehen soll.

Die sub A gedachte Remedur adoptiren der Lewald'sche Antrag Nr. 1 und das Holtzendorff-Geßler'sche Amendement. Das sub B gedachte expediens scheint in dem Grävenitz'schen Antrage ins Auge gefaßt zu sein.

Von den zu dem ersten Lewald'schen Antrage beim vorigen Juristentage gestellten Anträgen lassen es (wahrscheinlich weil die damals der betreffenden Berathung zugemessene Zeit eine sehr kurze war, und die Herren Antragsteller daher nur ein Prinzip ganz im Allgemeinen zur Anerkennung bringen wollten) zwei zweifelhaft, ob sie auf die vorstehend unter A oder auf die unter B gedachte Remedur, oder auf beide zugleich abzielen.

Es sind dies:

der Antrag des Ober-Tribunalraths von Seckendorff zu Berlin:

„anzuerkennen, daß die Befugniß, die Strafgerichte mit der Einleitung einer Untersuchung zu befassen, nirgends eine ausschließliche der Staatsanwaltschaft sei, sondern einem Jeden zustehe, der durch eine strafbare Handlung in seinen Rechten verletzt worden;"

ferner der Antrag des Rechtsanwalts Justizrath Vogler in Berlin:

„die Beseitigung des Monopols der Staatsanwaltschaft für wünschenswerth zu erklären."

Für die Berathungen des zweiten Juristentags dürfte es sich aber wohl jedenfalls empfehlen, nur auf solche Anträge einzugehen, welche für den behaupteten Uebelstand auch einen ganz bestimmten Weg der Abhülfe bezeichnen. Das folgende Referat wird daher die vorstehenden unter A und B gedachten Remeduren, und zwar jede getrennt, zu beleuchten versuchen.

§. 2.

Zunächst sind indeß folgende Bemerkungen allgemeiner Natur vorauszuschicken.

Sämmtliche jetzt zu beleuchtenden Anträge setzen als Thema der Revision einen bestehenden Rechtszustand voraus, nach welchem die sogenannte Initiative der Strafverfolgung scil. das Recht, wegen einer strafbaren That eine Untersuchung anhängig zu machen, ausschließlich der Staatsanwaltschaft zusteht, so daß ohne vorgängigen Antrag, bezüglich in manchen Fällen ohne nachträgliche Ratihabition dieser Behörde, die Gerichte sich nicht von selbst mit einer Strafsache befassen dürfen. Für Staaten, in welchen die kompetenten Strafgerichte — ohne die gedachte Beschränkung und Voraussetzung — eine Untersuchung einleiten dürfen, also für Oesterreich, für die diesseits des Rheins gelegenen Provinzen des Königreichs Bayern und des Großherzogthums Hessen, für

Württemberg, Baden und Nassau, ferner für diejenigen Staaten, in denen überhaupt das neuere auf den Prinzipien der Oeffentlichkeit und Unmittelbarkeit beruhende Verfahren weder ganz, noch theilweise eingeführt ist, haben die gedachten Anträge zur Zeit noch keine praktische Bedeutung.

Von denjenigen Deutschen Staaten, in denen das neuere Verfahren zugleich mit der Initiative der Staatsanwaltschaft besteht, sind die beiden oben unter A und B bezeichneten Remeduren im Wesentlichen schon da in Geltung, wo die Französische Gesetzgebung beibehalten worden ist, also in den Preußischen, Bayerischen und Hessischen Provinzen jenseits des Rheins. Diese allgemeine Andeutung mag hier genügen, da namentlich der Umfang des Rechts des Verletzten, durch eine plainte die Strafgerichte mit einer Untersuchung zu befassen, und bei Vergehen unmittelbare Citationen vor das erkennende Zuchtpolizeigericht zu erwirken, hier nicht ausführlich entwickelt werden kann. (Vergl. Art. 63 ff., 182 des code d'instruction criminelle.) Die zweite dieser Remeduren besteht in Braunschweig nach §. 4 der dort geltenden Strafprozeß-Ordnung. Die subsidiäre Privatanklage besteht in beschränktem Umfang nach der Thüringischen Strafprozeß-Ordnung Art. 49 und 343, insofern Verbrechen in Frage sind, gegen welche die Staatsanwaltschaft nur auf Antrag des Privatbetheiligten einschreiten darf; ferner bei Polizeivergehen. Lehnt in Bezug auf ein solches Verbrechen der Staatsanwalt und auf eingewandten Rekurs der Ober-Staatsanwalt den Antrag auf Einleitung der Untersuchung ab (was nur geschehen darf, wenn nach dem Ermessen dieser Behörde kein Grund zum Einschreiten vorliegt), so haben der Strafantragsberechtigte und bei Polizeivergehen der Beschädigte das Recht, als Privatankläger unmittelbar bei dem Gericht die Untersuchung zu betreiben.

Eine im Wesentlichen gleiche Einrichtung bestand für sogenannte Antragsverbrechen nach der später wieder aufgehobenen und vielfach der Thüringischen nachgebildeten Oesterreichischen Strafprozeß-Ordnung vom 17. Januar 1850 §. 404 in Verbindung mit dem dazu gehörigen organischen Gesetz für die Staatsanwaltschaft §. 84 und 85. Auch nach der allgemeinen Oesterreichischen Strafprozeß-Ordnung vom 29. Juli

1833 §. 37, nach welcher bei sogenannten Antragsverbrechen die im übrigen bestehende Initiative der Gerichte cessirt, hat der Antragsberechtigte zunächst das Einschreiten der Staatsanwaltschaft in Anspruch zu nehmen und derselben zu überlassen, ob sie die Einleitung des Strafverfahrens beantragen wolle, oder nicht. Im ersten Falle steht dem Privatankläger frei, im Einverständniß mit dem Staatsanwalt, im zweiten Falle aber für sich allein, oder durch einen Bevollmächtigten das Strafverfahren anhängig zu machen. Steht der Staatsanwalt im Laufe des Strafverfahrens von seiner Mitwirkung ab, so kann der Privatankläger dasselbe allein fortführen.

Wesentlich verschieden von der eben erwähnten Oesterreichischen und Thüringischen Einrichtung ist diejenige, welche auf Grund des Art. 16 des Einführungsgesetzes vom 14. April 1851 in den ältern Preußischen Provinzen besteht. Wenn nämlich wegen Ehrverletzung und leichter Mißhandlung in den Fällen der §§. 102, 103, 152—156 und 189 des Strafgesetzbuchs die Staatsanwaltschaft nicht einschreitet, so bleibt dem Verletzten die Verfolgung im Wege des Civilprozesses unbenommen. Der Staatsanwalt braucht nun in diesen Fällen nach der Preußischen Praxis und ausdrücklichen Verordnungen des Justizministerii (vom 22. Sept. 1849 und 4. April 1854), deren gesetzliche Rechtfertigung zur Zeit noch nirgends angefochten worden ist, nicht überall einzuschreiten, wo die Anträge der Beleidigten oder Mißhandelten wohl begründet sind; sondern er hat das Recht, diejenigen Fälle auszuwählen, in denen ihm ein öffentliches Interesse die Bestrafung zu verlangen scheint und in den übrigen Fällen den Beschädigten auf den Weg der Civilklage zu verweisen.

Nach §. 40. der Hannoverschen Strafprozeß-Ordnung steht bei Polizeiübertretungen außer der Staatsanwaltschaft auch dem Verletzten die Erhebung der öffentlichen Klage zu.

Wir haben in Vorstehendem nur diejenigen uns bekannten Bestimmungen von in Deutschland geltenden Strafprozeßgesetzen kurz erwähnt, in welchen von einer subsidiären bez. alternativen Privatanklage die Rede ist. Daß die Verfolgung mancher Delicte (namentlich der Injurien) unter Ausschluß der öffentlichen Klage lediglich der Privatanklage überwiesen ist, ist eine Einrichtung, die in allen Deutschen Staaten besteht und hier nicht weiter in Betracht kommt.

§. 3.

Eine Gesetzgebung, die noch in der Lage wäre, die Frage zu entscheiden, ob die Initiative der Strafverfolgung lediglich der Staatsanwaltschaft zu übertragen, oder den Gerichten zu belassen sei, würde zu erwägen haben, daß jede dieser Einrichtungen neben ihren Vortheilen auch gewisse Nachtheile in ihrem Gefolge hat. Lassen wir die sich gegenüberstehenden Vortheile einmal außer Betracht und untersuchen wir nur, welches von den sich korrespondirenden Uebeln das geringere sei, so ergiebt sich folgende Vergleichung:

Beläßt man die Initiative bei den Gerichten, so werden die Funktionen der Anschuldigung und der richterlichen Thätigkeit sich in denselben Personen vereinigen. Die Gründe, aus denen man seiner Zeit in Deutschland gegen den gemeinen Inquisitionsprozeß wohlfundirte Klagen hörte, bezogen sich auf zwei Hauptpunkte, nämlich einmal auf die Stellung des Inquirenten, und dann auf das Verhältniß des erkennenden Richters zum Verfahren. Der erste dieser Hauptpunkte scheint jetzt fast in Vergessenheit zu gerathen, oder weniger beachtet zu werden, als früher. So hat noch der neueste Entwurf einer Strafprozeß-Ordnung für das Großherzogthum Hessen aus dem Jahre 1860 den Gerichten die Initiative der Untersuchungseinleitung belassen und erst in einem spätern Stadium des Verfahrens die Thätigkeit der Staatsanwaltschaft beginnen lassen. Bei einer solchen Einrichtung bleibt der Untersuchungsrichter der Inquirent des früheren gemeinen Strafprozesses, welcher Ankläger, Richter und Vertheidiger in einer Person war. Die ferneren Nachtheile, die es haben muß, wenn zwei verschiedene Prinzipien das Strafverfahren beherrschen, der Strafprozeß aus zwei heterogenen Theilen besteht und diejenige Behörde, welche nachher die Anklage erhebt und vertritt, auf die erste Gestaltung der Untersuchung durch Bezeichnung der Fakta und der rechtlichen Gesichtspunkte, auf die es ihr ankommt, keinen Einfluß üben kann, — alle diese Nachtheile wollen wir hier nur kurz andeuten.

Entzieht man aber die Initiative den Gerichten und überträgt man sie der Staatsanwaltschaft, so ist ein anderes Verhältniß, welches vielfach als Uebelstand bezeichnet wird, die nothwendige Folge. Es ist dann nämlich zwar nicht die positive Betreibung einer Strafverfolgung (in Bezug auf die eine Konkurrenz der Gerichte eintritt), wohl aber die Unterlassung einer solchen, das Zurücklegen von Anzeigen wegen angeblich strafbarer Handlungen, kurz (wenn der Ausdruck verstattet ist) die negative Strafjustiz in das Ermessen von Beamten gestellt, welche nicht als unabhängige Richter dastehen, sondern von ihren Vorgesetzten, also in letzter Instanz vom Justizminister, Weisungen anzunehmen und zu befolgen haben.

Zwischen diesen beiden sich alternativ gegenüberstehenden wirklichen oder vermeintlichen Uebelständen hat man nun denjenigen zu wählen, den man für den geringeren hält. Wer also der Ansicht ist, daß mit dem Aufhören der ausschließlich richterlichen Entscheidung auch das Aufhören der Legalität zu befürchten sei, wer der Staatsverwaltung auf dem großen Gebiete des öffentlichen Rechts, das sie beherrscht, sein Vertrauen versagen zu müssen glaubt und wer namentlich gegen den Justizminister das Mißtrauen hegt, daß er seinen Einfluß auf die negative Strafjustiz mit Parteilichkeit und in illiberal-tendenziöser Weise mißbrauchen werde, der wird wohl den zweitgedachten Uebelstand für den größeren, den erstgedachten für den geringeren halten und wird dann wohl thun, die ausschließliche Initiative der Staatsanwaltschaft ganz zu verwerfen und die Einrichtung zu wählen, welche in der fraglichen Beziehung z. B. jetzt in Oesterreich besteht und die auch der von uns oben erwähnte Entwurf einer Strafprozeß-Ordnung für das Großherzogthum Hessen vorgeschlagen hat. Man wird auf diese Weise zwar dem ohne richterliche Unabhängigkeit hingestellten Ankläger entgehen, wird sich aber dafür entschließen müssen, den Untersuchungsrichter zugleich zum Ankläger scil. zum Träger der die Anregung zum Verfahren gebenden Anschuldigung zu machen — auf die Gefahr hin, daß der Untersuchungsrichter in Folge dessen vielleicht besser anschuldigt, als richtet — oder umgekehrt.

Die Alternative, die wir nach dem Vorstehenden als die allein richtige aufgestellt haben, wird von den Herren Antragstellern nicht als solche anerkannt. Sie wollen die Trennung der Anschuldigung vom Richteramt beibehalten und die Initiative in der Regel den Gerichten entziehen, wollen aber die von ihnen wegen dieser Einrichtung besorgten Nachtheile durch Einschlagung eines Mittelwegs, bezüglich durch Ergreifung der beiden Remeduren abwenden, die wir in diesem Referat zu prüfen haben.

Eine wichtige Vorfrage für diese Prüfung ist die, welche Stellung die Staatsanwaltschaft zu den Strafgesetzen des Staats einnimmt und ob sie blos ermächtigt, oder auch verpflichtet ist, strafbare Handlungen, von denen sie Kenntniß erhält, zur Bestrafung zu bringen. Nicht blos von einzelnen hochachtbaren Schriftstellern, sondern auch von einzelnen Staatsbehörden ist die Ansicht aufgestellt worden: Nur wo ein wirkliches öffentliches Interesse verletzt sei, oder wo eine höhere Opportunität dafür spreche, sei das Strafrecht des Staates zur Geltung zu bringen. Die Frage, ob ein solches öffentliches Interesse vorliege, bezüglich ob eine solche Opportunität anzuerkennen sei, solle in jedem Falle nach seinem pflichtmäßigen Ermessen bezüglich zugleich nach den Anforderungen der Moral und der Politik der kompetente Staatsanwalt, natürlich unter Wahrung seiner Verantwortlichkeit gegen seine Vorgesetzten, entscheiden und müsse in dieser Richtung vom Gesetz ausdrücklich mit den nöthigen Befugnissen ausgestattet werden.

Wir glauben, daß die eben erwähnte Ansicht im Widerspruch steht mit den in Deutschland bestehenden Gesetzen und daß auch ihre Verwirklichung in zu erlassenden Gesetzen durchaus nicht zu empfehlen sei.

Alle die in Deutschland bestehenden Strafprozeßgesetze, welche der Staatsanwaltschaft und nicht den Gerichten die Initiative der Strafverfolgung übertragen haben, legen mit klaren Worten dem Staatsanwalt unter Anderm die Pflicht auf:

darauf zu achten, daß kein Schuldiger der Strafe entgehe.

Gleich bindend und positiv sind die Vorschriften der materiellen Strafgesetze. Wer die in denselben definirte strafbare Handlung begeht, soll mit gewissen Strafen belegt werden, ohne daß dabei als Bedingung oder Voraussetzung irgendwo aufgestellt wäre: wenn das öffentliche Interesse es verlangt, oder die Opportunität dafür spricht. Wenn daher z. B. eine Preußische Ministerialverfügung vom 4. April 1854 (Justiz-Ministerialblatt S. 147) nicht blos in den Fällen leichter Mißhandlung und Ehrverletzung (in denen die in der Praxis noch nicht angefochtene Auslegung des Art. 16 des Einführungsgesetzes der Staatsanwaltschaft das oben erwähnte und bei derartigen in der Regel nur einen Privatrechtskreis berührenden Delicten nicht unangemessene Recht der Auswahl verleiht), sondern mit einer gewissen Allgemeinheit den Staatsanwälten empfiehlt, ihre Thätigkeit bei solchen Gesetzesverletzungen, bei denen ein öffentliches Interesse kaum betheiligt erscheint, nicht eintreten zu lassen, so wissen wir nicht, wie sich eine solche Empfehlung gesetzlich rechtfertigen soll. Der Begriff „durch das öffentliche Interesse geboten" ist ein viel zu vager und dehnbarer, als daß er brauchbar erschiene, um auf denselben eine Beschränkung der Pflicht der Justiz zur Ausführung der bestehenden Strafgesetze zu bauen. Nur zu nahe würde die Versuchung liegen, unter dieses „öffentliche Interesse" auch politische und Verwaltungsinteressen zu subsumiren, die in keinem Falle, auch wenn es berechtigte und heilsame Interessen sind, als solche Anspruch auf Anerkennung im Strafverfahren haben. In diesem darf kein anderes öffentliches Interesse anerkannt werden, als das Eine: Wahrung des Gesetzes.

Eine andere Beschränkung der Pflicht der Staatsanwaltschaft finden wir in mehreren Deutschen Gesetzen anerkannt, die wir als eine angemessene betrachten. Danach soll nämlich der Staatsanwalt nur verpflichtet sein, diejenigen Anzeigen an die Gerichte gelangen zu lassen, „welche er für erheblich erachtet." (Oesterreichische St.-P.-O. vom 17. Januar 1850 §. 94; Thüringische St.-P.-O. Art. 80; Entwurf einer Badischen St.-P.-O. vom 6. März 1845 §. 41.

Der Ausdruck: „erheblich" bezieht sich hier offenbar nicht bloß auf die Begründung der Anzeigen, sondern auch auf die Bedeutung der angezeigten Verbrechen im Verhältniß zur allgemeinen Rechtsordnung. Danach ist also der Staatsanwalt befugt, Uebertretungen von Strafgesetzen dann unverfolgt zu lassen, wenn sie zu unerheblich, zu geringfügig sind. In dieser Befugniß allein sollte nach unserer Ansicht die sogenannte diskretionäre Gewalt der Staatsanwaltschaft bestehen. Die richtig verstandene Bedeutung derselben sollte also auf die praktische Anwendung des Satzes hinauskommen:

„Minima non curat praetor.“

Wir können nur empfehlen, in dieser Weise die gedachte diskretionäre Gewalt im Gesetz zuzulassen, bezüglich zu beschränken. Die offenbare „Geringfügigkeit einer Verletzung“ ist für diese Gewalt ein sichererer und dem Mißverständniß bezüglich dem Mißbrauche weniger Raum lassender Maaßstab, als der des „verletzten öffentlichen Interesse“. Letzterer mag für die Gesetzgebung des Staats, bezüglich für die gesetzliche Begrenzung seines Strafrechts ein sehr berechtigter und empfehlenswerther sein, nicht aber für die Justiz und die derselben obliegende Handhabung der bestehenden Gesetze.

Mit dieser einzigen auf die unerheblichsten Fälle beschränkten Ausnahme wollen wir also dem Staatsanwalt kein Dispositionsrecht über das Strafrecht des Staats einräumen. Von der Frage, inwiefern der Staatsanwalt auf eine Strafverfolgung, die voraussichtlich zur Bestrafung eines Schuldigen führen würde und müßte, förmlich verzichten kann, ist aber natürlich die andere Frage ganz verschieden: inwieweit die zweckmäßigste prozessualische Geltendmachung eines Strafverfolgungsrechts in der Hand des Staatsanwalts liegt. In letzterer Beziehung hat derselbe vollständig freie Hand. Die Wahl der geeignetsten Mittel zur Verfolgung und des passendsten Zeitpunkts für ein erfolgreiches Einschreiten, kurz eine gewisse Taktik der Prozeßführung stehen dem Staatsanwalt innerhalb seines Wirkungskreises zu. Zu dieser Prozeßführungsbefugniß und nicht in das Bereich der sogenannten diskretionären Gewalt gehört denn auch, daß der Staatsanwalt eine Anzeige, die ihm von vornherein unglaubwürdig oder durch Beweismittel nicht gehörig unterstützt zu sein scheint, zurückzulegen hat. Er soll das Gericht nicht mit einer Sache befassen, wenn er mit Sicherheit oder mit überwiegender Wahrscheinlichkeit voraussehen kann, daß die einzuleitenden Erhebungen erfolglos bleiben werden.

Der Justizminister hat als Aufsichtsbehörde der Staatsanwaltschaft zwar das Recht, die Geschäftsführung derselben zu überwachen und zu regeln. Er disponirt aber über das Strafverfolgungsrecht des Staats keineswegs in einem weiteren Umfang, als wir dies der Staatsanwaltschaft selbst eingeräumt haben. Daraus, daß er formell zu allen Verfügungen an die Staatsanwaltschaft legitimirt ist, folgt durchaus nicht — was leider zuweilen daraus gefolgert wird — daß er auch materiell alle Verfügungen erlassen, und über die Handhabung der Strafgesetze des Staats nach Zweckmäßigkeitsrücksichten bestimmen kann. Nur in Bezug auf einzelne Kategorien von Verbrechen, z. B. Beleidigung auswärtiger Regenten, einzelne im Ausland begangene Verbrechen u. s. w. ist dem Justizminister nach den meisten Deutschen Strafgesetzbüchern ein weiterer Spielraum und somit eine Stellung zugetheilt, die von seiner Stellung zu den übrigen Strafgesetzen offenbar verschieden vom Gesetze aufgefaßt wird. Gegen solche Verbrechen soll nämlich die Staatsanwaltschaft nur auf eingeholte Ermächtigung des Justizministers einschreiten. Es sind dies die sogenannten „Berichtsverbrechen". Es ließe sich wohl fragen, ob die Zahl derselben nicht um einige politische und Preßvergehen vermehrt werden könnte. Jedenfalls ist zu verlangen, daß die einzelnen Verbrechen — nach ihrer speziellen Natur und jenachdem bei Unterlassung ihrer Verfolgung wichtige politische Interessen möglicher Weise in Betracht kommen können — in den Strafgesetzen bestimmt bezeichnet werden, wenn ihre Verfolgung ebenfalls von vorher eingeholter Ermächtigung des Justizministers abhängen soll. Keinenfalls darf die Voraussetzung einer solchen Ermächtigung als eine allgemeine auf das ganze Strafrechtsgebiet bezügliche hingestellt werden.

So wenig wir also den Justizminister in Bezug auf sein Aufsichtsrecht über die Staatsanwaltschaft unter die äußerliche Kontrole der Gerichte stellen wollen, so wollen wir doch, daß über seine materielle Pflicht, die Strafgesetze des Landes ausführen zu lassen, kein Zweifel und keine Unbestimmtheit bestehe.

Es muß zwar zugegeben werden, daß es in einzelnen Fällen zweckmäßig und den Staatsinteressen entsprechend sein kann, wenn ein Strafgesetz nicht zur Anwendung kommt. Dies wird auch in Bezug auf andere Gesetze als Strafgesetze häufig der Fall sein. Wollte man gleichwohl den mit der Gesetzeshandhabung beauftragten Beamten gestatten, regelmäßig vom Zweckmäßigkeitsstandpunkt aus die Anwendung des Gesetzes in Frage zu ziehen, so würden auch die großen segensvollen Wirkungen der Gesetzmäßigkeit verloren gehen, und die Bestimmtheit und Regelmäßigkeit im Gang des Gemeinwesens würden ersetzt werden durch ein souveränes Beurtheilen nach subjektiven Eingebungen, welches, um nicht nachtheilig zu wirken, Salomonische Eigenschaften erfordern würde.

Würde aber die rücksichtslose Anwendung des Strafgesetzes auf eine bestimmte dem Gesetz unterfallende Handlung, die nicht zu den „unerheblichen Rechtsverletzungen" und auch nicht zu den „Berichtsverbrechen" gehört, mit höheren Bedürfnissen der Rechtsordnung, mit dem Staatswohl und der Billigkeit in grellen Konflikt kommen, so soll nach unserer Ansicht das Korrektiv gegen einen solchen Konflikt nur in dem Begnadigungsrecht der Krone, bezüglich, wenn es verfassungsmäßig besteht, in dem Abolitionsrecht derselben zu suchen sein. Daß es eine höchste Stelle giebt und geben muß, die von einem Strafgesetz im Gnadenwege einzelne Ausnahmen machen kann, ist nicht bloß quantitativ, sondern im Grund der Sache verschieden von dem Vorschlag, regelmäßig nach Gesichtspunkten der Opportunität oder des öffentlichen Interesses die betreffenden Staatsbeamten über Ausführung oder Nichtausführung des Strafgesetzes befinden zu lassen.

Aus allen diesen Gründen setzen wir bei unseren folgenden Ausführungen voraus, daß die Initiative der Strafverfolgung, auch insoweit sie nicht den Gerichten, sondern der Staatsanwaltschaft anvertraut ist, nach dem Grundsatz: „Legalität, nicht Opportunität!" zu handhaben sei.

Die subsidiäre Privatanklage des Betheiligten.

§. 4.

Der Hauptgrund, der für den ersten Lewald'schen Antrag vorgebracht wird, ist der: es müsse Jedem, der in seinem Rechte durch eine strafbare Handlung verletzt sei, der ungehemmte Zugang an das Gericht freistehen. Zwischen dem Verletzten und dem Strafrichter dürfe nicht eine Verwaltungsbehörde, scil. hier die Staatsanwaltschaft, wie eine Mauer stehen. Dieses Argument setzt voraus, daß das Recht auf Strafe wegen einer strafbaren Handlung — denn das Recht auf civilen Schadenersatz wegen eines Verbrechens ist hier zunächst nicht in Frage — ein Recht des verletzten Privatmanns sei.

Von dieser Voraussetzung hängt offenbar die Statthaftigkeit einer Privatanklage des Verletzten ab; denn nur in Bezug auf sein eigenes Recht, in Bezug auf ein Recht, dessen subjektiver Träger er ist, kann der Verletzte, als solcher, die Befugniß verlangen, dieses Recht vor dem Richter einzuklagen.

Ist nun das Recht auf Strafe ein Recht der verletzten Privatperson? Wir müssen diese Frage auf das Bestimmteste verneinen. Ganz abgesehen davon, daß die Privatdelicte (außer der Injurie) und die Privatbußen längst aus dem Deutschen Strafrecht verschwunden sind, widerspricht es der modernen Staatsidee und dem jetzigen Standpunkt des Strafrechts, den Verletzten als den Träger des Rechts auf Bestrafung zu betrachten. Daß die Bestrafung des Verbrechens herbeigeführt werde, gehört zu der höhern Ordnung, die der Staat zu wahren hat. Ebenso wie er — unabhängig von dem Willen des Verletzten — hierzu die Pflicht hat, ist er auch allein der Träger des desfallsigen Rechts. Dieser Satz ist nicht etwa bloß das Resultat der Entwickelung des Strafprozesses, wie sie vor Einführung des neueren Verfahrens durch den Untergang des alten Anklageprozesses in dem Inquisitionsprozeß sich gestaltet hatte, sondern er ist das Prinzip geworden, welches unserem jetzigen materiellen Strafrecht zu Grunde liegt. (Heffter, Strafrecht §. 7; Köstlin, System S. 513.)

Gegen den Staat richtet sich begrifflich und wirklich jedes Verbrechen, mag nun der Angriff unmittelbar den Bestand des Staats treffen, oder ein einzelnes Rechtsgebiet, dessen Wahrung der Staat verbürgt hat und auf dessen Bestand er ruht. Ebenso wie das Verlangen einer Bestrafung des Schuldigen durch den Verletzten die Strafbarkeit weder vermindert noch vermehrt, ist dieselbe von unseren Gesetzen normirt mit Rücksicht auf die Bedeutung eines Delicts für die verletzte allgemeine Rechtsordnung, nicht bloß für einen verletzten Privatrechtskreis.

Man wende uns nicht ein, daß z. B. ein Staatsbürger, gegen den ein Mordversuch gerichtet war, doch gewiß die Bestrafung des Thäters verlangen könne. Das wird Niemand bestreiten. Dasselbe Verlangen kann aber in Betreff desselben Mordversuchs auch jeder dritte Bürger des Staats stellen. Ebenso kann jeder Bürger verlangen, daß die öffentliche Sicherheit aufrecht erhalten, die Staatsgelder nicht verschleudert, die Wehrhaftigkeit des Staats nicht geschmälert werde. Die Anerkennung solcher berechtigter politischer Anforderungen des Einzelnen an das Gemeinwesen kann aber doch nicht dahin führen, daß die Attribute der Kriminalhoheit, der Polizeigewalt, der Finanz- und Militärhoheit 2c. in den Privatrechtskreis der einzelnen Bürger verlegt werden und daß auf dem Gebiet des Strafrechts eine causa publica sich in eine causa privata verwandelt.

Das oben deduzirte Prinzip des materiellen Strafrechts hat natürlich auch einen Einfluß geübt auf die Gestaltung des Strafprozesses. Demnach erscheint nach dem neuern accusatorischen Strafprozeß das Recht des Staats auf Strafe gegen den Verletzer seiner Rechtsordnung als ein Klagrecht, welches für ihn vor den unabhängig von der Staatsgewalt hingestellten Gerichten im Accusationsprozeß geltend gemacht wird. Was die Vertretung des Klagrechts anlangt, so lassen sich zwei Wege denken.

Entweder erfolgt sie durch ein besonderes ein für allemal von der Staatsgewalt bestelltes Organ, durch eine Staatsbehörde;

oder es kann Jeder aus dem Volke das Recht haben, die öffentliche Klage zu erheben. Nur als Bürger des Staates kann dies dann auch der Verletzte, oder ein demselben nahe Stehender thun.

Welches von beiden Systemen zu wählen sei, entscheidet sich nach den politischen und sozialen Verhältnissen, auf denen die Verfassung und das Recht des betreffenden Staates beruhen.

Im antiken Staate, der sich in seinen Bürgern vollständig darstellte, ferner bei einer Staatsbildung, in welcher die Konzentration der Staatsgewalt und die Uebertragung der öffentlichen Funktionen auf das Staatsbeamtenthum entweder nicht zum Abschluß gediehen sind oder nicht erstrebt werden, zeigt sich die Popularklage, ausschließlich oder doch zugleich mit anderen Gestaltungen der Anklage. Jedenfalls entsprechen beide Systeme dem Prinzipe des materiellen Strafrechts, wonach der Staat und nicht der einzelne Verletzte der Träger des Rechts auf Strafe ist, und es kann sich nur darum handeln, welches von beiden Systemen die vollkommenere und zweckmäßigere Verwirklichung des gedachten Prinzips sei.

Dem gegenüber entspricht das System der nur dem Verletzten zustehenden Privatstrafklage seinem Wesen nach dem materiellen System der Privatbußen und Privatdelicte, wenn auch historisch diese beiden sich korrespondirenden Gestaltungen des Strafrechts und des Strafprozeßrechts nicht immer gleichzeitig herrschten.

Keinenfalls darf man sich gegen die letztgedachte Ansicht darauf berufen, daß die Carolina neben einem System öffentlicher Strafen auch noch den Anklageprozeß gekannt habe; denn der Anklageprozeß der Carolina beruhte ebenso wie der des Römischen öffentlichen Strafrechts auf dem System der Popularklage und gab nicht etwa blos dem Verletzten die Privatklage, sondern (mit einzelnen wenigen Beschränkungen) Jedem aus dem Volke die öffentliche Klage.

Die Rückkehr zum System der Privatanklage des Verletzten wäre also im Verhältniß zur ganzen Entwickelung unserer strafrechtlichen und staatlichen Zustände ein bedeutender Rückschritt.

Ist aber ferner das Recht auf Strafe ein Recht des Staates und nicht ein Recht des Verletzten, so erscheint die Staatsanwaltschaft als die am besten qualifizirte Vertreterin des eigentlichen Klagberechtigten und nicht als eine Mauer, die sich zwischen den Verletzten und seinen Richter stellt. Kein Privatmann kann verlangen, daß er ein fremdes Klagrecht vor Gericht geltend zu machen befugt sein müsse, weil der Obsieg dieses Rechts mehr oder weniger seine Gefühle befriedigen würde.

Wir wollen schließlich nicht unerwähnt lassen, daß von dem Prinzip, wonach der Staat und nicht der Verletzte Träger des Rechts auf Strafe sei, Ausnahmen sowohl nach unserem materiellen Strafrecht, als nach unserem Strafprozeßrecht bestehen. In Bezug auf mehrere Delicte, die nur als Verletzungen eines Privatrechtskreises von Bedeutung sind, bezüglich deren Wichtigkeit für die allgemeine Rechtsordnung in den Hintergrund tritt, überläßt der Staat die Klage auf Zufügung einer Strafe lediglich dem verletzten Privatmann und beschränkt sich darauf, Gerichte einzusetzen, die auf Anrufen des Beschädigten Recht sprechen. Hierher gehören namentlich die einfachen Injurien.

Eine andere Ausnahme wird von Vielen angenommen in Bezug auf diejenigen Verbrechen, deren Bestrafung zwar der Staat durch die Staatsanwaltschaft vor den Gerichten betreiben läßt, aber nur, wenn der Verletzte einen Strafantrag gestellt hat. Hinsichtlich dieser Verbrechen wird gestritten, ob der Staat gegen dieselben nur das Recht des Verletzten auf Strafe durch seine Organe verwirklichen lasse, oder ob sich der Staat hinsichtlich derselben selbst als Träger des Rechts auf Strafe betrachte und nur die Geltendmachung seines Klagrechts mit Rücksicht auf den Verletzten an des Letzteren Einwilligung binde. Wir können diese Streitfrage hier nicht ausführlich erörtern und bemerken nur, daß wir die zweite der eben angeführten Ansichten für die richtige halten.

§. 5.

Wir haben im vorhergehenden Paragraphen den ersten Lewald'schen Antrag prinzipiell zu prüfen versucht. Wir geben indeß zu, daß diese Art der Prüfung nicht die allein richtige ist und daß eine solche auch nach reinen Utilitätsrücksichten stattzufinden hat. Wir wenden uns daher zu einer Erörterung der Frage: ob überwiegende Zweckmäßigkeitsgründe dafür sprechen, daß unter Abweichung von der bisherigen Entwickelung unseres Strafrechts im Wege der Gesetzgebung ein Recht des Verletzten auf die Strafklage wenigstens subsidiär zuzulassen und anzuerkennen sei.

Ein Bedürfniß zu einer solchen Abänderung ist bisher mit einigem Grund nur für Eine bestimmte Situation behauptet worden, nämlich für den Fall, daß der Justizminister in tendentiöser Weise seinen Einfluß auf die negative Strafjustiz dazu mißbrauche, seine Parteigenossen zu begünstigen und Delikte, die von denselben, bezüglich von Staatsbeamten gegen einzelne Staatsbürger begangen worden, unverfolgt zu lassen. Lediglich als politisches Correktiv, als eine Waffe gegen Mißbräuche des Justizministers würde unseres Erachtens die subsidiäre Privatanklage des Verletzten eine Bedeutung und einen Nutzen haben.

Abgesehen von der eben bezeichneten besondern Situation ist noch nirgends in Deutschland das Bedürfniß nach Aenderung des jetzigen Zustandes laut geworden und wird gewiß auch allgemein anerkannt werden, daß ein Privatbetheiligter, der auf seinen Antrag auf Einleitung eines Strafverfahrens von dem Staatsanwalt, dann auf eingewandten Rekurs von dem Ober-Staatsanwalt und schließlich von dem Justizminister abschläglich beschieden worden ist, allen Grund hat, sich dabei zu beruhigen und nicht auch noch die gerichtlichen Instanzen mit seinen Anträgen in Anspruch zu nehmen. Ist der Justizminister korrekt, so genügt seine Aufsicht und das unter der Staatsanwaltschaft bestehende Instanzenverhältniß gewiß vollkommen, um eine Handhabung der Initiative zu sichern, die allen Anforderungen der Legalität entspricht.

Ist nun demnach der Kreis der Fälle, für welche der Nutzen des jetzt fraglichen politischen Korrektivs anzuerkennen ist, ohnehin ein sehr begrenzter, so wird er doch noch beschränkter, wenn man sich diese Fälle näher vergegenwärtigt. Eine solche Begünstigung von Delicten, die nur die allgemeine Rechtsordnung, nicht eine bestimmte Person verletzen, kommt hier nicht in Betracht. Es handelt sich also wesentlich um Vergewaltigungen gegen Personen, um Ehr- und Körperverletzungen, sowie um widerrechtliche Gefangenhaltungen, die der Justizminister der Bestrafung entziehen könnte. Es ist das Verdienst des in §. 1 dieses Referats erwähnten von Holtzendorff'schen Antrags, daß er diese Fälle bestimmt sich vergegenwärtigt hat. Es wird dann weiter für den Nutzen des fraglichen Korrektivs eine Voraussetzung sein, daß der Verletzte nicht überhaupt am Handeln verhindert worden ist und auch sich nicht einschüchtern läßt, sondern mannhaft den Prozeß beginnt, ferner, daß die von Oben ausgehende Vergewaltigung oder Korruption sich nicht auch an das Personal der Gerichte wagt. Namentlich würde auch für manche Fälle vorauszusetzen sein, daß die Richter weniger als die Verwaltungsbeamten in ein die Bevölkerung eines Landes zerreißendes schroffes, polisches Parteiwesen verflochten seien.

Daß unter solchen Voraussetzungen, wie wir sie eben bezeichnet haben, das jetzt fragliche Korrektiv für die Rechtspflege und die Freiheit eines Landes von einigem Nutzen sein könne, kann nicht bestritten werden. Es ist aber unseres Erachtens durchaus nicht richtig, von solchen Voraussetzungen auszugehen, wenn man Gesetze giebt und Institutionen regulirt. Der Gesetzgeber muß normale und legale Verhältnisse im Auge haben.

Wollte man sich aber gleichwohl einen Zustand der Willkür- und Gewaltherrschaft vergegenwärtigen, wie er hier vorausgesetzt wird, und könnte man sich in aller Ruhe die Mittel ausdenken und schaffen, die zum legalen Widerstand gegen eine solche Herrschaft geeignet scheinen, so würde das in dem ersten Lewald'schen Antrag liegende politische Korrektiv mit seinem beschränkten Nutzen gewiß als unzureichend betrachtet werden und man würde sich nach wirksameren Garantien umsehen. Selbst die gänzliche Entkleidung der Staatsanwaltschaft von der Initiative der Strafverfolgung unter Uebertragung derselben auf die Gerichte, oder doch die Einführung der jedem aus dem Volke (nicht blos dem Verletzten) zustehenden subsidiären Popularanklage würde uns dann — trotz der wesentlichen praktischen Bedenken, die gegen beide Vorschläge sprechen — willkommener sein, als der erste Lewald'sche Antrag.

Aber alle diese, selbst die letztgedachten Korrektiven würden uns nicht als die geeigneten Waffen erscheinen, um das vorausgesetzte politische Uebel zu bekämpfen. Der Kampf gegen ein solches muß auf politischem Felde gekämpft werden. Man erstrebe Zustände, unter denen die Stellung eines Ministers, der so schwere Fehler begangen hat, wie sie hier in Frage sind, mit dem Vorhandensein eines allgemeinen und gerechtfertigten Mißtrauens unverträglich ist. Nicht präventiv durch kleine Palliative und durch mechanische Garantien gegen immer befürchtete Mißbräuche, sondern repressiv gegen schon begangene Ausschreitungen führt man in konstitutionellen Staaten einen solchen Kampf durch parlamentarische Demonstrationen, Mißtrauensvoten, Angriffe in der Presse 2c. Niemand wird behaupten, daß in jetziger Zeit solche Mittel, wenn ihre Anwendung eine gerechte und maßvolle sein würde, nicht wirksam seien. Die Anwendung derselben ist sogar gegen keine Fehler der Regierungen erfahrungsmäßig so bedeutungsvoll und so vernichtend, als gegen solche Fehler, mittelst welcher die Staatsanwaltschaft im Gegensatz zu den Anforderungen einer wahren Justiz mißbraucht worden.

§. 6.

Dem nur auf eine bestimmte Situation berechneten und auch für diese nur sehr beschränkten Nutzen der subsidiären Privatanklage des Betheiligten gegenüber kommt in Betracht, daß dieselbe hauptsächlich in andern Fällen, als den im vorigen Paragraphen vorausgesetzten, in der Praxis angewendet werden und in diesen nicht allein überflüssig, sondern schädlich sein würde.

Ueber den Interessen und Wünschen derjenigen, die sich durch ein Verbrechen für verletzt halten, sind die begründeten Ansprüche der Anzuschuldigenden, bezüglich derer, die durch eine Anklage bedroht sind, nicht zu vergessen. Es ist eine bedeutungsvolle und nicht zu unterschätzende Garantie für die Staatsbürger, daß gerade der Staat, als Träger der Gerechtigkeitsidee und des Rechts auf Strafe, durch seine Organe die Anklage vertreten läßt. Den Angeschuldigten tritt nach dieser Einrichtung eine Anklägerschaft gegenüber, die selbst unparteilich und keinen Privatinteressen dienend, ebenso dafür zu sorgen hat, daß kein Schuldiger der Strafe entgehe, als dafür, daß kein Schuldloser bestraft werde. Sicher ist, daß in Vergleichung und im Verhältniß zu der Thätigkeit von Privatanklägern und Denuncianten die Staatsanwaltschaft eine Thätigkeit entwickeln muß und in der Deutschen Praxis auch entwickelt, die zugleich eine Abwehr, bezüglich eine Moderation von unbegründeter Behelligung durch Anklagen und Untersuchungen zur Folge hat. Diese Bedeutung der staatsanwaltschaftlichen Thätigkeit würde zum großen Theil verloren gehen, wenn trotz der Ablehnung durch die Instanzen der Staatsanwaltschaft gehässige Anklagen von Privaten an die Gerichte gebracht werden dürfen. Mag man auch hoffen, daß solche Anklagen schließlich nicht durchdringen, so ist doch zu berücksichtigen, daß es an sich schon ein Nachtheil für die Staatsbürger ist, in Kriminalsachen vor die Gerichte gezogen und jedenfalls dadurch behelligt und gefährdet zu werden. Wie leicht ferner derartige Privatanklagen den Schwachen und den Schüchternen gegenüber zu Erpressungen und Kränkungen gebraucht werden würden, wie mancher Bedrohte ohne eigentliche Verpflichtung Opfer bringen würde, um der Gefahr zu entgehen, ohne Maß und Ende durch die unbestimmte schleichende Möglichkeit einer Anschuldigung beunruhigt zu werden, — brauchen wir nur anzudeuten, nicht näher auszuführen. Dabei ist auch zu berücksichtigen, daß gerade die Strafanträge derjenigen, die nach dem jetzigen Zustande der Gesetzgebung als Beschädigte und betreffenden Falls als Rekurrenten gegen die Untersuchung ablehnende Verfügungen der Staatsanwaltschaften auftreten, einer besondern Sichtung bedürfen, indem sie, als nicht von verantwortlichen und durch Amtsehre und Amtspflicht geleiteten unbetheiligten Beamten, sondern von interessirten Privaten ausgehend, nur zu häufig von Eigennutz, Verblendung, Befangenheit &c. inspirirt sind. Für diesen Satz können wir uns auf die Erfahrung jedes Staatsanwalts berufen. Wie zahlreich sind z. B. die Anzeigen wegen Meineids, die von vornherein als ungenügend begründet zurückgewiesen werden müssen, weil häufig solche, die durch den Eid des Gegners oder eines Gegenzeugen einen Civilprozeß verloren haben, es als förmliche Instanz für ihren Prozeß betrachten, daß sie den Gegner oder Zeugen, der geschworen hat, in eine Meineidsuntersuchung verwickeln!

Sehr richtig sagt daher ein neuerer Schriftsteller: „Der Versuch einer Erpressung, die Abkaufung eines Anklagerechts, die Lüge einerseits, die Macht des Besitzes andererseits, erhalten durch die Privatanklage freies Spiel. Die Haftbarkeit des Anklägers für die Kosten — beiläufig wäre sie doch nur möglich, wo der Betreffende zahlen kann, und ein Auskunftsmittel für die nicht seltenen Fälle des Gegentheils erforderlich! — ist nur ein halbes Schutzmittel gegen Anklagen aus unlauteren Beweggründen.“

Alle diejenigen Gründe, welche dafür sprechen, daß derjenigen Behörde, welche die Initiative in Strafsachen ausübt, zugleich die Leitung und die Disposition über die Mittel der gerichtlichen Polizei übertragen werden, sind ferner hier in Betracht zu ziehen. Man wird nämlich

Privatanklägern eine gleiche Stellung zur gerichtlichen Polizei, wie der Staatsanwaltschaft, nicht einräumen können. Bei dem ersten Lewald-schen Antrage handelt es sich überhaupt wesentlich mit um das erste Stadium des Verfahrens, um die erste Anregung einer gerichtlichen Untersuchung. Denn ist die letztere einmal eingeleitet, so kann der Staatsanwalt nur mit Zustimmung des Gerichts die Erhebung der Anklage unterlassen. Ist aber die schon eröffnet gewesene gerichtliche Untersuchung durch Beschluß des Staatsanwalts und des Gerichts eingestellt worden, so hat es keinen Sinn, nachher noch eine Privatanklage zuzulassen. In demjenigen Stadium des Vorverfahrens, welches hier hauptsächlich in Frage steht, kommen Rücksichten und Thätigkeiten in Betracht, für deren Wahrung, bezüglich Besorgung ein Gericht am wenigsten geeignet ist. Es sind da polizeiliche Ermittelungen zu organisiren; häufig ist ein Angeschuldigter erst aufzuspüren; die rein zur Prozeßführung gehörende Frage, ob Aussicht auf Erfolg vorhanden ist und ob nicht mit größter Wahrscheinlichkeit die aufzuwendende Mühe vergeblich sein wird, ist dabei gleichfalls zu entscheiden. Es wäre gewiß nichts gewonnen, wenn man für die Fälle, die der erste Lewald'sche Antrag im Auge hat, die eben bezeichneten Funktionen der Staatsanwaltschaft entzöge, um sie auf das Gericht oder auf die Polizei zu übertragen. Denn der Privatankläger würde, wenn er nicht schon den Angeschuldigten ermittelt und seine Beweismittel gesammelt hat, doch nach einer Begründung seines Antrags suchen und sich deshalb an irgend eine Behörde wenden müssen.

Schließlich machen wir noch auf die gewiß nicht bedeutungslose Erscheinung aufmerksam, daß von den sämmtlichen seit dem Jahre 1848 publizirten Deutschen Strafprozeßgesetzen, die unter den mannigfachsten Verhältnissen und zum Theil unter den günstigsten und gemäßigsten politischen Einflüssen ausgearbeitet sind und die bekanntlich in so vielen Punkten als Vorbild die Französische Strafgesetzgebung benutzt haben, doch kein einziges die Bestimmungen des code nachgeahmt hat, nach denen der Verletzte durch eine plainte die Strafgerichte befassen und eine Privatanklage vor das Zuchtpolizeigericht bringen kann. Mit dieser Erscheinung sind die Erfahrungen zusammenzuhalten, die in den Ländern, wo das Institut der Privatanklage, wenn auch in einem sehr beschränkten Kreis besteht (vergl. §. 2 dieses Referats), gesammelt worden sind, und welche dahin gehen, daß dieses Institut keine Wurzeln geschlagen und fast keinen Eingang gefunden hat. Aus diesen beiden Erscheinungen ist gewiß der Schluß zu ziehen, daß die Privatanklage des Verletzten dem Deutschen Geist und der Deutschen Sitte ganz besonders widerstrebt und daß das Auftreten eines Privatanklägers wegen Vergehen, die nicht wie Injurien und dergl. nur einen Privatrechtskreis berühren, fast als ein gehässiges und ungehöriges von unserem Volke betrachtet wird.

Die Beschwerde gegen ablehnende Verfügungen der Staatsanwaltschaft an einen Gerichtshof.

§. 7.

Der von uns hierher gerechnete Antrag des Staatsanwalts von Grävenitz ist noch ziemlich allgemein gehalten. Es sind daher bestimmtere Gestaltungen für das Recht der Betheiligten, sich bei einem höhern Gerichtshofe gegen ablehnende Verfügungen der Staatsanwaltschaft zu beschweren, in's Auge zu fassen. Beispiele solcher Gestaltungen bieten uns einzelne Gesetzgebungen.

Der Art. 11 des Französischen Gesetzes vom 20. April 1810 lautet:

> La cour impériale pourra, toutes les chambres assemblées, entendre les dénonciations, qui lui seraient faites par un de ses membres, de crimes et de délits; elle pourra mander le procureur général pour lui enjoindre de poursuivre à raison de ces faits.

Diese Offizialthätigkeit der Plenarversammlungen der Appellhöfe setzt also eine Beschwerde eines Privatbetheiligten nicht gerade voraus. Wohl aber wird dadurch einer solchen Beschwerde, wenn sie die Fürsprache der Vertretung eines Mitgliedes des Appellhofs erlangt, der Weg zu einem gerichtlichen Schutze eröffnet.

Diese Bestimmung ist unter den Deutschen Strafprozeßgesetzen, die hier in Betracht kommen, d. h. unter denen, welche die Initiative der Strafverfolgung für die Regel der Fälle den Gerichten entzogen haben, nur von Einem nachgeahmt worden (denn an eine Analogie mit den **informations**, die der oberste Englische Gerichtshof anordnen kann, ist für die jetzt zu referirende Einrichtung nicht wohl zu denken) und zwar gerade von demjenigen, welches im Uebrigen verhältnißmäßig am wenigsten das Französische Verfahren sich zum Vorbild genommen hat. Es lautet nämlich der §. 4, Satz 3 der Braunschweigischen Strafprozeß-Ordnung:

> Der Kassationshof kann dem Oberstaatsanwalt, nachdem derselbe zuvor gehört worden, die Einleitung oder Forsetzung der Untersuchung und des ferneren Verfahrens anbefehlen. Erklärt der Oberstaatsanwalt, daß er die Befolgung des Befehls mit seiner rechtlichen Ueberzeugung nicht vereinigen könne, so ist der Kassationshof befugt und verpflichtet, einen Vertreter des Oberstaatsanwalts für den Fragefall zu ernennen.

Nach §. 27 derselben Strafprozeß-Ordnung

> stehen die Beamten der Staatsanwaltschaft nicht unter der Aufsicht der Gerichte. Jedoch ist der Kassationshof befugt, bei etwaigen pflichtwidrigen Unterlassungen des Oberstaatsanwalts einzuschreiten und ihm angemessen erscheinende Maßregeln zu ergreifen.
>
> Der Oberstaatsanwalt ist dem Staatsministerium untergeordnet und hat dessen Anweisungen Folge zu leisten, insofern es nicht um seine Funktion als öffentlicher Ankläger sich handelt.

In Bezug auf Vergehen, deren Bestrafung gesetzlich von dem Antrage einer Behörde oder Privatperson abhängig ist, bestimmt der §. 23 derselben Strafprozeß-Ordnung:

> Der öffentliche Ankläger ist (sc. auf solche Anträge) befugt, die gerichtliche Verfolgung zu verweigern, wenn er sie gesetzlich nicht für begründet hält. Ueber Beschwerden wegen solcher Verweigerung entscheidet der vorgesetzte Staatsanwalt und in letzter Instanz der Kassationshof.

Zeitungsberichte erwähnten im Herbste 1860, daß in dem Königlich Preußischen Justizministerium ein Gesetzentwurf ausgearbeitet worden sei, welcher als „die erste Frucht des Deutschen Juristentags" bezeichnet wurde und ein Beschwerderecht des Betheiligten gegen einschlagende

Verfügungen des Oberstaatsanwalts an das Plenum des betreffenden Appellhofs anerkennen sollte. Da uns indeß über den Inhalt und den Wortlaut dieses Gesetzentwurfs nichts Zuverlässiges bekannt geworden ist, so enthalten wir uns eines nähern Eingehens auf denselben.

Was nun unsere eigene Ansicht über die oben referirten Bestimmungen anlangt, so können wir weder die Braunschweigische Einrichtung mit dem von ihr vorausgesetzten Verhältniß des Oberstaatsanwalts zum Justizminister einerseits und zum Kassationshof andererseits, noch die erwähnte Französische Institution für angemessen und zweckmäßig halten. Unsere Gründe sind folgende:

Beide Einrichtungen verletzen den Grundsatz, daß die Funktion der Anschuldigung den Gerichten entzogen werden soll, enthalten also eine Prinzipwidrigkeit und Inkonsequenz.

Es handelt sich um Uebertragung von Funktionen der Initiative nicht etwa auf einen einzelnen Untersuchungsrichter, sondern auf einen großen Gerichtshof. So ausgezeichnet derselbe qualificirt sein wird, einen instruirten Fall abzuurtheilen, oder eine Rechtsfrage zu entscheiden, so wenig ist derselbe geeignet, gerade die in diesem ersten Stadium des Verfahrens eintretenden Fragen zu erwägen und Funktionen zu prüfen. Wir haben im vorigen Paragraphen auseinandergesetzt, was der Regel nach in diesem Stadium des Verfahrens wahrzunehmen sei. Vorläufige Prüfung gerichtspolizeilicher Schritte, Würdigung ihres Erfolgs, Aufspürung von Thätern u. s. w., dergleichen Thätigkeiten gehören ihrer Natur nach nicht vor einen Kassationshof, der sonst nur reine Rechtsfragen entscheidet, und auch nicht vor das Plenum eines Appellhofes, sondern vor einen einzelnen staatsanwaltschaftlichen Beamten, der die Mittel der gerichtlichen Polizei handhaben und dem die Befugniß übertragen werden kann, auch die Wahrscheinlichkeit des Erfolgs einer Untersuchung und die Modalitäten der Prozeßführung zu bemessen, der ferner kraft diskretionärer Gewalt Delikte, die eine ganz unerhebliche Störung der Rechtsordnung herbeigeführt haben, unverfolgt lassen kann.

Auch für die Unbefangenheit der Richterstellung können die betreffenden Einrichtungen unwillkommene Situationen herbeiführen. Wenn der Appellhof oder der Kassationshof gegen die Ansicht aller

Instanzen der Staatsbehörde derselben die Einleitung einer Untersuchung aufgiebt, so ist es klar, daß die Anschuldigung in diesem Fall auf der Verantwortung des gedachten Gerichtshofs ruht. Werden nun — wie zu erwarten steht — in solchen Fällen Rechtsmittel eingewandt, so ist derselbe Gerichtshof, der die Anschuldigung veranlaßt und zu verantworten hat, zugleich das Gericht zweiter oder dritter Instanz. Diese Stellung erscheint dann um so bedenklicher, als Fälle der fraglichen Art meist Aufsehen zu machen pflegen und als ein solcher Gerichtshof durch eine Freisprechung seinen frühern Irrthum bekennen müßte. Mag man auch erwarten dürfen, daß Gerichtshöfe selbst in solchen Situationen ihre Unbefangenheit aufrecht erhalten werden, so ist es doch vom Gesetzgeber gewiß nicht passend, sie in solche Lagen zu bringen.

Nach unseren Behörden-Organisationen ist ferner fast ausnahmslos anerkannt, daß die Staatsanwaltschaft eine selbstständige und von der Aufsicht der Gerichte unabhängige Behörde sein soll. Auch dieser Gesichtspunkt wird verletzt, wenn ein Kassationshof oder Appelhof in Bezug auf Fragen, die an sich nur zur Kognition der Staatsanwaltschaft gehören, sc. hier für Fragen der Initiative, der Staatsbehörde Aufträge oder gar Befehle ertheilen kann.

Endlich erinnern wir an das, was wir in Betreff des ersten Lewald'schen Antrags über die Bedürfnißfrage gesagt haben. Daß in der regelmäßigen Praxis die Prüfung von Beschwerden wegen Weigerung der Staatsanwaltschaft, von ihrer Initiative Gebrauch zu machen, nicht genügend durch die verschiedenen Instanzen der Staatsbehörde selbst und durch den Justizminister erfolge, ist noch von keiner Seite behauptet worden. Unter normalen Verhältnissen würden wenigstens die neuerdings aufgetauchten Anregungen gewiß nicht die Richtung auf den Vorschlag genommen haben, derartigen Beschwerdeführern eine weitere Instanz zu eröffnen und den Appellhöfen dadurch einen für dieselben nicht sehr erfreulichen neuen Geschäftskreis zuzuweisen. Was man jetzt im Auge hat, ist: eine Waffe gegen eine inkorrekte Haltung der Justizministerien, also im Grund gegen ein politisches Uebel. Wir wiederholen daher auch hier, daß man einen politischen Kampf auf politischem Felde ausfechten und darauf verzichten sollte, durch mechanische

Präventivmaßregeln Prinzipwidrigkeiten in unsern Strafprozeß und Inkonsequenzen in die bestehende Organisation der Behörden zu bringen..

Am Schlusse dieses Theils unseres Referats haben wir keinen besondern Antrag zu stellen, sondern beschränken uns darauf, die Ablehnung des ersten Lewald'schen Antrags und aller zu demselben gestellten Nebenanträge zu empfehlen.

Zweiter Abschnitt.

Der zweite Theil des Lewald'schen Antrags.

§. 8.

Der zweite Theil des von dem Herrn Rechtsanwalt Lewald gestellten Antrags geht dahin:

> „Der Juristentag wolle als seine Rechtsüberzeugung aussprechen: In allen Fällen sind neben der Staatsanwaltschaft dem Privatbetheiligten die vollen Rechte einer Partei, welche nicht blos die Zuerkennung einer Entschädigungssumme, sondern die Verurtheilung des Angeklagten erstreben darf, einzuräumen."

Dieser Antrag setzt offenbar einen Strafprozeß voraus, der nicht durch eine subsidiäre Privatanklage, mit welcher der erste Theil des Lewald'schen Antrags sich beschäftigt hatte, sondern durch die Initiative der Staatsanwaltschaft eingeleitet worden ist. Unter dieser Voraussetzung werden hauptsächlich zwei Veränderungen erstrebt.

1) Erstens soll eine im Adhäsionsprozeß auf eine Entschädigungssumme klagende Civilpartei vollständige Parteirechte erhalten und namentlich auch direkt auf die Verurtheilung des Angeklagten hinwirken dürfen.

Dieser Vorschlag hat nach unserer Ansicht sowohl die Gerechtigkeit als die Zweckmäßigkeit für sich.

Eine von den Deutschen Strafgesetzgebungen kennt die Befugniß der Civilpartei, sich dem einmal eingeleiteten Strafverfahren anzuschließen, gar nicht, nämlich das auf der Verordnung vom 3. Januar 1849 und auf dem Gesetz vom 3. Mai 1852 beruhende Preußische Strafprozeßrecht; andere Gesetze haben die gedachte Befugniß ausdrücklich ausgeschlossen, wie z. B. das Bayerische Schwurgerichtsgesetz (Art. 205), die Hannoversche Strafprozeß-Ordnung (die nur in §. 45 bei Polizeiübertretungen die Verbindung der Civilklage mit der öffentlichen Klage gestattet), ferner das Schwurgerichtsgesetz für das Großherzogthum Hessen (Art. 317).

Nach der Thüringischen Strafprozeß-Ordnung ist die Adhäsion zwar zugelassen; die Rechte der Civilpartei sind aber wenig präcisirt und ungenügend. So erhält z. B. die Civilpartei bei dem Plaidoyer vor dem Spruch der Geschworenen nicht das Wort (Art. 284) und kann somit nicht für die Verurtheilung plaidiren. Erst nachdem die Geschworenen das Schuldig gesprochen haben, kommt auch die Civilpartei zur Ausführung ihrer Anträge (Art. 298).

Dagegen ist der Adhäsionsprozeß in ausgedehnter und im Ganzen befriedigender Weise zugelassen in den Württembergischen, Kurhessischen, Braunschweigischen, Oesterreichischen (St.-P.-O. vom 29. Juli 1853 §. 352 ff.) und Königlich Sächsischen Strafprozeßgesetzen. Dabei ist aber überall festgehalten, daß das Recht der Civilpartei auf das Auftreten im Adhäsionsprozeß nur accessorischer Natur ist. Le criminel emporte le civil.

Eine genügende Zulassung des Adhäsionsprozesses nach dem Muster der letztgedachten Strafprozeßgesetze und der Französischen Strafprozeß-Ordnung ist gewiß denjenigen Gesetzgebungen zu empfehlen, welche in dieser Beziehung im Rückstand sind.

2) Es beansprucht ferner der zweite Lewald'sche Antrag:

> daß der Betheiligte, auch wenn er nicht als Civilpartei eine Entschädigungssumme verlangt, in dem vom Staatsanwalt eingeleiteten Strafprozeß mit den vollen Rechten einer Partei auftreten und auf die Verurtheilung des Angeschuldigten hinwirken dürfe.

Für diesen Vorschlag sprechen zunächst eine Reihe von Utilitätsrücksichten. Es wird nämlich der Staatsanwalt, so lange er die Untersuchung betreibt und die Anklage aufrecht erhält, durch die Thätigkeit des Privatbetheiligten bei Auffspürung und Benutzung von Beweismitteln und durch seine Ausführungen eine unter Umständen werthvolle Unterstützung gewinnen. Tritt aber der Fall ein, daß der Staatsanwalt die Einstellung des Verfahrens beantragt, oder in der Hauptverhandlung auf Nicht-Schuldig plaidirt, so hat es gewiß kein Bedenken, doch die Ausführungen der Civilpartei in einer entgegengesetzten Richtung vernehmen zu lassen, zumal da nach fast allen Strafprozeßgesetzen feststeht, daß die einmal eröffnete gerichtliche Untersuchung nicht durch das einseitige Verlangen des Staatsanwalts, sondern nur durch gerichtliche Aburtheilung beendet werden kann.

Da es, z. B. durch richterliche Ablehnung eines vom Staatsanwalt gestellten Einstellungs-Antrags, öfters dahin kommen kann, daß der Staatsanwalt wider seinen Willen eine Anklage erheben muß, so kann das von Herrn Lewald beanspruchte Recht unter Umständen für den Betheiligten von großem Werth sein. Der Staatsanwalt wird nämlich in einem solchen Fall zwar bei Erhebung der Anklage pflichtmäßig alles relevante Material für B e l a s t u n g und E n t l a s t u n g dem Gericht vorführen und wird auch in der Hauptverhandlung unbefangen würdigen, ob nicht eine neue Gestaltung der Sachlage sich herausstellt, durch die seine frühere Ansicht verändert wird. Ist Letzteres aber nicht der Fall, so ist es ebenso das Recht, wie die Pflicht des Staatsanwalts, in seinen Schlußausführungen seiner eigenen Ueberzeugung lebhaften Ausdruck zu geben und die erkennenden Richter oder die Geschworenen von der nach seiner Ansicht unzulässigen Verurtheilung abzumahnen. Ganz billig ist es gewiß für diesen Fall, daß der Betheiligte oder die Civilpartei, die in dem einmal eingeleiteten und fortgesetzten Strafverfahren für ihr accessorisches Recht des Anschlusses schon Opfer gebracht haben, auch ihre Auffassung von der Sachlage vortragen dürfen. Für den Spruch der Richter oder der Geschworenen kann es nur heilsam sein, wenn ihm von den verschiedensten Standpunkten aus eine allseitige Beleuchtung der zu entscheidenden Fragen vorausgeht.

Noch ein anderer Vortheil kommt hier in Betracht. Es wird nämlich dadurch, daß dem Betheiligten alle Rechte einer Partei im

Strafverfahren eingeräumt werden, um so klarer werden, daß der Staatsanwalt, der über die Anträge des Betheiligten sich gutachtlich zu äußern haben würde, keine eigentliche und einseitige Parteistellung in dem Strafprozeß hat. Es ist gewiß heilsam, wenn diese Auffassung gegen die immer noch vorkommenden gegentheiligen Ansichten mehr und mehr Eingang findet.

Auch eine prinzipielle Prüfung führt nicht gerade nothwendig zur Verwerfung des hier besprochenen Vorschlags. So wenig nämlich die Strafe für ein begangenes Verbrechen die principale Bedeutung hat, ein Ersatz für die Rache und eine Genugthuung für den Verletzten und seine Familie zu sein, so wenig läßt sich doch bestreiten, daß diese Genugthuung eine der berechtigsten Nebenwirkungen der Strafe ist. Wo nicht, wie z. B. bei Injurien, die Bedeutung der Strafe als Genugthuung jede andere Bedeutung überwiegt und absorbirt, kann freilich das Recht des Betheiligten auf Erlangung von Genugthuung (als einer Nebenwirkung der Strafe) nur als ein accessorisches anerkannt werden, das nicht selbstständig einen Strafproceß veranlassen kann, sondern von dem Recht und der Pflicht des Staats, die Strafe in ihrer eigentlichen und wesentlichen sittlich rechtlichen Bedeutung herbeizuführen, bedingt und nachgezogen wird. In den Fällen, wo das öffentliche und ideale Moment überwiegt, steht aber doch gewiß nichts im Wege, für das in der Strafe enthaltene Moment der Genugthuung, ebenso wie für das neben der Strafe hergehende vermögensrechtliche Interesse des Betheiligten eine prozessualische Vertretung zuzulassen, welche zwar einen eignen Strafprozeß nicht unternehmen, aber doch, nachdem der Staatsanwalt einmal von seiner Initiative Gebrauch gemacht hat, neben demselben sich unterstützend geltend machen kann.

Aus allen diesen Gründen empfehlen wir die Annahme des zweiten Lewald'schen Antrags.

Dritter Abschnitt.

Der dritte Theil des Lewald'schen Antrags.

§. 9.

Der dritte Theil des Lewald'schen Antrags geht dahin, der Juristentag wolle als seine Ueberzeugung aussprechen:

Die Parteistellung des Anklägers bedingt es, daß dem Angeklagten gleiche Parteirechte eingeräumt werden, also namentlich

a) daß er nicht erst nach geschlossener Voruntersuchung, sondern von Anfang an sich eines rechtsverständigen Beistandes als Vertheidigers bedienen darf;

b) daß dem Vertheidiger gleiche Rechte mit dem Ankläger eingeräumt werden.

Herr Rechtsanwalt Justizrath Vogler hat hierzu das Amendement gestellt:

nur die gleiche Stellung des Anklägers und der Vertheidigung für wünschenswerth zu erklären.

Herr Oberstaatsanwalt von Tippelskirch aus Stettin hat beantragt, daß empfohlen werde:

A. die etwa noch vorhandenen Bevorzugungen der Anklage im Verhältniß zur Vertheidigung thunlichst auszugleichen und

B. dahin zu wirken, daß namentlich in erheblicheren Sachen der Angeschuldigte schon vor Erhebung der Anklage mit seinen Vertheidigungsgründen soweit gehört werde, als nöthig ist, um über den wahrscheinlichen Erfolg derselben ein einigermaßen sicheres Urtheil zu gestatten.

§. 10.

Mit der Tendenz dieser sämmtlichen Anträge stimmen wir in sofern überein, als wir das Vertheidigungsrecht des Angeschuldigten in vollstem Maaße anerkannt und gegen jede Verkümmerung und unnöthige Beschränkung geschützt wissen wollen. Wir verwerfen aber den Gesichtspunkt und den Maaßstab, nach welchen die Herren Antragsteller die

Rechte der Angeklagten und der Vertheidigung normiren wollen. Diese Rechte müssen unseres Erachtens nach den Anforderungen des Verfahrens und der eigenen Stellung der Angeschuldigten und Vertheidiger, nicht aber nach einer bloßen Vergleichung mit den Rechten der Staatsanwaltschaft bemessen werden.

Herr Lewald stellt an die Spitze seines dritten Antrags: daß der Staatsanwalt im Strafprozesse ebenso wie der Angeschuldigte eine Parteistellung habe und daß deshalb der Letztere gleiche Parteirechte mit dem Staatsanwalt haben müsse. Vergleichen wir aber die Stellung des Staatsanwalts mit der einer Prozeßpartei, so werden wir finden, daß von den charakteristischen Momenten einer Parteistellung nur die wenigsten und äußerlichsten vorhanden sind, die meisten und wesentlichsten aber fehlen.

Vorhanden ist zwischen dem Staatsanwalt und dem Angeklagten ein kontradiktorisches Verfahren, in welchem sich unter Umständen Anschuldigung und Vertheidigung, Behauptung und Verneinung gegenüberstehen. Es wird zwischen Beiden gewissermaßen ein Prozeß geführt, in dem Beide Anträge stellen, über die dann der Richter entscheidet. Wem diese ebenbezeichnete Thatsache genügt, um aus derselben eine Parteistellung des Staatsanwaltes abzuleiten, und wer dabei gleichzeitig diese Partei als unparteiliche und gerechte u. s. w. bezeichnet (wie viele unserer Schriftsteller thun), mit dem haben wir kaum um die Sache, wohl aber über die Angemessenheit eines Ausdrucks, über die zutreffende Anwendbarkeit eines Worts zu streiten. Wir halten die Anwendbarkeit des Begriffs „Partei" auf das bezeichnete Verhältniß für unrichtig, weil folgende Momente, die nothwendig zu einer Parteistellung gehören, bei dem Staatsanwalt nicht zutreffen.

1) Es fehlt namentlich die einseitige Richtung der Thätigkeit, ohne die Niemand eine eigentliche Parteithätigkeit sich denken wird. Der Staatsanwalt vertritt nicht eine einseitige abstrakte Funktion (Anklagen), eine bloße Rolle, sondern eine bestimmte Person — den Staat, in deren Namen er außer anderen Funktionen auch die der Anschuldigung ausübt. Ebenso vertritt der Vertheidiger eine konkrete Person mit ganz bestimmten

Interessen — den Angeschuldigten. Aus der Stellung des Staatsanwalts zum Staat folgt:

> daß er nicht blos für die Verfolgung des Schuldigen, sondern auch mit gleichem Bedacht dafür zu sorgen hat, daß kein Schuldloser verfolgt werde.

Diese Pflicht, nach beiden Seiten hin gerecht zu sein, haben alle Deutschen Strafprozeßgesetze mit mehr oder weniger bestimmten Worten den Staatsanwälten auferlegt. Die Parteistellung in ihrer wesentlichsten Bedeutung ist dadurch gesetzlich negirt. Wer dies bestreitet, mag de lege ferenda argumentiren, muß aber zugeben, daß seine Auffassung im Widerspruch steht mit der positiven Wirklichkeit und dem in Deutschland bestehenden Recht. Der richtige Gesichtspunkt tritt um so klarer hervor, je mehr man sich die Funktionen des Staatanwalts vergegenwärtigt. Die selbständige Entscheidung, ob die Einleitung eines Verfahrens zu veranlassen sei oder nicht; die Leitung gerichtspolizeilicher Maßregeln; die Unterstützung des Untersuchungsrichters durch Vorschläge von Untersuchungsschritten, die sich eben sowohl auf Erörterung von Momenten der Belastung, als von erheblichen Entlastungsmomenten beziehen. sollen; ferner am Schluß der Voruntersuchung die Beschlußfassung darüber, ob die Anklage zu erheben oder die Einstellung des Verfahrens zu beantragen sei — Alles das sind Thätigkeiten, für welche die Bezeichnung von „anklägerischen, oder blos die Anklage vorbereitenden“ weder eine genaue, noch eine erschöpfende sein würde. Der Staatsanwalt ist vielmehr in derselben Richtung thätig, wie der Untersuchungsrichter und der Unterschied liegt nur darin, daß die Thätigkeit des Staatsanwalts eine blos anregende und beantragende, die Thätigkeit des Richters eine entscheidende und ausführende ist. Kommt es nun zur Erhebung der Anklage und später zur Hauptverhandlung, so wird der Staatsanwalt durch die Form seines nunmehrigen Auftretens nicht ein anderer als er vorher war. Seine Stellung, seine Aufgabe und seine Pflicht unterliegen nicht plötzlich einer Veränderung, die man eine wahre Metamarphose nennen müßte. Deshalb hat er auch, wenn er die Ueberzeugung von der Unschuld des Angeklagten gewinnt, das Nichtschuldig zu beantragen und zu begründen. Es steht ihm dann auch nach den meisten Gesetzgebungen zu, Rechtsmittel zu Gunsten des Angeklagten einzuwenden. Sind diese letztgedachten Thätigkeiten, wenn sie eintreten, schon an sich positive, so läßt sich überhaupt nicht behaupten, daß die Funktionen des Staatsanwalts, in denen er die Entlastung zur Erörterung und Anerkennung bringt, nur daraus abzuleiten seien, daß der Staatsanwalt innerhalb seiner Anklägerrolle nur ehrenwerthe und rechtmäßige Mittel gebrauchen dürfe, wie es auch von einem ehrenhaften Vertheidiger nicht anders zu erwarten sei. Gerade die Vergleichung der Stellung des Staatsanwalts mit der des Vertheidigers wird darthun, daß hier ein verschiedenes Verhältniß anzuerkennen ist. Wird ein pflichtmäßig handelnder Vertheidiger auch nicht wider sein Gewissen sprechen und nur ehrenwerthe Mittel anwenden, so hat er doch darin einen freien Spielraum, daß er alle statthafterweise zu erhebenden Bedenken vortragen, das seinem Klienten Günstige betonen kann und wird. Er wird indeß nichts hervorzuheben haben, was positiv die Anklage unterstützt. Erfährt er — was häufig vorkommen wird — in seiner Vertrauensstellung ein Belastungsmoment, so ist es seine Pflicht, dasselbe zu verschweigen. Ganz anders ist die Stellung des Staatsanwalts. Wenn er, der in Bezug auf die Kenntniß des Materials und die Uebersicht des Ganzen gewöhnlich mit am Besten von allen Betheiligten instruirt ist, ein wesentliches Moment der Entlastung entdeckt, auf welches der Vertheidiger, wenn ein solcher zugezogen ist, und der Gerichtshof nicht aufmerksam geworden sind, so hat er mit aller Energie und Bestimmtheit die Erörterung dieses Moments einzuleiten. Er hat überhaupt nichts Wesentliches zu verschweigen, was nach seiner Ueberzeugung zu Gunsten des Angeklagten spricht, seien es nun Thatsachen, seien es rechtliche Gesichtspunkte.

Muß man aber das Verhältniß der beiderseitigen Pflichten, wie wir es eben bezeichnet haben, anerkennen, so entschließe man sich auch, für die Sache den richtigen Namen zu wählen, und gebe zu, daß zwar die Thätigkeit des Angeschuldigten und seines Vertheidigers eine einseitige Richtung haben (die als solche nur mit ehrenhaften Mitteln verfolgt zu werden braucht), nicht aber die Thätigkeit des Staatsanwalts.

Vergl. noch: Schwarze im Gerichtssaal 1859 S. 1; Köstlin Wendepunkt Kap. I; Kap. II No. 1, No. 2.

2) Zum Wesen der Parteienstellung gehört ferner, daß die Parteien über die Rechte disponiren, um die sie Prozeß führen. Auch dies Moment fehlt im Strafverfahren. Der Staatsanwalt kann dem Gericht durch keine Zugeständnisse vorgreifen; er kann auch nach fast allen Deutschen Strafprozeß-Ordnungen die erhobene Anklage nicht zurücknehmen, was man doch wohl einer bloßen „Partei" einräumen müßte.

Aus all' diesen Gründen ist es gewiß unrichtig, den Begriff der Parteistellung, der jedenfalls nur theilweise — und in den allerwesentlichsten Punkten durchaus nicht auf die Stellung des Staatsanwalts paßt, hier als obersten Maßstab aufzustellen, und aus diesem die einzelnen Rechte der Betheiligten auf dem Wege der bloßen Vergleichung abzuleiten.

§. 11.

Abgesehen von der Negation des Parteibegriffs und der schon im vorigen Paragraphen erwähnten Verschiedenheit der Pflichten, liegt aber noch eine Reihe von innern Gründen vor, aus denen mit Nothwendigkeit für den Staatsanwalt einerseits und für den Angeschuldigten und seinen Vertheidiger andererseits eine verschiedene Charakterisirung folgt. Wir zählen diese Momente in Folgendem auf, und bemerken dabei, daß hier allerdings nicht blos die Stellung des Staatsanwalts und des Vertheidigers ins Auge zu fassen sind, wie dies in dem Antrag des Justizraths Vogler geschehen ist, sondern auch die Stellung des Angeklagten. Diese wird denn auch in dem dritten Lewald'schen Antrage berücksichtigt. Es ist dies um so mehr zu empfehlen, als die Zuziehung eines Vertheidigers nur bei den schwersten Fällen förmlich vorgeschrieben worden ist und bei der großen Mehrzahl der geringern Fälle (resp. der Vergehen und der Uebertretungen) faktisch nicht eintritt.

1) Der Angeschuldigte hat — abgesehen von seinen Pflichten und Befugnissen als contradictorisch verhandelndes Prozeßsubjekt — nach den Französischen und den Deutschen Strafprozeß-Ordnungen (von denen nur die Braunschweigische nach Englischem Muster eine Ausnahme

macht) die besondere Verpflichtung: dem Richter gegenüber sich zu verantworten und in Bezug auf sein Thun und Treiben Auskunft zu geben. Er hat — in der Voruntersuchung wie in der Hauptverhandlung — auf die ihm gestellten Fragen zu antworten und muß sich Vorhalte vom Richter gefallen lassen. Diese Pflicht des Angeschuldigten besteht darum nicht etwa weniger, weil der Angeschuldigte zu deren Erfüllung zwar vom Richter ernst und ruhig ermahnt werden muß, aber in keiner Weise durch Zwangsmittel genöthigt werden kann und darf. Wie die Existenz dieser sittlichen Pflicht bei uns von dem allgemeinen Rechtsbewußtsein anerkannt ist, geht z. B. daraus hervor, daß die gänzliche Verweigerung jeder Antwort durch den Angeklagten, wenn sie (was in Deutschland fast nie der Fall ist) vorkäme, auf unsere Richter, unsere Geschworenen und auf das ganze unbefangene Publikum einen dem Angeklagten sehr nachtheiligen Eindruck machen würde, während in England der Angeklagte ein Gleiches durchaus nicht zu befürchten hat, ja sogar vor ihm nachtheiligen Aeußerungen vom Richter förmlich gewarnt wird. Dieser Pflicht des Angeschuldigten kann nun durchaus keine analoge Pflicht des Staatsanwalts korrespondiren. Wenn daher einzelne Kriminalprozeßlehrer verlangen:

> weil der Angeklagte mit dem Ankläger gleiche Rechte in Bezug auf die Beweisführung haben müsse, so solle man in der Hauptverhandlung den Angeklagten zwar fragen, ob er sich vielleicht freiwillig schuldig bekennen wolle, aber ein darüber hinaus gehendes Verhör mit demselben nicht anstellen (vergl. Walther, Lehrbuch des Bayerischen Strafprozeßrechts S. 284),

so begreifen wir durchaus nicht, wo denn in Bezug auf die Verhörsfrage das tertium comparationis zwischen dem Staatsanwalt und dem Angeklagten liegen soll. Eine mechanische Gleichstellung, durch die dasjenige, was bei dem Einen keinen Sinn hat, darum auch bei dem Andern wegfallen muß, kann doch gewiß nur verwerflich sein.

2) Auch in Bezug auf Fragen der äußern Behandlung hat man eine Gleichheit zwischen dem Staatsanwalt und dem Angeklagten verlangt. Zu was für abenteuerlichen Konsequenzen diese Behauptung von

einer Gleichheit der Rechte führt, mag folgendes Beispiel zeigen: Kurz nach Einführung des neuen Verfahrens hatte vor einem Deutschen Schwurgericht der Präsident auf Antrag des Staatsanwalts einen Zeugen gefragt, ob von Seiten des Angeklagten versucht worden sei, ihn zu einer unrichtigen Aussage zu bestimmen. Hierauf bestand, trotz eingelegten Protestes, der Präsident darauf, den Zeugen zu befragen, ob auch von dem Staatsanwalt eine solche unerlaubte Einwirkung auf ihn versucht worden sei. Eine später von dem Staatsanwalt gegen den Präsidenten deshalb erhobene Beschwerde fand natürlich vollständige Abhülfe.

Wir können uns wohl weitere Ausführungen zum Beweis der Behauptung ersparen, daß zwischen einem Beamten, der mit der Verfolgung des Verbrechens vom Staat betraut ist, und dem Angeklagten, der sich wegen des Verbrechens zu verantworten hat, — in der Hauptverhandlung sogar durch Richterbeschluß schon als dringend verdächtig bezeichnet dasteht, in der fraglichen Beziehung von Gleichheit der Stellung gar nicht die Rede sein kann.

3) Was die Stellung des Vertheidigers anlangt, so kann derselbe zwar ebenso, wie der Staatsanwalt, die freieste Bewegung und das achtungsvollste Entgegenkommen verlangen. Es findet aber doch ein Unterschied in der Stellung insofern Statt, als der Vertheidiger als Privatmann mit vor dem Richter steht, während der Staatsanwalt eine ständige, dem Gericht zur Seite stehende, demselben coordinirte Behörde bildet. Bloß um der Gleichheit zwischen dem Staatsanwalt und dem Vertheidiger, bezüglich dem Angeschuldigten willen die richtigen Konsequenzen aus dem gedachten Verhältniß der beiden betheiligten Behörden zu einander abändern zu wollen, würde gewiß nicht angemessen sein.

4) Die Staatsanwaltschaft hat außer ihrer Stellung als strafprozessualische Antragsbehörde noch andere Funktionen, namentlich die Leitung der gerichtlichen Polizei und eine gewisse Kontrole des Vorfahrens, ferner nach vielen Gesetzen die Exekution der gerichtlichen Beschlüsse und die Vermittelung der Correspondenz der Gerichte nach Außen. Diesen Funktionen entsprechen keine analogen der Vertheidigung oder des Angeschuldigten.

Wir haben mit voller Unumwundenheit die innern Unterschiede aufgezählt, die zwischen den beiderseitigen Stellungen bestehen. Die Hauptfrage, auf welche es bei Würdigung der vorliegenden Anträge allein ankommt, ist nun die, ob diese Verschiedenheiten die Folge haben, daß die Vertheidigung des Angeschuldigten, bezüglich die Action seines Vertheidigers geschwächt und verkümmert werden.

Schadet es namentlich dem Angeschuldigten schon an sich, daß der Staatsanwalt nicht, wie er, vor dem Richter, als seiner Obrigkeit steht, sondern als Behörde und mit den unter 4 erwähnten Befugnissen und Attributen ausgestattet, dem Richter zur Seite? Man könnte diese Frage nur bejahen, wenn man annehmen wollte, daß mit Rücksicht auf die erwähnten Momente die Deutschen Richter und die Deutschen Geschworenen die Gründe, die für und wider den Angeschuldigten vorgebracht werden, einer weniger unbefangenen und nicht rein sachlichen Beurtheilung unterzögen. Das in dieser Annahme liegende Mißtrauensvotum würden wir aber bestimmt zurückweisen müssen. Eine Unabhängigkeit, die durch solche Momente gefährdet werden könnte, wäre in der That nie dagewesen, weil ihr die nothwendigen inneren Voraussetzungen fehlen würden.

Oder wird der Angeklagte durch die Consequenzen des oben unter 1 charakterisirten Verhältnisses beinträchtigt? Bei verständiger Handhabung des aus demselben folgenden Rechts des Richters, die den allerdings möglichen Mißbrauch vermeidet und sich aller geistigen Tortur enthält, kann ein den Deutschen Gesetzen entsprechendes Verhör des Angeschuldigten gewiß nicht als eine Benachtheiligung desselben betrachtet werden. Die Befugniß des Richters zu einem solchen Verhöre beruht auf einer richtigern Anschauung des Subjektions-Verhältnisses, in welchem der Angeschuldigte zur richterlichen Macht des Staats steht, als diejenige ist, welche dem Englischen Strafprozeß zu Grunde liegt.

Sehr richtig sagt daher Sundelin in einer seiner Schriften:

„Ein Vorhalt der Beschuldigung, eine ernste, würdige Mahnung an das Wahrheitsgefühl, eine Befragung über die einzelnen Momente des Verdachts, eine Hinweisung auf ihre Bedeutung und damit zusammenhängende Befragung, was der

Angeklagte dazu sagt, ausgehend von einem Deutschen Richter, in öffentlicher Verhandlung, ist doch wahrlich keine Gefahr für das Recht der Persönlichkeit! Im Gegentheil ist sie eine wahre Hülfe für den rechtsunkundigen, unter dem Druck des Verdachts verwirrten und befangenen Angeklagten und in jedem Falle unentbehrlich in einem Verfahren, welches den Menschen und seine That als lebendiges Ganze möglichst innig anschauen, nicht aus einer Kette von äußeren Beweisen berechnen will! Wie sollte ein solches Verhör z. B. ersetzt werden hinsichtlich des Nachweises der geminderten Zurechnung, ja des geistigen Zustandes überhaupt, den nicht selten nur das Verhalten des Angeschuldigten selbst überzeugend darthut! Hier wird wieder der Praktiker leicht erkennen, daß mit einem trocknen Civilprozesse dem Deutschen Strafverfahren nicht gedient ist!"

§. 12.

Nach dem Vorhergehenden stehen sich also im Strafprozesse Organe und Persönlichkeiten gegenüber, die nach ihrem ganzen Wesen, sowie nach dem Umfang ihrer Verpflichtungen und Aufgaben höchst verschieden sind. Dieselben sind daher auch nicht allgemein und ohne Weiteres mit einander zu vergleichen, sondern Jedes von ihnen ist in seiner Eigenthümlichkeit aufzufassen und zu beurtheilen. Fragt es sich daher, ob irgend eine prozessualische Befugniß dem Staatsanwalt, oder dem Angeklagten einzuräumen sei, so hängt die Entscheidung davon ab, ob diese Einräumung dem Zwecke des Verfahrens förderlich, ob sie zur Erfüllung der Aufgaben des Staatsanwalts oder zur Vertheidigung des Angeklagten nothwendig, oder werthvoll sei. Aber nicht, weil sie dem Einen einzuräumen ist, muß sie der Andere auch haben — um der Gleichheit willen. Jeder kann nur die Rechte fordern, die er braucht, um seine Stellung auszufüllen. Der häufig vorkommende Ausdruck „Waffengleichheit zwischen Staatsanwalt und Angeschuldigten" ist daher zwar ein wohlklingendes Wort, eine bestechende Metapher, aber ein unklarer Begriff. (Vergl. Sundelin, die Staatsanwaltschaft S. 126; Derselbe in der Strafrechtspflege I. 5, S. 60 ff.)

Eb liegt uns nun noch ob, diejenigen Punkte zu beleuchten, in Bezug auf welche, unter Vergleichung der Befugnisse des Staatsanwalts und des Angeschuldigten, eine Benachtheiligung des Letztern vielfach behauptet wird. Wir werden dabei mehrfach zu dem Resultat gelangen, daß die prozessualischen Befugnisse des Angeklagten erweitert werden können, aber nicht um der Gleichheit willen, sondern weil diese Erweiterung an sich für die Vertheidigung, wie für das ganze Verfahren förderlich erscheint.

1) Nach fast allen Deutschen Strafprozeß-Ordnungen ist die Zuziehung eines Vertheidigers erst nach dem Schluß der Voruntersuchung gestattet. Auf Abänderung dieses Zustands geht der Lewald'sche Antrag unter **a.**

Verwandlung unserer Deutschen Voruntersuchung nach dem Muster der Englischen in ein kontradiktorisches Verfahren, unter allgemeiner Vertretungsbefugniß des Angeklagten und zugelassener Oeffentlichkeit der Verhandlung ist von dem Herrn Antragsteller nicht vorgeschlagen worden. Wir würden auch eine solche Einrichtung durchaus nicht billigen können.

Dagegen halten wir die Zulassung der Thätigkeit eines Vertheidigers in der Voruntersuchung in folgendem Maaße für unbedenklich:

A. Die Verpflichtung des Angeschuldigten, dem Richter Rede zu stehen und sich ihm gegenüber zu verantworten, ist eine rein persönliche und darf auch in der Voruntersuchung nicht einem Vertreter übertragen werden.

B. Abgesehen davon bleibe dem Angeklagten nachgelassen, sich bei einem Rechtsbeistand Raths zu erholen (woran ihn schon jetzt, wenn er nicht verhaftet ist, Niemand verhindern kann) und durch denselben Eingaben an das Gericht fertigen zu lassen, in denen Beweismittel benannt, Entschuldigungsgründe ausgeführt, Rekurse eingewandt werden. Auch dem ausdrücklich gestellten Verlangen eines Angeschuldigten zu Augenschein-Einnahmen und Localbesichtigungen einen Vertheidiger zuzuziehen, dürfte zu entsprechen sein.

C. Ist indeß der Angeschuldigte verhaftet, so muß es von dem Ermessen des Untersuchungsrichter abhängig gemacht werden, ob er eine Besprechung zwischen dem Angeschuldigten und dem Vertheidiger zulassen will. Ebenso muß der Untersuchungsrichter in jedem Falle während der Voruntersuchung entscheiden können, ob er dem Vertheidiger eine Einsicht der Akten gestatten oder versagen will. Die Versagung der Erlaubniß in beiden Beziehungen darf nur geschehen, wenn der Untersuchungsrichter von den gedachten Einräumungen Beeinträchtigung der Untersuchungsführung befürchtet. Gegen eine ablehnende Verfügung des Untersuchungsrichters würde Rekurs an das vorgesetzte Richterkollegium zuzulassen sein. Mit dem Schluß der Voruntersuchung würde natürlich die hier vorgeschlagene Beschränkung der Vertheidigung wegfallen.

Der Grund dieses Vorschlages sub C liegt darin, daß für die Voruntersuchung die Anwendung eines gewissen Untersuchungszwangs häufig durchaus nothwendig ist und dem Prinzip nicht widerspricht, welches unser Strafprozeß für diesen ersten Theil des Verfahrens adoptirt hat.

2) Gegen einen Verweisungsbeschluß, bezüglich gegen ein Zurückweisungs-Erkenntniß steht nach den meisten Deutschen Strafprozeßgesetzen dem Staatsanwalte wie dem Angeschuldigten die Nichtigkeitsbeschwerde zu.

Ist aber wegen nicht genügender thatsächlicher Belastung eine Versetzung in den Anklagestand aberkannt, so hat hiergegen der Staatsanwalt nach mehreren Deutschen Gesetzen eine Berufung, während der Angeklagte gegen eine Verweisung ein gleiches Rechtsmittel nicht hat. Wir halten diese „Ungleichheit“ für gerechtfertigt; denn die Zurückweisung beendigt für den Staatsanwalt definitiv das Verfahren, während die Verweisung für den Angeklagten nur ein Zwischenstadium ist, das ihm die Möglichkeit immer noch läßt, in der Hauptverhandlung sich wirksam zu vertheidigen. Sind zwei unparteiische Behörden wie die Staatsanwaltschaft und das Gericht darüber einig, daß dringender Verdacht gegen den Angeschuldigten vorliegt, so ist es gewiß gerechtfertigt, wenn man nun wenigstens zur Hauptverhandlung schreitet und ein Endurtheil fällen läßt. Bei einer solchen Sachlage noch eine Berufung des Angeklagten gegen die Verweisung zuzulassen, würde zu unnöthigen Verzögerungen des Verfahrens Anlaß geben.

3) Nach den meisten Deutschen Strafprozeß-Ordnungen ist der Staatsanwalt in Bezug auf die Benennung der Beweismittel, die zur Hauptverhandlung zuzuziehen sind, unbeschränkt. Die entsprechenden Anträge des Angeschuldigten unterliegen aber der Kontrole des Gerichts, welches namentlich die Relevanz dieser Anträge zu prüfen hat. Ein Bedürfniß zur Einräumung einer solchen richterlichen Kontrole bezüglich Moderation hat sich durch die Erfahrung genügend herausgestellt. Namentlich wenn die Angeklagten selbst Beweismittel benennen, überhäufen sie oft die Verhandlung mit ganz irrelevantem Material. Daß wirklich relevante Anträge zugelassen werden, hängt von der gerechten und sachgemäßen Uebung des Richteramts ab, welche zu präsumiren ist.

Ein gleiches Bedürfniß für eine solche Kontrole dem Staatsanwalt gegenüber liegt nicht vor und ist noch nie behauptet worden. Eine solche würde auch seiner ganzen Stellung zum Gericht nicht entsprechen. Sie bloß „um der Gleichheit willen" ohne sachliche Rechtfertigung einführen zu wollen, würde gewiß unangemessen sein.

4) Nach der Französischen und einigen Deutschen Strafprozeßordnungen hat der Staatsanwalt das Recht, vor dem Beweisverfahren einen einleitenden Vortrag an die Geschworenen zu halten. Eine Antwort des Vertheidigers darauf ist nicht abgeschnitten, aber der Zeit nach in das plaidoyer nach dem Schlusse der Beweiserhebung verwiesen.

Zweckmäßig und entsprechend würde es jedenfalls sein, dem Vertheidiger vor Führung eines etwaigen Entlastungsbeweises eine Entwickelung des Thema's und der Gesichtspunkte, auf die es ihm bei seiner Beweisführung ankommt, zu gestatten.

Wir glauben aber, daß das ganze Recht des Staatsanwalts, vor dem Beweisverfahren die Anklage mündlich zu entwickeln, als überflüssig und möglicher Weise schädlich wegfallen sollte.

5) In einigen Deutschen Ländern, nämlich im Großherzogthum Hessen (Art. 141 und 142), in Preußen (Art. 51), in Oldenburg (Art. 275), in Baden (Art. 232) hat der Staatsanwalt die Ermäch-

tigung, direkte Fragen an die Zeugen und den Angeschnldigten zu stellen, während der Vertheidiger und der Angeklagte nur „durch" den Vorsitzenden fragen dürfen.

Wir würden unbedenklich, wenn auch nicht um der Gleichheit willen, dem Vertheidiger und sogar dem Angeklagten selbst die direkte Fragestellung gestatten. Für alle Fälle vorbehalten müßte das Recht des Vorsitzenden sein, in jedem Augenblick die Fragestellung wieder an sich zu ziehen.

Wir haben — unseres Wissens — vollständig diejenigen gesetzlichen Bestimmungen aufgezählt und geprüft, welche im Sinne des dritten Lewald'schen Antrags bisher Anfechtung erfahren haben. Nur um Prüfung von Institutionen aber kann es sich handeln. Mißgriffe bei Anwendung von Bestimmungen, die an sich gebilligt werden, Beispiele von zu großer Strenge eines Gerichts gegen einen Vertheidiger, oder von einem nicht gehörig maßvollen Auftreten eines Staatsanwalts oder eines Präsidenten, wie sie — meist als Anekdoten aus der Französischen Praxis in der Deutschen wissenschaftlichen Presse mehrfach erzählt worden sind, gehören nicht hierher. Ihre Erwähnung würde nur die Fragen verdunkeln können, auf die es hier allein ankommt.

Trotz den von uns in §. 11 aufgeführten Verschiedenheiten in der beiderseitigen Stellung und selbst unter Berücksichtigung der vorstehend unter 1—5 aufgeführten Bestimmungen hinsichtlich der beiderseitigen Befugnisse, muß anerkannt werden, daß nach den Deutschen Strafprozeßgesetzen dem Angeschuldigten und seinem Vertheidiger die Rechte nicht fehlen, welche zur Führung einer wirksamen Vertheidigung und zur Herbeiführung eines den gerechten Ansprüchen des Angeschuldigten entsprechenden Endurtheils nothwendig sind. Faßt man namentlich den Straf-Prozeß als ein Ganzes auf, so erhellt, daß dem Beschuldigten auf jede Anschuldigung Raum und Gelegenheit zur Verantwortung, auf jeden Antrag des Staatsanwalts die Befugniß der Erwiederung gegeben ist, daß ihm auch das Recht, seinerseits selbstständige Anträge dem Ermessen des Richters zu unterbreiten im vollen Maße zusteht. Auch abgesehen von unbedeutenden Begünstigungen der Vertheidigung in Bezug auf die Zahl der von ihr abzulehnenden Geschworenen und auf die Befugniß, das letzte Wort zu haben, muß namentlich in Bezug auf die Hauptverhandlung anerkannt werden, daß ceteris paribus die Stellung des Vertheidigers keineswegs, wie mehrfach behauptet worden, eine nachtheiligere ist, als die im Grunde doch dornenvolle und mühsame des Staatsanwalts. Wir halten sie im Gegentheil für eine günstigere. Für den Vertheidiger streitet der überall anerkannte Satz, daß nur auf Seiten der Anklage eine wirkliche Beweislast besteht, ferner der Grundsatz „in dubio pro reo“ und die dem menschlichen Gemüth entsprechende Neigung, lieber freizusprechen, als zu verurtheilen. Diese Faktoren wiegen reichlich die öffentliche Stellung des Staatsanwalts und die Beziehung des Standpunkts des Letzterern zum öffentlichen Interesse auf.

Ueberall in Deutschland wird die ehrenvolle und wichtige Stellung des Vertheidigers mit Gunst betrachtet und mit der gebührenden Achtung anerkannt. Dies geschieht namentlich auch von Seiten der Staatsanwaltschaft, welche freudig eine Verwandtschaft ihrer Funktionen und eine Kollegialität mit der Vertheidigung insofern anerkennt, als Beide berufen sind, durch ihre den Richtern wie den Geschworenen zu ertheilenden Rathschläge (denn jeder motivirte Antrag ist doch mindestens ein Rath!) der Gerechtigkeit zu dienen. Ebenso behandeln die Deutschen Richter die Vertheidiger mit Achtung und Auszeichnung. Letztere sind ferner die Lieblinge des Deutschen Publikums, welches — jeder Verfolgungssucht abhold — besonders geneigt ist, von der Vertheidigung, wenn die Berücksichtigung der Persönlichkeit des Angeklagten und der gegen denselben vorliegenden Thatsachen es irgend gestattet, sich überzeugen zu lassen. Kurz, es giebt keine dankbarere, bevorzugtere und einflußreichere Stellung in unserem Rechtsleben, als die der Deutschen Vertheidiger im Strafprozeß. Diese Stellung noch weiter zu stärken, ist kaum noch möglich. Gegen Versuche, sie zu schwächen, würden wir — gewiß im Einklang mit dem ganzen Juristentag — die bestimmteste Verwahrung einlegen.

Die in diesem Abschnitt ausgeführten Ansichten formuliren wir in folgenden Anträgen:

A. Der Juristentag wolle den dritten Lewald'schen Antrag unter a annehmen mit dem Zusatz:

jedoch unter näher zu bestimmenden, durch den Zweck der Untersuchungsführung gebotenen Beschränkungen;

B. der Juristentag wolle:

in Erwägung, daß dem Angeschuldigten und seinem Vertheidiger die freieste Bewegung und alle diejenigen Befugnisse einzuräumen sind, welche dem Zwecke des Strafprozesses dienlich und zugleich dem Interesse der Vertheidigung förderlich erscheinen,

daß aber für die nähere Bestimmung dieser Rechte im Einzelnen der Gesichtspunkt der bloßen Vergleichung mit den Rechten des Staatsanwalts weder ein ausreichender noch ein überall zutreffender ist,

über das alinea 1 und den Satz sub b des dritten Lewald'schen Antrags, sowie über den Antrag des Justizraths Vogler und des Oberstaatsanwalts von Tippelskirch unter A zur motivirten Tagesordnung übergehen.

Gegen Annahme des Tippelskirch'schen Antrags sub B geht uns kein Bedenken bei.

B.

Gutachten des Ober-Tribunalsraths Dr. v. Seckendorff zu Berlin.

Der Deutsche Juristentag hat in der Plenarsitzung vom 30. Aug. 1860*) beschlossen, den Antrag des Herrn Rechtsanwalts Lewald, welcher dahin ging:

„Der Juristentag wolle als seine Rechtsüberzeugung aussprechen:

1) jedem Privatbetheiligten ist die Erhebung der Anklage in solchen Fällen zu gestatten, wo sich die Staatsanwaltschaft dessen weigert;
2) in allen Fällen sind neben der Staatsanwaltschaft den Privatbetheiligten die vollen Rechte einer Partei, welche nicht blos die Zuerkennung einer Entschädigungssumme, sondern die Verurtheilung des Angeklagten erstreben darf, einzuräumen;
3) die Parteistellung des Anklägers bedingt es, daß dem Angeklagten gleiche Parteirechte eingeräumt werden, also namentlich
   a) daß er nicht erst nach geschlossener Voruntersuchung, sondern von Anfang an sich eines rechtsverständigen Beistandes als Vertheidigers bedienen darf,
   b) daß dem Vertheidiger gleiche Rechte mit dem Ankläger eingeräumt werden",

---

*) Gedr. Verh. S. 70, 246—58.

und die dazu gestellten Anträge*) der ständigen Deputation zur Prüfung und zur Vorlage beim nächsten Juristentage zu überweisen.

Die ständige Deputation**) erachtete für zweckmäßig:

zunächst zwei Mitglieder des Deutschen Juristentags um Anfertigung eines Referates zu ersuchen***),

und der Herr Vorsitzende der Deputation beehrte den Unterzeichneten mit dem Ersuchen, eines dieser Referate zu übernehmen und darin den Antrag des Herrn Geheimeraths Mittermaier (S. 127 u. 259 d. Druckes) mit zu berücksichtigen. Ich habe mich dazu bereit erklärt, insofern es nicht sowohl auf eine erschöpfende wissenschaftliche Begründung, als auf eine gedrängte Darlegung meiner erfahrungsmäßigen Ansichten ankomme und ich die erforderlichen Mußestunden zu gewinnen vermöge. Dieses schien mir jedoch bei dem Angriffe der Aufgabe alsbald kaum erreichbar, da ich mich der Ueberzeugung nicht verschließen konnte, daß dieselbe in einer dem Juristentage dienlichen Weise nicht zu erledigen sei, ohne der bisherigen Gestaltung der Strafrechtspflege in den vielen Theilen des Deutschen Vaterlandes wenigstens durch eine Uebersicht der darin bestehenden bezüglichen Grundsätze gerecht zu werden. Denn jeder Einzelstaat kann die Kenntniß derselben vom Juristentage fordern, bevor dieser an ihn die Forderung stellt oder das Gutachten abgiebt, daß das Opfer des Sonderrechtes für den Gewinn eines gemeinsamen Deutschen Rechtszustandes zu bringen sei. Freilich bin ich des Glaubens, der Gewinn der Einheit des Strafprozesses in Deutschland an und für sich sei groß genug, um die Vorzüge jeder bestehenden Prozeß-Ordnung vor anderen der Zeit entsprechenden auf den Altar des Gemeinwohls zu legen: allein immerhin muß erstere aus einer Vergleichung der letzteren entstehen, wenn sie eben so sehr dem Deutschen Geiste wie dem Deutschen Herzen zur Ehre gereichen soll.

Schon jene Uebersicht forderte einen größern Zeitaufwand, als ich erübrigen konnte: vorerst in Sammlung der Materialien, namentlich der zahlreichen gesetzlichen Strafprozeß-Ordnungen selbst, die mir nur un-

*) Gedr. Verh. S. 322—25.

**) Das. S. 350.

***) Preuß. Gerichtszeitung v. 13. Oct. 1860.

vollständig gelungen ist, und in Sichtung ihres Inhaltes für den vorliegenden Zweck, die ohne eine, wenn auch blos oberflächliche, Bekanntschaft mit dem ganzen Inhalte nicht ausführbar war. Im Bewußtsein der Lückenhaftigkeit und sonstigen Mängel meiner Arbeit in dieser Beziehung muß ich deshalb auf Nachsicht, insbesondere bei meinen Standesgenossen außerhalb Preußens, rechnen. Wenn außerdem ein Eingehen in die überaus reiche und täglich noch wachsende Literatur über den Gegenstand dieses Referates vermißt wird, so habe ich darauf zu erwidern, daß mich dasselbe nothwendig über die Grenzen des gesteckten Zieles hinausgeführt haben würde und die Versuchung hierzu bei mir um so schwächer war, je mehr gerade der Juristentag an sich selbst die tröstliche Wahrheit erprobt hat, daß die Deutsche Wissenschaft trotz der staatlichen Zerstückelung ihrer Heimath Gemeingut geblieben und ihrer Erzeugnisse man überall sich bewußt ist, während die Kenntniß der Bestimmungen, worin jene Vorarbeiten hier so und dort anders von der Gesetzgebung ausgeprägt worden sind, über das Herrschaftsgebiet der letzteren hinaus sich wenig verbreitet hat.

§. 1.

Begriff und Arten des Anklagerechts im Allgemeinen.

Das Recht der Anklage verstehe ich hier im weitesten Sinne als die Befugniß, unmittelbar das Richteramt anzurufen, um über die Strafbarkeit einer Handlung zu befinden. Dasselbe umfaßt also die eigentliche Anklage (accusatio), womit Jemand einen Andern vor Gericht stellt und im Laufe der Untersuchung die Anwendung des Strafgesetzes gegen ihn betreibt, die Klage Desjenigen, der vorzugsweise Genugthuung für eine ihm selbst widerfahrene strafbare Handlung von dem Strafrichter verlangt (querela, plainte), und die Denunciation, welche ohne Theilnahme des Denuncianten an der Untersuchung die Eröffnung und den Fortgang derselben der richterlichen Entschließung unterwirft. Es würde weniger Streit über die Unhaltbarkeit des sogenannten Monopols der Staatsanwaltschaft sein, wenn man bei Prüfung desselben immer von einer festen Begriffsbestimmung ausginge, wonach es die **Aufhebung** des Anklagerechts der Privatpersonen im weitesten Sinne, also der Submission einer Handlung unter eine **strafgerichtliche** Beurtheilung in allen vorgedachten Formen durch das Anklageamt der Staatsanwaltschaft ist. Diese Aufhebung kann sich

a) auf alle strafbaren Handlungen oder

b) nur auf einen Theil derselben beziehen, wogegen andrerseits

c) gewisse Vergehen dem Anklagerechte der Staatsanwaltschaft insofern entzogen sind, als sie nur auf den Antrag der Privatbetheiligten von derselben verfolgt werden dürfen*), allein

aa) entweder die Staatsanwaltschaft auf einen solchen Antrag dennoch die Verfolgung wie bei anderen Vergehen ablehnen und den Weg zum Gerichte damit dem Antragsteller verschließen kann, oder

bb) das Untersuchungsgericht mit der Sache befassen muß.

In jenen Fällen (aa) ist die Ausübung des Anklageamtes der Staatsanwaltschaft zwar von einem Antrage der Betheiligten bedingt, das Amt wird aber bei dem Eintritte der Bedingung sofort als ausschließliches Recht ausgeübt und man rechnet daher die betreffenden Vergehen oft sehr mit Unrecht unter die Ausnahmen von dem Anklagemonopole, von dessen umfassender Macht sie vielmehr ein starkes Zeugniß ablegen.

§. 2.

Historischer Rückblick.

Durch die exceptionelle Stellung der Privatanklage gegenüber der Regel, daß die Staatsanwaltschaft mit Ausschluß der Verletzten die Anklage zu erheben hat, sind die modernen Strafprozeß-Ordnungen in den geraden Gegensatz zu dem natürlichen und historischen Anklageprozeß getreten. Während dieser im klassischen Alterthum wie bei den Germanischen Völkern von der Privatanklage aus auf die Berufung

*) Der Kürze halber brauche ich dafür öfter den mehrdeutigen Ausdruck „Privatdelicte".

gewisser Beamten zur Anklage ausnahmsweise und allmälig überging, haben die meisten heutigen Strafprozeß-Ordnungen die öffentliche Anklage der Staatsbehörde an die Spitze ihres Systems gestellt und die Privatanklage nur in Ausnahmsfällen oder nebenbei unter Beschränkungen zugelassen. Ein allgemeiner Rückblick auf diesen, wenngleich bekannten, doch nicht immer im Auge gehaltenen Gang der Rechtsgeschichte möge zunächst Platz greifen.

Die einfachste und vor allen berechtigte Veranlassung eines jeden gerichtlichen Verfahrens ist die Anrufung des Gerichts durch Denjenigen, dessen Recht gekränkt worden ist; möge dieses Recht nun ein solches sein, woran die Staatsgesellschaft nicht weiter Theil nimmt, als daß sie dem Verletzten zur Herstellung desselben verhilft, oder ein solches, das sie zugleich mit einer Strafandrohung gegen Angriffe zu sichern gesucht hat, weil allgemeinere Rücksichten sich daran knüpfen und durch die Art der Verletzung mehr oder weniger gefährdet scheinen. Demgemäß konnten im Griechischen und Römischen Alterthume wie im Germanischen Mittelalter die verletzten Personen die Anklage vor allen erheben: ursprünglich sie allein und erst im vorgeschrittenen Gemeinwesen neben ihnen andere Staatsangehörige, insofern sie gewisse bürgerliche Eigenschaften besaßen, die jedoch bei den persönlich Betheiligten nicht erfordert wurden*), und endlich vorzugsweise gewisse Beamte. In keiner dieser Perioden hörte die Befugniß der Verletzten zur Anklage auf; die Befugniß Anderer dazu, die actio popularis und die Verfolgung von Amtswegen, bildete sich daneben zunächst überall nur für bestimmte Verbrechen (sogen. öffentliche) und subsidiarisch aus, hat aber die Privatanklage im weitesten Sinne bis auf unsere Tage nie verdrängt. Wie bei den Popularklagen der Römer der Satz galt: is cujus interest praefertur, und das Kanonische Recht bei aller Verkümmerung der Anklage doch anerkannte: omnibus, quibus accusatio denegatur, in causis propriis licentia accusandi non est deneganda**), so blieb auch unter der Herrschaft des Inqui-

*) L. 11 pr. D. de accus. 48. 2.
**) Causa IV. Qu. 6. cap. II.

sitionsprozesses — in Deutschland ohne das Institut der Staatsanwaltschaft nach der C. C. C. und dem Gerichtsbrauche*), in Frankreich mit demselben nach den Verordnungen des 16. und 17. Jahrhunderts**) — das Recht zur Anklage den Verletzten gewahrt. Es ist ein dem historischen Rechte unter den verschiedenartigsten Staatsformen völlig unbekannter Satz, daß Jemand, der durch eine strafbare Handlung angegriffen war, nicht den Strafrichter finden dürfe, sondern eine andere, nicht richterliche, Behörde angehen und es deren Ermessen überlassen müsse, ob sie das Gericht anrufen wolle oder nicht. Der Idee, daß dem Staate die Verwirklichung des Rechts gebühre und daß der Einzelne insbesondere keinen Anspruch auf die Anwendung des Strafgesetzes habe, hatte man bis in die neueste Zeit nirgends die praktische Folge gegeben, daß außer der Gesetzgebung und der Rechtsprechung durch vom Staate eingesetzte unabhängige Gerichte auch die Anklage bei diesen Gerichten nur einer Staatsbehörde zustehen und in diesem Sinne das konkrete Recht der Person in dem abstrakten des Staates untergehen könne. Seitdem der sogen. gemischte Anklageprozeß vor dem Untersuchungsprozeß, worin selbstredend die Prüfung der Anzeigen und Klagen dem Richteramte oblag und zugleich die Privatansprüche der Beschädigten Berücksichtigung fanden***), die Oberhand gewonnen hat, erfuhr die Querel der letzteren (plainte) eine besondere Ausbildung. Erst in einem Preußischen Partikulargesetze für Berlin von 1846 und einigen seit 1848 erschienenen Strafprozeß-Ordnungen findet sich der Gedanke ausgeprägt, den verletzten Privatmann durch die Staatsanwaltschaft von der Gerichtsstätte ausschließen zu lassen; in anderen Strafprozeß-Ordnungen dieser Zeit ist jedoch der Privatanklage ein breiter Raum geblieben. Wie dies geschehen, soll nunmehr in Umrissen gezeigt werden.

---

*) Mittermaier: das Deutsche Strafverfahren §§. 31, 32.

**) F. Hélie Tr. de l'instruction crim. §§. 88, 91.

***) Vergl. als jüngste legislative Arbeit auf Grund des Untersuchungs-Princips die Württembergische Str.-Pr.-Ordnung vom 22. Juni 1843 Art. 2, 8, 64, 78 ff. und das dortige Gesetz über das Verfahren in Schwurgerichtssachen vom 14. August 1849 Art. 9.

§. 3.

Das gegenwärtige positive Verhältniß des Anklage-Amtes der Staatsanwaltschaft zur Privat-Anklage I. nach der westrheinischen Strafprozeß-Ordnung.*)

Es ist hier von der Mischung des Anklage-Prinzips mit dem Untersuchungs-Prinzipe in Frankreich auszugehen,**) weil diese den jüngeren Deutschen Strafprozeß-Ordnungen bekanntlich zum Anhalte gedient hat, während in dem Englischen Strafverfahren vermöge seiner reinern Beibehaltung des Anklage-Prinzips von dem Anklage-Monopole einer Staatsbehörde keine Rede sein kann.

Dort hatte man schon seit dem Anfange des 16. Jahrhunderts sich an den Unterschied der öffentlichen Anklage (action publique), wofür besondere Beamte (gens du roi, procureurs du roi, ministère public) bestellt waren, und der Privat-Anklage***) (action civile) im Strafprozesse gewöhnt: als die Aufgabe der ersteren betrachtete man die Wahrnehmung des Staats-Interesses und insbesondere als dessen Ausfluß die Erwirkung der Strafen (die demgemäß auch materiell sich geändert und den Charakter der Buße und Wiedervergeltung wesentlich verloren hatten), als die der letzteren die Wahrung des Privatinteresses. Nichtsdestoweniger erschien anfangs geraume Zeit noch der Privat-Ankläger als die Haupt-, der öffentliche Ankläger als Neben-Partei, namentlich auch nach der Verordnung Ludwig's XIV. von 1670, einer der vorzüglichsten Quellen des heutigen Französischen Strafprozesses, und obgleich die-

*) Wer sich darüber gründlich unterrichten will, findet vor Allem in dem schon erwähnten Werke des Rathes am Cassationshofe Hélie (9 Bände) Befriedigung. Die darin u. A. mitgetheilten Berathungen und Kämpfe im Schooße der gesetzgebenden Körperschaften und des Staatsraths aus dem letzten Jahrzehend des vorigen und dem ersten des jetzigen Jahrhunderts über den Strafprozeß sind insbesondere bemerkenswerth und manche heutige nur eine Wiederholung einzelner Bruchstücke daraus. Außerdem verweise ich auf Mangin Tr. de l'action publique und die jüngst von Mittermaier in Holtzendorff's Allg. Deutscher Strafrechtszeitung Nr. 1 und 2 besprochene Schrift: Le ministère public et le barreau, Paris **1860**.

**) So nenne ich den freilich nicht auf westrheinische Deutsche Landestheile beschränkten, ursprünglich Französischen Strafprozeß.

***) Ich ziehe diesen Ausdruck der Gleichförmigkeit halber aus dem Hauptgesichtspunkte des Referates den näher liegenden Uebersetzungen von action civile auch hier vor.

selbe den Strafantrag dem öffentlichen Ankläger und den Entschädigungsantrag dem Privat-Ankläger zuwies: so betrieb doch dieser hauptsächlich den Prozeß und jener mußte seine Strafanträge anschließen. Das Verhältniß war aber bereits zum Vortheile des öffentlichen Anklägers umgewandelt, als im letzten Jahrzehende des 18. Jahrhunderts die Vorläufer zu derjenigen Strafprozeß-Ordnung von 1808 erschienen, welche durch die Französische Occupation auch in einigen Theilen Deutschlands zur Herrschaft gelangt ist und ein halbes Jahrhundert später den Deutschen Strafprozeß-Ordnungen zum Vorbilde gedient hat. In denselben ist der Unterschied der öffentlichen und der Privat-Anklage ihren gedachten Aufgaben nach scharf ausgesprochen und erstere der Staatsanwaltschaft mit Ausschluß der verletzten Personen anvertraut (C. cr. Art. 1—4), allein das „Anklage-Monopol" der Staatsanwaltschaft ist darin dennoch nicht zu finden. Denn

1) die Privat-Anklage (im engern Sinne a unten) steht dem Verletzten unmittelbar bei dem Strafgerichte offen und zwar sowohl die Klage wegen eines Verbrechens s. str. als wegen Vergehen bei dem Untersuchungsrichter, der dieselbe der Staatsanwaltschaft behufs ihrer Anträge mitzutheilen hat (Art. 63—70), allein durch diese nicht gehindert werden kann, zur Untersuchung zu schreiten, auch nicht in Uebereinstimmung damit die Klage zurückweisen darf,*) sondern hierüber die kollegialische Rathskammer des Gerichts befinden lassen muß, gegen deren Entscheidung dem Privat-Ankläger noch das Rechtsmittel der Opposition an den Anklage-Senat des Appellationsgerichts zusteht; auch an der Hauptverhandlung vor dem Schwurgerichtshofe nimmt dieser Theil (Art. 71, 87, 117, 122 f., 129, 135, 217, 315, 319, 330, 335, 358 f., 366).

---

*) Dieser Satz ist freilich bestritten, besonders von der Staatsanwaltschaft in Frankreich, aber m. E. siegreich vertheidigt von Hélie l. c. II. p. 157, 270—285. Die dort angeführten, von Cambacérès im Staatsrathe vorgetragenen Motive über die Bedeutung der plainte und ihre Verschiedenheit von der dénonciation überwiegen die aus einem andern Gesichtspunkte geschehenen Aeußerungen in den älteren Diskussionen, worauf sich Mangin l. c. T. I. No. 10, 21 bezieht. Für unsern Endzweck kommt auf diesen Streit nicht viel mehr an.

2) Wegen Vergehen (délits) und Uebertretungen (contraventions) kann der Verletzte den Thäter auch direkt vor den erkennenden Strafrichter in die öffentliche Sitzung laden (Art. 64, 145, 182 ꝛc.) und diesen dadurch in die Nothwendigkeit versetzen, gegen den Schuldigen die gesetzliche Strafe auszusprechen, wenngleich der Staatsanwalt keine Anklage erhoben hat und keinen Strafantrag nimmt.

Es bildet also zwar die erlittene Beschädigung den Grund der Privatanklage und der Schadenersatz ihr formelles Ziel: allein die Strafgerichte müssen immerhin aus Veranlassung derselben ihren Hauptberuf zur Anwendung der Strafgesetze erfüllen und sogar die Staatsanwaltschaft kann sich der Anklage wegen eines Verbrechens nicht entziehen, wenn gegen ihren Willen auf Betreiben des Privatanklägers der Anklage-Senat den Angeschuldigten vor den Assisenhof verwiesen hat (Art. 135, 217, 231, 241.*)

Die traditionelle Französische Scheidung des öffentlichen und des Privatinteresses von einander in der Theorie der action publique und action civile ist also nicht völlig zum Durchbruche gekommen, und hätte folgerichtig zur Verweisung des Privatanklägers vor den Civilrichter mit Ausschluß der Strafgerichtsbarkeit führen müssen: die Gesetzgebung blieb vielmehr dabei, daß die Abstraktion der Staatsidee und die Centralisirung der Strafverfolgung nicht bis zur Vernichtung des ursprünglichen Rechtes des Individuums, für die Gewähr seines eigenen wie des gemeinen Friedens die Strafgerichtsbarkeit in Bewegung zu setzen, sich verfolgen lasse. Daß dem Privatankläger im Verlaufe der richterlichen Thätigkeit der Antrag auf die Strafe nicht gestattet, sondern dieser dem öffentlichen Ankläger überlassen ist, erscheint dabei von keiner großen praktischen Erheblichkeit, da

---

*) Siehe die vorige Anmerkung, ohne deren Wichtigkeit die in den oben zu 1 und 2 citirten Artikeln ausdrücklich anerkannten Befugnisse des Privatanklägers keinen rationellen Boden haben würden.

der erkennende Richter auch gegen den Antrag der Staatsanwaltschaft die Strafe aussprechen kann..

Allein jene Theorie äußert sich in nachstehenden Folgen:

a) Die Befugniß zur Privatanklage mit obigen Wirkungen hat nicht Jedermann, sondern nur ein durch das Vergehen Verletzter; die Klage muß daher neben der Behauptung einer mit Strafe bedrohten Handlung auch behaupten, daß der Ankläger (oder die Seinigen) einen Schaden erlitten habe, und Ersatz dafür verlangen: derselbe muß sich nach der Terminologie des Gesetzes ausdrücklich als partie civile constituiren und damit den Bedingungen unterwerfen, welche die Art. 63 - 66, (194, 419) der Strafprozeß-Ordnung einer solchen auflegen; andernfalls gilt die Anklage als

b) eine bloße Denunziation, worauf das weitere Verfahren ausschließlich in der Hand der Staatsanwaltschaft liegt (Art. 31 ff., mit Art. 1, 47, 54, 60 ꝛc.*)

c) Rechtsmittel gegen die strafgerichtlichen Endurtheile stehen dem Privatankläger nur zu dem Zwecke zu, eine Abänderung hinsichtlich seiner Entschädigungsforderung zu erwirken; hinsichtlich der Straflosigkeit oder des Strafmaaßes geht daher das blos vom Privatankläger angegriffene Urtheil in Rechtskraft über (Art. 202, 373, 412, 413).

d) Bei der Erfolglosigkeit der Anklage, namentlich auch der Freisprechung des Beschuldigten, kann der Ankläger nicht allein in die Untersuchungskosten sowohl dem Beschuldigten als dem Staate gegenüber, sondern auch zur Entschädigung des ersteren verurtheilt werden (Art. 162, 194, 368, 66, 159, 191, 358**).

---

*) Abgesehen von der Ausnahme bei flagrants délits (Art. 40, 41, 59) gilt obige Regel unbestritten und sind die scheinbar entgegenstehenden Ausdrücke einzelner Artikel (47, 61) in Uebereinstimmung mit derselben zu verstehen.

**) Die Bestimmungen über die vorgängige Consignation der Kosten und die subsidiäre Verantwortlichkeit der Civilpartei wegen derselben für den verurtheilten Angeschuldigten (Art. 157—160 des Decrets vom 18. Juli 1811) sind in Frankreich theils gar nicht auf die von einer Civilpartei eingeleitete Untersuchung bezogen, theils

e) Der Kassationsrekurs des Privatanklägers ist von der vorgängigen Hinterlegung einer Succumbenzstrafe oder Beibringung eines Unvermögensattestes bedingt, die durch Verwerfung desselben der Staatskasse verfällt (Art. 419, 420). Hierin liegt jedoch keine Eigenthümlichkeit der Verfolgung der Privatanklage, da einestheils auch die Parteien im Civilprozesse, anderntheils selbst die verurtheilten Angeschuldigten in Polizei- und Zuchtpolizeisachen zur Beschreitung des Kassationsweges Succumbenzgelder zu hinterlegen haben.

Mehr der Vergleichung der Rücksichten, welche die Verletzten in den verschiedenen Strafprozeß-Ordnungen gefunden haben, im Allgemeinen halber, als wegen des Verhältnisses der Privatanklage zum „Anklage-Monopole" der Staatsanwaltschaft, reihe ich den obigen Sätzen zu 1 und 2 noch folgende an:

3) Die Verletzten können in jedem Stadium der Untersuchung bis zum Schlusse der Hauptverhandlungen zur Geltendmachung ihrer Civilansprüche der öffentlichen Anklage adhäriren (Art. 66, 67), sich als Civilpartei konstituiren (a, b).

4) Wie das Deutsche Strafrecht, so verzeichnet auch das Französische in dem materiellen Strafgesetzbuche gewisse Vergehen, welche nur auf Antrag der Privatbetheiligten zur Strafe gezogen werden können (Ehebruch, Entführung, Injurien, Jagd- und Fischereivergehen 2c.); nach Erhebung des Antrags der Betheiligten nimmt aber die Staatsanwaltschaft die Verfolgung in dem nämlichen Maaße wie bei anderen Vergehen in die Hand.*)

5) Die Französische Gesetzgebung kennt auch ein gerichtliches Verfahren von Amtswegen. Abgesehen von der Untersuchung auf frischer That (Art. 59) und in der Gerichtssitzung wegen daselbst verübter Vergehen (Art. 504 ff.), kann nämlich nach Art. 11 des Gesetzes über die Gerichts-Organisation vom 20. April 1810 der Appellationshof in vereinigten Senaten Denunzia-

---

im Jahre 1832 durch die neue Redaction des Art. 368 der Str.-Pr.-Ordnung ausdrücklich aufgehoben worden.

*) Siehe oben §. 1 a. E. Hélie T. III. p. 64 ff.

tionen eines seiner Mitglieder über Verbrechen und Vergehen anhören und dem Generalprokurator die Verfolgung derselben aufgeben. Napoleon selbst war es, der diese singuläre Bestimmung zuerst in einer Sitzung des Staatsraths vom 23. Oktober 1804*) von dem Gesichtspunkte aus in Anregung brachte, daß die allein stehenden Beamten, welchen die Verfolgung der Verbrechen anvertraut sei, unter Umständen nicht die gehörige Kraft in sich verspüren dürften, Mächtige anzugreifen; das öffentliche Ministerium, wenn es seine Pflicht versäume, müsse dazu durch große Körperschaften angehalten werden können, welche, die Civil- und Strafgerichtsbarkeit in sich vereinigend, stark durch das Ansehen ihrer Wissenschaft und ihrer Zahl, erhaben über die Besorgnisse und Rücksichten Einzelner, dem Schuldigen, wer er immer sei, Furcht, dem öffentlichen Ministerium Muth einflößten.

Ungeachtet lebhafter Widersprüche hat der Kaiser diesen Gedanken festgehalten und wiederholt vertheidigt, bis derselbe in gedachtem Gesetze seinen Ausdruck fand. Damit in Verbindung schrieb man den Appellhöfen ein allgemeines Aufsichtsrecht über die Verfolgung der Verbrechen zu, aus dem die betreffenden Bestimmungen des Art. 9 und 235 der Strafprozeß-Ordnung hervorgegangen sind.

Eine praktische Bedeutung hat die Initiative der Appellhöfe in ihren vereinigten Senaten niemals gewonnen**) und ist namentlich der Preußischen Rheinprovinz fremd geblieben.

6) Von besonderer Wichtigkeit erscheint überall die Frage: ob das Strafverfahren gegen **Beamte** wegen Vergehen, die sie in Ausübung oder aus Veranlassung des Amtes begangen haben, an gewisse und an welche spezielle Voraussetzungen zu knüpfen sei. Die Französische Gesetzgebung hat in dieser Beziehung die Justiz-

---

*) Hélie T. II p. 147—153 und §. 112 p. 285 ff. — Mangin T. I. No. 24 p. 45—49.

**) Mangin l. c. p. 149. Ueber den Unterschied zwischen dieser Initiative und den Aufsichts-Funktionen der Criminal-Senate s. Hélie l. c. §. 112.

und die Verwaltungsbeamten verschiedenartig behandelt und weitere Unterschiede zwischen den Beamtenklassen gemacht, deren nähere Darlegung um so weniger hierher gehört, als die bezüglichen Vorschriften in Deutschland auch da, wo die gemeine Strafprozeß-Ordnung von 1808 noch in Wirksamkeit ist, anderen Bestimmungen gewichen sind. Nur der mit der strengen Trennung der Gewalten in Frankreich zusammenhängende Grundsatz des Art. 75 der Verfassung vom 13. Dezember 1799 soll hier hervorgehoben werden, wonach Verwaltungsbeamte nur auf Erlaubniß des Staatsraths wegen der auf ihre Amtsverrichtungen bezüglichen Vergehen vor Gericht gestellt werden dürfen.*) Durch jene Erlaubniß ist also die Anklage solcher Beamten Seitens der Staatsanwaltschaft in ähnlicher Weise bedingt, wie die Verfolgung der Privatdelicte durch den Antrag der Betheiligten.

§. 4.

Neuere Deutsche Strafprozeß-Ordnungen.

Zunächst will ich dieselben in chronologischer Reihefolge, jedoch mit Anknüpfung der mir bekannten Novellen zu einer jeden, betrachten und dabei die ermüdenden Wiederholungen nicht scheuen, um die Beurtheilung einer jeden Gesetzgebung an sich und die Prüfung meiner nachfolgenden vergleichenden Zusammenstellung ihrer Systeme innerhalb meiner Aufgabe Jedem zu erleichtern. Die Spezial-Vorschriften, wonach wegen gewisser Vergehen, z. B. wider Steuer- und andere Strafgesetze zum Schutze fiskalischer Einkünfte, Forstfrevel u. s. w. andere Behörden als die Staatsanwaltschaft zur Verfolgung der Schuldigen berufen sind, lasse ich dabei unerwähnt, weil sie die Stellung des Privatanklägers zu dem öffentlichen Ankläger gar nicht wesentlich berühren.

II. Die Württembergische Strafprozeß-Ordnung vom 22. Juni 1843 beruht, wie schon beiläufig erwähnt, noch auf dem Unter-

*) Vergl. C. pén. art. 127—129, Kaiserl. Decret vom 9. August 1806. Das Nähere der Materie s. bei Hélie T. III. chap. III. Hinsichtlich der Justizbeamten vergl. C. d'instr. cr. art. 479—503 und Hélie T. VII. p. 584 III.

suchungsprinzipe, kennt keine Staatsanwaltschaft und erleichtert die Privatanklagen und Denunziationen bei dem Untersuchungsrichter und jeder andern Obrigkeit, die zur Abgabe derselben an ersteren unbedingt verpflichtet ist (Art. 62, 64 ff, 67 ff, 73 ff, 78 — 82).

Das Urtheil des Strafrichters erstreckt sich in der Regel auch auf die privatrechtlichen Ansprüche des Beschädigten, wenn dieser einwilligt (Art. 8), und demselben steht ein Rekursrecht gegen die betreffende Entscheidung bedingungsweise zu (387).

Die Untersuchung gegen „öffentliche Diener" wegen gemeiner Verbrechen oder wegen konkurrirender gemeiner und Dienstvergehen wird von dem zuständigen Gerichte gleich wie gegen andere Beschuldigte eröffnet und vollführt; die vorgesetzte Dienstbehörde ist nur in Kenntniß zu setzen (447, 451). Die Einleitung der Untersuchung wegen Dienstvergehen trifft die Dienstbehörde und gibt die Verhandlungen ab, wenn der Verdacht eines „mit gerichtlicher Strafe bedrohten" Dienstvergehens zur Versetzung in den Anschuldigungsstand gereichen könnte (448 — 50).

Am 14. August 1849 erging ein Gesetz über das Verfahren vor den Schwurgerichten mit der Einrichtung der Staatsanwaltschaft. Dasselbe hat jedoch an der Voruntersuchung und der dazu gehörigen unmittelbaren Zugänglichkeit des Richters nichts geändert, auch der „Civilpartei" (dem Beschädigten oder Beleidigten) eine ausgedehnte Theilnahme an dem weitern Verfahren einschließlich der Hauptverhandlung gestattet (Art. 9, 13, 21, 103, 120, 126, 130, 144 ff., 152 ff., 174, 176, 180 ff.).

Die Rechtsmittel scheinen jedoch der Civilpartei in geringerem Maaße, als nach dem westrheinischen Rechte, gewährt (Art. 26, 187 ff., 193 ff., vergl. mit Art. 387 Strafprozeß-Ordnung).

III. Dem letztgenannten Württembergischen Gesetze voraus ist die Einführung der Staatsanwaltschaft in Baden gegangen, dessen Legislation sich schon früher damit beschäftigt hatte, indessen erst in den Gesetzen vom 6. März 1845 über die Gerichtsverfassung und die Strafprozeß-Ordnung, d. i. immer noch vor allen anderen Deutschen Staaten, zu ihrer Ausbildung gelangte (Ges. über d. Ger.-Verf.

§§. 10 ff.). Dieselben sind durch das Ges. v. 5. Februar 1851, die Einführung des Strafgesetzbuchs, das neue Strafverfahren und die Schwurgerichte betreffend, zum Theil modifizirt worden. In Hinsicht auf das „Anklage-Monopol" der Staatsanwaltschaft ist daraus hervorzuheben:

1) Wegen derjenigen geringeren Vergehen, welche vor die (Amtsgerichte, nachher) Bezirksämter gehören (§§. 56 — 58 der Ger.-V. v. 1845 und §§. 16 ff. Einf.-G. v. 1851 aufgezählt und mit bestimmten Geldbußen oder Gefängniß bis zu 8 Wochen bedroht), führen dieselben die Untersuchung ohne Mitwirkung eines Staatsanwalts (Strafprozeß-Ordnung §§. 41, 53, 66, 205. Einf.-G. §§. 22, 25 28), es kann dabei also von dem Monopole des letztern keine Rede sein. Dasselbe gilt von Uebertretungen und Ehrenkränkungen, welche zur Gerichtsbarkeit des Bürgermeisters gehören (§§. 70, 71. Ger.-V. v. 1845 und §. 32 Einf.-G.).

2) In den zur Competenz der Hofgerichte gehörigen Sachen muß der Untersuchungsrichter auf den Antrag eines Betheiligten dem Gerichte Anzeige machen, wenn der Staatsanwalt keinen Antrag auf Einleitung der Untersuchung stellt, und das Hofgericht entscheidet, ob die Untersuchung einzuleiten sei (§. 55. Strafprozeß-Ordnung §. 27 ff. E.-G. 1851). Dieses kann auch den Amtsrichter zur Führung ihm zustehender Untersuchungen auf Anzeige eines Betheiligten anweisen (§. 27 cit. und §. 67 Strafprozeß-Ordnung). Der Staatsanwalt ist nur vor der Entscheidung zu hören.

3) Neben dem Rechte, die Entscheidung des Hofgerichts über die Einleitung einer Untersuchung zu veranlassen, hat der Beschädigte die Befugniß, jeder bereits eingeleiteten Untersuchung sich anzuschließen, mag er zugleich Entschädigung fordern oder nicht. Er muß alsdann auch über den Strafpunkt gehört werden und hat im ganzen Laufe der Untersuchung sehr ausgedehnte Parteirechte, selbst wenn er zugleich als Zeuge abzuhören ist (§. 331), sowie das Rechtsmittel der Beschwerdeführung gegen das Verfahren und hinsichtlich der Entscheidungen über 50 Gulden ꝛc. das ordentliche Rechtsmittel des Rekurses (Tit. 22, §§. 328 — 42, §§. 62, 227, 296 Strafprozeß-Ordnung und §§. 27 ff. Ges. v. 1851, §§ 111 ff. das.).

4) In den Fällen, worin das Strafgesetzbuch dem Beschädigten selbst die Anklage zuweist (§§. 238, 315—322 d. Str. G.-B.), hat er noch einige, sonst der Staatsbehörde zufallende Rechte bez. Pflichten (§. 332 Strafprozeß-Ordnung §. 27 cit.).

Obgleich der §. 328 der Strafprozeß-Ordnung den Grundsatz an die Spitze stellt, daß außer diesen Fällen (4) der Beschädigte die Einleitung einer Untersuchung niemals verlangen könne: so kann also doch die Staatsanwaltschaft demselben auch niemals das richterliche Gehör entziehen (1 und 2).*)

IV. Eine weit größere Macht wurde dagegen der Staatsanwaltschaft bei ihrer ersten Einführung in Preußen und zwar zunächst nur bei dem Kammergerichte und dem Kriminalgerichte zu Berlin durch das Gesetz v. 17. Juli 1846 beigelegt. Die Grundsätze desselben sind in der ganzen Monarchie, wo bis dahin die Kriminal-Ordnung von 1805 Geltung hatte, durch die Verordnung vom 3. Januar 1849 über die Einführung des öffentlichen und mündlichen Verfahrens mit Geschworenen in Untersuchungssachen zur Herrschaft gelangt und haben durch das Gesetz v. 3. Mai 1852 keine für unsere Frage erhebliche Abänderung erfahren. Anhalt-Bernburg und Waldeck haben sie gleichfalls recipirt.

Der §. 1 der Verordnung von 1849 lautet in Uebereinstimmung mit §. 5 d. Ges. von 1846:

> Die Gerichte sollen bei Einleitung und Führung der Untersuchung wegen einer Gesetzesübertretung nicht ferner von Amtswegen, sondern nur auf erhobene Anklage einschreiten.

Hierdurch in Verbindung mit den nachfolgenden Bestimmungen über die Staatsanwaltschaft war unbestrittenermaßen

1) das eigentliche Untersuchungsprinzip für alle Sachen (von Gefahr im Verzuge abgesehen, §. 5 d. Ges. v. 1846 u. d. Verordn.

*) Die Stellung des §. 27 des Ges. von 1851 im II. Titel und das vollkommene Schweigen der folgenden Titel von dem Beschädigten könnte zwar Bedenken über die Anwendbarkeit des 22. Titels der Straf-Prozeß-Ordnung von 1845 auf Sachen von der Zuständigkeit der Hof- und Schwurgerichte erregen, doch ließe dann das neue Gesetz eine mir in Ermangelung der Motive unerklärliche Lücke. Auch bezeugt Mittermaier (im „Gerichtssaal" Jahrg. 10 S. 183), daß der Untersuchungsrichter in Baden von Amts wegen einschreite.

v. 1849) einschließlich der Polizeiübertretungen aufgehoben,

2) an die Stelle des Untersuchungsverfahrens der Gerichte von Amtswegen das Verfahren einer andern Behörde, der Staatsanwaltschaft, von Amtswegen insoweit gesetzt, als die Strafgerichte mit keiner Handlung und keiner Person sich befassen dürfen, welche die Staatsanwaltschaft nicht vor sie gebracht hat (vergl. §§. 5, 10, 12, 25, 49, 113 Ges. v. 1846; §§. 1, 2, 5, 9, 28, 39 Verordn. v. 1849; Art. 120, 122 Ges. v. 1852). Nach dem Gesetz von 1846 (§§. 12, 49, 66) mußte das Gericht auch das Verfahren einstellen, wenn der Staatsanwalt beim Schluß der Voruntersuchung davon Abstand nahm, nach der Verordn. v. 1849 ist dagegen das einmal mit der Sache befaßte Gericht hinsichtlich der Fortsetzung derselben von der Staatsanwaltschaft unabhängig (§§. 11, 47, 76 f.).

3) Die Privatanklage des Beschädigten vor den Strafgerichten ist unzulässig und die Denunziation bei denselben frustratorisch.

4) Das Auftreten des Beschädigten im Laufe des Strafverfahrens zur Wahrnehmung seines Interesses — der Adhäsionsprozeß — ist ebenfalls unstatthaft.

5) Von vorstehenden Sätzen (3, 4) findet nur die Ausnahme statt, daß wegen Ehrverletzungen und leichten Mißhandlungen die Verfolgung — „Privatklage" — dem Beschuldigten im Wege des Civilprozesses oder vielmehr in einem gemischten Verfahren unbenommen ist (vergl. Verord. über d. Aufh. d. Privatgerichtsbarkeit v. 2. Jan. 1849 §§. 20—22; Einf.-Ges. z. St.-G.-B. Art. 16 ff.; Ges. v. 11. März 1850, betr. die Aufh. der Cirk.-Verord. v. 26. Febr. 1799 §. 5 f.; Ges. v. 3. Mai 1852 §. 103 u. v. 22. Mai 1852 Art. 2; Oppenhoff Komm. zu Art. 16 u. §. 103 a. a. O.).

6) Daß auch die Verfolgung solcher Vergehen, deren Bestrafung die Gesetze von dem Antrage einer Privatperson abhängig machen, von der Staatsanwaltschaft verweigert werden darf

und dagegen dem Antragsteller kein Rekurs an die Gerichte offen steht, ist ausdrücklich in d. Ges. v. 1846 §. 10 und der Verordn. v. 3. Jan. 1849 §. 9 vorgesehen. (Auch hierher gehören Ehrverletzungen §§. 160 ff., 343 Str.=G.=B.; ferner §§. 80, 103, 189 das.; Verführung §. 149; fahrlässige leichte Körperverletzung §. 198; Entführung unt. Umst. §. 209; Diebstahl und Unterschlagung gegen nahe Verwandte §. 229; furtum possessionis §. 271.)

7) Die Verfolgung der Beamten wegen gemeiner Verbrechen und der Justizbeamten mit Ausschluß der Staatsanwaltschaft wegen Amtsverbrechen, die im Strafgesetzbuche (II. Tit. 28) und allgemeinen Strafgesetzen über besondere Materien vorgesehen sind, hat nichts Eigenthümliches: das gerichtliche Verfahren wider die Beamten der Verwaltung, der Staatsanwaltschaft und der Rheinischen gerichtlichen Polizei kann die vorgesetzte Provinzial= rc. Behörde durch Erhebung eines Konflikts bis zur Entscheidung des Kompetenz=Gerichtshofs hemmen (vergl. Ges. v. 7. Mai 1851 §§. 2, 3; v. 21. Juli 1852 §§. 3, 4; v. 13. Febr. 1854. Augenblicklich hat jedoch die Staatsregierung dem Landtage einen Gesetzentwurf, der die Verfolgung der Beamten wegen Amtsüberschreitungen erleichtern soll, vorgelegt, während nach §. 9 des Ges. von 1846 der Schutz der Beamten noch viel weiter, als seit 1854 ging).

Erwähnt mag noch werden, bevor ich zu einer andern Landesgesetzgebung übergehe, daß der Entwurf einer ausführlichen Strafprozeß-Ordnung für Preußen aus dem Jahre 1851 Entwurf geblieben ist*).

V. Die im Großherzogthum Hessen am 28. October 1848 über die Einführung des öffentlichen und mündlichen Strafverfahrens mit Schwurgerichten in den Provinzen Oberhessen und Starkenburg

---

*) Der §. 1 sprach den nämlichen Grundsatz mit §. 1 der Verordnung von 1849 aus und beide werden von der Kritik Abegg's „Der Entwurf einer Straf-Prozeß-Ordnung rc. kritisch bearbeitet, Halle 1852," S. 10 ff. gleichmäßig getroffen. Daß übrigens durch eine positive Fassung des §. 1 statt der negativen auch nicht viel gewonnen gewesen wäre, zeigt die Braunschweiger Straf-Prozeß-Ordnung (VIII).

und am 31. Dec. 1848 über das Verfahren in Assisensachen in Rheinhessen ergangenen provisorischen Gesetze und die Novelle dazu vom 22. März und 26. April 1852 enthalten nur folgende bezügliche Bestimmung: Art. 317. „Wer durch ein zur Kompetenz der Assisen gehörendes Verbrechen einen Schaden erlitten hat, kann seine Entschädigungsansprüche nicht in Verbindung mit dem strafgerichtlichen Verfahren, sondern nur in einer davon getrennten Verhandlung vor den zuständigen Civilgerichten geltend machen."

Die Strafgerichte blieben im Uebrigen dem beschädigten Privatmanne nach wie vor unmittelbar zugänglich.

Ein Nassauisches Gesetz vom 14. April 1849, welches mit dem erstgedachten Hessischen wesentlich übereinstimmt, hält denn auch in einem daselbst fehlenden besondern Abschnitte „von der Voruntersuchung" für das dabei einzuhaltende Verfahren die bisherigen gesetzlichen Vorschriften ausdrücklich aufrecht (Art. 67) und macht zu vorstehendem Art. 317 den Zusatz: „es hat jedoch jedes verurtheilende Straferkenntniß über die Verbindlichkeit des Verurtheilten zur Entschädigung des Verletzten, vorbehaltlich der Liquidation 2c. im civilgerichtlichen Verfahren, eine Entscheidung zu geben.

Des neuen Entwurfes der Strafprozeß-Ordnung für das Großherzogthum Hessen werde ich weiter unten gedenken.

VI. In Kurhessen hat ein Gesetz vom 31. October 1848 über die Einrichtung der Gerichte und der Staatsbehörde diese organisirt (§§. 3, 4, 66 ff.), für die definitive Gestaltung derselben jedoch eine Frist bis zum 1. Jan. 1852 offen gehalten (§. 96), und das unter Mitwirkung eines Oesterreichischen und eines Preußischen Kommissars erlassene „provisorische Gesetz' vom 22. Juli 1851 hat in den §§. 21 bis 23 jene Organisation modificirt.

Ein zweites Gesetz vom 31. October 1848, die Umbildung des Strafverfahrens betr., unterscheidet:

1) die öffentliche Anklage (§§. 2—5),
2) die Privatanklage wegen einfacher Beleidigungen, womit der Beleidigte als Privatankläger ausdrücklich auftreten muß, um ein Strafverfahren herbeizuführen (§. 6),

3) den Bestrafungsantrag der Verletzten, wovon bei den Privatdelicten (Ehebruch, Nothzucht, einfacher Familiendiebstahl und analoge Unterschlagungen und Betrügereien) die öffentliche Anklage bedingt ist (§. 7), während bei allen übrigen der Verletzte dem öffentlichen Ankläger „assistiren, auch selbstständige Anträge stellen" kann (§. 8 f. vergl. mit §. 147).

Der Privatankläger (2), der einige prozessualische Rechte wie Pflichten mehr als der Beschädigte hat (§§. 44, 410, 418) und der Beschädigte (3) müssen zur mündlichen Gerichtsverhandlung vorgeladen werden (§§. 42, 44, 58, 78), letzterer wird neben dem öffentlichen Ankläger gehört (§§. 54, 210, 217 No. 3, 226, 313, 332), und das condemnatorische Endurtheil muß über die spruchreifen Privatansprüche erkennen (§§. 124, 125, 140).

Auch ist das Rechtsmittel der Berufung „dem im Hauptverfahren I. Instanz aufgetretenen" Beschädigten hinsichtlich seines Privatinteresses eröffnet (§§. 345, 352, 355 f., 372, 376).

4) Die Anzeigen sind nicht bei dem Gericht, sondern bei dem öffentlichen Ankläger anzubringen (§§. 142, 143 das. u. §. 32 Ges. v. 1851), der sie beruhen lassen soll, wenn (seines Ermessens) in der Handlung kein Vergehen oder kein erheblicher Verdacht der Thäterschaft vorliegt (§. 147).

5) Nach dem Gesetz von 1851 tritt indessen nicht allein im Falle der Privatanklage (2) die Thätigkeit des Unterrichters ein, ohne daß der öffentliche Ankläger gehört werden muß (§§. 24, 25), sondern das Anklageprinzip hat in den zur untergerichtlichen Kompetenz gehörigen Sachen (bis zu 50 Thaler Geldbuße oder 3 Monaten Gefängniß rc.) überhaupt dem Untersuchungsprinzipe wieder einen weiten Spielraum gestattet, worin das fragliche Anklagemonopol selbstredend wegfällt (§§. 25 alin. 3—29 einschl.).

6) Im Uebrigen kann der „Instruktionsrichter" in der Regel (mit

Ausnahme der Eilfälle ꝛc.) seine Thätigkeit nur auf Ersuchen des „Staatsprokurators" eröffnen (§§. 153, 165, 166 v. 1848) und Entscheidungen der Rathskammer über die Einstellung derselben sind nur dem Staatsprokurator angreifbar (§§. 154, 155, 353, 357, 366 das. u. §. 44 Ges. v. 1851).

Das Anklage-Monopol herrscht also zwar vor (Nr. 1, 4, 6), ist jedoch nicht bei den Untergerichten durchgeführt (5) und schließt außerdem eine Berücksichtigung der Beschädigten im Strafverfahren nicht aus (3. — Bei den Privatdelikten scheint das Westrheinische und Preußische Recht der Staatsanwaltschaft zu gelten; conf. §. 1 c, aa, §. 3 Nr. 4 und §. 4. VI Nr. 4).

VII. Bayern folgte der Bewegung auf dem Gebiete des Strafprozesses durch ein Gesetz vom 10. November 1848, die Abänderung des II. Theils des Strafgesetzbuches von 1813 betreffend. Im II. Titel desselben ist die Staatsanwaltschaft mit ihrer Spitze im Justiz-Ministerium wie in den vorgenannten Staaten organisirt. Das Gesetz enthält aber keine Spur davon, daß der Untersuchungsrichter nur auf ihren Antrag überhaupt oder in gewissen Fällen einschreiten dürfe, vielmehr erhellet aus der II. Abtheilung „von der Voruntersuchung," namentlich den Art. 30, 32 ff., 47 ff., 70 (vergl. 74), daß der Untersuchungsrichter stelbstständig in Gemäßheit des frühern Verfahrens die Anzeigen und Anträge von Jedermann annimmt, die Voruntersuchung durchführt, und erst nach deren Beendigung die Staatsanwaltschaft damit befaßt wird.

2) Welche Rechte aber dem Beschädigten im Laufe der Untersuchung zustehen, ist mit Ausnahme der Bestimmung, daß derselbe in die öffentliche Sitzung zu laden sei (Art. 140, 303), nirgends ersichtlich, und wenn auch aus dieser Bestimmung selbst hervorzugehen scheint, daß er mehr als bloßer Zuhörer sei, so ist doch überall nur von Befugnissen und Rechtsmitteln der Staatsanwaltschaft die Rede (z. B. Art. 60, 61, 154, 158, 163, 164, 230 ff., 303 ff., 128 f., 328 f., 358).

3) Vor Einleitung einer Untersuchung gegen einen Staatsdiener wegen Amtsverbrechen hat der Untersuchungsrichter die vorgesetzte Dienstbehörde zu hören, wegen gemeiner Verbrechen dieselbe zu be-

nachrichtigen, und die Beschlußfassung auf die geführte Voruntersuchung wegen ersterer gebührt unter gewissen Voraussetzungen dem Staatsrathe (Art. 70—74).

VIII. In Braunschweig hat ein Gesetz vom 21. August 1849 (§§. 24 ff.) die Staatsanwaltschaft eingeführt, worauf am 22. August die Straf-Prozeß-Ordnung (mit Bestimmung ihrer Gesetzeskraft vom 1. Juli 1850) folgte. Diese schloß sich hinsichtlich des Anklagerechts der Staatsanwaltschaft zwar am nächsten der Preußischen Gesetzgebung an, wahrte jedoch zugleich die Interessen der Beschädigten in dem eröffneten Strafprozesse. Jenes fand in §. 1 der Strafprozeß-Ordnung (abgesehen von vorläufigen dringlichen Maßregeln §§. 2 und 32) den absoluten Ausdruck:

1) „in Strafsachen soll ein Verfahren nur auf Antrag eines öffentlichen Anklägers eingeleitet werden" (vergl. §§. 24 f., 34).
2) Ausgenommen sind blos Verleumdungen und Beleidigungen, wobei der Gekränkte selbst als Ankläger auftritt (§§. 2, 31, 49, 63, 71, 80, 82);
3) nicht aber die Privatdelicte, da die Staatsanwaltschaft den Antrag auf deren Verfolgung zurückweisen kann (§. 23).
4) In anderen Sachen steht dem Beschädigten, falls ein Strafverfahren vom öffentlichen Ankläger veranlaßt worden ist, die Geltendmachung seiner Ansprüche im ganzen Laufe desselben als Adhäsionsprozeß zu (§§. 10, 16, 18, 77 a. E., 86 ff, 103, 79). Auch kann er sich der Nichtigkeitsbeschwerde gegen das Endurtheil mit dem möglichen Erfolge bedienen, daß in Bezug auf ihn dasselbe aufgehoben und sein Anspruch in das Civilverfahren verwiesen wird (§§. 159 ff., 169).

IX. In Oesterreich erschien unter dem 17. Januar 1850 eine sehr ausführliche Strafprozeß-Ordnung, deren Wirksamkeit in den einzelnen Kronländern ein gleichzeitiges Kaiserliches Patent, das die Zuständigkeit der Gerichte einschließlich der Schwurgerichte ordnete, näher zu bestimmenden Zeitpunkten vorbehielt. Dieselbe war jedoch noch nicht überall eingetreten, als am 31. Oktober 1851 ein neues Gesetz über das Strafverfahren in Aussicht gestellt wurde und Verordnungen vom 11.

und 12. Januar 1852 die Schwurgerichte und die Oeffentlichkeit der Verhandlungen wieder aufhoben. Am 29. Juli 1853 erfolgte dann eine neue Strafprozeß-Ordnung, welche die Befugnisse der Staatsanwaltschaft beschränkt, das Untersuchungsprinzip wieder erweitert und dabei die Privatanklage aufrecht erhalten hat. Zur Geschichte der Entwickelung des Anklage-Monopols der Staatsanwaltschaft sind daher die betreffenden Bestimmungen der Strafprozeß-Ordnung von 1850 hier am meisten am Orte.

Der öffentlichen Anklage ist darin eine ausschließliche Bedeutung nirgends ausdrücklich und unzweideutig beigelegt. Es heißt zwar in §. 2:

> „Die gerichtliche Verfolgung der strafbaren Handlungen liegt in der Regel den von dem Gesetze hierzu bestimmten Beamten kraft ihres Amtes ob. Ausgenommen sind diejenigen Fälle, in welchen nach Vorschrift der Strafgesetze nur auf Verlangen des Beleidigten oder Beschädigten verfahren werden darf";

ferner im §. 90:

> daß der Untersuchungsrichter in der Regel die Voruntersuchung nur auf Antrag der Staatsanwaltschaft einzuleiten und außer dringlichen Fällen diesen abzuwarten habe.

Allein in §. 94 ist dem Staatsanwalte zur Pflicht gemacht, alle über Verbrechen oder Vergehen (Art. VII—X des Patentes vom 17. Januar 1850) ihm zukommenden Anzeigen dem Untersuchungsrichter mitzutheilen und zugleich die geeigneten Anträge zu stellen (vergl. §§. 53, 57), der §. 99 befiehlt anscheinend dem Untersuchungsrichter (§§. 49 a. E., 95), Anzeigen ausführlich aufzunehmen (und nach §. 90 dem Staatsanwalte davon Nachricht zu geben); gemäß §. 111 ist das Verfahren nur nach Uebereinstimmung des Untersuchungsrichters und Staatsanwalts, event. nach der Entscheidung des Bezirks-Kollegialgerichts einzustellen (vergl. §. 201), der §. 182 macht die Anwendung des Begriffs „Angeschuldigter" von unparteiischer Ueberlegung der Verdachtsgründe (durch wen?) abhängig, nach §. 65 begründet die Anzeige des Beschädigten den Gerichtsstand des Wohnorts des Angeschuldigten — und wenn daher v. Würth (S. 64 seines Kommentars) in §. 2 cit. das Wesen des Inquisitionsprinzips erkennt, so verneint er damit die Befugniß des Staatsanwalts, Anzeigen dem Gerichte vorzuenthalten, wohl in höherem Maaße, als sie auch in Preußen sich verneinen läßt.*)

Im Uebrigen unterscheidet die Oesterreichische Strafprozeß-Ordnung ähnlich der Kurhessischen (VI), Thüringischen (X) und Sächsischen (XII):

1) die öffentliche Anklage oder Anklage von Amtswegen (vergl. mit Obigem den §. 437);

2) die Privatanklage hinsichtlich der Privatdelicte, welche nur auf Verlangen des Beleidigten oder Beschädigten verfolgt werden können und müssen, wenn auch der Staatsanwalt die Verfolgung verweigert. Bei diesem ist nämlich der Antrag auf Verfolgung auch solcher Vergehen zunächst anzubringen, und erst eventuell darf der Antragsteller bei dem Gerichte als Privatankläger mit den Befugnissen des öffentlichen Anklägers selbst auftreten (vergl. §§. 2, 57, 83, 112, 182, 303, 382.b, 354, 361, 376, 404, 410, 440 f., 447, 507 ff.)

3) Bei dergleichen (nur auf Verlangen der Betheiligten zu untersuchenden) Uebertretungen ist die Mitwirkung der Staatsanwaltschaft gänzlich ausgeschlossen (§. 438).

4) Auch bei allen anderen Uebertretungen kann der Beschädigte als Privatankläger auftreten, wenn die Staatsanwaltschaft die Verfolgung verweigert (§§. 439, 447, 451 f.). Die der Gemeinde-Polizei zugewiesenen Uebertretungsfälle**) unterliegen einem besondern Verfahren überhaupt (§. 454).

5) Dem auf die öffentliche Anklage eingeleiteten Strafverfahren wegen Verbrechen und Vergehen können die Betheiligten zur Verfolgung ihrer Privatansprüche adhäriren (§§ 401—3, 405—9, vergl. 4, 79, 174 f., 256, 285, 289 a. E., 314 (Re-

---

*) Das Einschreiten des Untersuchungsrichters von Amts wegen in Oesterreich stellt demjenigen in Baden an die Seite Mittermaier a. a. O. Vergleiche die dort citirte Darstellung der Ergebnisse der Strafrechtspflege in Oesterreich.

**) Ueber die Begriffe „Verbrechen, Vergehen, Uebertretungen ꝛc." vergleiche Patent vom 17. Januar 1850, Art. VII. IX. A. B. und X.

kusationsrecht gegen Geschworene), 376, 381, 383; Verordn. v. 11. Januar 1852 §. 9).

6) Erfolgt keine endliche Verurtheilung des Angeschuldigten, so hat der Privatankläger (2, 3, 4) alle, der Adhärent (5) die wegen seiner Entschädigungsansprüche erwachsenen Kosten zu tragen (§§. 460, 465).

X. In Sachsen-Weimar und Meiningen, Schwarzburg-Sondershausen und Rudolstadt, Anhalt-Dessau und Köthen, besteht seit 1850 (bezgl. mit unwesentlichen Modifikationen 1854 und 1858) eine gemeinsame Strafprozeß-Ordnung, welche unter dem Namen der Thüringenschen bekannt und der Oesterreichischen am verwandtesten ist. Sie enthält scharf ausgeprägte hier einschlägige Bestimmungen, indem sie unterscheidet:

1) die öffentliche Anklage der Staatsanwaltschaft oder anderer Beamten (Art. 4, 45, 74, 343), worauf der Untersuchungsrichter selbstständig weiter handelt (75) und über Differenzen zwischen ihm und der Staatsanwaltschaft das Kreisgericht entscheidet (77). Anzeigen muß der Untersuchungsrichter wie der Staatsanwalt aufnehmen, kann ihnen aber nur bei Gefahr im Verzuge ohne vorgängigen Antrag des letztern Folge geben (Art. 74, 80, 83). Beide können wegen Unerheblichkeit oder Mangels der Begründung das Verfahren unterlassen, doch ist nach dem Zusammenhange dieser Artikel mit den Artikeln 75, 77 anzunehmen, daß der Staatsanwalt zu einem Antrage auf Einleitung der Untersuchung selbst nicht durch das Richter-Kollegium (Kreisgericht) gezwungen werden kann, wogegen dieses zu entscheiden hat, ob der Untersuchungsrichter einem von der Staatsanwaltschaft erhobenen Antrage stattgeben müsse. In jener Beziehung greift also das Anklage-Monopol überall Platz, wo es sich nicht um die nachgedachten Vergehen handelt.

2) Hinsichtlich der Privatanklage gelten die nämlichen Bestimmungen, wie nach der Oesterreichischen Strafprozeß-Ordnung, sowohl bei den Privatdelikten als bei den Polizei-Vergehen,*) oben IX. Nr. 2,

*) Die Eintheilung der strafbaren Handlungen in Verbrechen, Vergehen, Uebertretungen (mit der Unterabtheilung „Polizei-Vergehen") weicht im Einzelnen von der Oesterreichischen ab. Art. 2 Thür. Straf-Prozeß-Ordnung. — Herr Oberstaatsanwalt

3, 4, (Thüringensche Strafprozeß-Ordnung Art. 4, 202. 49, 307, 318, vergl. 358, 361, — Art. 47 ff. 52, 68, 97, 191, 271).

Zu den „Betheiligten", deren Antrag erforderlich ist, damit die Staatsanwaltschaft einschreiten könne, sind nach Art. 4 alin. 3 auch wohl die Dienst- oder Aufsichtsbehörden zu rechnen. Daraus an sich folgt freilich noch nicht, daß Dienstvergehen ohne ihren Antrag ein Strafverfahren nicht begründen können, wenn andere Betheiligte (Verletzte) eine Privatanklage erheben (vergl. die Königl. Sächsische Strafprozeß-Ordnung, unten XII. 5).

In dem besonders geordneten „Verfahren bei Ehrenkränkungen" tritt der zur Verfolgung berechtigte Privatmann mit Ausschluß der Staatsanwaltschaft als Ankläger auf (Art. 371), also wie bei den nur auf Antrag der Betheiligten zu verfolgenden sonstigen „Uebertretungen" (Art. 34. 3 alin.*)

3) Die Verfolgung der aus dem Vergehen erwachsenen Privatansprüche des Beschädigten im Anschlusse an das Strafverfahren gilt auch hier wie nach der Oesterreichischen Strafprozeß-Ordnung — Nr. 5 oben — mit ausgedehnten Befugnissen und Rechtsmitteln (Art. 7, 88, 95, 99, 100, 191, 216, 241, 247, 249, 278, 298 — Art. 319 f., 325, 328, — Art. 254, 300).

XI. Größer, als in Oesterreich und den Thüringenschen Staaten ist die Macht der Staatsanwaltschaft, geringer die Berücksichtigung der Beschädigten in Hannover. Hier erschien die erste Strafprozeß-Ordnung auf der Grundlage des öffentlichen Anklage-Prozesses am 8. November 1850 und hat als „revidirte Strafprozeß-Ordnung" vom 5. April 1859 mit Gesetzeskraft seit dem 16. Mai nämlichen Jahres mehrere theilweise schon früher eingetretene Veränderungen erfahren, welche jedoch das Verhältniß der Staatsanwaltschaft zu den betheiligten Privatpersonen

---

v. Groß bezeugt in der „Deutschen Strafrechtszeitung" S. 27: daß in dem Großherzogthume Sachsen-Weimar und den beiden Schwarzburg von 1850—1860 nur eine Privatanklage wegen eines Verbrechens nach verweigerter öffentlicher Anklage vorgekommen sei.

*) Diesen Uebertretungen scheinen die in Rede stehenden (einfachen) Ehrenkränkungen in der Oesterreichischen Straf-Prozeß-Ordnung beigezählt zu sein. Patent Art. IX. B. 4, 5, 10, vergl. mit Art. X.

wenig berühren, so daß ich in den folgenden Citaten mich nur an das jetzt gültige Gesetz halten werde.

1) Jede Untersuchung ist „durch die Erhebung einer öffentlichen Klage bedingt", die im ganzen Bereiche der strafbaren Handlungen der Staatsanwaltschaft zusteht (§§. 1, 38, 83 f., 118, 205 f.), Dienstvergehen nicht ausgenommen (§. 39). Die Bestimmung der Strafprozeß-Ordnung von 1850 (§§. 40, 204, 209), daß bei Polizei-Uebertretungen auch der Verletzte die Anklage erheben könne, ist weggefallen (vergl. unten 3).

2) Wenn es nach den Strafgesetzen eines Antrags betheiligter Privatpersonen zur Einleitung einer Untersuchung bedarf (Privatdelikte) und derselbe gestellt wird, so ist es „der Staatsanwaltschaft überlassen, ob sie auf dessen Grund die öffentliche Anklage erheben will" oder nicht (§§. 40, 55, 61, 63), unbeschadet des „ersten Angriffs" des Amtsgerichts zur Vorbereitung der öffentlichen Anklage („Beschuldigung" §§. 41, 53, 55).

3) Der Anschluß des Beschädigten an das Strafverfahren ist nur bei Polizei-Uebertretungen zulässig und auch nur dann, wenn der Werth des Civilanspruchs 50 Thaler nicht übersteigt oder nur Privatgenugthuung verlangt wird (§§. 45, 210, 212, 215, 218, 224 ff. Bekanntmachung des Justizministeriums vom 16. Mai 1859 §. 78).

XII. Im Königreiche Sachsen ist eine umfassende formelle und materielle Strafgesetzgebung im Jahre 1855 publicirt worden,*) darunter namentlich am 13. August die Strafprozeß-Ordnung vom 11. August, wozu noch eine weitläufige Ausführungs-Verordnung vom 31. Juli 1856 erschien. Dieselbe ist seit dem 1. Oktober 1856 in Kraft; sie hat das Anklagerecht der Staatsanwaltschaft bei geringeren Vergehen nicht durchgeführt, bei diesen vielmehr die Einleitung der Untersuchung in der Hand des Richters belassen, sonst auch den Verletzten berücksichtigt, was aus Folgendem ersichtlich ist:**)

---

*) Strafgesetzbuch und Straf-Prozeß-Ordnung für das Königreich Sachsen, nebst den dazu gehörigen Gesetzen und Verordnungen und ausführlichem Sachregister. Zweite verm. Aufl. Dresden, Königl. Hofbuchdr. von Meinhold & S.

**) Vergl. Schwarze in der Deutschen Strafrechtszeitung S. 85.

1) Das strafgerichtliche Verfahren setzt, wenn nicht Gefahr im Verzuge ist (Art. 112 ff.), außer den Fällen unter 2 und 4 unt., einen Antrag des Staatsanwaltes voraus, den er in der Regel nach eigenem Ermessen auf eine an ihn ergangene Anzeige zu stellen hat (Art. 2, 20, 109).

2) Die förmliche Privatanklage (zu Protokoll oder in einer gerichtlich anerkannten Schrift) tritt bei einer Reihe von Vergehen, die der Art 31 aufzählt*) und worunter sich Ehrenkränkungen, Ehebruch, gewisse Entwendungen 2c., größtentheils vor den Einzelrichter gehörig, befinden, unmittelbar vor dem Gerichte an die Stelle der öffentlichen Anklage mit den wesentlichen dazu gehörigen Befugnissen und Rechtsmitteln; die Staatsanwaltschaft wird erst im Laufe der Verhandlungen gehört (Art. 32 — 37, 70, 74, 91, 109 ff. 135, 252, 265, 267, 283, 337, 370).

3) Gewisse andere Vergehen, z. B. leichte Bankerottfälle 2c. (Schwarze a. a. O. litt. b) werden nur auf Antrag oder Anzeige der durch dieselben unmittelbar in ihrem Rechte Verletzten von der Staatsanwaltschaft verfolgt (Art. 98 ff. 105 f. 191 alin. 3, 306, 309 2c. Str. G.-B. und Art. 29 d. Str.-Pr.-Ord.), welche einen solchen Antrag zurückweisen kann, ohne daß dem Verletzten ein Rekurs an die Gerichte zusteht (Art. 30). Vor der Entscheidung des Bezirksgerichts über die Einstellung einer eröffneten Untersuchung ist derselbe jedoch zu hören (Art. 125) und auf die Zurücknahme seines Antrags erfolgt die Einstellung auch ohne Zustimmung des Staatsanwalts (Art. 30, 125).

4) Der Einzelrichter kann in allen Sachen seiner Competenz die Untersuchung ohne einen Antrag der Staatsanwaltschaft einleiten und durchführen (Art. 358 ff. 379 und Verz. d. betreffenden Sachen Art. 44 und am Schlusse der cit. Ausg. d. Str.-G.-B. S. 148 — 52).

5) Außer den vorgedachten Fällen (2, 3, 4) findet die Geltendmachung der Privatrechte der Beschädigten im Adhäsionsprozesse bis zum Schlusse der Voruntersuchung bez. vor der Vorladung zur

---

*) Vergl. Schwarze a. a. O.

Hauptverhandlung oder dem Erkenntnisse des Einzelrichters Statt (Art. 434 und ff., 450 vergl. mit 37, 43, 97).

6) Die Untersuchung gegen Staatsdiener und andere öffentliche Beamte wegen der im Strafgesetzbuche vorgesehenen Amtsverbrechen „soll nur auf Antrag der Dienst- oder Aufsichtsbehörde oder eines durch das Verbrechen Benachtheiligten stattfinden" (Art. 374 d. Str.-G.-B.); von der Einleitung einer solchen wegen gemeiner Vergehen hat der Untersuchungsrichter die vorgesetzte Dienstbehörde zu benachrichtigen (§. 39 V. v. 31. Juli 1856).

XIII. XIV. Ueber die Strafprozeß-Ordnungen der freien Stadt Frankfurt v. 16. Septbr. 1856 und des Großherzogthums Oldenburg v. 2. Novbr. 1857 (siehe v. Tippelskirch „Ueber das Verhältniß der öffentlichen zur Privatanklage" im Gerichtssaal 1859 S. 254 und S. 244 *)

XV. Meiner Aufgabe gemäß habe ich noch des im vorigen Jahre in Hessen-Darmstadt (V. oben) erschienenen Entwurfes einer Strafprozeß-Ordnung zu gedenken. Nach den Motiven diente demselben der Preußische Entwurf von 1851 (IV. a. E.) zum Vorbilde, welches jedoch oft verlassen und gerade hinsichtlich des Anklageprinzips wesentlich (vergl. 1, 71, 74 ff. des Preuß. Entwurfs) modifizirt worden ist. Der Hessische neue Entwurf enthält nämlich folgende Satzungen:

1) Die Untersuchungen werden, abgesehen von den Privatdelicten (2), durch die Gerichte von Amtswegen eingeleitet (Art. 1, 30 f., 81, f., 84, 92 f., 243 ff.).

2) Bei gewissen Vergehen, z. B. Ehrenkränkungen, ist nach den Vorschriften des Strafgesetzbuchs die Klage oder Anzeige der Betheiligten Vorbedingung der Untersuchung (Art. 40, 46, 54), auch der Anzeigende in diesen Sachen von den Landgerichten (Untergerichten) zu hören (412). Bei den dahin gehörigen Verleumdungen und Beleidigungen fallen alle

*) In diesem Aufsatze sind auch die übrigen oben gedachten Straf-Prozeß-Ordnungen durchgegangen und die einzelnen Vergehen, zu deren Untersuchung eine Privatanklage zulässig oder ein Antrag nothwendig ist, angeführt. Die Verschiedenheit der Gesichtspuukte, wovon darin und in obigem Referate ausgegangen ist (vergl. §. 1 oben und §. 5 unten), läßt sich unschwer erkennen. Die Straf-Prozeß-Ordnungen von Oldenburg und Frankfurt waren mir nicht zur Hand.

Kosten, wozu der Beschuldigte nicht verurtheilt wird, dem Anzeigenden zur Last (417).

3) Die Staatsanwaltschaft kann im Laufe der Untersuchungen Anträge stellen, der Hauptverhandlung beiwohnen, Rechtsmittel einwenden, und erhält zu diesen Zwecken Kenntniß der Verfügungen und Urtheile (Art. 34, 223 f., 231, 243, 247, 255, 271, 275 ff., 280, 283 ff., 291, 295 f., 302—8, 315, 328—31, 339 ff., 347 2c., 401, 418 f., 429, 434 ff., 455).

4) Der Vorladung zur Hauptverhandlung muß ein Antrag der Staatsanwaltschaft vorhergehen (Art. 236, 252 ff., 332 ff.).

5) Bei den Landgerichten beschränkt sich bezüglich der zu ihrer Zuständigkeit gehörigen Vergehen (Art. 8, darunter Ehrverletzungen Nr. 5; 11, Körperverletzungen; 10, kleine Diebstähle 2c.) die Wirksamkeit der Staatsanwaltschaft auf Verfolgung der zulässigen Rechtsmittel (Art. 36, 408, 413, 418 f.).

6) Von den Rechten der Beschädigten ist außer dem zu 2 Gesagten im Strafverfahren keine Rede.

§. 5.

Rekapitulation und allgemeines Gutachten.

Eine Vergleichung des Bisherigen zeigt, daß in der gegenwärtigen Lage der Deutschen Strafprozeß-Ordnungen das gerichtliche Untersuchungsverfahren von Amtswegen und das „Anklage-Monopol der Staatsanwaltschaft" sich einander begrenzen: wo das Anklage-Monopol anfängt, hört die gerichtliche Befugniß zur Einleitung von Untersuchungen der Regel nach auf; wo aber der Antrag des Verletzten dazu erforderlich ist, folgt ihm bald erst die Wirksamkeit des Anklage-Monopols, bald sofort die gerichtliche Thätigkeit. Die erwähnten Strafgesetzgebungen lassen sich hiernach in drei Gruppen bringen*): in der ersten — Württemberg, Baden, Hessen-Darmstadt, Nassau und Bayern, wozu man in dieser Beziehung noch das fort-

*) Vergl. v. Tippelskirch a. a. O., der ebenfalls drei Gruppen macht.

dauernde Gebiet des gemeinen Deutschen Strafprozesses: die beiden Mecklenburg, Holstein und Lauenburg, Reuß und die Lippe, nebst den freien Städten (außer Frankfurt) rechnen kann, — eröffnet das richterliche Untersuchungsamt in Unabhängigkeit von der Staatsanwaltschaft seine Thätigkeit und ist somit dem Anklage-Monopole der Weg nicht gebahnt;

die zweite Gruppe — die Westrheinische Str.-Pr.-Ordnung, Kurhessen, Oesterreich, die Thüringischen Staaten und das Königreich Sachsen, (auch Frankfurt) — gewähren neben dem Prinzipe der öffentlichen Anklage den verletzten Privatpersonen die Anrufung der richterlichen Thätigkeit in erheblichem Umfange; abgeschnitten ist diese und das Anklage-Monopol von fast durchgreifender Herrschaft bei der dritten Gruppe — Preußen (außer der Rheinprovinz), Braunschweig, Hannover und Oldenburg (?), wo man überall die Privatanklage, von Injurien abgesehen, nicht kennt und die Staatsanwaltschaft auch die Anträge der Betheiligten auf Einleitung solcher Untersuchungen zurückweisen kann, die ihrer Anklage von Amtswegen entzogen sind.

(Der Adhäsionsprozeß ist ganz nur in Preußen*) und mit Ausnahme leichterer Uebertretungen in Hannover, dagegen nur bei Assisensachen im Großherzogthum Hessen und Nassau (?) ausgeschlossen, im übrigen Deutschland einschließlich Braunschweigs aus der dritten Gruppe zugelassen).

Hiernach ist das Anklagemonopol der Staatsanwaltschaft im größern Theile von Deutschland ebensowenig während der beiden jüngsten Jahrzehnde als ein Bedürfniß erkannt worden, wie jemals vorher. Was die Nation forderte, war

a) die Reinigung des untersuchenden Richteramts von den Pflichten des verfolgenden Anklägers,

b) die des strafenden Richteramtes von der Befangenheit des Untersuchungsrichters,

kurz die Trennung von Geschäften, welche zwar in der Idee miteinander vereinbar, ja einander unterstützend erscheinen können, der menschlichen

*) Vergl. Oppenhoff Nr. 15, 16 zu §. 23 und Nr. 30 zu §. 43 der Verordnung vom 3. Januar 1849.

Natur und der Erfahrung nach aber die **Unparteilichkeit** der **Untersuchung** und des **Urtheils** gefährden oder verdächtigen, und daran anschließend

c) die Unmittelbarkeit (Mündlichkeit) des Verfahrens vor dem erkennenden Gerichte.

Nach Obigem scheint nun zwar auf den ersten Blick jene Trennung des Anklageamtes vom Richteramte in Preußen, Hannover und Braunschweig am konsequentesten durchgeführt, weil hier die Untersuchung von Gerichtswegen, d. i. ohne Antrag der Staatsanwaltschaft, nicht statt hat, und damit hat es auch in einem gewissen Maaße, nämlich insoweit seine Richtigkeit, als in den Ländern der beiden erstgedachten Gruppen und nach dem Darmstädter Entwurfe alle oder einige Strafgerichte **weder** eines Antrags eines öffentlichen Anklägers, **noch** eines Antrags eines Privatanklägers zur Einleitung der Untersuchung bedürfen; wo und soweit dagegen eine öffentliche Anklage, **oder** eine Privatanklage (wie bei **Uebertretungen** in Thüringen ꝛc.) dazu erfordert wird, liegt eine Abweichung von dem hervorgehobenen Grundsatze nicht vor, und zwar ist derselbe desto konsequenter befolgt, je weiter die **Privatanklage** Platz greift, und in seiner äußersten und reinsten Konsequenz würde offenbar die letztere immer eintreten und jede **amtliche** Anklage wegfallen, mit andern Worten der reine oder eigentliche Anklageprozeß ausschließlich hergestellt werden müssen, wie denn ein **öffentliches Anklageamt** nicht ohne Berechtigung als ein aus dem frühern richterlichen Untersuchungsverfahren auf die Staatsanwaltschaft übertragener Theil desselben bezeichnet worden ist. Jedes Projekt, in dieser Richtung die Funktionen der Staatsanwaltschaft zu erweitern, ihr etwa gar die ganze Voruntersuchung zu übertragen, muß daher als eine ganz prinzipwidrige (a) und undeutsche*) Verkürzung der richterlichen Gewalt zum Vortheil der vollziehenden Gewalt, zu deren Organen die Staatsanwaltschaft in der davon unzertrennlichen Abhängigkeit gehört, vornherein zurückgewiesen werden.

Läßt sich nun aber die Konsequenz in unserm jetzigen Staatsleben

---

*) Vergl. Mittermaier das Deutsche Strafverfahren (3. Aufl.) §. 15.

auch nicht bis dahin treiben, daß es dem Privatwillen überlassen bleiben könnte, die Verbrechen jeder Art vor Gericht zu verfolgen (in England erschlafft auch diese Maxime mehr und mehr), ist es vielmehr als nothwendig anerkannt, öffentliche Ankläger zu ernennen, um den unter den Schutz der Strafgesetze gestellten Rechten in wirksamer Weise diesen Schutz von den Gerichten zu verschaffen: so vereinigt es sich doch sowohl mit dieser Nothwendigkeit, wie mit der Folgerichtigkeit aus den Zeitforderungen (a, b, c) und dem natürlichen Rechtsgebote, einestheils den Nächstbetheiligten die Privatanklage offen zu lassen, anderntheils den Gerichten diesen ursprünglichen Weg zur Kenntniß der Verbrechen und Erfüllung ihres Berufs nicht zu versperren und die Möglichkeit der Ausübung des Richteramts, wenn dasselbe von den Verletzten angerufen ist, nicht von der Erwägung einer andern Behörde abhängig zu machen. Daß dieses nichtsdestoweniger geschehen ist, läßt sich nur aus Verhältnissen erklären, die außerhalb des Rechtsgebiets liegen: indem man dem Drange der Zeit ihre bezeichneten Forderungen bewilligte, machte man die Staatsanwaltschaft nicht blos zu einer vor Gericht anklagenden, sondern auch zu einer dem Privatankläger und dem gerichtlichen Befinden prävenirenden Behörde, uneingedenk, daß selbst das Canonische Nullus laicus andeat clerico crimen inferre nicht so weit ging, die Anklage Demjenigen zu verwehren, der ein ihm selbst widerfahrenes Verbrechen bestraft wissen wollte*).

Allerdings ist dabei in den Deutschen Strafprozeß-Ordnungen als Pflicht der Staatsanwaltschaft bezeichnet, gleichmäßig die Anzeigen der Unschuld wie der Schuld — die Wahrheit — zu ermitteln und die Deutsche Staatsanwaltschaft im Großen und Ganzen hat dieser Aufgabe keine Unehre gemacht: allein eine solche Aufgabe richterlicher Unparteilichkeit für die Staatsanwaltschaft trägt in sich selbst die Beschränkungen, daß diese Behörde dennoch vorzugsweise „Vertreterin des verletzten Staates" **) bleibt, in deren Erwägung, ob im Staatsinteresse

*) Causa II. Qu. 7 cap. 2 cum c. IV. Qu. 6 cap. 2 cit. §. 1 oben.

**) Oesterreische Straf-Prozeß-Ordnung §. 5. 7 alin. — Thür. Str.-Pr.-Ordnung §. 4. 5 alin. — Hannoversche Str.-Pr.-Ordnung §. 20 alin. 5 rc. — Andere Straf-Prozeß-Ordnungen sprechen dies nicht so wörtlich aus, es liegt aber überall im Be-

eine Anklage zu erheben oder abzulehnen sei, andere Rücksichten, als die Bestrafung der Schuld oder Beschirmung der Unschuld des Individuums sich einmischen können, und daß ihr die formalen und realen Garantien der Unabhängigkeit des Richterstandes jedenfalls abgehen, wofür ein ehrenhaftes Streben ihrer Mitglieder der öffentlichen Meinung und dem zurückgewiesenen Kläger oder verfolgten Angeklagten keinen beruhigenden Ersatz darbietet.

Auf der andern Seite läßt sich das Privatanklagerecht seinem besondern Grunde wie seinen Ausführungsmitteln nach dem Amte der Staatsanwaltschaft nicht gleich stellen und giebt Mißbräuchen Raum, wovon hierbei nicht die Rede sein kann. Dasselbe war daher, obgleich niemals vor der Einführung des modernen Strafprozesses aufgehoben, doch in der Ausübung immer gewissen Bedingungen und Schranken unterworfen, die desto strenger waren, je weiter Jemand in seinem Verfolgungsrechte vor dem Strafgerichte gehen wollte: am strengsten bei der accusatio, am mildesten bei der denunciatio, für deren gehörige Constatirung der Richter nur zu sorgen hatte, damit er das Weitere veranlassen und eventuell den falschen Denuncianten zur Rechenschaft ziehen könne.

Von diesem Gesichtspunkte aus ist man nirgends in Deutschland dahin gekommen, dem Verletzten die Westrheinische direkte Ladung des Bezüchtigten vor das erkennende öffentliche Gericht zu gestatten. Derselben stand freilich noch ein äußerer Grund entgegen: der Mangel des Amtes der Gerichtsvollzieher, welche ohne Vorwissen des Gerichts auf den Antrag der Partei die Ladung in die Sitzung bewirken können. Wo dies Gerichtsvollzieheramt mit dieser Bedeutung nicht besteht, müßte entweder das erkennende Gericht selbst, wenn man dem Verletzten die unmitttelbare Herbeiführung der Hauptverhandlung bewilligen wollte, auf die Privatanklage die Ladung des Beschuldigten in die öffentliche Sitzung ohne Prüfung der Sache verfügen, was dem Deutschen Richteramte offenbar nicht, wie dem Westrheinischen Gerichtsvollzieher,

---

griffe des öffentlichen (Staats-) Anklägers und zahlreiche Ministerial-Instruktionen weisen darauf hin.

zuzumuthen ist — oder es müßte der „unmittelbaren Vorladung" *) ein ähnliches Verfahren vorausgehen, wie der Hauptverhandlung, welche auf den Antrag der Staatsanwaltschaft ohne förmliche Voruntersuchung verfügt werden kann, wozu aber der Privatanklage die Voraussetzungen des Antrags der Staatsanwaltschaft — das polizeiliche bzw. Scrutinialverfahren — fehlen. Auch halte ich die direkte Ladung für keinen Vorzug der Westrheinischen Prozeß-Ordnung; sie hat ihren Grund augenscheinlich nicht in einer rechtlichen Nothwendigkeit, sondern in der eigenthümlichen Geschichte des Französischen Strafgerichtsverfahrens und in der Oekonomie des Prozesses, wogegen die Kränkungen, welche dem Angeschuldigten daraus erwachsen können, daß jeder Privatgegner ihn unmittelbar vor ein öffentliches Strafgericht stellen darf, ungleich schwerer in die Waagschale fallen. Das Recht eines Verletzten, den Strafbaren auch vor den Strafrichter zu stellen, ist vollständig gewahrt, wenn jener zu diesem Ende dasjenige Verfahren einleiten kann, welches das regelmäßige und gründlichste ist: eine erschöpfende richterliche Untersuchung, die zugleich den Angeschuldigten gegen eine übereilte Verweisung vor die öffentlichen Schranken, sei es der Kreis- oder der Schwurgerichte schützt. Erfahrungsmäßig wird zwar unter der Herrschaft des Westrheinischen Strafprozesses weit häufiger von der direkten Civilklage, als von der Anstellung derselben bei dem Untersuchungsrichter Gebrauch gemacht; allein die Gründe davon liegen eben nur im einseitigen Interesse des Klägers, der dabei weniger Zeit und Kosten aufzuwenden hat, als wenn der Hauptverhandlung eine Voruntersuchung vorausgeht, und den Gegner empfindlicher angreift.

Dies führt zu der Bemerkung, daß es überhaupt bedenklich ist, aus dem größern oder geringern Gebrauche der Privatanklage, wo sie besteht**), einen Schluß auf das Bedürfniß derselben dort zu ziehen, wo sie nicht besteht. Hier bedarf die absolute Gerechtigkeit derselben und wird sie fordern, bis sie gewährt ist; wenn dies geschehen, hat das Privatanklagerecht mit jedem andern Rechte gemein, daß man je nach den Umständen dasselbe anwendet oder nicht: überall werden Privat-

*) Vergl. Art. 253—58 der Königl. Sächsischen Str.-Pr.-Ordnung.

**) Vergl. v. Groß und Schwarze a. a. O. in der „Strafrechtszeitung".

anklagen desto weniger vorkommen, je mehr die Staatsanwaltschaft in Zurückweisung oder Verfolgung der Anzeigen das Rechte will und trifft. Sie selbst wird hierbei im Interesse der Parteien wie des von ihr vertretenen Gesammtwohls und der Staatskasse desto freier sich bewegen können, je weniger ihre Entschließung dem Privatinteresse präjudicirt, und je mehr dagegen ihre Verantwortlichkeit vermindert und das Odium ihrer Absicht oder ihres Irrthums vom Staate selbst fern gehalten wird. Wenn daher am Juristentage ein achtungswerther Vorfechter der Staatsanwaltschaft seine Genugthuung darüber ausdrückte, daß er recht viele Anzeigen zurückweise, so lag als Antwort die Frage nahe: ob er diese Genugthuung nicht noch öfter und reiner empfinden würde, wenn er der zurückweisenden Verfügung hinzufügen könnte: es bleibe dem Ankläger selbst überlassen, das richterliche Gehör zu verlangen. In der That verfügt auch die Rheinische Staatsanwaltschaft täglich in diesem Sinne und Niemand beschwert sich darüber, während die Staatsanwaltschaft anderwärts weit mehr Untersuchungen von Amtswegen einleitet und dennoch Viele sich darüber beschweren, daß sie mit ihren Anklagen kein Gehör finden.

Das sind die allgemeinen Gesichtspunkte, aus welchen ich glaube, daß der Juristentag im Anschlusse an schon vorhandenes, in obigen Umrissen (§§. 3 und 4) hervorgehobenes, Deutsches Strafprozeßrecht etwa folgende Normen, vorbehaltlich ihrer speziellern Ausführung und Fassung je nach der Gestaltung der gemeinsamen Strafprozeß-Ordnung im Uebrigen, den Staatsregierungen zu empfehlen habe.

§. 6.

Gutachtliche Normen für das Verhältniß der Privatanklage zur öffentlichen Anklage in Deutschland.

1) Anzeigen wegen strafbarer Handlungen und Anträge*) auf Bestrafung der Schuldigen sind dem zuständigen Staatsanwalte einzureichen.

2) Sieht die Staatsanwaltschaft sich nicht veranlaßt, darauf eine

*) Darunter begreife ich auch die Anträge wegen Vergehen, die nicht von Amtswegen verfolgt werden dürfen.

Verfolgung einzuleiten, so hat sie den Angeber oder Antragsteller hiervon zu benachrichtigen.

3) Ist derselbe durch die angezeigte Handlung in seinen eigenen Rechten *) verletzt und will als Ankläger gegen eine oder mehrere bestimmte Personen deshalb auftreten, so kann er die Anklage dem zuständigen Untersuchungsrichter und in Sachen von der Zuständigkeit des Einzelrichters der Ortspolizeibehörde zu Protokoll geben oder in einer von einem Rechtsanwalte beglaubigten Schrift dem Untersuchungsrichter bezüglich dem Einzelrichter, welchem die Ortspolizeibehörde das Protokoll zuzufertigen haben würde, einreichen.

Die Anklage muß die Thatsachen, wodurch ein Strafgesetz übertreten sein soll, die Bezeichnung der Beweismittel dafür und für die Thäterschaft des Angeschuldigten, so wie die Erklärung enthalten, daß der Ankläger sich der Verurtheilung in die Untersuchungskosten soweit unterwerfe, als dem Angeschuldigten dieselben nicht zur Last gelegt würden. **)

Auch ist mit der Anklage der Bescheid des Staatsanwaltes, wodurch die Verfolgung von Amtswegen zurückgewiesen ist (2), zu überreichen.

4) Die Untersuchung kann darauf nur durch einen Collegialbeschluß des Gerichts (Rathskammer) abgelehnt oder eingestellt werden, gegen welchen dem Privatankläger dieselben Rechtsmittel, wie der Staatsanwaltschaft gegen dergleichen Beschlüsse, im Instanzenzuge zustehen.

5) So oft nach Eröffnung der Thätigkeit des Untersuchungsrichters die Acten dem Gerichte zur Beschlußnahme vorgelegt werden, ist die Staatsanwaltschaft vorher mit ihrem Antrage zu hören.

6) Die Staatsanwaltschaft hat die Anklageschriften, welche ihr in den von Amtswegen eingeleiteten Untersuchungen in Folge des Beschlusses der Raths- oder der Anklagekammer obliegen, um der Hauptverhandlung zur Grundlage zu dienen, auch in denjenigen Untersuchungen anzufertigen, die auf eine Privatanklage eingeleitet sind. Abschrift

*) Welchen die Rechte seiner unselbstständigen Angehörigen gleich zu stellen sind. Vergl. Art. 4, m. E. 47 f. der Thür. Str.-Pr.-Ordn. rc.

**) Ausländer haben einen vorläufig zu veranschlagenden Kostenbetrag zu hinterlegen oder Bürgschaft zu stellen.

der Anklageschrift ist sowohl dem Ankläger als dem Angeklagten mindestens .... Tage vor der Eröffnung der Hauptverhandlung mitzutheilen.

7) In Sachen von der Zuständigkeit des Einzelrichters leiden die Bestimmungen 4, 5, 6 keine Anwendung. Kann sich der Einzelrichter zur Einleitung des Strafverfahrens (zur Hauptverhandlung) nicht entschließen, so hat er den Ankläger mittelst Verfügung zurückzuweisen, wogegen demselben der Beschwerdeweg an die Rathskammer des Collegialgerichts offen steht.

Das Mandatsverfahren findet auf Privatanklagen nicht statt.

8) Zu jeder Hauptverhandlung vor dem erkennenden Gericht sind der Staatsanwalt*), der Privatankläger oder der von ihm bevollmächtigte Rechtsanwalt, und der Angeschuldigte vorzuladen. Dieselben, so wie der Vertheidiger des Angeschuldigten, können darin (nach näheren Vorschriften) Beweise vorbringen und Fragen und Anträge sowohl über die Strafbarkeit als über die Entschädigungs-Verbindlichkeit des Angeschuldigten stellen und am Schlusse der Beweisverhandlungen mündlich auszuführen suchen. Der Staatsanwalt hat hierbei zuerst, der Angeschuldigte und sein Vertheidiger zuletzt das Wort.

9) Konnte die Ermittelung des Entschädigungsanspruchs des Privatanklägers ohne erhebliche Verzögerung der Untersuchung nicht erfolgen, so ist derselbe in dem Urtheile je nach Lage der Sache entweder mit seiner Forderung überhaupt oder mit der Liquidation ihres Betrags vor den Civilrichter zu verweisen.

10) Sämmtliche obige Bestimmungen greifen auch bei gemeinen und solchen Dienstvergehen der öffentlichen Beamten Platz, welche in den allgemeinen Strafgesetzen mit Strafe bedroht sind.**)

---

*) Bzw. Polizeianwalt, wie er in Preußen bei dem Einzelrichter heißt.

**) Nur in Bayern und Hannover scheint nach §. 4 die Einleitung der Voruntersuchung gegen Beamte wegen Dienstverbrechen von dem Antrage der vorgesetzten Dienstbehörde unabhängig gewesen zu sein, und Rechtsgründe gegen diese Unabhängigkeit des richterlichen Berufes auch Beamten gegenüber sind sicher unerfindlich. Aber auch die politischen Gründe dagegen leiden m. E. an großer Einseitigkeit. Zeigt die Staatsverwaltung Mistrauen gegen die Gerichte, so wird das Volk ganz gewiß ihr mistrauen, und enthält sie dem competenten Gerichte die Untersuchung einer im Strafgesetzbuche vorgesehenen Handlung vor, weil der Beschuldigte ein

Die Staatsanwaltschaft hat von jeder Anzeige, der Untersuchungsrichter von jeder Privatanklage gegen einen Beamten dessen vorgesetzte Dienstbehörde zu benachrichtigen.

Hinsichtlich des Injurien-Prozesses halte ich besondere Bestimmungen neben den obigen nicht für geboten, es sei denn, daß wegen einfacher Ehr- und Körperverletzungen auch das Mandatsverfahren auf Privatanklage (7 a. E.) zugelassen würde, was ich allerdings für zweckmäßig erachte*), indem ich auch im Uebrigen denjenigen Gesetzgebungen der Natur der Sache nach den Vorzug gebe, welche den Civilprozeß wegen strafbarer Injurien ausschließen und dieselben, soweit sie nicht unter eine höhere Strafgerichtsbarkeit fallen, vor den Einzelstrafrichter verweisen.

Die Zulässigkeit des Adhäsions-Prozesses der Verletzten in einer auf öffentliche Anklage eingeleiteten Untersuchung läßt sich nicht sowohl als Rechts-, wie als Zweckmäßigkeitsforderung zur Verminderung der Prozesse geltend machen, und folgt insbesondere nicht mit Nothwendigkeit aus dem Rechte zur Privatanklage, die ja nicht der vermögensrechtlichen Ersatzpflicht, sondern der Strafbarkeit des Schuldigen halber vor das Strafgericht gebracht wird. Ref. schließt sich jedoch der in den meisten Deutschen Ländern herrschenden Ansicht für den Adhäsionsprozeß mit der Maßgabe oben unter 9 an.

Die Napoleonische Idee von einer Einleitung der Untersuchung durch die Appellationsgerichte auf Anzeige eines ihrer Mitglieder**), wodurch der Kaiser nicht den verletzten Privatpersonen, sondern der Staatsanwaltschaft zu Hülfe kommen wollte, wenn es ihr an Muth gegen die Verbrecher gebrach, kann m. E. das Recht der Privatanklage unmöglich ersetzen: ihre Einführung mit Ausschluß der Privatanklage würde entweder als eine Anomalie im geordneten Rechtsverfahren auf dem Papiere bleiben, wo sie bisher geblieben ist, oder die Appellationsgerichte mit so vielen Privat-

---

Beamter ist, so wird die öffentliche Meinung sich zu einem viel gefährlichern Richter über denselben machen.

*) Vergl. Sächs. Str.-Pr.-Ordnung Art. 371 und 368. — Preuß. Ges. vom 3. Mai 1852, Art. 122 ff. (die jedoch auf Injurien nicht anwendbar sind, s. oben §. 4 IV. 5).

**) §. 3 oben Nr. 5.

anklagen befassen, daß die Stellung derselben als Richter-Spruchkollegien wesentlich verändert, die Würde und das Ansehen derselben gewiß nicht erhöht, das Ansehen der Staatsanwaltschaft aber unstreitig herabgedrückt würde*). Hiermit soll indessen nicht geleugnet werden, daß in außerordentlichen Fällen eine ähnliche Befugniß der Appellationsgerichte erwünscht und, wo die Privatanklage besteht, unschädlich sein kann.

Weiter eingehende Motive zu den einzelnen vorgeschlagenen Sätzen und zur Beseitigung der Gegengründe müssen eventueller mündlicher Diskussion vorbehalten bleiben.

§. 7.

Die Parteistellung der Staatsanwaltschaft und die Gleichheit der Waffen.

Ich komme nun zum dritten Theile des Lewald'schen Antrags, freilich erst bei dem Ablaufe des durch die Bekanntmachung v. 26. März d. J. (Preuß. Gerichtsztg. Nr. 18) bestimmten Termins, so daß eine Kürze in dieser Beziehung doppelt geboten ist. Dieselbe wird auch um so verzeihlicher sein, da noch seit dem vorigen Juristentage der ehrwürdige Nestor der Deutschen Rechtslehre in dem Aufsatze: „Der Grundsatz der Gleichheit der Waffen der Anklage und der Vertheidigung" 2c. (in der Deutschen Strafrechtszeitung Nr. 1 und 2 und bes. abgedruckt) das Thema behandelt hat, und ich kein Bedenken trage, mit den dortigen Forderungen mich im Wesentlichen einverstanden zu erklären, wenngleich die Stellung der Staatsanwaltschaft zum Advokatenstande, wie Mittermaier sie schildert, meinen Erfahrungen über die Wirklichkeit in Deutschland nicht entspricht. Zwar lege ich, wie schon beiläufig bemerkt ist, kein allzugroßes Gewicht darauf, daß der Beruf, welchen die meisten Gesetzgebungen der Staatsanwaltschaft ausdrücklich auflegen, nicht hauptsächlich im Anklageamte, sondern in der Fürsorge besteht, daß nur

---

*) Das haben in Frankreich sowohl die Appelhöfe als die Staatsregierung im Laufe der Zeit sehr wohl eingesehen und daraus erklärt sich — abgesehen von der Statthaftigkeit der plainte — die Unfruchtbarkeit einer vom Kaiser selbst so pomphaft ins Leben gerufenen Bestimmung.

Schuldige nur in **Gemäßheit** der formellen und materiellen Strafgesetze bestraft werden; allein dennoch ist es nicht ohne Bedeutung, daß die öffentliche Anklage gesetzlich nur eine diesem höhern Berufe angehörige Funktion ist*), und giebt sie auch letzterem einen Anstrich und mitunter einen Charakter, wodurch sie als die Hauptaufgabe den ganzen Beruf zu beherrschen scheint und leider manchmal beherrscht haben mag: so liegt hierin immerhin ein **Mißbrauch** der öffentlichen Anklage und der Rechte der Staatsanwaltschaft zur einseitigen Verfolgung derselben, d. i. keine Pflichterfüllung, vielmehr eine **Pflichtverletzung** des Staatsanwalts, von deren Präsumtion bei der vorliegenden Frage man ebensowenig ausgehen darf, wie andrerseits davon, daß ein Rechtsanwalt das Vertheidigungsrecht durch die Appellation an Gefühle und Leidenschaften auf Kosten der Vernunft und Gerechtigkeit mißbrauchen kann. Die Rolle der Vertheidigung an und für sich ist in der Regel unzweifelhaft die dankbarere, weil das Herz leichter zu Gunsten des Angeklagten als der abstrakten Staatsgesellschaft gegen denselben gewonnen wird und eher sich überreden, als der Verstand sich überzeugen läßt. Wer Jahre lang als Richter und als Staats- oder Rechtsanwalt an Gerichten beschäftigt war, wo die Oeffentlichkeit und Mündlichkeit des Verfahrens schon längere Zeit bestanden und Jeder sich darin zurecht gefunden hat, der giebt schwerlich zu, daß hier die Staatsanwaltschaft vermöge ihrer Stellung als öffentliche Anklägerin an sich ein Uebergewicht über den favor defensionis habe, und weiß, daß das Ansehen des einzelnen Staatsanwaltes und sein Einfluß auf Richter und Geschworene in dem Maaße wächst, worin er das Anklageamt nicht als Partei, sondern als Diener der Gerechtigkeit versieht.

Es ist endlich im Allgemeinen nicht einzuräumen, daß der Staatsanwalt in der Wahl der Angriffsmittel bei der öffentlichen Verhandlung unbeschränkter sei, als der Angeklagte in der Wahl der Vertheidigungsmittel: kann auch den Vertheidiger ein Ordnungsruf treffen, der

---

*) Dieselbe ist nicht nothwendig und war nicht immer damit verbunden. Das Französische Intermediär-Gesetz vom 16./29. September 1791 machte den directeur du jury zum accusateur public, statt dessen auch die partie plaignante den Anklageact fertigen und die Anklage-Jury befassen konnte, und beließ den Beruf der Staatsanwaltschaft im Strafverfahren im Uebrigen dem Commissaire du roi. Hél. I. p. 681 f.

dem Gerichte gegen den Staatsanwalt nicht zusteht, so hat dieser doch viel härtere Maßregeln seiner Vorgesetzten zu fürchten, wenn er die Würde des Amtes vergißt, und selbst die öffentliche Aufmerksamkeit überwacht das Maaß seiner Worte in ungleich höherem Grade, als die Ausdrucksweise des Vertheidigers*); wird ein Ordnungsruf wider diesen übel angebracht, so wirkt er zudem eher zum Vortheile als zum Nachtheile der Vertheidigung selbst. Beispiele davon hat jeder Praktiker erlebt; ich verzichte daher auf den Beweis mit solchen und will mich nur gegen die Beweisführung einer Ungleichheit der Waffen in der öffentlichen Verhandlung aus einzelnen Beispielen anderer Art (wie dem Ollivier'schen) hiermit verwahrt haben. Als wirkliche aus jeder Deutschen Strafprozeß-Ordnung zu beseitigende Ungleichheiten in den Befugnissen der Staatsanwaltschaft und der Vertheidigung erkenne ich mit Mittermaier an:

I. Die Auseinandersetzung der Anklage durch die Staatsanwaltschaft (exposé) im Anfange der Hauptverhandlung, welche in mehreren Deutschen Strafprozeß-Ordnungen, wie in Preußen außer der Rheinprovinz, auch schon beseitigt ist;

II. das Verbot des unmittelbaren Fragerechts des Vertheidigers (Mittermaier a. a. O. Nr. III) an die Zeugen und Sachverständigen;

III. die Ungleichheit der Befugnisse des Vorsitzenden des Gerichts, eventuell des Collegiums, dem Staatsanwalt und dem Vertheidiger gegenüber hinsichtlich der Leitung der Verhandlungen: dazu gehört, daß jene den Ausschreitungen des Staatsanwaltes, namentlich einer Ausdehnung des Fragerechts über die erheblichen Umstände hinaus und einem mißbräuchlichen Verhalten des Staatsanwaltes, wie es Mittermaier unter den Nummern IV, V und VI der Staatsanwaltschaft zuschreibt, durch Unterbrechung bez. sachliche Unterdrückung in dem nämlichen Maaße begegnen dürfen, wie dem Vertheidiger, vorbehaltlich weitergehender auf den objektiven Verlauf der Verhandlung einflußloser Rügen für die Disziplinarbehörde des Staatsanwaltes. Auch kann es nicht zweifelhaft sein, daß hinsichtlich der Vorhaltung von Widersprüchen in

---

*) Macdonald'sche Affaire.

den gegenwärtigen und früheren Zeugenaussagen (V das.) die Vertheidigung die nämlichen Befugnisse mit der Staatsanwaltschaft hat und behalten muß, wie sie sich derselben alltäglich bedient. Schlußvorträge eines deutschen Staatsanwalts von der unter Nr VI das. geschilderten Gefahr sind mir nur sehr selten und niemals vorgekommen, ohne daß dadurch der Vertheidiger in seiner Erwiderung in Vortheil kam. Ueber Form und Inhalt der Schlußdebatten dürften überhaupt nicht leicht besondere Vorschriften zu machen sein: das letzte Wort ist das allein mögliche und erhebliche Vorrecht in Beziehung darauf und muß der Vertheidigung bleiben.

Den Mittermaier'schen Anforderungen möchte ich dagegen noch hinzufügen:

IV. Gleichberechtigung des Anklägers und der Vertheidigung hinsichtlich der Vorladung von Zeugen zur Hauptverhandlung: insbesondere müssen nicht blos diejenigen Entlastungszeugen, welche über Umstände vorgeschlagen sind, die das Gericht für erheblich erachtet, in der für erheblich erachteten Zahl auf Staatskosten vorgeladen, sondern alle Zeugen, welche der Angeschuldigte vorschlägt, zugelassen werden, wenn er die Kosten ihrer Vorladung und Erscheinung hinterlegt (wo er die Erscheinung derselben nicht ohne vorgängige Verfügung des Gerichts durch einen Gerichtsvollzieher oder freiwillig bewirken kann, wie unter der Westrheinischen Strafprozeß-Ordnung).

Der Lewald'sche Antrag verlangt jedoch noch weit mehr: Anerkennung gleicher Parteirechte des (öffentlichen oder Privat-) Anklägers und des Angeklagten und als Folge davon Gleichstellung des Staatsanwaltes und des Vertheidigers in der Voruntersuchung. Diese Forderung ist zwar als eine „unabweisliche Consequenz" des Privat-Anklagerechtes motivirt, steht aber m. E. damit nur in einem sehr lockern Zusammenhange, verwechselt das Wesen eines Strafverfahrens mit dem eines Civilprozesses und das Wesen der Voruntersuchung mit dem des Hauptverfahrens. Es ist dabei übersehen, daß jenes Recht der Anklage (nach den Anträgen 1 und 2 des Herrn Rechtsanwalts Lewald) darin besteht, ein strafgerichtliches Untersuchungsverfahren zum Zwecke der Anwendung des Strafgesetzes zu veranlassen, wobei der Hauptsache nach kein Streit um ein Objekt obwaltet, was ein Theil hat, der andere begehrt, oder um eine Leistung, die Einer fordert, der Andere verweigert, und schon deshalb von gleichstehenden Parteien und überhaupt Parteien im eigentlichen Sinne nicht die Rede sein kann. Die Privatanklage, die überhaupt immer nur ausnahmsweise und nach dem Lewaldschen Antrage selbst eventuell anstatt der öffentlichen Anklage eintritt, setzt gleich dieser eine richterliche Untersuchungs-Thätigkeit zu einem über allen Partei-Interessen liegenden Endzwecke in Bewegung, wobei gar nicht von der Ansicht ausgegangen werden darf, daß der Angeschuldigte schon darum ein Verdächtiger sei, der sich zu vertheidigen habe. Es wäre daher auch zu wünschen, daß eine feste Terminologie überall Diejenigen, welche noch nicht vor das erkennende Strafgericht — zur Hauptverhandlung — verwiesen sind, von den verwiesenen Angeklagten unterschiede. Wenngleich aber eine solche noch nicht durchgedrungen ist,*) so besteht doch der Sache nach der Unterschied unbestritten und ist in allen angeführten Strafprozeß-Ordnungen anerkannt und hervorgehoben: die Voruntersuchung soll erst den Thatbestand erheben und die Spuren der Thäterschaft nach allen Richtungen hin verfolgen; den Antrag des Staatsanwaltes oder Privatanklägers auf Einleitung derselben hat das Untersuchungsamt nur als einen Fingerzeig auf eine dieser Spuren vornherein in Betracht zu ziehen und die damit angezeigte Person nicht früher anzugehen, als das richterliche Ermessen die Spur erprobt hat. Erscheint zu dieser Probe auch schon eine Vernehmung des Bezüchtigten erforderlich, so wird derselbe doch — wenn nicht die Schwere des Verbrechens und der Verdachtsgründe eine Verhaftung bedingt — vorerst nur in seinem Interesse als Auskunftsperson gehört und man darf noch nicht von ihm sagen: er befinde sich in Untersuchung, er müsse sich vertheidigen. Hiermit würde der Raths- bzw. Anklagekammer in einer den Bezüchtigten gravirenden Weise vorgegriffen werden,

*) An Versuchen dazu fehlt es in den einzelnen Str.-Pr.-Ordnungen und der Doctrin nicht. — Vergl. z. B. die Hannoversche Str.-Pr.-Ordnung §§. 41, 131 ff. Oppenhoff zu §. 1 Verordnung von 1849 Nr. 11. Indessen läßt sich bei der Verschiedenheit des Deutschen Sprachgebrauchs den darin mit mancherlei Bedeutungen vorkommenden Ausdrücken „Bezüchtigten, Angeschuldigten, Beschuldigten, Angeklagten" ein technischer Stempel von der wünschenswerthen Wirkung schwer aufdrücken.

da die Einstellung des Verfahrens ihn von Rechtswegen nicht in die Kategorie der Freigesprochenen bringen, sondern in die Reihe der Unverdächtigen, die sich noch nicht in Untersuchung befunden haben, zurück versetzen soll. Der Lewald'sche Antrag zu 3 a auf einen „rechtsverständigen Beistand als Vertheidiger von Anfang der Voruntersuchung an" legt dieser also eine Bedeutung bei, wogegen der Angeschuldigte selbst sich wehren müßte, stellt ihn auf einen weit vorgerücktern Standpunkt des Strafverfahrens, als worauf eine bloße Anklage (im weitern Sinne des Wortes als Anlaß zur Einleitung der Voruntersuchung) und ihre Begründung in den Grenzen der Voruntersuchung ihn bringt, schickt den Vertheidigungsstand dem Anklagestande vorher. Die thatsächliche Aufklärung, worauf es in der Voruntersuchung ankommt, kann ein rechtsverständiger Vertheidiger nicht besser ertheilen, als der Angezeigte selbst.

So wenig ich hiernach dem dritten Vorschlage des Herrn Lewald in seiner Allgemeinheit beipflichten kann, so halte ich doch die Voruntersuchung hier und dort noch mancher Verbesserungen fähig: theils das Verfahren selbst, wovon im nächsten §. a. E. die Rede sein soll, theils ihren Anschluß an die Hauptverhandlung. In dieser Beziehung

V. dürfte jeder Antrag des Anklägers an die Raths- bzw. an die Anklage-Kammer, der auf Verweisung des Beschuldigten zur Hauptverhandlung gerichtet ist, demselben mitzutheilen*) und auf sein Verlangen einem von ihm zu bezeichnenden Rechtsanwalte die Akteneinsicht behufs seiner Gegenbemerkungen zu gestatten sein, die der Untersuchungsrichter ohne weitere eigenmächtige Schritte dem beschließenden Gerichte mit vorzutragen hätte; ebenso sind m. E.

VI. dem Angeschuldigten dieselben Rechtsmittel gegen den Verweisungs-Beschluß zu gestatten, welche dem Ankläger gegen den Einstellungs-Beschluß gewährt werden**).

---

*) So die Sächsische St.-Pr.-Ordnung Art. 231.

**) Anders das Preußische Recht: vergl. §. 12 Verordnung von 1849 und Art. 15 Ges. von 1852, Oppenhoff Nr. 10. Desgl. die Hannoversche Str.-Pr.-Ordnung §. 136. Dag. Sächs. Art. 240, 242 2c., C. cr. art. 296 gestattet dem Angeklagten nur die Nichtigkeitsklage gegen das Vorverfahren zu den Assisenverhandlungen binnen einer fünftägigen präclusivischen Frist. Vergl. Art. 135 das. —

§. 8.

Zur Regelung des Verhältnisses der Polizeibehörden, des Staatsanwaltes und des Untersuchungsrichters in der Voruntersuchung.

(Antrag des Herrn Geh. Raths. Prof. Dr. Mittermaier S. 127 der Verhandlungen des Ersten Juristentags.)

Es liegt m. E. tief im Interesse des Staates wie der Individuen, jede Abhängigkeit der Staatsanwaltschaft von der Polizeiverwaltung zu vermeiden und die gerichtliche Polizei von der verwaltenden und präventiven Polizei getrennt der Staatsanwaltschaft bzw. den Gerichten unterzuordnen. Denn Nichts ist für das Ansehen der Staatsgewalt selbst gefährlicher, Nichts für ihre Feinde erfreulicher und aufmunternder, als wechselseitige Eifersucht und Streitigkeiten der Behörden untereinander: das Schlimmste von Allem, wenn die Justiz weicht oder zur nothwendigen Erfüllung ihrer Aufgabe, welche das Volk in seiner großen Mehrzahl nun einmal für die nothwendigste, wenn nicht allein nothwendige unter den Aufgaben der Staaten erkennt, die Hülfe fremder Organe nachsuchen und möglicher Weise entbehren muß. Es gibt Nothstände, worin auch eine wohl eingerichtete gerichtliche Polizei für ihren Beruf nicht ausreicht; wenn aber unter gewöhnlichen Umständen den Justizbehörden die erforderlichen vollziehenden Beamten versagt sind, wenn der exekutive Polizeibeamte alsdann noch erst den Polizei-Direktor zu fragen hat, ob er dem Staatsanwalte oder Untersuchungsrichter Folge leisten könne und irgend ein anderer Dienst nicht vorgehe: dann wird der Nothstand signalisirt, die Feinde der Ordnung werden gereizt, sich für denselben zu rüsten, und Steine aus dem Fundamente des Staatsgebäudes in Räume getragen, wo sie nicht mehr befestigend,

---

Gegen Verhaftungs-Verfügungen findet in Deutschland durchgängig der Beschwerdeweg statt. — Wenn übrigens die Hannoversche Str.-Pr.-Ordn. in §. 78 dem Angeschuldigten zu allen Beschwerden im Laufe der Voruntersuchung einen Rechtsbeistand gestattet, so verliert diese Bestimmung sofort den größten Theil ihrer Bedeutung durch Versagung der Acten-Einsicht an denselben, der Vertheidigung während der Voruntersuchung (§. 80, nicht recht vereinbar mit §. 78), §. 84 vorl. Alin., §. 136 cit. — Vorschriften, deren Vergleichung beweist, wie wenig auch dort die Lewald'sche Ansicht ausführbar erschienen ist.

sondern erdrückend wirken. Eines von beiden: entweder die Polizei muß der Justiz in Justizsachen — und dahin gehört unbedenklich jeder Akt der Ermittelung und Verfolgung begangener Verbrechen und der daran Schuldigen — unbedingten Gehorsam leisten, oder aber die Justiz muß ihre besondere gerichtliche Polizei haben. Das ist eine Wahrheit, die Jedermann in Preußen schon aus den Grundsätzen des Codex Fridericianus über das Verhältniß der Justiz- zu den Verwaltungs-Behörden schöpfen konnte. Der Preußische Entwurf von 1851 (§§. 43 ff.) wollte die „gerichtliche Polizei" nach dem Westrheinischen Vorbilde einführen, das freilich wegen der doppelten Eigenschaft der betreffenden Beamten und dem Mangel an Unterbeamten noch manches zu wünschen läßt.*)

Der Art. 48 des neuen Darmstädter Entwurfs thut wesentlich das Nämliche, indem er die Lokalpolizeibeamten in ihrer Qualität als „Hülfsbeamte der Justiz" unter die Aufsicht und die Weisungen der Gerichte stellt, während der Art. 49 die Anwendung dieses Gebotes auf die Polizeidiener und Gensd'armen hindert, welche in der Westrheinischen Str.-Pr.-Ordn. gleichfalls nicht zur gerichtlichen Polizei gezählt werden. Die meisten Deutschen Strafprozeß-Ordnungen beschränken sich darauf, den „Polizei- oder Sicherheitsbeamten" als solchen gewisse Handlungen des ersten Angriffs zur Pflicht zu machen (Oesterreich. §§. 49 f., Preuß. Verordn. §. 4, Hannoversche §. 20 [gibt indessen der Staatsanwaltschaft eine größere Macht über die Polizei-Offizianten und ebenso] Baden §. 50, Württemberg Art. 18 f., Braunschweig §. 5).

Die Sächsische Strafprozeß-Ordnung hat (Art. 75 ff.) die gerichtliche Polizei ihrer besondern Bestimmung nach anerkannt, dem Justizminister untergeordnet und mit der „Besorgung ihrer Geschäfte die mit der Handhabung der Sicherheits-Polizei beauftragten Behörden und Beamten" betraut. Es ist anzuerkennen, daß die Beschaffung einer gerichtlichen Polizei, ähnlich der Rheinischen, dem Bedürfnisse der Justiz

*) Ungehörig und überflüssig ist m. E. auch die Französische Einreihung des Untersuchungsrichters unter die Beamten der gerichtlichen Polizei bezüglich seiner dahin einschlagenden Amtsverrichtungen (C. cr. art. 9, 10 et 57) und in Deutschland nicht nachgeahmt worden.

unter den vorhandenen Zuständen am meisten entspricht, und der Organisation eines von der administrativen Polizei geschiedenen gerichtlichen Polizei-Personals nicht leicht zu überwindende Schwierigkeiten entgegenstehen: dabei darf nur die verwaltende Polizei nicht in erster, die Justiz in zweiter Linie stehen, es ist vielmehr den Geschäften der gerichtlichen Polizei ohne Rückhalt der Vorzug vor den übrigen des nämlichen Dienstpersonals zu geben und, damit dieses wirksam geschehe, dem Justizministerium der Fonds und die Initiative für die Anstellung und Beaufsichtigung dieser Beamten einzuräumen.

So viel hier von dem Verhältniß der Justiz zu der Polizei. Es soll ferner noch das Verhältniß der Staatsanwaltschaft zu den Gerichten in Kürze berührt werden. Die Wirksamkeit der ersteren reicht bekanntlich in einigen Deutschen Ländern nach dem Westrheinischen Vorgange weit über den Strafprozeß hinaus, und steht dort wie in Frankreich sowohl bei den Gerichten als beim Publikum in desto größerem Ansehen. Ihre Beibehaltung kam selbst in der radikalen Umwälzung der Gerichtsverfassung während der Französischen Revolution nicht einmal in Frage; sie erschien erhaben über jeden Angriff, und nicht leicht ist von den größten Geistern und Rechtsgelehrten eines Landes eine Amts-Institution zu allen Zeiten so hoch gehalten worden, wie das öffentliche Ministerium in Frankreich.*)

Die Gerichte fühlen sich dadurch von mancher Nebenarbeit frei zu ihrer würdigsten Stellung, auf den Richterstuhl, erhoben, und die Ansicht, als könne ihr Ansehen unter demjenigen der Staatsanwaltschaft leiden, ist ihnen durchaus fremd. Wo dagegen die Thätigkeit der Staatsanwaltschaft auf den Strafprozeß beschränkt ist, hebt sich ihr Anklageamt zu augenfällig aus ihrem ganzen Berufe hervor, als daß ihre Stellung an der Seite der Gerichte in gleicher Weise fundirt erscheinen könnte, und die Staatsanwaltschaft gewinnt nur Theilnahme und Achtung, je nachdem sie von den Persönlichkeiten getragen wird. Wo etwa diese nicht selbst in den Verhandlungen vor Gericht die Schranken der Verfolgung der Anklage inne halten, deren Ueberschreitung auf Seite

---

*) Cf. Montesquieu Esprit des lois l. 20. — Hélie I. p. 693, II. p. 71. — Perrot, Verf. rc. der Gerichte der Preußischen Rheinprovinz Theil I. §§. 161, 164 ff.

der Vertheidigung das Gericht reprimiren könnte und würde: da weiß man sich keine genügende Rechenschaft zu geben, warum dem Gerichte die gleiche Befugniß dem Ankläger gegenüber nicht zustehen sollte. (Folgerungen hiervon auf das Bedürfniß der Erweiterung der richterlichen Befugnisse sind oben in §. 7 aus dem daselbst verfolgten Gesichtspunkte schon gezogen.) Ebensowenig erscheint es hier gerechtfertigt, in der Voruntersuchung den öffentlichen Ankläger nicht nur Anträge an den Voruntersuchungsrichter stellen, sondern auch jenen diesem bei einzelnen Untersuchungshandlungen kontrolirend zur Seite zu lassen, während die Anwesenheit eines Vertheidigers bzw. des Angeschuldigten selbst untersagt ist. Aus dem doppelten Gesichtspunkte des Verhältnisses des Staatsanwaltes zum Richter und des Anklagerechtes zum Vertheidigungsrechte geht demnach die Befugniß des Staatsanwaltes, allen Verhandlungen beizuwohnen*), m. E. zu weit.

Indem ich hiermit schließe, kann ich nur wünschen, daß das Gesagte die Anerkennung einiger vorurtheilsfreien Bemerkungen über Bestehendes und zu Bestellendes auf Deutschem Boden finde, die für die Beantwortung der angeregten Fragen und anzuschließenden gemeinschaftlichen Vorschläge des Deutschen Juristentags nicht ganz unerheblich scheinen.

*) Preußische Verordnung von 1849 §. 7. Die Westrheinische Str.-Pr.-Ordn. enthält einen solchen Satz auch nicht und das Gebot des Art. 62, daß der Staatsanwalt den Untersuchungsrichter zu Verrichtungen außer dessen Amtslocal begleiten solle, hat noch ihre besonderen Gründe in der dortigen Stellung der Staatsanwaltschaft.

Neue Anträge.

Neue Anträge.

1. Antrag der ständigen Deputation:

a) den §. 5 des Statutes dahin zu ändern:

„Der Beitrag der Gesellschafts-Mitglieder wird vom dritten Vereinsjahre an auf zwei Thaler jährlich festgesetzt und ist innerhalb vier Wochen nach Beginn jedes neuen Jahres zu entrichten, widrigenfalls derselbe durch Postvorschuß eingezogen wird. Nimmt ein Mitglied den mit Postvorschuß beschwerten Brief nicht an, so wird dies einer ausdrücklichen Austrittserklärung gleichgeachtet.

Für die am Orte des Juristentages selbst zu lösende Anmeldungskarte ist Ein Thaler zu entrichten."

b) den §. 6 des Statutes mit nachstehender transitorischer Zusatz-Bestimmung zu versehen:

„Für die Dauer des zweiten Juristentages werden die erste und zweite Abtheilung zu einer einzigen Abtheilung verschmolzen."

c) im §. 6 des Statutes hinter den Worten: „der Regel nach Abtheilungs-Berathungen voraus" folgende Bestimmung einzuschalten:

„Nach der Berathung in der bezüglichen Abtheilung findet eine Erörterung und Entscheidung in dem Plenum nur dann statt, wenn die Abtheilung eine solche beantragt oder das Plenum sich dieselbe vorbehält."

d) den §. 6 des Statutes auch noch mit folgendem Zusatze zu versehen:

„In jeder Abtheilung stimmen nur diejenigen mit, welche sich bei ihrer persönlichen Anmeldung in die betreffende Abtheilung eingezeichnet haben."

e) in §. 10 des Statutes hinter dem ersten Alinea folgende Bestimmung einzuschalten:

„Die Liste der zur Acclamation vorzuschlagenden Personen wird nicht von dem Präsidenten allein, sondern durch ihn, seine Stellvertreter und je zehn von jeder Abtheilung gewählte Vertrauensmänner festgestellt."

2. Antrag des Hofgerichtsrathes E. Brauer zu Bruchsal:

„Es möge zu §. 2 der Statuten folgender Zusatz beschlossen werden: In Bezug auf die Wahl des Versammlungsortes gilt, abgesehen von außerordentlichen Ausnahmsfällen, die Regel, daß abwechselnd eine geeignete Stadt in der nördlichen und in der südlichen Hälfte Deutschlands zu wählen ist, sofern nicht, was dazwischen zu jeder Zeit geschehen kann und öfters geschehen soll, eine annähernd im Mittelpunkte von Deutschland liegende geeignete Stadt als Versammlungsort bestimmt wird."

3. Wiederholter Antrag des Gerichts-Assessors Dulheuer zu Wernigerode,

betreffend die Organisation des Deutschen Juristentages (Seite 121—123 der Verhandlungen des Ersten Deutschen Juristentages), nebst folgendem eventuellen neuen Antrage:

„Der Deutsche Juristentag wolle beschließen:

A. Von den im §. 6 der Statuten aufgeführten Abtheilungen werden

a) die Abtheilungen ad 1 und 2 zu einer „Abtheilung für Civilrecht",

b) die Abtheilungen ad 3 und 4 zu einer „Abtheilung für Strafrecht, Prozeß, Studium und Praxis"

vereinigt.

B. Jede der beiden Abtheilungen zergliedert sich nach den einzelnen Deutschen Ländern in Unterabtheilungen, deren Organisation auf Grund der früheren und einer wiederholten Einzeichnung der Mitglieder in geeignete Listen der ständigen Deputation übertragen wird."

4. Antrag des Stadtrichters Primcker zu Breslau:

„Der Deutsche Juristentag wolle aussprechen, daß die Unabhängigkeit der Rechtspflege nur dann gewahrt sei, wenn der alte Deutsch-rechtliche Grundsatz, daß die Gerichte in allen Fällen über ihre Kompetenz selbst und ausschließlich zu entscheiden haben, ungeschmälert Geltung hat."

5. Antrag des Zweiten Präsidenten des Königlichen Ober-Tribunals Dr. Bornemann zu Berlin:

„Der Deutsche Juristentag wolle sich für die nachstehenden, das Hypothekenwesen betreffenden Sätze aussprechen:

1. Das Pfandrecht an einem Grundstück (Hypothekenrecht) wird nur durch die Eintragung in das Hypothekenbuch erworben und erlischt erst mit der Löschung im Hypothekenbuch. Die Eintragung erfolgt auf Grund einer dieselbe bewilligenden, genau formulirten Erklärung der Person, welche als Eigenthümer des in Rede stehenden Grundstücks eingeschrieben ist. Die Erklärung muß in gerichtlich oder notariell beglaubigter Form der Hypothekenbehörde eingereicht oder vor dieser selbst abgegeben werden. Eine die Eintragung anordnende Verfügung des Prozeß-Richters ersetzt die Erklärung.

2. Die Hypothekenbehörde hat vor der Eintragung nur die Form und den Inhalt der Erklärung (Verfügung) und die Legitimation des Erklärenden zu prüfen; insbesondere also: ob der, welcher die Erklärung abgegeben hat oder gegen den die Verfügung gerichtet ist, als Eigenthümer des in Rede stehenden Grundstückes eingetragen ist. Sie hat sich ferner zu vergewissern, daß keine der beantragten Eintragung entgegenstehende Beschränkungen im Hypothekenbuche eingetragen oder zur Eintragung angemeldet sind. Das der Erklärung zum Grunde liegende Rechtsgeschäft ist der Hypothekenbehörde nicht vorzulegen und von ihr nicht zu prüfen.

3. Die Urkunde über die erfolgte Eintragung (das Hypotheken-Instrument) wird dadurch gebildet, daß unter die zu 1 gedachte Erklärung (Verfügung) der Eintragungs-Vermerk gesetzt wird. Die daneben verlangte Abschrift des Hypothekenfoliums oder eines Auszugs aus demselben bildet keinen Theil des Hypotheken-Instruments.

4. Das Hypothekenrecht setzt zwar der Regel nach eine persönliche Forderung voraus. Für den Verkehr ist aber die Hypothek nicht als accessorische Verstärkung einer persönlichen Forderung, sondern als ein selbstständiges Recht aufzufassen, dessen Wesen darin besteht, daß die persönliche Verbindlichkeit, wenn und soweit eine solche existirt, von der dinglichen Verbindlichkeit nachgezogen wird.

5. Demgemäß wird der neue Erwerber eines Grundstücks für die darauf eingetragenen Forderungen, die er in partem pretii übernommen hat, oder, weil eine Schenkung der Erwerbsgrund ist, übernehmen muß, ohne Weiteres auch persönlich verhaftet. Der ursprüngliche oder später an dessen Stelle getretene persönliche Schuldner wird dadurch zwar von seiner Verbindlichkeit noch nicht befreit. Die Befreiung tritt aber ein, sobald der hypothekarische Gläubiger den neuen Eigenthümer des Grundstücks ausdrücklich oder stillschweigend als seinen Schuldner anerkennt. Stillschweigend kann dies geschehen durch die Ausstellung einer Zinsquittung auf den Namen des neuen Eigenthümers, ferner durch die Vornahme einer an denselben gerichteten Kündigung, sowie durch die ohne Vorbehalt erfolgte Annahme einer von demselben ausgegangenen Kündigung.

6. Die Abtretung oder Verpfändung einer hypothekarischen Forderung ist auch ohne Eintragung wirksam. Wenn jedoch die das Recht des neuen Erwerbers oder des Pfandnehmers anerkennende Erklärung nicht auf die zu 3 gedachte Urkunde gesetzt, sondern nur eine besondere Cessions- oder Verpfändungs-Urkunde ertheilt ist, so schließt der spätere redliche Erwerber oder Pfandnehmer, sofern demselben die zu 3 gedachte Urkunde ausgehändigt worden, den früheren Erwerber oder Pfandnehmer aus.

7. Die Eintragung des Rechts des neuen Erwerbers oder des Pfandnehmers der hypothekarischen Forderung darf nur auf Grund

einer diese Eintragung bewilligenden Erklärung des letzten rechtmäßigen Eigenthümers der Forderung erfolgen; diese Erklärung muß auf die zu 3 gedachte Urkunde gesetzt und gerichtlich oder notariell aufgenommen oder beglaubigt werden. Ist die Forderung vor der beabsichtigten Eintragung durch mehrere Hände gegangen, so hat der Richter oder Notar auf Grund der ihm vorzulegenden Cessions-Urkunden durch ein unter die vorgedachte Erklärung zu setzendes Attest zu bezeugen, daß der Erklärende sich als rechtmäßiger Eigenthümer ausgewiesen hat. Eine auf die Urkunde zu 3 gesetzte Ueberweisungs-Verfügung des Prozeßrichters ersetzt die Erklärung des Eigenthümers der Forderung. Nach erfolgter Eintragung des Rechts des neuen Erwerbers oder des Pfandnehmers ist der Eintragungs-Vermerk unter die vorgedachte Erklärung (Verfügung) zu setzen.

8. Wenn der Eigenthümer eines Grundstücks eine darauf haftende Hypothek einlöst oder aus irgend einem andern Grunde das Eigenthum eines Grundstücks und einer darauf haftenden Hypothek in derselben Person sich vereinigen, so hängt es, falls der Eigenthümer des Grundstücks nicht aus besonderen Gründen zu dem Antrage auf Löschung gezwungen werden kann, von dem Belieben desselben ab, ob er die Forderung löschen oder fortbestehen lassen will. In beiden Fällen wird die dem eingetragenen Forderungsrecht zum Grunde liegende persönliche Verbindlichkeit gänzlich aufgehoben. Die Rechte, welche dem Eigenthümer des Grundstücks aus der von einem früheren Eigenthümer übernommenen Verbindlichkeit, die fragliche Forderung zur Löschung zu bringen, oder aus einem anderen Rechtsgrunde (versio in rem, negotiorum gestio 2c.) zustehen, werden jedoch dadurch nicht berührt. So lange die Vereinigung dauert, begründet das durch die Eintragung in das Hypothekenbuch erhaltene äußere Fortbestehen des Forderungsrechts, die Umschreibung auf den Namen des Eigenthümers mag unterblieben oder erfolgt sein, keinen realisirbaren Anspruch. Das ungelöschte Forderungsrecht bildet nur einen verwerthbaren Gegenstand des Verkehrs; dergestalt, daß dasselbe von dem Eigenthümer einem Anderen als neuem Gläubiger übereignet und von dem Prozeßrichter einem Anderen überwiesen, auch bei der Veräußerung des belasteten Grundstücks durch den Vorbe-

halt des veräußernden Eigenthümers für diesen selbst wirksam gemacht werden kann. Wenn aber das belastete Grundstück zu einer Zeit, in welcher die Vereinigung noch besteht, im Wege der nothwendigen Subhastation verkauft oder der Konkurs über das Vermögen des Eigenthümers eröffnet wird, so darf das ungelöschte Forderungsrecht weder von dem Subhastaten noch auch von den Konkursgläubigern zum Nachtheile anderer eingetragener Gläubiger geltend gemacht werden.

9. Die Eintragung derselben Forderung auf mehrere Grundstücke (Korreal-Hypothek) führt zu bedenklichen Verwickelungen, welche die Ausschließung einer solchen Eintragung, wie in Hamburg wirklich geschehen ist, wünschenswerth erscheinen lassen. Bei der dieser Ausschließung entgegenstehenden Gewöhnung wird die Gesetzgebung sich indessen auf Bestimmung des Verhältnisses beschränken müssen, in welchem die mehreren Grundstücke unter sich haften. Als der angemessenste Ausweg erscheint die Bestimmung, daß jedes Grundstück den anderen nach Maaßgabe des Werths verhaftet ist, den es zur Zeit der Hypothekenbestellung hatte, daß aber Veränderungen dieses Werthes nicht vermuthet werden, mithin bis zum Beweise einer Veränderung der Werth, den die Grundstücke zur Zeit des Regresses haben, maaßgebend ist. Vorausgesetzt wird dabei, daß der Hypothekengläubiger sein Hypothekenrecht gegen jeden Eigenthümer eines verpfändeten Grundstücks unbeschränkt geltend machen darf.

10. Die Feuerversicherungsgelder treten zu Gunsten der eingetragenen Gläubiger an die Stelle der abgebrannten Gebäude."

5a. Antrag des Ober-Tribunalsraths Meyer zu Berlin:

„Der Unterzeichnete schlägt dem Juristentage nachstehende leitende Sätze für eine künftige Deutsche Hypotheken-Ordnung zur Annahme vor:

1. Die Errichtung eines Grund- und Hypothekenbuchs ist wünschenswerth, die eines Hypothekenbuchs ist jedenfalls nothwendig. In beiden Beziehungen findet aber kein Zwang von Staatswegen Statt, vielmehr ist es Sache dessen, welcher die Berichtigung des Folii für sein Eigenthum oder die Eintragung einer Forderung auf dasselbe herbeiführen will, die

nöthigen Vorbereitungen zu treffen und dem Hypothekenamt seine Berechtigung darzulegen.

2. Die Eintragung in die Grund- und Hypothekenbücher allein überträgt Eigenthum und dingliche Rechte, die Servituten mit eingeschlossen, abgesehen von publizistischen Verhältnissen. In gleicher Weise hört in Folge der Löschung Eigenthum und dingliches Recht auf.

3. Der Inhalt des Hypothekenbuchs allein entscheidet über die Existenz und den Umfang des eingetragenen dinglichen Rechts, auch bei etwanigem Widerspruch der Eintragungsurkunden. Doch haftet das Hypothekenamt, und zwar dessen Mitglieder solidarisch und persönlich, für die Uebereinstimmung und Vollständigkeit der Auszüge aus dem Hypothekenbuch, und in subsidium die Staatskasse.

4. Eintragungen geschehen nicht von Amtswegen, mit Ausnahme derjenigen Beschränkungen, welche aus der Qualität des Grundstücks von selbst kraft Gesetzes folgen, oder bei Uebertragung des Eigenthums oder dinglichen Rechts beliebt worden, und das dingliche Recht modificiren. Vielmehr sind die Anträge der Interessenten, wozu auch die Konkurs-, Subhastations-, Sequestrations-, Vormundschafts-, so wie die Verwaltungsbehörden in den geeigneten Fällen zu zählen sind, oder der Antrag des Prozeßrichters von dem Hypothekenamte abzuwarten. Dasselbe gilt von Uebertragungen hypothekarischer Forderungen, von Verpfändungen, Protestationen, Arresten und nicht minder von Löschungen eingetragener Rechte.

5. Alle Anträge bei dem Hypothekenamte sind entweder durch persönliche Erklärung vor demselben (Vollziehung entsprechender Formulare) oder durch Einreichung von dergleichen schriftlichen, gerichtlich oder notariell auf die kürzeste Weise beglaubigten Erklärungen resp. Formularen zu stellen.

6. Das Prinzip der Publicität wird unbedingt und im vollsten Umfange festgehalten.

7. Dasselbe gilt von dem Grundsatze der Spezialität. Es ist wünschenswerth, daß die Korrealhaftung mehrerer Grundstücke, welche zu Verwickelungen führt, beseitigt, jedenfalls, daß gesetzlich festgestellt werde, daß die Pfandstücke pro rata des Werths zur Zeit der Verpfändung

sich wechselseitig übertragen müssen, mit Vorbehalt des Rechts des Gläubigers, sich in solidum an jedes Pfandstück zu halten, und daß bis zum Gegenbeweise durch Feststellung der Werthe zur Zeit der Geltendmachung der Garantieansprüche das Beitragsverhältniß der einzelnen Pfandstücke ermittelt wird. In Folge dessen müssen auch bei Dismembrationen die Hypotheken getheilt, resp. die Werthe festgestellt werden. Bei Zuschlagungen nicht verschuldeter Grundstücke ist, Mangels der besonderen Einigung, anzunehmen, daß die Hypotheken des Hauptguts auch die zugeschlagenen Stücke ergreifen. Bei Zuschlagungen verschuldeter Grundstücke zu einem nicht verschuldeten gilt ein Gleiches. Sind aber auf Beiden Schulden eingetragen, so muß Mangels besonderer Einigung das Werthsverhältniß festgestellt werden.

8. Das Prinzip der Legalität wird nur soweit für begründet erachtet, als das Hypothekenamt die Form und den Inhalt der Erklärungen Behufs der Eintragungen und Löschungen und die Legitimation, Identität der Antragssteller und die aus dem Hypothekenbuch hervorgehenden Beschränkungen zu prüfen und zu berücksichtigen hat.

9. Die Eintragung des Besitztitels kann geschehen auf Grund der Uebertragung des durch das Hypothekenbuch legitimirten Veräußerers, oder in Folge rechtskräftiger Präklusions-, Adjudikations- und Expropriationsurtheile, oder rechtskräftiger Urtheile wider den eingetragenen Eigenthümer, oder endlich auf Grund amtlich nachgewiesenen rechtsverjährten Besitzes (44 Jahre). Sie ist nicht abhängig vom Nachweise der Naturalübergabe.

10. Rücksichtlich des Vorzugsrechts konstituirter Rechte entscheidet der Tag der Präsentation der Eintragungsanträge, welche angenommen und nicht etwa zurückgegeben waren, insofern eine besondere Einigung nicht Statt gehabt. Bei gleichzeitig präsentirten Eintragungsgesuchen von Hypotheken tritt, Mangels der Einigung, gleiches Vorrecht ein. Gleichzeitig eingereichte Gesuche um Eintragung des Eigenthums sind bis zur Entscheidung durch den Prozeßrichter zurückzuweisen.

11. Die Hypothek ist nicht als bloßes Accessorium der persönlichen Obligation anzusehen. Das Hypothekenamt nimmt von Letzterer keine Notiz. Vielmehr begründet Erstere ein selbstständiges Recht. Dieses Recht zieht aber, falls eine persönliche Obligation besteht, diese in der Art

nach sich, daß der neue Erwerber eines Grundstücks, welcher die eingetragenen Hypotheken übernimmt, dafür auch persönlich verpflichtet, der frühere Besitzer und der ursprüngliche Schuldner aber, falls der Gläubiger ausdrücklich oder stillschweigend in die Uebernahme in partem pretii willigt, oder nicht binnen zwei Jahren dagegen gerichtlich protestirt, und seine Rechte gegen die ihm persönlich Verhafteten verfolgt, von aller Haftung frei wird.

12. Hypotheken dürfen nicht in ungewisser und quantitativ nicht begrenzter Höhe ausgestellt werden, sondern müssen allemal einen bestimmten Geldwerth betreffen. Hypotheken dürfen auch nicht au porteur gestellt werden.

13. Durch Einlösung von Hypotheken erwirbt der einlösende Eigenthümer das Eigenthum der Hypothek, so daß er wie über ein bewegliches Stück des Vermögens darüber verfügen darf, es sei denn, daß das Hypothekenbuch eine Beschränkung in dieser Beziehung ergiebt, oder der Eigenthümer in Konkurs verfällt, in welchem Falle die postlocirten Realgläubiger ihr Recht vor der Konkursmasse geltend machen können, wie denn auch im Falle der subhastatio necessaria der Subhastat, da er zugleich persönlicher Schuldner ist, mit dem beanspruchten Vorzugsrecht durch die exceptio doli zurückgewiesen wird. Jener Grundsatz greift überhaupt nicht Platz, wenn die Hypothek in Folge richterlichen Urtheils als eine nichtige oder nicht übertragbare gelöscht werden soll.

Die durch Erklärung des tilgenden Besitzers oder durch richterliche Ueberweisung geschehene Uebertragung des Eigenthums der Hypothek hat alle Wirkungen der Cession und ersetzt dieselbe.

14. Es ist wünschenswerth, festzustellen, daß in Folge von Expropriationen die Hypotheken und dinglichen Rechte, falls nicht etwas Anderes beliebt wird, erlöschen, und daß die Feuersocietätsgelder an die Stelle der abgebrannten Gebäude in Bezug auf die Hypothekengläubiger treten.

15. Die Eintragung im Hypothekenbuch begründet den Mandatsprozeß und finden in diesem, unbeschadet aller persönlichen Ansprüche, nur solche Einwendungen Statt, welche die Eintragung selbst als unbegründet erscheinen lassen, oder die Tilgung des Realrechts in liquider

Weise darlegen. Das rechtskräftige Mandat und Mandatsurtheil giebt ein Recht zur sofortigen Sequestration und Subhastation.

16. Dem Hypothekenamt steht eine zum Richteramte qualifizirte Person vor, oder es wirkt wenigstens ein Richter bei rechtlichen Fragen mit. Alle Hypothekenämter stehen unter Kontrole der Obergerichte und des obersten Gerichtshofes."

6. Antrag des Notars Dr. Uchatzy zu Reichenberg in Böhmen:

„Der Deutsche Juristentag wolle aussprechen, es sei die baldigste Einführung eines allgemeinen Deutschen Patentgesetzes erwünscht."

7. Antrag des Geh. Justizraths, Professor Dr. Heydemann zu Berlin:

„Der Deutsche Juristentag wolle sich für baldige Herstellung eines gemeinsamen. Deutschen Gesetzes zum Schutze des Urheberrechts an Werken der Literatur und Kunst gegen Nachdruck so wie gegen unbefugte Nachbildung und Aufführung aussprechen."

8. Antrag des Rechtsanwalts Lewald zu Berlin:

„Der Deutsche Juristentag wolle seine Rechtsüberzeugung dahin aussprechen,

a) daß politische und Preßverbrechen sowie politische und Preßvergehen in sachlicher Beziehung sich vorzugsweise zur Aburtelung durch Geschworene eignen,

b) daß sie sachgemäßer durch Geschworene als durch Richterkollegien entschieden werden."

9. Antrag des Kreisrichters Zenthöfer zu Rybnick:

„Der Deutsche Juristentag wolle die Unterscheidung der im Strafprozesse zu beantwortenden Fragen in That- und in Rechts-Fragen als eine innerlich berechtigte anerkennen."

10. Antrag des Professors Dr. Glaser zu Wien:

„Der Deutsche Juristentag wolle sich dafür aussprechen, daß neben der Verjährung der strafgerichtlichen Verfolgung die Verjährung rechtskräftig erkannter Strafen zugelassen werde."

11. Antrag des Obergerichtsraths Vorwerk zu Wolfenbüttel:

„Der Deutsche Juristentag wolle beschließen:

1) daß auf jedem Juristentage von den Mitgliedern Auskunft darüber erwartet werde, was in den einzelnen Deutschen Staaten von Regierungen, Kammern, Gerichten und Vereinen für oder wider die Förderung Deutscher Rechtseinheit seit Jahresfrist geschehen sei,

2) daß die ertheilte Auskunft besprochen und sammt etwaigen Resolutionen veröffentlicht werden solle."

12. Antrag des Advokaten P. E. Förster zu Pirna:

„Der Deutsche Juristentag möge seine ständige Deputation (bis auf Weiteres) ein für alle Mal beauftragen, ihm alljährlich über die bisherige Einigung des in sein Bereich gehörigen Rechts und darüber, ob eine weitere Einigung des letzteren zur Zeit ausführbar und wünschenswerth sei, Bericht zu erstatten und im Falle der Bejahung dieser Frage ihm darüber, in welchen Rechtszweigen etwa die sofortige Ausführbarkeit und Dringlichkeit einer weiteren Einigung auszusprechen sei, unter möglichster Verfolgung eines gewissen Planes geeigneten Vorschlag zu machen."

Bericht

des

Referenten der ständigen Deputation über die vom Herrn Rechtsanwalt Lewald zu Berlin eingebrachten und dazu gestellten Nebenanträge.

Herr Rechtsanwalt Lewald hat auf dem vorjährigen Juristentage folgenden Antrag gestellt (vrgl. Verhandl. S. 71):

Der Juristentag wolle als seine Rechtsüberzeugung aussprechen:

1) jedem Privatbetheiligten' ist die Erhebung der Anklage in solchen Fällen zu gestatten, wo sich die Staatsanwaltschaft dessen weigert;

2) in allen Fällen sind neben der Staatsanwaltschaft den Privatbetheiligten die vollen Rechte einer Partei, welche nicht bloß die Zuerkennung einer Entschädigungssumme, sondern auch die Verurtheilung des Angeklagten erstreben darf, einzuräumen;

3) die Parteistellung des Anklägers bedingt es, daß dem Angeklagten gleiche Parteirechte eingeräumt werden, also namentlich

   a. daß er nicht erst nach geschlossener Voruntersuchung, sondern von Anfang an sich eines rechtsverständigen Beistandes als Vertheidigers bedienen darf,

   b. daß dem Vertheidiger gleiche Rechte mit dem Ankläger eingeräumt werden.

Zu diesem Antrage sind von mehreren Mitgliedern Amendements und beziehendlich Nebenanträge gestellt worden, welche S. 322 ff. in Verbindung mit S. 345 der „Verhandlungen des Ersten Deutschen Juristentags" verzeichnet sind.

Das Plenum beschloß auf den Antrag der dritten Abtheilung, welcher die Lewald'schen und die übrigen Anträge zur Vorberathung zugetheilt worden waren, die sämmtlichen Anträge zur Prüfung und zur Vorlage beim nächsten Juristentage an die ständige Deputation zu verweisen. (S. 246 ff. in Verb. mit S. 258 der Verh.)

Das Präsidium der ständigen Deputation hat den Herrn Ober-Staatsanwalt Dr. Freiherrn v. Groß zu Eisenach und den Herrn Ober-Tribunalsrath Dr. Freiherrn v. Seckendorff zu Berlin um Begutachtung dieser Anträge ersucht. Die von den genannten beiden Herren erstatteten Gutachten*) sind in der im Mai d. J. zu Berlin abgehaltenen Sitzung der ständigen Deputation dem unterzeichneten Deputationsmitgliede zum Vortrage überwiesen, und ist solcher hierauf von dem Unterzeichneten am 23. Mai d. J. erstattet worden. Die bei diesem Vortrage aufgestellten und berathenen Sätze befinden sich in der Beilage A., wie sie schon früher in der Preußischen Gerichtszeitung dieses Jahres Nr. 36 als Anhang zu dem daselbst veröffentlichten Sitzungsprotokolle der ständigen Deputation mitgetheilt worden waren. Diese Sätze haben, wo nicht das Gegentheil ausdrücklich bemerkt worden, die einstimmige Genehmigung der Deputation gefunden. Die Deputation hat zugleich, in Rücksicht auf die Motive des Plenar-Beschlusses, durch welchen die Deputation mit der Prüfung rc. der Anträge beauftragt worden, beschlossen, daß durch den Unterzeichneten nach Inhalt des von ihm in der Deputationssitzung erstatteten mündlichen Vortrags eine Darstellung der Gründe, auf welchen die Deputationsbeschlüsse beruhen, ausgearbeitet und diese Darstellung den Mitgliedern des Juristentags, Behufs der Benutzung bei den Berathungen in der Abtheilung und dem Plenum über die Lewald'schen und übrigen Anträge, zugestellt werde.

Der Unterzeichnete ist dem ihm gewordenen Auftrage nachgekommen, wenngleich nicht in so erschöpfender Weise, wie sein Wunsch gewesen, indem er hieran durch vielfache Amtsarbeiten gehindert worden; und übergiebt in der Beilage B. die erwähnte Darstellung. Wenn hierbei die Literatur vielleicht nicht allenthalben so vollständig angeführt worden,

---

*) Dieselben befinden sich in den Verhandlungen des Zweiten Deutschen Juristentags Bd. I. Lief. 1. S. 131 ff. und S. 175 ff.

wie es wohl an sich erforderlich gewesen, so bittet der Unterzeichnete, ihn auch hier mit der Kürze der ihm für diese Arbeit übrig gebliebenen Zeit freundlichst zu entschuldigen.

Die Darstellung schließt sich nicht streng an die gestellten Anträge an. Es erschien jedoch, bei der Tragweite und der hierdurch gebotenen Nothwendigkeit einer prinzipiellen Erörterung derselben, zweckmäßig, die hier maßgebenden Grundsätze selbst aufzustellen und zu beleuchten, indem man in der Deputation der Hoffnung sich hingab, daß auf solche Weise eine geregelte, erschöpfende und fruchtbringende Discussion zu erzielen sein werde, die Herren Antragsteller aber in der die Motive wie die Consequenzen ihrer Anträge möglichst umfassenden Darstellung gleichfalls eine der Wichtigkeit der Anträge entsprechende und die Beurtheilung derselben erleichternde Behandlung finden würden.

Dresden, im Juni 1861. Dr. **Schwarze.**

Beilage A.

§. 1.

Die Untersuchung einer strafbaren Handlung wird in der Regel durch den Staatsanwalt veranlaßt, indem das Verbrechen als eine Verletzung nicht blos des Individui, sondern zugleich der Gesammtheit sich darstellt. Bei besonders geringen Verbrechen kann das Gesetz die Erhebung der Anklage ausnahmsweise dem Beschädigten zuweisen und die Mitwirkung der Staatsanwaltschaft ausschließen. Dem Beschädigten sind hierbei insbesondere dieselben Rechtsmittel einzuräumen, welche das Gesetz der Staatsanwaltschaft zugesteht.

§. 2.

Die Staatsanwaltschaft kann die strafgerichtliche Verfolgung ablehnen, weil entweder die Handlung nicht unter das Strafgesetz zu stellen, oder die Anzeige nicht mit genügenden Beweisen unterstützt wird.

§. 3.

Der durch die strafbare Handlung Beschädigte kann im Falle solcher Ablehnung die Anzeige an das Gericht bringen und dessen Entscheidung veranlassen, ob der Fall zu strafgerichtlicher Verfolgung sich eigne oder nicht. Das Gericht kann zur Vorbereitung seiner Entscheidung auf Antrag wie von Amtswegen vorläufige Erörterungen veranstalten.

§. 4.

Fällt die Entscheidung zu Gunsten des Antragstellers aus, so konstituirt sich — nach der Meinung eines Theiles der Deputation — derselbe als Privatankläger und betreibt die Anklage bei den Gerichten ohne Mitwirkung der Staatsanwaltschaft, vorbehaltlich des Rechts derselben, im Laufe der Verhandlung sich der Sache wieder anzunehmen und sie weiter zu betreiben, wenn die Ergebnisse der Verhandlung oder etwaige Zwischenvorfälle eine solche Wiederanziehung der Sache durch die Staatsbehörde rechtfertigen. Dagegen soll — nach der Meinung des andern Theiles der Deputation — bei einer gerichtlichen Entscheidung der obigen Art die weitere Betreibung durch die Staatsanwaltschaft selbst erfolgen.

§. 5.

Dem Beschädigten ist der Anschluß an das Strafverfahren zur Geltendmachung seiner Schädenansprüche zu gestatten. Der Strafrichter kann die Verurtheilung auf den geforderten Schadensersatz miterstrecken oder den Beschädigten auf den civilgerichtlichen Weg verweisen, nicht aber den Angeklagten von der Forderung selbst lossprechen. Das Erkenntniß des Strafrichters ist, gleichviel ob der Beschädigte adhärirt hatte oder nicht, insoweit für den Civilrichter bei der Entscheidung über den Schädenanspruch bindend, als in dem strafgerichtlichen Erkenntniß ausgesprochen ist, daß die That begangen worden und daß der Angeschuldigte sie begangen habe. Es wird hierbei allenthalben vorausgesetzt, daß der erkennende Richter auch im Civilprozesse an gesetzliche Beweisregeln nicht gebunden ist.

§. 6.

Dem Beschädigten ist zu jenem Behufe — nach der Ansicht eines Theiles der Deputation — eine selbstständige Mitwirkung bei den Beweisaufnahmen durch Anträge auf Zeugenvorladungen und andere Beweishandlungen zu gestatten, während — nach der Ansicht des andern Theiles der Deputation — eine solche Mitwirkung ausgeschlossen bleibt und überhaupt die Verurtheilung in Schadensersatz nur dann gefordert werden kann, wenn aus den zum Zwecke der Untersuchung nöthig gewordenen Erörterungen die Verbindlichkeit zum Ersatze und der Umfang derselben mit ausreichender Bestimmtheit sich ergiebt.

§. 7.

Dem Beschädigten sind bei der Strafverfolgung durch die Staatsanwaltschaft die besonderen Rechte einer Partei zur Anstrebung der Verurtheilung in der Strafsache nicht einzuräumen, wogegen ihm die Unterstützung der Staatsanwaltschaft durch Mittheilung von Beweismitteln und Beweisthatsachen an dieselbe nachgelassen bleibt. Ein Theil der Deputation will jedoch, daß dem Beschädigten die Befugniß eingeräumt werde, einen Antrag auf Verurtheilung, insbesondere gegenüber dem Antrage des Staatsanwalts auf Freisprechung, vor dem erkennenden Gerichte zu stellen und zu begründen.

§. 8.

Der Staatsanwalt nimmt in keinem Stadium der Untersuchung die Stelle einer Partei ein. Er soll nicht nur von jeder Parteilichkeit, sondern auch von jeder Parteieinseitigkeit sich frei halten und nur die Erforschung der materiellen Wahrheit, als den Zweck des strafgerichtlichen Verfahrens, anstreben, gleichviel ob diese zu Gunsten oder Ungunsten des Angeklagten gereicht. Insbesondere soll er ihm bekannt werdende, dem Angeklagten günstige Thatsachen nicht verschweigen und die Verurtheilung desselben nicht da anstreben, wo er von der Unzulänglichkeit des Belastungsbeweises überzeugt ist.

Die Vertheidigung ist dagegen nicht verpflichtet, ihr bekannt gewordene, dem Angeklagten ungünstige Thatsachen oder Beweismittel zur Kenntniß des Gerichts zu bringen.

Die Befugnisse der Staatsanwaltschaft und der Vertheidigung während der Untersuchung können daher nicht durchgängig dieselben sein, und das Verlangen nach einer Gleichstellung der Befugnisse der Vertheidigung mit denen der Staatsanwaltschaft ist unzulässig.

§. 9.

Dagegen soll bei der Feststellung der Befugnisse der Vertheidigung maßgebend sein, daß auch durch sie und ihre Thätigkeit ein Postulat der Gerechtigkeit erfüllt wird. Es ist ihr daher jedes Befugniß einzuräumen, durch welches sie ohne Gefährdung des Zweckes der Untersuchung auf den Gang derselben und insbesondere die Vollständigkeit der Beweisaufnahme zu Gunsten des Angeklagten einwirken kann. Insbesondere wird jede Beschränkung zu vermeiden sein, durch welche das Vertrauen des Angeklagten auf eine unparteiische und unbefangene Untersuchung und Aburtheilung mit Recht erschüttert wird.

Dem Angeschuldigten wird daher bereits während der Voruntersuchung der verlangte Beirath eines rechtsverständigen Vertheidigers und diesem die Acteneinsicht nicht unbedingt und ausnahmslos zu versagen sein, vielmehr kann beides nach dem pflichtmäßigen Ermessen des Gerichts in jedem einzelnen Falle und unter Aufsicht des Gerichts sowie unter sonstigen Maßregeln gegen etwaigen Mißbrauch gestattet werden. Ebenso ist dem Vertheidiger die Gegenwart bei Obductionen zu gestatten.

Dem Vertheidiger ist wie dem Staatsanwalt das direkte Fragerecht einzuräumen. Der Vorsitzende schreitet bei Mißbrauch desselben zum Schutze des Befragten, wie zur Sicherung des Zweckes der Untersuchung ein.

Dem Staatsanwalt ist eine besondere Entwickelung der Anklage nach deren Vorlesung bei Eröffnung der Verhandlung nicht zu gestatten.

Die von dem Angeschuldigten vorgeschlagenen Zeugen sind, wenn ihre Vorladung auf Staatskosten bedenklich fällt, zuzulassen, wenn die

Gestellung auf Kosten des Angeschuldigten erfolgen kann und weder die Gestellung zu bedenklicher Verzögerung der Hauptverhandlung führt, noch die Abhörung selbst materiellen Bedenken begegnet.

Beilage B.

Zu §. 1.

(Satz 1.) Die Aufgabe und Stellung der Staatsanwaltschaft ist in neuester Zeit wiederholt der Gegenstand lebhafter Erörterungen gewesen, und es ist ihr hierdurch eine Aufmerksamkeit zu Theil geworden, deren Früchte nur günstig für das neue Institut und dessen Entwickelung wirken werden. Es kann nur vortheilhaft sein, wenn die Wissenschaft auf Grund der inmittels gemachten Erfahrungen die in der Sturmperiode eingeführten Einrichtungen des Strafverfahrens einer besondern Kritik unterwirft und die Berechtigung wie den Werth derselben näher untersucht. Wir gestatten uns wiederholt die Bemerkung, daß gerade jetzt der Wissenschaft in unserer Disciplin die Möglichkeit einer fruchtbringenden und einflußreichen Einwirkung auf die Praxis und ihre Gestaltung, wie auf die Gesetzgebung und deren Entwicklung in einer Weise geboten, wie es nur selten vorkommt, indem auch die Praxis und mit ihr die Gesetzgebung, bei der Neuheit des jetzigen Verfahrens in seinen Elementen, eine wissenschaftliche Prüfung und Reproduktion der letzteren dringend begehrt. Diese Einwirkung wird aber vergeblich versucht werden, wenn die Wissenschaft bei ihrer Prüfung die obgedachten Bedürfnisse und Erfahrungen ignorirt und sich in idealistischen Auffassungen ergeht, welche mit ihnen nicht vereinigt werden können.

Weiter möchten wir im Allgemeinen bemerken, daß Niemand zwar leugnen kann, daß die politischen und sittlichen Zustände eines Volks auf die Gesetzgebung in Justizsachen und auf die Rechtspflege selbst einen unabweisbaren Einfluß äußern werden. Allein andrerseits können bei gebildeten Völkern gewisse Prinzipien der Justizgesetzgebung, die durch die organische, stetig sich entwickelnde Fortbildung des Rechts in der Praxis wie in der Wissenschaft gewonnen worden, von der Politik und deren wandelbarer Gestaltung, wie von den wechselnden Bedürfnissen und Forderungen des öffentlichen Lebens nicht mehr beeinflußt werden. Außerdem würde die Rechtspflege, welche gerade in politisch bewegten Zeiten einen starken Damm bilden soll, zur Dienerin der Politik erniedrigt, den Leidenschaften politischer Parteien unterworfen und das sichere Fundament derselben in schwankendes Meer verwandelt werden. Hierher gehört unter Andern auch die rechtliche Bedeutung des kriminellen Unrechts.

Es würde eine offenbare Verleugnung der Entwicklung wie des Standpunktes unseres jetzigen Strafrechts sein, wenn wir in Abrede stellen wollten, daß die Repression des kriminellen Unrechts durch den Staat und nicht durch das durch dasselbe mitberührte Individuum im Staate zu erfolgen habe. Denn nur in dem Staate kann das Recht im objectiven Sinne zur Geltung gelangen und nur der Staat kann den verbrecherischen Willen der Gerechtigkeit unterordnen; der Widerspruch, der in dem Verbrechen gegenüber der allgemeinen Rechtsordnung liegt, kann nur durch den Hüter derselben, nicht durch die Willkür des Verletzten (gegenüber der Willkür des Verbrechers) befriedigend gelöst und aufgehoben und die Lösung der sittlichen Schuld vermittelt werden.*) Den nothwendigen, in der Sache selbst wurzelnden Unterschied des civilen und des kriminellen Unrechts übersehen diejenigen,**) welche aus dem Verbrechen vorzugsweise die Verletzung des Individui demonstriren und dem Staate nur eine aushilfsweise, die Thätigkeit des Individui bei der Verfolgung des Verbrechens ergänzende und verstärkende Mitwirkung zutheilen wollen.

---

*) Vergl. hier unter den Neueren insbesondere die trefflichen Ausführungen bei Hälschner, System 2c., Bd. I, S. 2 ff., S. 74 ff., sowie Glaser, in seinen Abhandlungen (I), das Prinzip der Strafverfolgung, in der Allg. Oesterr. G.-Z. 1860 Nr. 87 und die Abh. in der Deutschen Vierteljahrsschrift, Jahrg. XXIII. Nr. 90, S. 258 ff., in Verbindung mit Sundelin, die Staatsanwaltschaft in Deutschland 2c., S. 22 ff. und Walther, Lehrbuch des Bayerischen Strafprozeßrechts S. 1 ff.

**) Vergl. namentlich die Abh. in der Deutschen Vierteljahrsschrift, Jahrg. XXII. 1859, S. 87 ff. (Das Prinzip der Strafverfolgung.)

Mit diesem rechtlichen Charakter des Verbrechens steht die Pflicht des Staats zur Verfolgung und Bestrafung des Verbrechens in unlösbarem Zusammenhange.

Es kann nicht behauptet werden, daß diese Pflicht abhängig sei von den Formen des Strafprozesses. Die Ausübung derselben kann durch die letzteren modifizirt, nicht aber durch sie jene Pflicht von dem Staate auf den Privaten übertragen werden. Wie weit neben der Pflicht des Staats ein selbstständiges Befugniß des verletzten Privaten auf die strafgerichtliche Ausgleichung des auch ihm in unmittelbarer Berührung seiner Individualität widerfahrenen Unrechts anzuerkennen sei, ist die unten zu erörternde Frage. Allein es ist unrichtig, nach unserm Erachten, den Staat nur subsidiär da eintreten zu lassen, wo der Verletzte nichts zur Ausgleichung des die allgemeine Rechtsordnung berührenden Unrechts thun will oder thun kann.

Diese Anschauung wird auch in dem Gutachten des Herrn v. G. getheilt, während sie zwar von dem Herrn v. S. nicht gerade in Abrede gestellt, jedoch von ihm, wie nach dem historischen Rückblicke S. 179 und nach der Darstellung der den neuen Reformen unterliegenden Motive S. 205 ff. anzunehmen, nicht gerade als eine Nothwendigkeit anerkannt zu werden scheint.

Der Staat drängt daher den Privaten nicht aus einem ihm gebührenden Befugnisse, die strafgerichtliche Verfolgung des kriminellen Unrechts zu veranlassen, indem er die Verfolgung von Amtswegen anordnet und die Denunziation des Verletzten für überflüssig erklärt, noch ist er wie ein gesetzlicher Mandatar des Verletzten für denselben thätig, sondern er erfüllt durch die amtliche Verfolgung des Verbrechens und die zu diesem Behufe bewirkte Aufstellung von Beamten eine selbsteigne Verpflichtung und Berechtigung, welche aus der Aufgabe und dem Zwecke des Staats selbst entspringt. Sie hat mit der Umgestaltung des Deutschen Strafverfahrens keine Aenderung, weder Beschränkung noch Erweiterung, erlitten. Die jetzige Trennung der früher in dem Richteramte vereinigt gewesenen Functionen bezweckte eine der Gerechtigkeit entsprechendere, reinere und die Verschiedenartigkeit der Functionen zur Geltung bringende Durchführung derselben, nicht aber eine materielle Aenderung derselben, noch berührt sie die rechtliche Natur des kriminellen Unrechts.

Die Repression des kriminellen Unrechts kann in der Regel nicht von der Willkür des zunächst Beschädigten abhängig gemacht werden, weil sie eine Nothwendigkeit für die Allgemeinheit ist und diese nicht durch das private Ermessen des Einzelnen vertreten werden kann. Ebendeshalb kann sie nicht in die Willkür einzelner Gemeinden oder Korporationen gestellt werden, weil auch diese nicht die Allgemeinheit repräsentiren, noch hierdurch das verletzte Recht in seiner Objectivität wiederhergestellt werden kann.

Die strafgerichtliche Verfolgung kann in der Regel nur durch einen Beamten des Staats erfolgen.*)

Mit diesem Ausspruche erklären wir uns ebensowohl gegen die vorgeschlagene**) Aufstellung eines von einzelnen Kreisen oder Genossenschaften aufzustellenden öffentlichen Anklägers, als auch und noch entschiedener gegen die vorgeschlagene***) Aufstellung eines von der Willkür des verletzten Privaten bei der Anbringung wie Durchführung der Anklage abhängigen Generalmandatars als sachverständigen Mandatars des Verletzten. Insbesondre finden wir bei dem letzten Vorschlage eine fortdauernde, an sich unzulässige Trennung des Staats und der bürgerlichen Gesellschaft,†) sowie eine höchst erhebliche Gefährdung des Ansehens und der Wirksamkeit der Strafgerichte, ja des postulirten Generalmandatars selbst.††) Wir halten es für unrichtig, wenn man die Staatsanklage für die Consequenz der Alles durch-

*) Vergl. v. Groß, die Strafrechtspflege, Bd. III, S. 146 ff.; Sundelin in der Deutschen Strafr.-Zeit., Bd. I, S. 298 ff.

**) Vergl. insbes. v. Tippelskirch in Goltdammer's Archive, Bd. II, S. 458 ff. und in Demme's Allg. Schwurgerichtszeitung, Bd. VII, S. 1 ff.

***) Vergl. Deutsche Vierteljahrsschrift 1859, S. 87 ff. und dagegen ebendaselbst 1860, Nr. 90, S. 292 ff.

†) Vergl. die vorige Note und Sundelin, a. a. O. S. 50 ff.

††) Vergl. insbesondere Deutsche Vierteljahrsschrift 1860, S. 267 ff., 287 ff., 290 ff., in Verbindung mit v. Groß, die Strafrechtspflege, Bd. III, S. 133 ff., S. 143 ff.

dringenden Staatsautorität, die Privatanklage dagegen für das Erzeugniß der bürgerlichen Selbstregierung erklärt und deshalb die Privatanklage der Staatsanklage vorziehen, dadurch auch die politischen Momente, welche bei der Organisation der Gemeindeverwaltung, je nach Verschiedenheit der politischen Bildung und Selbstständigkeit des Volks, in verschiedenem Umfange maßgebend sind, auf die ersten Prinzipien des Strafrechts und Strafprozesses übertragen und das Verwaltungsinteresse in den Regierungsbezirken und in den Gemeinden mit dem Interesse des Staats an der Bestrafung des Verbrechens identifiziren will.*)

Die Aufstellung eines Staatsbeamten für die Anklage ist ferner kein Widerspruch mit der Anstellung der Richter durch die Staatsgewalt. Das Amt der Anklage wie das Amt des Richters sind in derselben, mit der Ausübung beauftragten Person nicht füglich zu vereinigen. Dessenungeachtet ist die Bestellung dieser verschiedenen Beamten keine Kollision, weil das Motiv der Bestellung nur eben dahin geht, durch die verschiedenen Funktionäre und die sich gegenseitig ergänzende Thätigkeit derselben den Zweck der Strafrechtspflege desto sicherer zu erreichen.**) Indem die Allgemeinheit durch das Verbrechen verletzt ist, kann auch die Verfolgung desselben nur durch die sie vertretende Staatsgewalt bewirkt werden und, indem das richterliche Amt die verlangte Sühnung des Verbrechens vermittelt, wird die der strafgerichtlichen Verfolgung unterliegende Tendenz erfüllt. Die Vertheilung der in der Strafgerichtsbarkeit liegenden Funktionen an verschiedene Beamte ist immer nur der Ausfluß desselben Rechts, wie Ausübung derselben Pflicht; die Anklage ist das Mittel zum Zwecke; Zweck und Mittel müssen in einer der Gerechtigkeit entsprechenden Harmonie stehen. Es ist eine naturgemäße Organisirung des Strafprozesses die Theilung der Arbeit unter die Gerichte, die Staatsanwaltschaft und die Vertheidigung.

---

*) Vergl. aber v. Tippelskirch in Demme's Schwurgerichtszeitung a. a. O., dagegen vergl. die in voriger Note Angeführten und Sundelin a. a. O. S. 36 ff.

**) Vergl. noch Sundelin a. a. O. S. 26 ff.

Wenn neuerdings wiederholt aus der Aufstellung eines Beamten als Anklägers eine Gefährdung des Angeklagten und der Vertheidigung abzuleiten versucht und deshalb die Bestellung von Officialmandataren für die verletzten Privaten verlangt worden, so können wir hier die betreffenden Ausführungen übergehen,*) weil keiner der eingebrachten Anträge ein solches oder ähnliches Verlangen gestellt hat, dasselbe auch mit der oben deduzirten Natur des kriminellen Unrechts nicht zu vereinigen sein würde, und endlich die ungünstigen Erfahrungen über die Französische Staatsanwaltschaft, auf welche man sich wiederholt berufen,**) schon dann jeden entscheidenden Einfluß verlieren, wenn man — um weitere Gründe zu übergehen — die an sich nicht nothwendige und nicht zu billigende Organisation der Französischen Staatsanwaltschaft, insbesondre ihre amtliche Stellung zu den Gerichten,***) sowie ihre in dem Nationalcharakter und in der politischen Gestaltung des Landes zu erklärenden Ausschreitungen in Betracht zieht.

(Satz 2.) Die Berechtigung des Verletzten, mit Uebergehung des Staatsanwalts selbstständig seine Klage an das Gericht zu bringen und dadurch das letztere mit der Sache zu befassen, ist in dieser Allgemeinheit gegenwärtig †) von keiner Seite verlangt, ††) und auch die

---

*) Vergl. hier insbesondere die beiden angezogenen Abhandlungen in der Deutschen Vierteljahrsschrift, von denen die ältere diese Gefährdung ausführlich und gewandt deducirt, die letztere aber — unter Beleuchtung der angezogenen Bestimmungen des Englischen und Schottischen Rechts — sie widerlegt.

**) Vergl. insbesondere Mittermaier, im Gerichtssaale, Jahrg. X, S. 267 ff., 304 ff. und in der Deutsch. Strafr.-Zeit., Bd. I, S. 25 ff.; vergl. dageg. Schwarze, ebendaselbst Jahrg. XI, S. 28 ff., Jahrg. XII, S. 50 ff. und Haager, ebendaselbst Jahrg. XI, S. 368 ff. in Verbindung mit den Auslassungen Seckendorff's in seinem Gutachten S. 215. 216 ff.

***) Den grellsten Ausdruck hat diese Stellung in der Schilderung in dem (in Frankreich angeblich verbotenen) Buche La vindicte publique en France von T. de Sechelles (Fribourg en Bade 1860) gefunden. Vergl. hierzu noch die Rede des General-Staats-Prokurators zu Mainz bei der Wiedereröffnung 2c. im Jahre $18^{60}/_{61}$, S. 7 und die Rezension im Gerichtssaale, 1861, S. 151 ff.

†) Vergl. jedoch z. B. v. Tippelskirch in Goltdammer's Archive 2c., Bd. II, S. 34 ff.

††) Vergl. hier noch die neuesten, von Mittermaier in der Preußischen Gerichtszeitung, Jahrg. II, S. 193 referirten Erklärungen des Lordadvokaten von Schott-

direkte Ladung des Bezüchtigten durch den Verletzten, wie sie das Französische Recht eingeführt hat, kann zur Nachahmung nicht empfohlen werden, wie dies wohl allseitig und auch von Herrn v. Seckendorff S. 208 ff. anerkannt worden ist.

Es ist jedoch mehrseitig darauf hingewiesen worden, daß bei den auf Antrag des Verletzten strafbaren Vergehen ein Einschreiten des Staatsanwalts nur auf den ausdrücklichen Strafantrag des Verletzten erfolge und daß einzelne Gesetzgebungen bei mehreren dieser Vergehen die Antragstellung und übrige Thätigkeit der Staatsanwaltschaft völlig ausgeschlossen haben.*)

Es ist dies allerdings als eine Ausnahme von der Regel anzuerkennen; sie hat jedoch ihre volle Berechtigung. Es kann in Frage kommen, ob nicht in einzelnen Gesetzgebungen die Zahl derjenigen Verbrechen, deren Bestrafung von dem ausdrücklichen Antrage des Verletzten abhängig gemacht worden, zu vermehren sei,**) und ob nicht durch eine solche Vermehrung mancher Beschwerde über das sogenannte Monopol der Staatsanwaltschaft abgeholfen werden würde? Jedenfalls liegt in der praktischen Nothwendigkeit, die strafgerichtliche Verfolgung einzelner Vergehen von dem ausdrücklichen Antrage des Verletzten abhängig zu machen, ein Anerkenntniß des Satzes: daß neben dem Rechte des Staats auf strafgerichtliche Ausgleichung des kriminellen Unrechts ein Recht des Verletzten auf Bestrafung bestehe. Auch kann

---

land, wodurch von Neuem der gewöhnliche Irrthum widerlegt wird, als ob das Schottische Recht die prinzipale Privatanklage kenne oder der dasige Ankläger als Vertreter des verletzten Privaten agire. Vergl. ferner Mittermaier, das Englische xc. Strafverfahren S. 320, Anm. 4. Ueber die Englischen Einrichtungen vorzugsweise das klassische Werk Gneist's, das heutige Englische Verfassungs- und Verwaltungsrecht Thl. I, S. 510 ff.

*) Ueber die Privatanklage (in diesem Sinne), welche wir als die prinzipale bezeichnen können, vergl. besonders v. Tippelskirch im Gerichtssaale xc., Jahrg. XI, S. 189 ff., 241 ff. Vergl. noch Mittermaier im Gerichtssaale, Jahrg. X, S. 296 ff. Ueber die Thüringensche und über die Königlich Sächsische Gesetzgebung, welche vorzugsweise die Privatanklage ausgebildet haben, vergl. die Nachweisungen von v. Groß und Schwarze in der Deutschen Strafrechtszeitung, Bd. I, S. 27 ff. und 85 ff.

**) Dies ist der Antrag des Herrn Ober-Staatsanwalts v. Tippelskirch (in den Verhandlungen xc. S. 323).

versichert werden, daß z. B. im Königreiche Sachsen die diesfallsigen gesetzlichen Vorschriften im Allgemeinen keinen nachtheiligen Erfolg gehabt haben, wenngleich nicht verkannt werden kann, daß auch hier in einzelnen Fällen das Recht des Privaten zu Erpressungen gemißbraucht worden ist und überhaupt mit Ausnahme der Ehrenkränkungen häufig eine Scheu, als Ankläger vor Gericht aufzutreten, sich geltend macht.

Die Gesetzgebung hat nicht nur dieses besondere Recht des Privaten anerkannt und das Recht des Staats auf Bestrafung von dem Antrage des Verletzten abhängig gemacht, sondern in bestimmten Fällen das Interesse des Verletzten selbst für so überwiegend erklärt, daß sie bei ihnen die Mitwirkung der Staatsanwaltschaft völlig ausschloß. Es ist hierdurch, wie z. B. im Königreich Sachsen, in Bezug auf strafgerichtliche Verfolgung der Antragsverbrechen eine doppelte Kategorie geschaffen worden, indem bei einer Klasse derselben der Staatsanwalt den Antrag des Verletzten erwartet, nach gestelltem Antrage aber sodann die Sache wie eine von Amtswegen zu verfolgen gewesene Sache behandelt, während bei der andern Kategorie das Interesse des Privaten auch während der ganzen Untersuchung als vorwiegend betrachtet wird und daher der Staat selbst auf jede strafgerichtliche Verfolgung durch seine Beamten verzichtet.*) Bezüglich dieser zweiten Kategorie beschränkt sich das Interesse der öffentlichen Rechtsordnung und die Verpflichtung der Staatsgewalt darauf, dem Privaten zu seinem Rechte zu verhelfen. Es ist hier die öffentliche Rechtsordnung nicht schon in dem Augenblicke gebrochen, wo das Recht des Privaten verletzt wurde, sondern erst, wenn er für diese Verletzung bei den Gerichten vergebens Genugthuung suchen würde.**)

Es sind im Königreiche Sachsen zu dieser letzten Kategorie nicht blos Injurien, sondern auch insbesondre solche Vergehen gerechnet worden, bei denen die von den Betheiligten gewünschte Schonung von Familien- und ähnlichen Interessen selbst nach eröffneter Untersuchung

---

*) Vergl. hier noch v. Tippelskirch im Gerichtssaale, Jahrg. XI, S. 278 ff.

**) Vergl. Glaser in der Oesterr. Allg. Gerichtszeitung a. a. O.

auch für den Staat ein dringenderes Bedürfniß ist, als die Bestrafung des Bezüchtigten sein kann. Es wird diese ganze Auffassung und Eintheilung der Antragsverbrechen und insbesondre die zuletzt gedachte Rücksicht als eine berechtigte anerkannt werden müssen.*)

(Satz 3.) Ist dem Privatankläger in Fällen dieser Art die selbsteigne Betreibung der Sache vor dem Gerichte eingeräumt worden, so sind ihm auch alle diejenigen Befugnisse zuzugestehen, welche das Gesetz dem Staatsanwalte zur Aufrechthaltung und Durchführung der Anklage zugestanden hat, mit alleiniger Ausnahme derjenigen, welche aus der Stellung des Staatsanwalts als einer Behörde fließen und daher auf den Privatankläger nicht übertragbar sind. Insbesondre werden dem Privatankläger dieselben Rechtsmittel zu gewähren sein, welche dem Staatsanwalt gegen gerichtliche Entschließungen eingeräumt sind.**)

Zu §. 2.

Es ist in neuerer Zeit mehrfach die Behauptung aufgestellt worden,***) daß die Staatsanwaltschaft berechtigt sei, solchen Anzeigen keine weitere Folge zu geben, deren Verfolgung nicht im Interesse des Staats liege (Opportunitätsprinzip).†) Es ist von dem Herrn v. Groß gegen diese Befugniß der Staatsanwaltschaft insbesondre auf das der Krone ausschließlich zustehende Begnadigungsrecht hingewiesen,††) hiergegen aber insbesondre von dem Herrn Professor Glaser darauf aufmerksam gemacht worden, daß durch die Aufstellung der Staatsanwalt-

---

*) Vergl. noch die Deutsche Strafrechtszeitung, Bd. I, S. 87 ff. und die neuere Literatur bei Schwarze, die Entwicklung des neueren Strafprozeßrechts (in Schletter's Jahrbüchern, Bd. IV, S. 59 ff.).

**) Vergl. auch v. Seckendorff's Gutachten S. 211.

***) Vergl. hiermit den Antrag des Herrn Staatsanwalts Koch (Verhandlungen ꝛc S. 322).

†) Vergl. insbesondere die Ausführungen von Glaser, Allg. Oesterr. Gerichtszeitung a. a. O. und in v. Groß's Zeitschrift, Jahrg. IV, S. 32 ff. in Verbindung mit Dalke in Goltdammer's Archive, Bd. VIII, S. 148.

††) Vergl. v. Groß's Zeitschrift, Jahrg. III, Heft 5, in Verbindung mit dessen Gutachten S. 138 ff.

schaft, als der Vertreterin des staatlichen Interesse, auch eine Kollision nicht herbeigeführt werde, wenn man sie ermächtige, Anzeigen der gedachten Art auf sich beruhen zu lassen.

Es hat ferner Herr v. Groß in seinem Gutachten auf S. 138 ff. sich dahin ausgesprochen, daß in ganz geringen Fällen nach dem Satze: „minima non curat praetor" der diskretionären Gewalt der Staatsanwaltschaft die Nichtverfolgung gestattet werden könne.

Allein wie eine solche Abgrenzung erheblicher und unerheblicher Anzeigen an sich sehr schwankend und die Nichtverfolgung lediglich dem subjektiven Ermessen eines einzelnen Beamten im einzelnen Falle Preis gegeben sein würde, so muß es auch bedenklich fallen, dem Staatsanwalt ein solches Befugniß einzuräumen, welches ihn aus der unbefangenen und lediglich das Gesetz zur Richtschnur nehmenden Stellung in eine mehr oder weniger politischen Einflüssen ausgesetzte Lage drängen würde. Die Frage, ob in dem einzelnen Falle die strafgerichtliche Verfolgung im öffentlichen Interesse sei oder nicht, wird eintretenden Falls dem Begnadigungsrechte, welches ohnedem als ein jus personalissimum des Regenten und nicht als ein Regierungsrecht der jeweiligen Staatsregierung angesehen werden kann, zu überlassen sein. Die Staatsanwaltschaft hat, wenn eine Denunziation an dieselbe gebracht wird, sie in der doppelten Richtung zu prüfen, ob die angezeigte Handlung im Falle des Beweises derselben unter das Strafgesetz zu stellen sei, und ob genügende Beweise für die Handlung angezeigt worden sind. Nur wenn die Staatsanwaltschaft bei dieser Prüfung zu der Ueberzeugung von dem Vorhandensein beider Voraussetzungen gelangt, wird sie der weiteren Verfolgung der Anzeige sich zu unterziehen haben. Es ist hierbei zu bemerken, daß die Staatsanwaltschaft ohnedem nicht, wie bisweilen behauptet worden, durch jedwede, entweder auf gar keine oder nur auf ganz allgemeine Verdachtsgründe gestützte Denunziation zu weiteren Maßregeln veranlaßt werden kann, und am wenigsten der Staatsanwalt mit einer Anklage vor Gericht treten soll, wenn diese Anklage bezüglich der Rechts- wie Thatfrage in den zeitherigen Erörterungen keine ausreichende Begründung findet. Gerade in diesen Vorerörterungen, durch welche die

Staatsanwaltschaft ihre Anträge bei Gericht vorbereitet, liegt zugleich eine große Errungenschaft des neueren Verfahrens, indem es auf der einen Seite vielfach Denunziationen, mit denen die Gerichte früher in einer sie ebensowohl überlastenden als auch nach Befinden den Bezüchtigten gefährdenden Weise heimgesucht worden, abschneidet, als auch andererseits die Bezüchtigten selbst vor einem zu raschen Einschreiten der Strafgerichte schützt. Es ist gerade als eine wesentliche Aufgabe für die Entwickelung unseres neuen Strafverfahrens zu betrachten, daß man die Stellung der Staatsanwaltschaft bei den gerichtspolizeilichen Vorerörterungen mit allen denjenigen Befugnissen ausrüste*), durch welche ohne alle Beeinträchtigung der späteren gerichtlichen Untersuchung in einer ebensowohl der Gerechtigkeit dienlichen, als den Bezüchtigten schützenden Weise die rasche und sichere gerichtliche Erledigung der Anklage vorbereitet wird.

Zu §. 3.

Während vorstehend die Zulassung einer prinzipalen Privatanklage mit Ausschluß der Staatsanwaltschaft nur ausnahmsweise angerathen worden, kann man andererseits nicht verkennen, daß gewichtige Gründe für die beantragte**) subsidiäre Zulassung der Privatanklage vorhanden sind. Wir nehmen hier Bezug auf eine frühere Aeußerung des Herrn von Groß selbst; er sagt***): „so wenig die Strafe für ein begangenes Verbrechen die prinzipielle Bedeutung eines Ersatzes für die Sache haben und eine Genugthuung für den Verletzten und seine Familie sein soll, so wenig läßt sich bestreiten, daß die Genugthuung eine der berechtigsten Nebenwirkungen der Strafe und insofern ein nicht unwesentliches Moment derselben bildet.“

In dem Gutachten des Herrn von Groß S. 142 fl. ist die subsidiäre Privatanklage namentlich deshalb nicht gebilligt worden, weil

*) Vergl. hier Dalke in Goltdammer's Archiv, Bd. VII, S. 738 ff.; Bd. VIII, S. 149.

**) Vergl. die Anträge der Herren Lewald (S. 70 der Verhandlungen), Koch, v. Seckendorff, v. Tippelskirch, v. Grävenitz (S. 322 ff. derselben) und v. Gerhardt (S. 345 derselben).

***) Vergl. hier die angezeigte Zeitschrift, Jahrg. IV, S. 43.

die causa publica noch nicht dadurch in eine causa privata verwandelt werden dürfe, daß der Verletzte ein Interesse an der Bestrafung des Thäters habe; dieses Interesse habe schließlich jeder Bürger des Staates und kein Privatmann könne verlangen, daß das Klagrecht auf Strafe, welches eben nur ein Recht des Staats und nicht ein Recht des Privaten sei, von ihm vor Gericht deshalb ausgeübt werden dürfe, weil der Obsieg dieses Rechts mehr oder weniger sein Gefühl befriedigen würde. Es ist ferner von Herrn von Groß in Abrede gestellt worden, daß ein praktisches Bedürfniß für eine Ausdehnung der Privatanklage in der hier fraglichen Richtung vorhanden sei, und es ist endlich von ihm behauptet worden, daß die subsidiäre Privatanklage schon deshalb nicht ausführbar sei, weil dem Privatankläger eine gleiche Stellung zur gerichtlichen Polizei wie der Staatsanwaltschaft nicht eingeräumt werden könne (S. 146 fl., 150 fl.). Es sei vielmehr das Bedürfniß zu einer solchen Abänderung zeither mit einigem Grunde nur für eine bestimmte Situation behauptet worden, nämlich für den Fall, daß der Justizminister tendenziöserweise seinen Einfluß auf die negative Strafjustiz dazu mißbrauche, seine Parteigenossen zu begünstigen und Delikte, die von denselben, beziehentlich von Staatsbeamten gegen einzelne Staatsbürger begangen werden, unverfolgt zu lassen. Es würde nach der Ansicht des Herrn von Groß die subsidiäre Privatanklage des Verletzten lediglich als politische Korrektive, als eine Waffe gegen Mißbräuche des Justizministers eine Bedeutung und Nutzen haben (S. 146 u. fl.).

Dagegen ist in neuester Zeit insbesondere von Glaser in den mehrangez. Abhandlungen*) die subsidiäre Privatanklage als ein Recht des Verletzten geltend gemacht worden.

Die Deputation hat in Uebereinstimmung mit dem Gutachten des Herrn von Seckendorff (S. 208 fl.) für die subsidiäre Privatanklage sich ausgesprochen.

Es kann zugegeben werden, daß nach den zeitherigen Erfahrungen in Deutschland in Betreff des neuen Strafverfahrens ein Bedürfniß

---

*) Vergl. noch Tippelskirch im Gerichtssaale, Jahrg. XI, S. 277.

zur Einführung der subsidiären Privatanklage sich nicht herausgestellt hat*). Allein durch diese Erfahrung wird weder die Richtigkeit des Prinzips selbst alterirt, noch auch für immer die Nothwendigkeit der Anerkennung desselben in der Gesetzgebung ausgeschlossen, wie dies in dem von Seckendorff'schen Gutachten S. 209 richtig bemerkt ist. Es kann ebensowenig behauptet werden, daß die von dem Herrn von Groß berührte Gefahr ihre Abhülfe lediglich wiederum auf dem politischen Gebiete finden könne. Denn wenngleich in solchen Fällen dieses Recht des Privaten auch durch solche Handlungen der Regierung, welche auf politischen Motiven beruhen, aufgehoben, beziehentlich beeinträchtigt werden kann, so möchte es doch sehr bedenklich sein, hieraus die Folgerung abzuleiten, daß das gedachte Recht gegen derartige Eingriffe nur wieder durch politische Maßregeln, welche dem Strafverfahren wie dem Strafrecht vollständig fremd sind, geschützt werden müsse. Vielmehr wird dieses Recht, wenn man dasselbe als solches anerkennt, seinen Ausdruck und seinen Schutz unmittelbar in der Ordnung des Strafverfahrens selbst finden müssen.

Ein solches Recht des Privaten ist nun, nach der Ansicht der Deputation, wohl zuzugestehen. Es läßt sich nämlich prinzipiell nicht behaupten, daß das Recht des Privaten auf Bestrafung des Verbrechens so vollständig in dem Rechte des Staates auf Bestrafung aufgehe, daß ersteres neben dem letzteren durchaus nicht weiter zur Geltung kommen könne. Es läßt sich ferner nicht sagen, daß mit diesem Rechte des Privaten eine Kollision mit dem Rechte des Staats bewirkt werde, welche die Aufhebung und Beseitigung des Rechts des Privaten, gegenüber dem Rechte des Staats, nothwendig bedinge. Der Staat wird dem verletzten Privaten nur die Privatrache untersagen und statt derselben ihm gerechte Genugthuung (durch richterlichen Spruch und dessen Vollstreckung) versprechen können. Daneben wird jedoch das Recht des Einzelnen auf die Herbeiführung dieser Genugthuung durch den Staat

*) Vergl. hier auch Rumpelt in v. Groß's Zeitschrift Jahrg. IV, S. 52 fl. Die Erfahrungen dieses K. Sächs. Staatsanwalts kann der Verf. bezüglich seiner Erfahrungen im K. Sachsen überhaupt völlig bestätigen; vergl. noch Deutsche Strafrechtszeitung Bd. I, S. 87 fl.

auch in der Weise anerkannt werden müssen, daß der Private selbstständig auf Herbeiführung dieser gerichtlichen Genugthuung hinwirken kann. Man darf, wie Glaser (Allg. Oester. G.=Z. a. a. O.) bemerkt hat, dem Privaten nicht die Möglichkeit entziehen, gerade im Falle der schwersten Kränkungen selbst Recht vor Gericht zu fordern, wenn Seitens der Staatsanwaltschaft dieses Recht des Privaten durch strafgerichtliche Verfolgung des Verbrechers nicht geschützt worden ist.

Man kann dieses Recht nicht dadurch für aufgehoben erachten, weil es auch außerdem dem Staate gebührt, und die Verletzung des Individui hört nicht auf, eine solche zu sein, weil sie auch eine Verletzung der Allgemeinheit enthält. Es ist zwar eingewendet worden*), daß durch die Aufstellung eines Beamten zur strafgerichtlichen Verfolgung der Verbrechen auch dieses Recht des Privaten ausreichend gesichert und daß nicht anzunehmen sei, wie eine anderweite Denunziation des Privaten bei dem Gerichte Berücksichtigung finden werde, nachdem sie bei der Prüfung in den staatsanwaltschaftlichen Instanzen für nicht beachtlich erklärt worden. Allein, anerkennt man einmal, daß das Recht des Privaten zwar hinter das Recht des Staates zurücktritt, nicht aber durch das Letztere vollständig konsumirt wird, so ist andererseits auch nicht in Abrede zu stellen, daß die Thätigkeit der Staatsanwaltschaft möglicherweise hier dem Privaten nicht diejenigen Garantien darbietet, welche wir allerdings in der Unabhängigkeit der Gerichte zu finden gewöhnt sind.

Es läßt sich nicht leugnen, noch verkennen, daß es bedenklich ist, die Anrufung des Strafgesetzes in die Hand eines auch noch so bevorzugten und tüchtigen Beamten zu legen. Es können wenigstens Einflüsse auf die Stellung des Staatsanwalts einwirken, bei welchen ein gleicher Erfolg auf die Amtsthätigkeit der Gerichte nicht zu befürchten ist. Die Verleihung derselben staatsdienstlichen Befugnisse, welche das Gesetz dem Richter eingeräumt hat, an den Staatsanwalt wird (wie man behauptet hat) dieses Bedenken schon deshalb nicht vollständig erledigen, weil die Staatsanwaltschaft in ihren Instanzen immerhin

*) Vergl. v. Groß und Rumpelt a. a. O.

nur in einzelnen Beamten thätig wird und ihre Spitze in einem politischen Beamten findet, während der gerichtliche Instanzenzug auch in der letzten Instanz zur Entscheidung eines Gerichts und durch die Stellung seiner Mitglieder bevorzugten Gerichts führt. Diesen Gefahren wird durch die subsidiäre Privatanklage begegnet, ohne daß durch sie eine prinzipale Zulassung derselben gerechtfertigt sein würde.

Der Vortheil, daß das Recht des Verletzten auf Anwendung des Strafgesetzes durch die Stellung desselben unter den richterlichen Schutz möglichst gesichert werde, ist so durchgreifend und überwiegend, daß durch ihn etwaige Nachtheile, die nicht geradezu in Abrede gestellt werden sollen, aufgewogen oder doch genügend abgeschwächt werden.

Wenn dabei Seitens des Herrn von Groß auf die Unthunlichkeit aufmerksam gemacht worden ist, die gerichtspolizeilichen Befugnisse der Staatsanwaltschaft auf den Privaten zu übertragen, andererseits aber geltend gemacht worden, daß erst in den gerichtspolizeilichen Vorerörterungen das Material für eine genügende und erschöpfende Entschließung des Gerichts auf die Anzeige gefunden werden könne: so möchte wohl dem Herrn von Groß dagegen einzuhalten sein, daß diese Bedeutung der gerichtspolizeilichen Vorerörterungen anzuerkennen, das angerufene Gericht aber auf den Antrag des Privaten ebenso wie von Amtswegen befugt sein würde, dergleichen Erörterungen zur Vorbereitung seiner Entschließung durch die Polizeibehörden oder andere hierzu requirirte Gerichte vornehmen zu lassen. Daß dies ebenso zulässig als ausführbar sei, wird durch die Gesetzgebung und Erfahrung in denjenigen Ländern bestätigt, in welchen bei gewissen Verbrechen dem Verletzten gestattet ist, sofort und mit Umgehung der Staatsanwaltschaft die Anklage beim Gericht zu erheben und durchzuführen.

Wenn darauf aufmerksam gemacht worden, daß der Private die Einräumung der subsidiären Privatanklage leicht zu Erpressungen und ähnlichen Einschüchterungen des Bezüchtigten mißbrauchen könne, so ist diese Gefahr an sich nicht in Abrede zu stellen*), jedoch hiergegen darauf hinzuweisen, daß diese Gefahr bereits jetzt nicht nur in den

*) Vergl. noch Deutsche Vierteljahrsschrift Jahr. XXIII, Nr. 90 S. 262 fl.

Fällen vorhanden ist, wo die Privatanklage ohne vorherige Anrufung der Staatsanwaltschaft zugelassen wird, sondern selbst in den Fällen, wo die Staatsanwaltschaft von Amtswegen einschreitet, jedoch ohne vorherige Kenntniß des Verbrechens oder doch Verbrechers erst durch die Denunziation des Verletzten mit der Sache bekannt gemacht und befaßt wird. Der Mißbrauch des Rechtes ist zu befürchten, aber die Befürchtung desselben kann wohl zu energischen Vorsichtsmaßregeln Veranlassung geben, schwerlich aber die völlige Unterdrückung des Rechts selbst rechtfertigen.

Nach den obigen Ausführungen lag ferner für die Deputation kein Grund vor, die subsidiäre Privatanklage auf die in den Anträgen der Herren von Holtzendorff und Dr. Geßler (Verhandlungen S. 324) bezeichneten Fälle zu beschränken.

Indem die Deputation dem Privaten das Recht auf gerichtliche Entscheidung vindizirte, war sie jedoch weit entfernt, hierdurch eine Adoption der in Art. 11 des Französischen Organisationsdekrets vom 20. April 1810 enthaltenen Bestimmung zu empfehlen. Sie tritt in dieser Beziehung demjenigen, was Seitens des Herrn v. Groß, S. 152 flg., und vom Herrn v. Seckendorff, S. 185 flg., ausgeführt worden, bei, wie denn das Motiv der ebengedachten Französisch = rechtlichen Bestimmung rein partikularer Natur ist, auch weder auf unsere Verhältnisse paßt, noch überhaupt als nachahmungswerth sich darstellt, und auch, soviel bekannt, in den Deutschen Rheinlanden nicht zur Ausübung gekommen ist.

Von selbst versteht sich endlich, daß der Antrag des Verletzten in ausreichender Weise substantiirt sein muß und daher nicht jede Denunziation desselben von dem Gerichte zu beachten sein wird *).

Zu §. 4.

Bei diesem Paragraph war eine Uebereinstimmung der Deputation nicht zu erzielen. Es wurde auf der einen Seite geltend gemacht, daß, wenn die Entscheidung des Gerichts zu Gunsten des Antragstellers ausfalle, solchenfalls die weitere Betreibung der Anklage wiederum an den

*) Vergl. noch den Antrag des Herrn Staatsanwalts Black in den Verhandlungeo ꝛc. S. 323.

Staatsanwalt zurückgehe und dieser die Sache ebenso weiter zu verfolgen habe, als ob er von Anfang an, sei es in Folge eigener Entschließung oder der Anweisungen seines Vorgesetzten, mit der Sache befaßt gewesen wäre. Von der andern Seite wurde dagegen geltend gemacht, daß der Staatsanwalt durch eine solche Entschließung des Gerichts bei der ihm angesonnenen Verpflichtung zur Annahme und Betreibung der Anklage in eine eigenthümliche Lage gerathe, welche weder mit der Unabhängigkeit seiner Stellung von der gerichtlichen Entschließung vereinbar sei, noch auch eine zweckmäßige und befriedigende Behandlung der Sache unbedingt erwarten lasse *). Es ist dabei besonders bemerkt worden, wie eine Bezugnahme darauf nicht durchschlage, daß ja der Staatsanwalt auch mit Durchführung von Anklagen in Folge der Anweisung seines Vorgesetzten beauftragt werden könne, welche von ihm selbst abgelehnt worden sei. Denn in Fällen dieser Art ist es immer der oberste staatsanwaltschaftliche Beamte, welcher Namens der Staatsanwaltschaft die Betreibung der Anklage verfügt und den ihm untergebenen Beamten mit derselben beauftragt, auch nach Befinden einem andern Staatsanwalte die Durchführung der Klage übertragen kann. Ebenso sei die Inkonvenienz, welche darin liegt, daß der Staatsanwalt durch das Anklageerkenntniß des Gerichts mit der Fortstellung der Sache befaßt wird, auch wo er die Einstellung derselben beantragte, nicht so bedeutend wie die hier fragliche, und durch besondere Gründe hier die Unterordnung des Staatsanwalts nothwendig geworden. Endlich ist geltend gemacht worden, daß es dem oben angeführten Prinzipe der Konkurrenz des staatlichen Interesses mit dem des Privaten an der Bestrafung und dem gegenseitigen Verhältnisse dieser Interessen besser entsprechen werde, wenn man das staatliche Interesse eben durch den Staatsanwalt vertreten lasse und in den Fällen, wo die staatsanwaltschaftlichen Instanzen die Betreibung einer Anklage abgelehnt haben, die weitere Verfolgung eines staatlichen Interesses als nicht vorhanden betrachte, mithin auch den Staatsanwalt nicht nöthige, eine Anklage, welche nur auf Anrufen des Privaten von

*) Vergl. noch die Bemerkungen Lewald's in der Preuß. Ger.-Z. 1860 S. 165 in Verbindung mit der Erwiderung ebendas. S. 183.

dem Gericht für zulässig erachtet worden, nunmehr wieder als eine von Staatswegen zu verfolgende Anklage aufzunehmen und durchzuführen.

Zu §. 5.

Die Deputation anerkannte die Nothwendigkeit, daß die Kollision aufgehoben werde, welche zeither häufig zwischen den Entscheidungen der Strafgerichte über die vor sie gebrachten Anklagen und den Entscheidungen der Civilgerichte über die auf dieselben Verbrechen gestützten Schädenansprüche betreffs des Beweises der That und der Thäterschaft eingetreten.

Die Zulässigkeit einer Vereinigung des Strafverfahrens mit der Geltendmachung der Schädenansprüche Seitens des Verletzten ist gemeinrechtlich anerkannt*), und es kann für sie ein sehr erhebliches praktisches Bedürfniß geltend gemacht werden**).

Es sind in denjenigen Ländern, in welchen dem Beschädigten der Anschluß an das Strafverfahren zur Geltendmachung seiner Schädenansprüche gestattet worden, soviel bekannt, nachtheilige Erfahrungen nicht gemacht worden.

Indem aber der Strafrichter mit der Entscheidung über den Anschluß des Beschädigten beauftragt wird, konnte die rein accessorische Natur des Anschlusses an das Strafverfahren nicht übersehen werden; insbesondere mußte anerkannt werden, daß der Strafrichter nicht befugt sei, eine Entbindung des Angeklagten von dem civilrechtlichen Anspruche in dem Kriminalerkenntnisse auszusprechen. Andererseits verlangt es die Anerkennung, welche den Entscheidungen der Strafgerichte jedenfalls gebührt, daß die Erkenntnisse des Strafrichters insoweit, als in dem Paragraph bemerkt worden, für den Civilrichter bei der Entscheidung über den Schädenanspruch bindend sind, wie

---

*) Vergl. hierüber und überhaupt über diese Lehre Abegg im Goltdammer'schen Archive Bd. III, S. 577 fl.

**) Vergl. die Literatur bei Grävenitz in Goltdammer's Archive Bd. V, S. 345 fl. Ueber die neuen Deutschen Gesetze vergl. ebendas. und Planck, system. Darstellung 2c. S. 637 fl. Ueber die neueste Spruchpraxis der bedeutendsten deutschen Obergerichte vergl. die Zusammenstellung bei Schwarze, Entwickelung des neuen Strafprozeßrechts (in Schletter's Jahrbüchern Bd. IV, S. 60).

solches auch z. B. in den Prozeßordnungen Hannovers und Sachsens ausgesprochen ist und daselbst in der Praxis sich bewährt hat. Es ist eine eigenthümliche Erscheinung, daß derjenige, welcher eines ihm beigemessenen Verbrechens von einem Gerichte für schuldig erachtet und demgemäß mit schwererer Strafe belegt wird, von der auf die Existenz und die Verübung des Verbrechens (also auf den nämlichen Klaggrund) gestützten Forderung von einem andern Gerichte desselben Staates losgesprochen wird, weil letzteres den Beweis des Klaggrunds nicht für erbracht ansieht.

Von selbst versteht sich jedoch, daß eine solche bindende Kraft der Kriminalurtheile für den Civilrichter von der Voraussetzung abhängt, daß sowohl der Civilrichter als der Kriminalrichter bei der Entscheidung über die Ergebnisse des Beweises nur an ihre gewissenhafte aus den Ergebnissen gewonnene Ueberzeugung über die Existenz oder Nichtexistenz einzelner Thatsachen gewiesen sind, mithin in ihrem freien sachgemäßen Ermessen weder durch eine positive, noch eine negative gesetzliche Beweistheorie gebunden sind *).

Für die in dem zweiten Theile des Lewald'schen Antrags befürwortete Zulassung der Adhäsion des Beschädigten haben sich auch die Herren v. Groß und v. Seckendorff in ihren Gutachten S. 156 fl., S. 213 fl. ausgesprochen.

Zu §. 6.

Die Deputation gelangte hier zu keiner einmüthigen Entschließung. Ein Theil der Deputation ist der Meinung, daß die Verurtheilung des Angeklagten in den Schadensersatz nur unter der am Schluß des Paragraphen näher angegebenen Voraussetzung gefordert werden könne, weil dem Beschädigten nur der Anschluß an das Strafverfahren Behufs der Benutzung der Ergebnisse desselben zur Feststellung seiner Schädenansprüche nachgelassen, diese gleichzeitige Verfolgung überhaupt immerhin etwas dem eigentlichen Strafverfahren und dem Zwecke desselben Fremdes sei und daher nicht so weit ausgedehnt werden dürfe, um

*) Ueber das Zeugniß des Verletzten im Falle der Adhäsion vergl. Tippelskirch im Gerichtssaale Jahr. XI, S. 288 fl.

durch Beweisanträge des Beschädigten, welche nur die Civilansprüche betreffen, die Fortführung und endliche Aburtheilung der Kriminalsache aufzuhalten*). Hiermit stimmen auch die Gutachten der Herren v. Groß und v. Seckendorff S. 157 und S. 212 überein.

Der andere Theil der Deputation ist jedoch der Meinung, daß dem Beschädigten derartige Anträge wohl zu gestatten seien, weil außerdem in manchen Fällen das Recht des Beschädigten, wie solches §. 5 anerkennt, nicht mit der gehörigen Energie und dem erwarteten Erfolge durchzuführen, auch eine eigentliche Gefährdung des Angeklagten wie des Untersuchungszwecks nicht zu befürchten sei.

Zu §. 7.

Auch bei diesem Paragraph war eine Uebereinstimmung der Deputation nicht zu erzielen. Ein Theil der Deputation wollte in Uebereinstimmung mit dem Gutachten des Herrn v. Groß S. 157 fl. den Betheiligten in den vom Staatsanwalte eingeleiteten Strafprozeß mit dem vollen Rechte einer Partei eintreten und auf die Verurtheilung des Angeschuldigten einwirken lassen. Die Gründe, welche für die Zulassung des Beschädigten als Partei in dem Strafverfahren neben der Staatsanwaltschaft geltend gemacht worden, beruhen hauptsächlich auf der Erwägung, daß durch das erfolgte Zugeständniß eines selbstständigen Rechts des Verletzten auf strafgerichtliche Ahndung der Verletzung auch die Nothwendigkeit herbeigeführt werde, diesem besondern Befugnisse fortdauernd die Möglichkeit der Geltendmachung zu gewähren. Insbesondere sei daher dem Betheiligten in den Fällen, in welchen Seitens der Staatsanwaltschaft auf Einstellung oder Freisprechung angetragen werde, das Befugniß einzuräumen, gegenüber diesem Antrage die Verurtheilung beim Gericht zu verlangen und dieses Verlangen näher zu begründen.

Mit dieser Ansicht wird der zweite Theil des Lewald'schen Antrags, für welchen auch Herr v. Groß in seinem Gutachten S. 157

---

*) Vergl. insbesondere Planck a. a. O. S. 641 fl.

sich ausgesprochen, adoptirt. Ebenso scheint sie mit der Meinung des Herrn v. Seckendorff, S. 212 (unter Nr. 9), zu harmoniren.

Der andere Theil der Deputation findet es zunächst selbstverständlich, daß dem Betheiligten das Befugniß einzuräumen sei, den Staatsanwalt sowohl wie das Gericht durch Nachweisung von Beweismitteln und Verdachtsgründen in ihrer Thätigkeit zu unterstützen, sowie bei der Beweisaufnahme in der Hauptverhandlung selbst auf Vervollständigung derselben durch Fragen und Anträge hinzuwirken. Keineswegs aber kann der andere Theil der Deputation ein volles Mitwirken des Betheiligten als Partei neben dem Staatsanwalte als statthaft und nützlich betrachten. Sie findet in der Zulassung des Betheiligten als einer Partei in den Fällen, wo bereits die Staatsbehörde die Verfolgung Kraft ihres Berufs übernommen und die Anklage erhoben hat, eine prinzipielle Negation der Aufgabe und Stellung der Staatsanwaltschaft, wenn man sie gleichsam unter die Kontrole des Verletzten stellen und dem Angeklagten zwei Ankläger gegenüberstellen will. Es würde hierdurch das der Staatsanwaltschaft übertragene Amt in seiner innersten Natur alterirt und der Staatsanwalt in eine Stellung gedrängt werden, welche das Ansehen und die Bedeutung seines Amtes und hiermit auch das Vertrauen auf dasselbe untergraben würde. Hierzu kommt, daß die einheitliche und sachkundige Leitung der Verfolgung durch den Staatsanwalt leicht gehemmt und gekreuzt würde, wenn der Private unkundig des Planes der staatsanwaltschaftlichen Verfolgung, nach eigenem Gutdünken auf die Beweisaufnahme selbstständig einwirken könnte *).

Zu §. 8.

Der Staatsanwalt tritt im Namen und als Beamter des Staates auf. Er ist schon deshalb nicht Partei und kann es nicht sein, weil eine Parteistellung mit der sittlichen, wie rechtlichen Stellung des Staates, welcher ihn zu dem Amte berufen hat, unvereinbar sein würde **).

*) Vergl. auch Sundelin a. a. O. S. 45.

**) Vergl. hier die bei Schwarze im Gerichtssaale Jahrg. XI, S. 1, und bei Haager ebendas. S. 350 angeführte Literatur. Die Parteistellung wird insbesondere

Der Ankläger ist derjenige, welcher als Stellvertreter des Staats das diesem zustehende Strafrecht durch Vorlage des erforderlichen Stoffs zur gerichtlichen Anerkennung zu bringen sucht*). Er soll bei dieser Vorlage die Materialien, soweit sie erheblich sind, ohne Rücksicht, ob sie dem Entlastungs- oder dem Belastungsbeweise dienen, berücksichtigen und dadurch auf eine gerechte Aburtheilung hinwirken. Die Einrichtung eines kontradiktorischen Verfahrens zwischen dem Staatsanwalte und dem Angeklagten bedingt noch nicht eine Parteistellung derselben**). Sowenig es angemessen ist, durch idealisirte Auffassung der staatsanwaltschaftlichen Aufgabe die letztere in ihrer Bedeutung zu verdunkeln oder zu Konsequenzen zu verleiten, welche mit der Unabhängigkeit und der Aufgabe der Gerichte, sowie mit der Natur der Untersuchung als eines richterlichen Geschäfts unvereinbar sind, so würde man mit Anweisung der Parteistellung an die Staatsanwaltschaft diese in eine Lage versetzen, welche den nachtheiligsten Einfluß auf die Untersuchung und insbesondere auch auf den Entlastungsbeweis selbst äußern würde. Alle Befugnisse der Vertheidigung würden nicht im Stande sein, diese Gefahr zu beseitigen und den Widerspruch, welcher in solcher Parteistellung mit dem Offizialprinzipe liegt, auszugleichen. Der Staatsanwalt soll nicht blos nicht parteiisch sein***), sondern vielmehr mit seiner ganzen Thätigkeit für Ermittelung der Wahrheit und dadurch für Herbeiführung eines gerechten Urtheils bei seinen Anträgen und Ausführungen, wie bei seiner Mitwirkung bei der Aufnahme der Beweise bemüht sein, indem der Staat, welchen er vertritt, nur an einem gerechten Verfahren und an einer gerechten Aburtheilung, nicht an der unbedingten

---

von Mittermaier, ebendas. 1858, S. 161 fl., 267 fl. und in der Deutschen Strafr.-Z. Bd. I, S. 38 fl., v. Tippelskirch, in Goltdammer's Archive Bd. II, S. 453 fl., Planck, system. Darstellung zc. S. 34 fl., und von v. Büttel, in Demme's Schwur-G.-Ztg. 1857, S. 14 fl. vertheidigt. Auch ist hier auf Ortloff's Werk, „das Strafverf. in s. leitenden Grundsätzen und Hauptformen" S. 105 fl., 126 fl. zu verweisen.

*) Planck, System. zc. S. 158.

**) Vergl. jedoch Mittermaier, Gerichtssaal 1858, S. 284 fl.

***) Man hat gesagt, daß der Staatsanwalt deshalb, weil er Partei sei, noch nicht parteiisch sein dürfe (Biener, Gerichtssaal 1855, Bd. I, S. 432) und daher keine Gefahr zu befürchten sei. Vergl. dagegen Schwarze, a. a. O. S. 17 fl., und Haager, a. a. O.

Bestrafung des Angeklagten ein Interesse hat. Der Staatsanwalt ist deshalb, gegenüber dem Richter, nicht überflüssig, da er vielmehr die richterliche Untersuchung veranlaßt und dadurch die Verantwortung für das erste Einschreiten, wie die Veranlassung der Untersuchung übernimmt, überhaupt die Unabhängigkeit des richterlichen Amtes sichert und es von Geschäften befreit, die mit der richterlichen Stellung nicht wohl vereinbar sind. Er wirkt auch im Laufe der Untersuchung anregend, fördernd, unterstützend und kontrolirend*). Die Beschwerden, welche über die staatsanwaltschaftliche Stellung in der Hauptverhandlung vorgebracht zu werden pflegen**), beruhen theils auf Bekleidung der Staatsanwaltschaft mit nicht nöthigen Attributen, theils auf einer ziemlich auffälligen Ansicht von dem unselbstständigen Verhalten der Gerichte***), theils auf übertriebenen, durch die zeitherige Erfahrung weder bewiesenen, noch auch nur angedeuteten Befürchtungen †).

Insbesondere hat Herr v. Groß in seinen Ausführungen S. 161 fl., 164 fl. dafür sich erklärt, daß die Stellung der Staatsanwaltschaft nicht als Parteistellung aufzufassen, vielmehr ihr eine höhere, der Gerechtigkeit entsprechende Aufgabe zuzutheilen sei.

Die Deputation vermochte daher mit der Ansicht sich nicht zu befreunden, daß der Staatsanwaltschaft in Bezug auf ihre Mitwirkung bei der Beweisaufnahme nur dieselben Befugnisse einzuräumen seien, welche der Vertheidigung zugestanden worden. Daß eine solche Gleichheit in der Voruntersuchung nicht durchzuführen sei, ist bereits in dem Gutachten des Herrn v. Groß S. 161 flg. sowohl, als auch in dem des Herrn v. Seckendorff S. 217 flg. anerkannt worden.

---

*) Vergl. die nähere Ausführung bei Schwarze, a. a. O. S. 19 fl. und ebendas. Jahrg. 1860, S. 50, sowie bei Haager, Gerichtssaal Jahrg. XI, S. 350 fl., v. Groß, Schwur-Gerichts.-Zeitg. 1857, S. 112 fl., Sundelin, a. a. O. S. 126 fl., Stemann in Goltdammer's Archive Bd. VIII, S. 41 fl.

**) Vergl. bes. Mittermaier, a. a. O. in Verb. mit dessen Abh. in Demme's Schwur-G.-Z. 1855 Juliheft.

***) Vergl. hier die Abh. in d. Deutschen Vierteljahrsschr. Bd. XXII, S. 100 fl. und dagegen ebendas. Bd. XXIII, Nr. 90 S. 284 fl.

†) Vergl. Haager, v. Groß u. Schwarze a. a. O. Vergl. noch das Gutachten des Herrn v. Seckendorff, S. 215 und Dalcke, in Goltdammer's Archive Bd. VIII, S. 146 fl.

Ebensowenig ist die Verschiedenheit durchzuführen, welche mehrseitig in der Richtung beantragt worden, daß man dem Staatsanwalt in der Voruntersuchung eine einflußreichere Wirksamkeit, — in der Hauptverhandlung aber nur die Stellung und Befugnisse einer Partei einräume *).

Es liegt in der „Ungleichheit der Waffen" durchaus nicht ein Verkennen der Bedeutung, welche die Vertheidigung unbedingt zu beanspruchen hat, sondern nur eine naturnothwendige Konsequenz der Verschiedenheit in der Aufgabe der Staatsanwaltschaft und der Vertheidigung. Es ist auf diese Verschiedenheit im §. 8. selbst hingewiesen worden. Insbesondere muß fortdauernd hervorgehoben werden, daß die Staatsanwaltschaft nur dann erst ihren Beruf vollständig erfüllt, wenn sie sich auf denjenigen Standpunkt stellt, welchen die deutschen Gesetzgebungen ihr in konsequenter Durchführung der Offizialmaxime und in wohlverstandenem Interesse des Angeklagten selbst angewiesen haben.

Das Verlangen nach einer Gleichheit der Waffen ist bei dieser Verschiedenartigkeit eine unmögliche Forderung. Eine solche Gleichheit in Verbindung mit einer Parteifunktion wird auch nicht bedingt durch die Thatsache, daß die Antragstellung von dem Richteramte losgetrennt ist.

Es ist in unserm Verfahren keine Einrichtung vorhanden, durch welche eine derartige Parteifunktion nothwendig würde, und der Staatsanwalt darf, indem er den Parteistandpunkt verläßt, auch im Interesse des Angeklagten da thätig sein, wo der letztere entweder mit einem Vertheidiger gar nicht versehen ist und er daher einem Parteivertreter gegenüber, wozu man den Staatsanwalt machen würde, in einer sehr üblen Lage sich befände, sondern auch da, wo die Vertheidigung vielleicht die Interessen des Angeschuldigten nicht ausreichend wahrnimmt. Daß übrigens durch eine solche unparteiische Stellung des Staatsanwalts keine Kollision herbeigeführt, vielmehr durchgängig das Ansehen und das Vertrauen zur Strafrechtspflege gefördert wird, ist durch die Erfahrung in denjenigen Ländern sattsam bestätigt, in welchen die

*) Vergl. bes. hierüber Haager, a. a. O.

Staatsanwälte in treuer Hingebung an diese ihre Aufgabe einen höheren Standpunkt, als den Parteistandpunkt zeither festgehalten haben.

Daß die Bezugnahme auf die Maximen des Anklageprozesses zur Rechtfertigung einer Parteistellung der Staatsanwaltschaft, wenigstens in Deutschland, nicht hinreiche, bedarf keiner besonderen Ausführung.

Zu §. 9.

Es ist nicht zu verkennen, daß der Vertheidigung in einzelnen Gesetzgebungen noch nicht diejenige Stellung eingeräumt worden, welche ihr in dem Organismus des Strafprozesses gebührt *). Manche Bestimmungen dieser Gesetze zeugen noch von jenem Mißtrauen gegen die Vertheidigung, von welchem in früheren Zeiten mehr oder weniger die Gesetzgebung, und zwar nicht blos in Strafsachen, gegen die Advokaten erfüllt gewesen Mit Recht hat man unter den hauptsächlichsten Beschwerden gegen den deutschen Untersuchungsprozeß auch die beinahe rechtlose Stellung des Angeschuldigten gegenüber dem Inquirenten hervorgehoben und auf die Mangelhaftigkeit und das Ungenügende des dem Bezüchtigten gegen Uebergriffe, Voreingenommenheit und Irrthümer des Inquirenten gewährten Schutzes aufmerksam gemacht.

Die nunmehrige Veränderung in der Stellung des Angeklagten, welcher im alten Verfahren mehr als Prozeßobjekt wie als Prozeßsubjekt behandelt wurde, ist eine sehr wichtige und glückliche Reform. Mit ihr tritt die Nothwendigkeit ein, die Vertheidigung des Angeklagten in derjenigen Weise auszustatten und zu begünstigen, wie solches in §. 9 angegeben worden.

Man darf erwarten, daß die Vertheidiger, wenn man ihnen mit dem nöthigen Vertrauen entgegenkommt, dasselbe nicht mißbrauchen werden, während gegenwärtig häufig Mißbräuche der Vertheidigung dadurch provozirt worden sind, daß einzelne Gesetzgebungen wie Gerichte

*) Vergl. die Zusammenstellung der neueren Literatur bei Schwarze, die Entwickelung des neueren Deutschen Strafprozeßrechts (in Schletter's Jahrbüchern rc. Bd. IV, S. 58 fl.), sowie insbes. Mittermaier, im Mag. f. Badische Rechtspflege Bd. I, S. 230 fl., 412 fl. und Sundelin, über den Beruf des Vertheidigers rc. in Demme's Schwurger.-Z. 1858, S. 2 fl.

den Vertheidiger von Anfang an mit einem ungerechten Mißtrauen und — sit venia verbo — fast wie einen Mitschuldigen des Angeklagten behandelt haben. Die Deputation ist überzeugt, daß in der Mitwirkung der Vertheidigung, wenn ihr die nöthigen Befugnisse eingeräumt und Letztere von ihr im Interesse der Gerechtigkeit angemessen gebraucht werden, eine vorzügliche Garantie für ein zweckmäßiges und gerechtes Strafverfahren gewonnen werden wird.

Die Parteistellung der Vertheidigung darf daher bei aller Anerkennung ihrer Eigenthümlichkeit von der Gesetzgebung nicht in einer Weise aufgefaßt werden, daß dadurch die Mitwirkung der Vertheidigung bei der Beweisaufnahme auf ein ziemlich nichtssagendes Maaß reduzirt würde.

Es ist dabei überdies zu berücksichtigen, daß die Lage des verhafteten Angeschuldigten während der Untersuchung immerhin eine solche genannt werden kann, welche den Schutz des Angeklagten gegen etwaige Fehler des Gerichts nützlich erscheinen läßt, und welche den Angeklagten bei der Verweigerung eines solchen Schutzes mit Mißtrauen gegen die Behörde und deren Verfahren erfüllen kann. Soviel insbesondere den Beirath eines rechtsverständigen Vertheidigers *) und das Recht der Akteneinsicht während der Voruntersuchung anlangt, so erscheint (vergl. auch v. Groß Gutachten S. 170) eine ausnahmslose Versagung dieser Befugnisse nicht dadurch gerechtfertigt, daß man den nur präparatorischen Charakter der Voruntersuchung geltend macht **). Der bedeutende Einfluß der Voruntersuchung auf die Beweisaufnahme und Aburtheilung in der Hauptverhandlung selbst wird trotz jenes Charakters in der Voruntersuchung sich niemals verleugnen, wie denn auch in der Praxis dieser Einfluß sich oft in einer nicht gerade befriedigenden und glücklichen Weise geltend macht.

Es ist übrigens die Zulassung des Beiraths und der Akteneinsicht unter den in §. 9 bemerkten Cautelen offenbar unbedenklich, wie solches durch die Erfahrung in denjenigen Ländern, z. B. im Königreiche

*) Vergl. den Antrag des Herrn Staatsanwalts Koch (in den Verhandlungen ꝛc. S. 322).

**) Vergl. jedoch hier das Gutachten des Herrn v. Seckendorff S. 218 fl.

Sachsen, bestätigt wird, wo diese Berechtigung der Vertheidigung längst schon besteht.

Ebenso wird nach dem Verweisungserkenntnisse der Vertheidigung durch Mittheilung von Schriften und dergleichen die volle Möglichkeit einer gründlichen Instruktion in der Sache nicht nur zur Vorbereitung auf die Hauptverhandlung, sondern und insbesondere auch zur vorherigen Vervollständigung der Voruntersuchung in wichtigen, in der Hauptverhandlung oft nicht mehr genügend zu berücksichtigenden Punkten zu gewähren sein.

Ueberhaupt wird dahin zu wirken sein, daß namentlich in erheblicheren Sachen der Angeschuldigte schon vor Erhebung der Anklage mit seinen Vertheidigungsgründen soweit gehört werde, als nöthig ist, um über den wahrscheinlichen Erfolg derselben ein einigermaßen sicheres Urtheil zu gestatten *).

Die Deputation war nun zwar ferner weit entfernt von dem Verlangen, daß dem Vertheidiger die Gegenwart bei allen Beweisaufnahmen in der Voruntersuchung gestattet werde, wie sie auch andererseits dem Staatsanwalt eine gleiche Befugniß nicht einräumen möchte (s. auch v. Seckendorff, Gutachten S. 222). Allein bei denjenigen Handlungen (vergl. v. Groß, Gutachten S. 169), welche unmittelbar die Feststellung des Thatbestandes betreffen und ihrer Natur nach oder auch nach Lage des einzelnen Falles eine spätere Wiederholung nicht zulassen, scheint es nothwendig zu sein, wie zeither der Staatsanwaltschaft, so auch der Vertheidigung das Recht der Beiwohnung einzuräumen, weil bei dieser Feststellung bereits — was sehr leicht möglich ist — wichtige Interessen des Entlastungs- oder Entschuldigungsbeweises vorkommen können, welche späterhin nicht weiter befriedigt werden könnten. Es wird hier die Zuziehung des Vertheidigers und die Fürsorge desselben für eine möglichst erschöpfende Berücksichtigung der etwa zu Gunsten des Angeklagten sprechenden Momente auch von wesentlichem Nutzen für die Untersuchung und Aburtheilung im Interesse der Gerechtigkeit selbst sein können.

*) Dies ist der Antrag des Herrn Ober-Staatsanwalts v. Tippelskirch in den Verhandlungen rc. S. 323.

Die Deputation hat hierbei vorzugsweise die Obduktionen ins Auge gefaßt, und Praktiker werden gewiß gerade hier die Richtigkeit vorstehender Bemerkungen bestätigen.

Die Deputation kann es nicht billigen, wenn in Bezug auf das Fragerecht in der Hauptverhandlung der Vertheidiger und der Staatsanwalt in ihren Befugnissen verschieden behandelt werden (vergl. die Gutachten S. 171 fl., 216). Die Einwirkung auf die Beweisaufnahme vor dem erkennenden Richter muß in gleichem Maaße dem Staatsanwalt wie dem Vertheidiger gestattet sein und die Stellung des Staatsanwalts als einer Behörde kann hier nicht eine Verschiedenheit der Behandlung rechtfertigen, welche nothwendigerweise einen nachtheiligen Einfluß auf den Entlastungsbeweis und mithin auch auf die Gerechtigkeit der Aburtheilung äußern könnte.

Hat man sich nun überzeugt, daß die Vorlegung der Fragen durch den Präsidenten in mehrfacher Beziehung eine zweckmäßige Ausübung des Fragerechts schmälert und daß das direkte Fragerecht viel sicherer und erfolgreicher den Zweck des Fragerechts verbürgt, so muß auch der Vertheidigung wie dem Staatsanwalt das direkte Fragerecht eingeräumt werden, wogegen bei Mißbräuchen in der im Paragraph bemerkten Richtung das Recht des Vorsitzenden ein genügendes Korrektiv bildet.

Die Deputation hat ferner in dem Befugnisse des Staatsanwalts auf eine besondere Entwickelung der Anklage nach deren Vorlesung bei Eröffnung der Verhandlung eine nicht unwichtige Gefährdung der Vertheidigung erblicken müssen (vergl. auch die Gutachten S. 171, 216), insofern durch dieselbe die Richter und insbesondere die Geschworenen in ihrer Meinung präokkupirt und zu einer Beurtheilung der spätern Verhandlung veranlaßt werden können, welche als eine vorurtheilsfreie und unparteiische nicht angesehen werden kann *).

Die in dem Schlußsatze vorgeschlagene, in mehreren Gesetzgebungen, z. B. Bayerns und Sachsens, enthaltene Bestimmung ist ebenfalls eine solche, welche aus dem Prinzipe, das im Eingang des §. 9 aufgestellt

*) Vergl. noch Rohm, im Gerichtssaale Jahrg. XXII, S. 10 in Verb. mit dem das. angez. Werke Mittermaier's, sowie dessen Abh. in der Deutschen Strafr.-Z. Bd. I, S. 38 fl.

worden, mit Nothwendigkeit resultirt; wie denn im Allgemeinen zu bemerken ist, daß überall da, wo eine auf Verschleif oder Verdunkelung der Sache gerichtete Absicht des Angeschuldigten nicht zu erkennen ist, den Beweisanträgen desselben möglichste Berücksichtigung geschenkt werden muß und es immer bedenklich sein wird, die materiellen Interessen des Entlastungsbeweises der Kostenfrage oder der Vorliebe für gewisse Förmlichkeiten des Verfahrens unterzuordnen.

Es ist überhaupt zu erwarten, daß, wenn Gericht, Staatsanwaltschaft und Vertheidigung innerhalb der ihrer Wirksamkeit gesteckten Grenzen mit voller Hingebung den ihnen zugewiesenen Beruf erfüllen und von keiner Seite in dem Befugnisse des andern Theiles eine Beschränkung eigener Ermächtigung mißtrauischer Weise gesucht wird, in dem gegenseitig sich ergänzenden Zusammenwirken aller Funktionäre ein wahrhaft tüchtiges, gerechtes und vom Vertrauen des Publikums wie der Angeklagten getragenes Verfahren hergestellt werden wird, und daß, wenn insbesondere die Gerichte in der Staatsanwaltschaft nicht eine Beschränkung ihrer Befugnisse erblicken und wenn die Staatsanwaltschaft wie die Gerichte in der Vertheidigung eine nothwendige Mitwirkung bei dem Verfahren gern anerkennen, andererseits aber die Vertheidigung von den ihr eingeräumten Befugnissen einen der Sache entsprechenden Gebrauch macht, mannichfache Beschwerden über die Arbeitstheilung und die verschiedenen Funktionäre mit ihren Attributen im neuen Verfahren von selbst und am nachhaltigsten sich erledigen werden.

Neue Anträge.

(Fortsetzung.)

13. Antrag des Ober-Tribunalsraths Freiherrn von Sternenfels zu Stuttgart.

„Der Deutsche Juristentag wolle beschließen:

a) den §. 3 des Statuts dahin abzuändern:
Zur Mitgliedschaft berechtigt sind die Deutschen Richter, Staatsanwalte, Advokaten und Notare, die Aspiranten zu einer dieser Stellen, sowie jeder, welcher dazu nach seinen Landesgesetzen für befähigt erkannt ist, ferner die Lehrer an den Deutschen Hochschulen, die Mitglieder der gelehrten Akademien, die Doktoren der Rechte und rechtsgelehrten Mitglieder der Verwaltungsbehörden.

b) Den §. 10 des Statuts dahin zu ändern:
Vor dem Schlusse eines jeden Juristentages wird von der Plenar-Versammlung auf Vorschlag des Präsidenten durch Akklamation oder in einem einzigen Scutinium durch Stimmzettel eine aus achtzehn Mitgliedern und dem Präsidenten des letzten Juristentages als Ehrenpräsidenten bestehende ständige Deputation gewählt. Von jenen 18 Mitgliedern müssen mindestens drei am Orte des letzten Juristentages, und jedenfalls zwölf auswärts wohnen."

14. Antrag des Rechtsanwalts Dr. Schaffrath zu Dresden.

„Der Deutsche Juristentag möge zum diesjährigen Lewald'schen Antrage (betreffend die Aburtelung der politischen und Preß-Vergehen durch Geschwornengerichte) folgenden Zusatz oder vielmehr Vordersatz beschließen:

Der Deutsche Juristentag erklärt es für ein Bedürfniß Deutscher Strafrechtspflege, daß Schwurgerichte auch in denjenigen Deutschen Staaten, in welchen dies noch nicht geschehen, jedenfalls für schwere Strafsachen, eingeführt werden."

15. Antrag des Stadtgerichtsraths Borchardt zu Berlin.

„Der Deutsche Juristentag wolle aussprechen:

Daß ein Bedürfniß zu einer Deklaration der Deutschen Wechsel-Ordnung gegenwärtig noch nicht vorhanden, und daß der Erlaß einer Deklaration eher nachtheilig als vortheilhaft wirken werde."

16. Antrag des Landesadvokaten Dr. Aug. Weeber zu Weißkirchen.

„Der Deutsche Juristentag wolle den vom Antragsteller verfaßten Entwurf einer Strafprozeß-Ordnung als geeignete Grundlage zur Anbahnung einer den sämmtlichen Staaten Deutschlands gemeinsamen Prozeß-Ordnung anerkennen und den Regierungen der einzelnen Staaten Deutschlands zur Benutzung empfehlen."

17. Antrag des Professor Dr. Glaser zu Wien.

„Der Deutsche Juristentag wolle beschließen, es habe der §. 6 Nr. 3 der Statuten künftig zu lauten:

Abtheilung für Strafsachen und Strafprozeß, mit Einschluß des Militär-Strafrechts, und für Gefängnißwesen."

18. Antrag des Kreisrichters Geck zu Werden a. R.

„Der Deutsche Juristentag wolle zu dem Antrage des Ober-Tribunalsrath Meyer (S. 233 Nr. 6) wegen Festhaltung des Prinzips der Publizität in Hypothekensachen folgenden Zusatz beschließen:

Dem Prinzip der Publizität ist auch in subjektiver Hinsicht durch unbedingte Gestattung der Einsicht des Hypothekenbuchs und der dazu überreichten Urkunden (der Grundakten) Geltung zu verschaffen."

Mitglieder-Verzeichnisse

für 1861.

C.

Alphabetisches Verzeichniß

derjenigen

Mitglieder des Deutschen Juristentages,

welche dem Vereine im Jahre 1861 beigetreten sind.

Nr.	Name.	Stand.	Wohnort.
640	Dr. Abegg	Geh. Justizrath, Professor	Breslau.
641	Abegg	Appellationsger.-Referendar	Breslau.
642	Abeken	Gerichtsrath	Dresden.
643	Aberle	Amts-Revisor und Bezirks-Notar	Müllheim.
644	Ackermann	Hofrath, Finanzprokurator und Rechtsanwalt	Dresden.
645	Ahnert	Gerichtsamtsaktuar	Großenhain.
646	Angelbeck	Obergerichtsanwalt	Lüneburg.
647	A. Bach	Obergerichtsadvokat u. Notar	Holzminden.
648	Bachelin	Hofgerichtsrath und Staatsanwalt	Freiburg.
649	Bachmann	Rechtsanwalt und Notar	Zwickau.
650	Bachmann	Advokat	Culmbach.
651	Bachmann	Rechtsanwalt	Pulsnitz.
652	C. Bähr	Dr. phil. und Bacc. jur.	Dresden.

Nr.	Name.	Stand.	Wohnort.
653	Baier	Staatsanwalt	Löwenberg (Schlesien).
654	Dr. Barth	Rechtsanwalt	Augsburg.
655	Dr. Barth	Advokat	Kaufbeuren.
656	Bartholdy	Kreisrichter	Massow (Pommern).
657	Bassenge	Kreisrichter	Lauban.
658	Baumgartner	Amtsrichter	Gengenbach.
659	Bazing	Oberamtsrichter	Neresheim.
660	Beeger	Rechtsanwalt	Löbau.
661	Dr. Behaghel	Professor	Freiburg.
662	Dr. v. Behr	Justiz-Minister	Dresden.
663	Dr. O. Behr	Rechtsanwalt	Cöthen.
664	Bennewitz	Rechtsanwalt	Leipzig.
665	Bensinger	Obergerichtsadvokat	Mannheim.
666	Bergmann	Obergerichts-Assessor	Meppen.
667	Bering	Kreisrichter	Elsterwerda.
668	Bermann	Gerichtsamtmann	Zöblitz.
669	Dr. Bernays	Advokat	Mainz.
670	Berndt	Gerichtsamtmann	Geithain.
671	Bernhardi	Gerichtsamts-Assessor	Stollberg bei Chemnitz.
672	Berninger	Staatsanwalt am Appellationsgericht	Eisenach.
673	v. Bernuth	Justiz-Minister	Berlin.
674	Bertheim	Gerichts-Assessor	Berlin, Stralauerstr. 13.
675	Besthorn	Justizrath, Rechtsanwalt	Danzig.
676	Beventzen	Obergerichtsanwalt	Meppen.
677	v. Beyer	Justizrath, Rechtsanwalt	Frankfurt a. O.
678	Beyrich	Kreisrichter	Beelitz.
679	Binder	Ober-Tribunalsrath, General-Staatsanwalt	Stuttgart.
680	v. Blittersdorff	Amtsrichter	Säckingen.
681	Dr. Bluhme	Geh. Justizrath u. Professor	Bonn.
682	Bodenheim	Advokat	Carlsruhe.
683	Böhmer	Amtsaktuar	Lommatzsch.
684	Börner	Bezirksgerichts-Aktuar	Löbau (Sachsen).
685	Bohm	Hofgerichts-Direktor	Bruchsal.

Nr.	Name.	Stand.	Wohnort.
686	v. Borck	Rechtsanwalt	Schönlanke.
687	Bornemann	Geh. Kriegsrath u. vortrag. Rath im Kriegs-Minist.	Berlin.
688	Dr. Bornemann	Gerichts-Assessor u. Privat-Dozent	Berlin, Potsdamerstraße 125/6.
689	Bouneß	Rechtsanwalt	Berlin, N. Friedrichst. 36.
690	W. Bouneß	Rechtsanwalt	Breslau, Ring 47.
691	Breitling	Justiz-Referendar	Röblingen.
692	Briegleb	Hofrath und Hofadvokat	Coburg.
693	Briesemann	Advokat	Wismar.
694	v. Briesen	Rechtsanwalt	Hagen.
695	Dr. Brinkmann	Oberappellationsrath a. D.	Kiel.
696	Büttner	Kreisgerichtsrath	Weida.
697	Burkhard	Kreisgerichts-Direktor	Eisenach.
698	Busch	Advokat	Carlsruhe.
699	Cassel	Rechtsanwalt	Neustadt-E.-W.
700	Dr. Chelius	Amtsrichter	Mannheim.
701	Colditz	Rechtsanwalt und Notar	Dresden.
702	Corty	Justizrath, Rechtsanwalt	Luckau.
703	Courtin	Universitäts-Amtmann	Heidelberg.
704	Cunradi	Rechtsanwalt	Dresden.
705	Dalcke	Staatsanwalt	Memel.
706	Damke	Justizrath, Rechtsanwalt	Filehne.
707	Danz	Oberappellationsrath u. Prof.	Jena.
708	Dettmann	Stadtgerichtsrath	Berlin.
709	Deumer	Rechtsanwalt	Königsbrück.
710	Diery	Hofgerichtsadvokat	Gießen.
711	Dietz	Oberamtsrichter	Bruchsal.
712	Dietze	Gerichtsamtsaktuar	Königstein.
713	W. Döring	Rechtsanwalt	Dresden.
714	Dombois	Amts-Assessor	Wied-Selters.
715	Dornseiff	Hofgerichtsadvokat	Gießen.
716	Dosch	Kreisgerichts-Adjunct	Steyr (Ober-Oesterr.).
717	Dreßler	Gerichtsrath	Dresden.
718	Drewitz	Gerichtsamtmann	Dippoldiswalde.

Nr.	Name.	Stand.	Wohnort.
719	v. Düring	Appellationsger.-Präsident	Celle.
720	G. v. Dusch	Ministerialrath	Carlsruhe.
721	v. Eck	Obergerichts-Prokurator	Wiesbaden.
722	Eckert	Direktor des Männer-Zucht-hauses	Bruchsal.
723	Eding	Appellationsgerichtsrath	Magdeburg.
724	Ehlers	Kreisgerichtsrath	Halberstadt.
725	Eimer	Hofgerichts-Direktor	Freiburg.
726	Dr. Wilh. Einert	Rechtsanwalt	Leipzig.
727	Eisenlohr	Oberhofgerichts-Referendar	Mannheim.
728	Dr. Elvers	Kreisrichter	Höxter a. d. Weser.
729	Endemann	Obergerichts-Assessor	Fulda.
730	Ernst	Kammergerichts-Auskultator	Berlin.
731	Dr. Esmarch	Professor der Rechte	Prag.
732	Esser	Obergerichts-Advokat	Mannheim.
733	Ettlinger	Obergerichts-Advokat	Carlsruhe.
734	Evers	Appellationsgerichtsanwalt	Celle.
735	Eysoldt	Rechtskandidat und Notar	Königstein.
736	Falkmann	Archivrath, Rechtsanwalt	Detmold.
737	Fasoldt	Rechtsanwalt und Notar	Dresden.
738	Fellner	Gerichtsamtmann	Pulsnitz.
739	Dr. Fetzer	Hofgerichts-Präsident	Freiburg.
740	Feuerbach	Ober-Justizrath	Ulm.
741	Fiedler	Gerichtsamtmann	Tharandt.
742	Flad	Sekretair beim evangelischen Oberkirchenrath	Carlsruhe.
743	Flaschar	Kreisgerichtsrath	Nicolai (Ob.-Schlesien).
744	Fleck	Generalauditeur	Berlin, Anhaltsstr. 14.
745	Fleck	Appellationsrath	Bautzen.
746	Fleck	Finanzprokurator, Rechtsan-walt	Dresden.
747	Fleck	Kammergerichts-Referendar	Berlin, Anhaltsstr. 14.
748	Flohr	Gerichtsamtmann	Reichenau.
749	Florschütz	Kreisrichter	Hagen.
750	Frank	Kreisgerichtsrath	Crossen a. O.

Nr.	Name.	Stand.	Wohnort.
751	Francke	Kreisgerichts-Direktor	Suhl.
752	Dr. Francke	Aktuar	Dresden.
753	Frech	Ober-Tribunalsrath	Berlin, Bellevuestr. 7.
754	Dr. Friederici jun.	Rechtsanwalt	Leipzig.
755	Friedrich	Gerichtsamtmann	Chemnitz.
756	Friedrich	Rechtsanwalt	Pirna.
757	Dr. Fritschi	Amtsrichter	Neckarbischofsheim.
758	Fröbich	Oberamtsrichter	Backnang.
759	Dr. M. Fürst	Rechtsanwalt	Schopfheim.
760	Fuldner	Kammerprokurator, Advokat und Fiskal	Neustrelitz.
761	Dr. Gad	Kreisrichter	Sagan.
762	Gänseblum	Amtsrichter	Neustadt (Baden).
763	Gärttner	Regierungsrath	Stuttgart.
764	Gasch	Rechtsanwalt	Dresden.
765	Gebert	Geheimer Justiz- und Ministerialrath	Dresden.
766	Aug. Geck	Rechtsanwalt	Hagen.
767	Gedicke	Bergrath und Bergamts-Justitiar	Halberstadt.
768	Geißel	Appellationsger.-Referendar	Cottbus.
769	Dr. Georgii	Oberamtsrichter	Freudenstadt.
770	Dr. Gerding	Ober-Appellationsgerichts-anwalt	Celle.
771	Gerhardt	Rechnungsrath, Deputirter des Badenschen Notariats-Vereins	Carlsruhe.
772	Geßler	Justizrath, Rechtsanwalt	Bromberg.
773	Dr. Geyer	Professor	Innsbruck.
774	Geyer	Staatsanwalt und Notar	Dresden.
775	Dr. Gießmayer	Advokat	München.
776	Girardet	Auditeur im Reiter-Regim. Kronprinz	Großenhayn.
777	Dr. Gitzler	Professor der Rechte	Breslau.
778	Glöckner	Gerichtsrath	Dresden.

Nr.	Name.	Stand.	Wohnort.
779	Göring	Kreisrichter	Schlawe (Pommern).
780	Götze	Appellationsgerichtsrath	Frankfurt a. O.
781	Goldstandt	Gerichts-Assessor	Berlin, Oranienstr. 108
782	Gotthelf	Advokatenkoncipient	München.
783	v. Gottschalk	Gerichtsamtmann	Rötha.
784	Gottschalk	Rechtsanwalt	Dresden.
785	Gräffe	Rechtsanwalt	Dresden.
786	Gräper	Obergerichtsrath	Varel.
787	Dr. Grimm	Rechtsanwalt	Pforzheim.
788	Grotrian	Obergerichtsrath	Wolfenbüttel.
789	Dr. Güterbock	Stadtrichter	Königsberg i. Pr.
790	Dr. Gundermann	Rechtsanwalt	München.
791	Gutmann	Rechtsanwalt	Carlsruhe.
792	O. v. Gutschmidt	Advokat	Zwickau.
793	Haaß	Hofgerichtsrath und Staatsanwalt	Bruchsal.
794	Haberkorn	Bürgermeister, Präsident der II. Kammer der Ständeversammlung	Zittau.
795	Hacke	Bezirksgerichts-Accessist	München (links der Isar).
796	Dr. Haeberlin	Professor	Greifswald.
797	Dr. Hänel	Geh. Rath u. vortrag. Rath im Justiz-Ministerium	Dresden.
798	Härtig	Rechtsanwalt	Großenhain.
799	Hagelmaier	Oberamtsrichter	Geislingen.
800	Hagen	Advokat	Neu-Ulm.
801	Hahndorff	Kreisgerichts-Direktor	Guben.
802	Handt	Kreisgerichtsrath	Bernburg.
803	Hanke	Justizrath	Eilenburg
804	Hantusch	Kreisgerichts-Direktor	Wollstein.
805	Dr. Philipp Ritter v. Harrasowsky	Raths-Sekretair im Justiz-Ministerium	Wien.
806	Hartmeyer	Oberamtsrichter	Calw.
807	Hartung	Bürgermeister	Schandau.
808	Carl Hartung	Senator und Advokat	Waren (Mecklenburg).

Nr.	Name.	Stand.	Wohnort.
809	Hartung	Gerichtsamtmann	Königsbrück.
810	Hartwich	Advokat	Pirna.
811	Dr. Hase	Appellationsgerichtsrath	Altenburg.
812	Hauschteck	Staatsanwalt	Stralsund.
813	Hebting	Amtmann	Schönau.
814	Heidenreich	Erster Bibliothekar des Ober-Tribunals	Berlin.
815	v. Heiligenstein	Hofgerichts-Referendar	Bruchsal.
816	Heinsius	Kammergerichts-Referendar	Berlin, Bernburgerstr. 3.
817	Heintze	Justizrath, Rechtsanwalt	Frankfurt a. O.
818	Heinze	Staatsanwalt	Dresden.
819	Heinzel	Justizrath, Rechtsanwalt	Bunzlau (Schlesien).
820	Held	Staatsanwalt	Dresden.
821	Hendel	Notar	Leipzig.
822	Hensel	Bezirksgerichts-Direktor	Budissin.
823	Herbig	Bezirksgerichts-Direktor	Annaberg.
824	Hermann	Rechtsanwalt	Dresden.
825	Herrmann I.	Gerichts-Assessor	Berlin, n. Friedrichsst. 45.
826	Heß	Ober-Justizprokurator	Ulm.
827	Hetzer	Auditor	Hildesheim.
828	Hetzer	Bacc. jur.	Dresden.
829	Heucke	Advokat	Parchim.
830	Heydenreich	Rechtsanwalt	Dresden.
831	Heydweiller	Amtsrichter	Offenburg.
832	Hildebrandt	Hofgerichtsrath	Bruchsal.
833	Dr. Hilse II.	Kammergerichts-Auskultator	Berlin, Linienstr. 131/2.
834	Höfer	Gerichtsamtsaktuar	Grünhein.
835	Höffner	Rechtsanwalt	Nossen.
836	Dr. Höpner	Ober-Tribunalsrath	Berlin, Leipziger Pl. 1a.
837	Dr. Höpner	Geh. Justizrath	Frankfurt a. O.
838	v. Holtzendorff	Ober-Staatsanwalt	Gotha.
839	Frhr. v. Holzschuher	Ober-Justizrath	Stuttgart.
840	Paul Horn	Justizkanzlei-Registrator und Advokat	Neustrelitz.

Nr.	Name.	Stand.	Wohnort.
841	Hornbostel	Regierungsrath und vortrag. Rath im Staats-Minist.	Gotha.
842	Dr. Hotho	Professor und Direktor des K. Kupferstich-Museums	Berlin.
843	Huber	Ober-Justizrath	Ulm.
844	Jacobi	Rechtsanwalt	Grimma.
845	Jacobi	Kammergerichtsrath	Berlin.
846	Jahn	Gerichtsamtsaktuar	Brand bei Freiberg.
847	Jensen	Kreisrichter	Charlottenburg.
848	Jenthe	Rechtsanwalt	Falkenberg (Oberschlef.).
849	Dr. Jentsch	Rechtsanwalt	Zittau.
850	Dr. Jolly	Regierungsrath	Carlsruhe.
851	Th. Jonas	Appellationsgerichtsrath	Frankfurt a. O.
852	Jordan	Rechtsanwalt	Ragnit.
853	Dr. Joseph	Rechtsanwalt	Leipzig.
854	Jungwirth	Rechtsanwalt	Magdeburg.
855	Kamm	Amtsrichter	Pforzheim.
856	Karrig	Bürgermeister u. Stadtrichter	Kröpelin (Mecklenburg).
857	Keibel	Appellationsger.-Auscultator	Anclam.
858	Frhr. v. Keudell	Regierungs-Assessor	Breslau.
859	Dr. Kieber	Rechtsanwalt	Dresden.
860	Dr. Kircher	Rechtsanwalt u. Regierungs-Fiskal	Meiningen.
861	v. Kirchmann	Appellationsgerichts - Vice-Präsident	Ratibor.
862	Dr. Kistemaker	Obergerichtsanwalt	Meppen.
863	Dr. C. E. Ritter v. Kißling	Landesadvokat	Schärding.
864	Klehe	Hofgerichtsrath	Mannheim.
865	Kleine	Regierungs-Assessor	Breslau.
866	Kleinschmidt	Rechtsanwalt	Leipzig.
867	Klemm	Appellationsrath	Dresden.
868	Klemm	Bezirksgerichts-Direktor	Dresden.
869	Dr. Klier	Landesadvokat	Tetschen.
870	Klinger	Rechtsanwalt	Dresden.

Nr.	Name.	Stand.	Wohnort.
871	Klitzing	Advokat	Parchim.
872	Klotz	Kreisgerichtsrath	Berlin, Schönebergerst. 27
873	Knauer	Rechtsanwalt und Notar	Gotha.
874	Knauth	Kreisgerichtsrath	Merseburg.
875	Knittel	Obergerichts-Vice-Präsident	Wolffenbüttel.
876	Knorr	Kreisgerichtsrath	Lützen.
877	Dr. Koch	Assessor und Redakteur der Zeitung des Vereins Deutscher Eisenbahn-Verwalt.	Leipzig.
878	Theodor Koch	Advokat	Buchholz.
879	v. Kölichen	Kreisrichter	Rothenburg (O.-Schles.).
880	Köllner	Obergerichtsanwalt	Verden.
881	Körner	Rechtsanwalt	Auerbach (Voigtland).
882	Köstlin	Ober-Justizrath	Stuttgart.
883	Köttig	Rechtsanwalt	Meißen.
884	Koffka	Rechtsanwalt	Frankfurt a. O.
885	Kohlhaas	Ober-Justiz-Assessor	Stuttgart.
886	Kohlschütter	Rechtsanwalt	Dresden.
887	Kolbe	Rechtsanwalt und Notar	Crossen a. O.
888	Koreff	Doctor der Rechte	Prag.
889	Kosegarten	Appellationsger.-Referendar	Halberstadt.
890	H. Krämer	Advokat	Carlsruhe.
891	Kramer	Justizrath, Advokatanwalt	Düsseldorf.
892	Krauß	Ober-Tribunalsrath	Stuttgart.
893	Dr. Kretschmar	Rechtsanwalt	Leipzig.
894	Kretschmar	Rechtsanwalt	Großenhain.
895	Kretzschmar	Rechtsanwalt	Dresden.
896	Krippendorf	Rechtsanwalt	Dresden.
897	v. Kronmüller	Ober-Tribunalsrath	Stuttgart.
898	Dr. Krug	Geh. Justizrath und vortrag. Rath im Justiz-Minist.	Dresden.
899	Kühl	Kreisgerichts-Direktor	Spandau.
900	Kühnas	Kreisrichter	Torgau.
901	Kühne	Kreisgerichtsrath, Mitglied der Gesetz-Revis.-Kommiss.	Berlin, Köthenerstr. 17.

Nr.	Name.	Stand.	Wohnort.
902	Kühne	Kreisrichter	Prettin bei Torgau.
903	Künzel	Regierungsrath im Ministerium des Innern	Dresden.
904	Küttner	Finanzprokurator, Rechtsanwalt	Dresden.
905	Albert Kuhn	Rechtsanwalt	Dresden.
906	Kuhn	Rechtsanwalt	Dresden.
907	Kummert	Appellationsger.-Referendar	Gardelegen.
908	Kurlbaum	Stadt- und Kreisrichter	Magdeburg.
909	Kurlbaum	Kreisrichter	Zossen.
910	Kusel	Obergerichtsanwalt	Bruchsal.
911	Lacoste	Hofgerichtsrath	Bruchsal.
912	Dr. Ladenburg	Obergerichts-Advokat	Mannheim.
913	Landgraff	Rechtskandidat und verpflichteter Protokollant	Löbau.
914	Landwehr	Notar	Cöln.
915	Langbein	Rechtsanwalt und Notar	Wurzen.
916	Laué	Gerichts-Assessor	Berlin, Jerusalemerst. 34.
917	Lauhn	Staatsanwalt	Naumburg a. S.
818	Leonh. Lehfeldt	Kammergerichts-Referendar	Berlin, Kronenstr. 12/13.
919	Lehmann	Advokatanwalt	Cöln.
920	E. Lehmann	Rechtskandidat und Notar	Dresden.
921	Lehmann	Doctor der Rechte	Leipzig.
922	Leist	Hofrath und Professor	Jena.
923	Lenz	Rechtsanwalt	Greifswald.
924	Leupold	Rechtsanwalt	Dresden.
925	Levinger	Advokat	Carlsruhe.
926	Lezius	Rechtsanwalt	Cöthen.
927	Linckelmann	Obergerichtsanwalt	Hannover.
928	Lindemann	Rechtsanwalt	Habelschwerdt (Schles.).
929	Dr. Liebich	Kriminalrath	Lobenstein.
930	Litzkendorf	Gerichtsamtmann	Löbau.
931	Lorenz	Finanzprokurator u. Rechtsanwalt	Großenhain.
932	Lorenz	Rechtsanwalt	Zwickau.

Nr.	Name.	Stand.	Wohnort.
933	v. Lossow	Staatsanwalt	Wreschen.
934	Lucius	Geh. Regierungsrath und Bezirksgerichts-Direktor	Leipzig.
935	Dr. Ludwig	Advokat	Dannenberg.
936	Lücke	Rechtsanwalt	Zittau.
937	Lüdicke	Justizrath, Rechtsanwalt	Berlin, Kronenstr. 28.
938	G. Lührsen	Doctor der Rechte	Hamburg.
939	Macco	Rechtsanwalt	Siegen.
940	Mack	Kronanwalt	Verden.
941	Mallison	Rechtsanwalt	Carthaus (Westpreußen).
942	Martins	Landgerichtsrath	Elberfeld.
943	Martins	Stadtrath	Görlitz.
944	Maß	Appellationsger.-Auskultator	Anclam.
945	Matteis	Kriminal-Assessor	Wurzen.
946	Maurer	Staatsanwalt-Substitut	Gießen.
947	Mays	Hofgerichtsrath und Staatsanwalt	Mannheim.
948	Meischeider	Kreisrichter	Liegnitz.
949	Meischner	Rechtsanwalt und Notar	Penig.
950	Meißner	Kreisgerichts-Direktor und Oberlandesgerichtsrath	Quedlinburg.
951	Meltzer	Bürgermeister und Advokat	Frankenberg.
952	Metz	Kreisgerichtsrath	Brandenburg a. H.
953	v. Metzsch	Assessor	Bautzen.
954	v. Metzsch	Gerichtsamtsaktuar	Penig.
955	Dr. Meyer	Bezirksgerichts-Assessor	München (links d. Isar).
956	Meyer	Rechtskonsulent	Reutlingen.
957	Mier	Rechtsanwalt	Neustadt (O.-Schlesien).
958	Miller	Rechtsanwalt und Notar	Dresden.
959	Dr. Minet	Legationsrath	Carlsruhe.
960	Dr. Mirus sen.	Rechtsanwalt	Leisnig.
961	Dr. Mirus jun.	Rechtsanwalt	Leisnig.
962	Mitscher	Kammergerichts-Referendar	Berlin, Mühlenst. 59/60.
963	Dr. Mittelstädt	Gerichts-Assessor und Oberstaatsanwaltsgehülfe	Posen.

Nr.	Name.	Stand.	Wohnort.
964	v. Mücke	Bezirksgerichts-Direktor	Zittau.
965	Mühlbach	Kreisgerichtsrath	Stargard (Pommern).
966	Mühlenbeck	Oberlandesgerichts - Assessor a. D. und Gutsbesitzer	Großwachlin b. Stargard in Pommern.
967	B. Müller	Kreisgerichts-Direktor	Birnbaum.
968	Gust. Müller	Appellationsgerichtsrath	Glogau.
969	Müller	Bezirksdirektor	Neustadt a. D.
970	Müller	Advokat, Stadtrichter	Fürstenberg (Mecklenb.)
971	Ch. Munchen	Advokat	Luxemburg.
972	Nake	Rechtsanwalt und Notar	Dresden.
973	Dr. Naumann I.	Ober - Appellationsgerichts-Anwalt	Celle.
974	Dr. Naumann I.	Obergerichtsanwalt	Hameln
975	Nebenius	Oberamtsrichter	Carlsruhe.
976	zur Nedden	Staatsanwalt	Bochum.
977	Neidhardt	Bezirksgerichts-Direktor	Zwickau.
978	Neßel	Staatsanwalt	Breslau.
979	Neubert	Bürgermeister	Dresden.
980	Dr. Neumeister	Advokaturs-Kandidat u. Vertheidiger in Strafsachen	Wien.
981	Noltemeier	Advokat und Notar	Peina.
982	Dr. Northoff	Obergerichtsanwalt	Hildesheim.
983	Leop. Oberländer	Bürgermeister u. Hofadvokat	Coburg.
984	Odebrecht	Kreisgerichts-Direktor	Berlin.
985	Oehl	Rechtsanwalt	Willingen.
986	Oehlschlägel	Bergmeister	Schneeberg.
987	Oehme	Rechtsanwalt	Annaberg.
988	Oertel	Rechtskandidat und Notar	Radeberg.
989	Opitz	Finanzprokurator u. Rechtsanwalt	Dresden.
990	Opitz	Rechtsanwalt und Notar	Zittan.
991	Oppenheim	Stadtgerichtsrath	Berlin, Behrenstr. 67.
992	Orb	Rechtsanwalt und Notar	Königstein.
993	Orlop	Rechtsanwalt	Halberstadt.
994	Oßwald	Rechtsanwalt	Borna.

Nr.	Name.	Stand.	Wohnort.
995	Dr. Osterloh	Professor	Leipzig.
996	Ottendorf	Hofgerichtsrath	Bruchsal.
997	v. Pape	Ober-Appellationsgerichts-Vice-Präsident	Celle.
998	L. Parisius	Kreisrichter	Gardelegen.
999	Peters	Obergerichtsanwalt	Cassel.
1000	Petersen	Rechtsanwalt	Breslau.
1001	v. Petrikowsky	Gerichtsamtmann	Werdau.
1002	Petsch	Gerichtsrath	Löbau.
1003	Pfeiffer	Amtsrichter	Blumenfeld
1004	Pfleßer	Kreisgerichtsrath	Görlitz.
1005	Dr. Pisko	Redakteur der Gerichtshalle	Wien.
1006	Pohl	Rechtsanwalt	Frohburg.
1007	Pohle	Rechtsanwalt	Guben.
1008	Frhr. v. Pratobevera	Justiz-Minister	Wien.
1009	Preller	Rechtsanwalt und Notar	Chemnitz.
1010	Dr. Puchelt	Hofgerichtsrath	Bruchsal.
1011	v. Puttkammer	Gerichts-Assessor	Frankfurt a. O.
1012	Qual	Kreisrichter	Sprottau.
1013	Quenzel	Gerichtsamts-Assessor	Schneeberg.
1014	Rahn	Kreisrichter	Glatz.
1015	Dr. Reatz	Privat-Dozent	Gießen.
1016	Ree	Obergerichtsanwalt	Bruchsal.
1017	Reich	Kreisgerichtsrath	Alt-Damm.
1018	Reichardt	Ober-Amtsrichter	Ulm.
1019	Reimers	Justitiar	Wandsbeck.
1020	Reincke	Kreisrichter	Regenwalde.
1021	Reinhardt	Hofgerichtsrath	Mannheim.
1022	Dr. Renger	Landesadvokat und Notar	Tetschen a. E.
1023	v. Richter	Kaiserlich Russischer Wirkl. Staatsrath	Dresden.
1024	Riedel	Rechtsanwalt	Pomßen bei Grimma.
1025	Dr. Ringer	Justizrath, Bezirksgerichts-Direktor	Löbau.
1026	Rittler	Rechtsanwalt	Torgau.

Nr.	Name.	Stand.	Wohnort.
1027	A. Rivier	Doctor der Rechte	Berlin, Unter d. Linden 33.
1028	Dr. Rizy.	Sectionschef i. Justiz-Min.	Wien.
1029	Roscher	Ober-Appellationsrath	Celle.
1030	Dr. Rosen	Obergerichtsrath	Detmold.
1031	Rosenhagen	Advokat	Wandsbeck.
1032	Dr. F. Roßhirt	Oberhofgerichtsrath	Mannheim.
1033	Roßtäuscher	Staatsanwalt	Bautzen.
1034	v. Rotteck	Ober-Amtsrichter	Sinsheim.
1035	Rubo	Doctor der Rechte	Berlin, Potsdamerst. 139.
1036	Rumpelt	Rechtsanwalt	Radeberg.
1037	Ruth	Hofgerichtsrath	Mannheim.
1038	Sabarth	Rechtsanwalt	Ratibor.
1039	Sachs	Ober-Amtsrichter	Carlsruhe.
1040	Salomonsohn	Gerichts-Assessor	Berlin, Werdermarkt 36.
1041	Sauerteig	Rechtsanwalt	Eilenburg.
1042	Scheele	Rechtsanwalt	Dresden.
1043	Schede	Justizrath, Rechtsanwalt, Universitätsrichter	Halle a. S.
1044	Schedlich	Rechtsanwalt	Rochlitz.
1045	Schedlich	Rechtsanwalt	Crimitschau.
1046	Dr. Schelcher	Rechtsanwalt und Notar	Dresden.
1047	Schelcher	Rechtsanwalt	Oschatz.
1048	Schenck	Hofgerichts-Prokurator	Wiesbaden.
1049	Scheuermann	Amtsrichter	Emmendingen.
1050	Scheuffler I.	Rechtsanwalt und Notar	Meißen.
1051	Scheuffler II.	Rechtsanwalt	Meißen.
1052	Scheurlen	Ober-Amtsrichter	Mergentheim.
1053	Schickert	Bürgermeister	Großenhain.
1054	Schlomka	Kreisrichter	Erfurt.
1055	Schmidt	Justizrath, Notar	Frankfurt a. O.
1056	Schmidt	Geheimer Justizrath, Rechtsanwalt	Marienwerder.
1057	Dr. Schneider	Appellationsger.-Präsident	Dresden.
1058	Dr. Schnell	Rechtsanwalt und Notar	Zittau.
1059	Dr. Schönberg	Appellationsger.-Auskultator	Stettin, Louisenstr. 4.

Nr.	Name.	Stand.	Wohnort.
1060	Schröder	Gerichts-Assessor u. Spezial-Commissarius	Tarnowitz.
1061	Schröter	Rechtsanwalt	Stollberg bei Chemnitz.
1062	Schultz-Völker	Justizrath, Rechtsanwalt	Bromberg.
1063	Schultze	Kammergerichts-Auscultator	Spandau.
1064	Schwartz	Gerichts-Assessor	Berlin, Mohrenstr. 26.
1065	Schwarzmann	Ministerialrath	Carlsruhe.
1066	Dr. Seeger	Professor	Tübingen.
1067	Segnitz	Rechtsanwalt	Wermsdorf.
1068	Sehlmacher	Rechtsanwalt	Pyritz.
1069	Dr. Paul Seidels	Dr. jur.	Berlin, Kronenstr. 24.
1070	Serger	Hofgerichtsrath	Mannheim.
1071	Severin	Kreisgerichtsrath	Swinemünde.
1072	Seyfert	Gerichtsamtmann	Ebersbach (Oberlausitz).
1073	v. Seyfried	Ministerialrath	Carlsruhe.
1074	Sick	Ober-Justizrath	Stuttgart.
1075	Dr. Siebdrat	Geh. Justizrath u. vortrag. Rath im Justiz-Minist.	Dresden.
1076	Siegel	Rechtsanwalt	Glauchau.
1077	Dr. Simson	Appellationsgerichts-Vice-Präsident	Frankfurt a. O.
1078	Sommer	Advokat, Justitiar	Bernstadt.
1079	Ludw. Sommer	Advokat	Parchim.
1080	Sommer-Diersen	Senator und Advokat	Parchim.
1081	Spickhoff	Advokatanwalt	Düsseldorf.
1082	Dr. Stabel	Staats-Minister der Justiz	Carlsruhe.
1083	Staps	Bezirksablösungs-Commissar und Advokat	Schmölln.
1084	Starke	Gerichtsrath	Leipzig.
1085	Dr. P. Starke	Auditeur	Königstein (Festung).
1086	Stauß	Rechtsanwalt	Dresden.
1087	Dr. Steche	Stadtrichter	Leipzig.
1088	Stegemann	Staatsanwalt	Wriezen.
1089	Dr. Stein	Rechtsanwalt	Dresden.
1090	Steinhäuser	Rechtsanwalt	Plauen.

Nr.	Name.	Stand.	Wohnort.
1091	Frh. E. v. Sternenfels	Justiz-Referendär	Nürtingen.
1092	Dr. Stieber	Appellationsgerichts-Vice-Präsident	Bautzen.
1093	Stieffel	Gerichts-Assessor	Dierdorf.
1094	Stimmel	Finanzprokurator u. Rechtsanwalt	Plauen.
1095	Frhr. v. Stockhorn	Hofgerichts-Direktor	Freiburg.
1096	Stöckel	Staatsanwalt	Chemnitz.
1097	v. Stößer	Amtmann	Mannheim.
1098	Dr. Stolp	Redakteur der Monatsschrift für Deutsches Städte- und Gemeindewesen	Frankfurt a. O.
1099	Streit	Bürgermeister	Zwickau.
1100	Ströbel	Bezirksgerichts-Aktuar	Dresden.
1101	Struckmann	Auditor	Blumenthal b. Vegesack.
1102	Struckmann	Obergerichts-Assessor	Celle.
1103	Strupp	Rechtsanwult	Hildburghausen.
1104	Dr. G. Stüve	Stadtsekretair u. Advokat	Osnabrück.
1105	Sulzberger	Rechtsanwalt	Wurzen.
1106	Süßenguth	Rechtsanwalt	Lobenstein.
1107	Tappenbeck	Staatsanwalt	Varel.
1108	Teucher	Rechtsanwalt	Dresden.
1109	Teßmar	Rechtsanwalt	Stargard (Pommern).
1110	Thamerus	Rechtsanwalt und Notar	Pirna.
1111	Thiel	Rechtsanwalt	Bautzen.
1112	Thiemann	Hofrath u. Gerichtsamtmann	Dresden.
1113	Thiemer jun.	Rechtsanwalt	Zittau.
1114	Thilo	Gerichts-Assessor	Breslau.
1115	Thomsen	Amtsgerichts-Assessor	Meinersen.
1116	Dr. Tremel	Hof- und Gerichts-Advokat	Wien, Stadt 745.
1117	Trentepohl	Oberappellationsrath	Oldenburg (Großhzgth.).
1118	Turban	Ministerialrath	Carlsruhe.
1119	v. Twardowski	Appellationsger.-Referendar	Stettin (Wollweberstr.).
1120	Ubbelohde	Obergerichtsrath	Lüneburg.

Nr.	Name.	Stand.	Wohnort.
1121	Ukert	Stadt- und Kreisgerichts-Direktor	Danzig.
1122	Franz Ulrici	Appellationsgerichtsrath	Frankfurt a. O.
1123	Bernhard Ulrici	Appellationsger.-Referendar	Frankfurt a. O.
1124	Valentin	Justizrath, Rechtsanwalt	Berlin, Jägerstr. 35.
1125	Valois	Rechtsanwalt	Dirschau.
1126	Dr. E. Viereck	Advokat	Schwerin (Mecklenburg).
1127	Vierling	Bezirksgerichtsamts-Accessist	Weiden.
1128	v. Vincenti	Amtsrichter	Lahr.
1129	Dr. Völk	Advokat	Kempten.
1130	Dr. Vollert	Kreisgerichts-Assessor	Arnstadt.
1131	Wachs	Rechtsanwalt	Leipzig.
1132	Frhr. v. Wächter-Spittler	Justiz-Minister	Stuttgart.
1133	Walder	Kreisgerichtsrath	Brandenburg a. H.
1134	Walther	Rechtsanwalt	Meerane.
1135	Dr. C. v. Weber	Ministerialrath u. Direktor des Haupt-Staatsarchivs	Dresden.
1136	Weber	Hofgerichts-Direktor	Gießen.
1137	Weber	Advokat	Kiel.
1138	Dr. Weeber	Landes-Advokat	Weiskirchen.
1139	Weidner	Rechtsanwalt	Zittau.
1140	Dr. Weigel	Syndikus	Breslau.
1141	Weise	Rechtsanwalt	Meißen.
1142	Weißer	Auditor und Aktuariatsverweser	Marbach a. N.
1143	Weltzien	Hofrath, Hypothekenbewahrer	Schwerin (Mecklenburg).
1144	Wengler	Gerichtsrath	Bautzen.
1145	Wettke	Kreisrichter	Mohrungen (Ostpr.)
1146	C. Wielandt	Sekretair im Justiz-Minist.	Carlsruhe.
1147	Wilke	Geh. Justizrath, vortr. Rath im Justiz-Ministerium	Dresden.
1148	v. Wilmowski	Rechtsanwalt	Schlawe (Pommern).
1149	Winkler	Rechtsanwalt	Gleiwitz.
1150	Winkler	Kreisrichter	Halle a. S.

Nr.	Name.	Stand.	Wohnort.
1151	Wippermann	Rechtsanwalt	Torgau.
1152	Wirth	Ober-Amtsrichter	Horb a. N.
1153	Witschel	Rechtsanwalt	Dresden.
1154	Dr. v. Wittgenstein	Kammergerichts-Referendar	Berlin, Französ. Str. 14.
1155	v. Witzleben	Regierungsrath	Leipzig.
1156	Dr. Wolf	Gerichtsrath	Freiberg.
1157	Wolff	Bezirksgerichts-Protokollant	Dresden.
1158	Wolff	Kreisgerichtsrath	Strehlen.
1159	Wolff	Rechtsanwalt	Schubin bei Bromberg.
1160	Zacharias	Rechtsanwalt und Notar	Dresden.
1161	Zenkin-Sommer	Staatsanwalt	Helmstedt.
1162	Dr. Zentner	Ober-Hofgerichtsrath	Mannheim.
1163	Zimmermann	Stifts-Syndikus u. Rechtsanwalt	Meißen.
1164	Zimmermann	Doktor der Rechte	Berlin, Mohrenstr. 26.
1165	Zirkler	Ober-Amtsrichter	Künzelsau.
1166	Zumpe II.	Rechtsanwalt	Dresden.

D.

Verzeichniß

derjenigen

Mitglieder des Deutschen Juristentages,

welche dem Vereine im Jahre 1861 beigetreten sind,

nach Staaten geordnet.

Nr.	Name.	Stand.	Wohnort.
	Herzogthum Anhalt-Bernburg.		
640	Handt	Kreisgerichtsrath	Bernburg.
	Herzogthum Anhalt-Dessau.		
641	Dr. O. Behr	Rechtsanwalt	Cöthen.
642	Lezius	Rechtsanwalt	Cöthen.
	Großherzogthum Baden.		
643	Aberle	Amts-Revisor und Bezirks-Notar	Müllheim.
644	Bachelin	Hofgerichtsrath und Staatsanwalt	Freiburg.

Nr.	Name.	Stand.	Wohnort.
645	Baumgartner	Amtsrichter	Gengenbach.
646	Dr. Behaghel	Professor	Freiburg.
647	Bensinger	Obergerichtsadvokat	Mannheim.
648	v. Blittersdorff	Amtsrichter	Säckingen.
649	Bodenheim	Advokat	Carlsruhe.
650	Bohm	Hofgerichts-Direktor	Bruchsal.
651	Busch	Advokat	Carlsruhe.
652	Dr. Chelius	Amtsrichter	Mannheim.
653	Courtin	Universitäts-Amtmann	Heidelberg.
654	Dietz	Oberamtsrichter	Bruchsal.
655	G. v. Dusch	Ministerialrath	Carlsruhe.
656	Eckert	Direktor des Männer-Zuchthauses	Bruchsal.
657	Eimer	Hofgerichts-Direktor	Freiburg.
658	Eisenlohr	Oberhofgerichts-Referendar	Mannheim.
659	Esser	Obergerichts-Advokat	Mannheim.
660	Ettlinger	Obergerichts-Advokat	Carlsruhe.
661	Dr. Fetzer	Hofgerichts-Präsident	Freiburg.
662	Flad	Sekretair beim evangelischen Oberkirchenrath	Carlsruhe.
663	Dr. Fritschi	Amtsrichter	Neckarbischofsheim.
664	Dr. M. Fürst	Rechtsanwalt	Schopfheim.
665	Gänseblum	Amtsrichter	Neustadt.
666	Gerhardt	Rechnungsrath, Deputirter des Badenschen Notariats-Vereins	Carlsruhe.
667	Dr. Grimm	Rechtsanwalt	Pforzheim.
668	Gutmann	Rechtsanwalt	Carlsruhe.
669	Haaß	Hofgerichtsrath und Staatsanwalt	Bruchsal.
670	Hebting	Amtmann	Schönau.
671	v. Heiligenstein	Hofgerichts-Referendar	Bruchsal.
672	Heydweiller	Amtsrichter	Offenburg.
673	Hildebrandt	Hofgerichtsrath	Bruchsal.
674	Dr. Jolly	Regierungsrath	Carlsruhe.

Nr.	Name.	Stand.	Wohnort.
675	Kamm	Amtsrichter	Pforzheim.
676	Klehe	Hofgerichtsrath	Mannheim.
677	H. Krämer	Advokat	Carlsruhe.
678	Kusel	Obergerichtsanwalt	Bruchsal.
679	Lacoste	Hofgerichtsrath	Bruchsal.
680	Dr. Ladenburg	Obergerichts-Advokat	Mannheim.
681	Levinger	Advokat	Carlsruhe.
682	Mays	Hofgerichtsrath und Staatsanwalt	Mannheim.
683	Dr. Minet	Legationsrath	Carlsruhe.
684	Nebenius	Oberamtsrichter	Carlsruhe.
685	Oehl	Rechtsanwalt	Villingen.
686	Ottendorf	Hofgerichtsrath	Bruchsal.
687	Pfeiffer	Amtsrichter	Blumenfeld
688	Dr. Puchelt	Hofgerichtsrath	Bruchsal.
689	Ree	Obergerichtsanwalt	Bruchsal.
690	Reinhardt	Hofgerichtsrath	Mannheim.
691	Dr. F. Roßhirt	Oberhofgerichtsrath	Mannheim.
692	v. Rotteck	Ober-Amtsrichter	Sinsheim.
693	Ruth	Hofgerichtsrath	Mannheim.
694	Sachs	Ober-Amtsrichter	Carlsruhe.
695	Scheuermann	Amtsrichter	Emmendingen.
696	Schwarzmann	Ministerialrath	Carlsruhe.
697	Serger	Hofgerichtsrath	Mannheim.
698	v. Seyfried	Ministerialrath	Carlsruhe.
699	Dr. Stabel	Staats-Minister der Justiz	Carlsruhe.
700	Freiherr von Stodthorn	Hofgerichts-Direktor	Freiburg.
701	v. Stößer	Amtmann	Mannheim.
702	Turban	Ministerialrath	Carlsruhe.
703	v. Vincenti	Amtsrichter	Lahr.
704	C. Wielandt	Sekretair im Justiz-Ministerium	Carlsruhe.
705	Dr. Zentner	Ober-Hofgerichtsrath	Mannheim.

Nr.	Name.	Stand.	Wohnort.

Königreich Bayern.

Nr.	Name.	Stand.	Wohnort.
706	Bachmann	Advokat	Culmbach.
707	Dr. Barth	Rechtsanwalt	Augsburg.
708	Dr. Barth	Advokat	Kaufbeuren.
709	Dr. Gießmayer	Advokat	München.
710	Gotthelf	Advokatenkoncipient	München.
711	Dr. Gundermann	Rechtsanwalt	München.
712	Hacke	Bezirksgerichts-Accessist	München (links der Isar).
713	Dr. Meyer	Bezirksgerichts-Assessor	München (links d. Isar).
714	Vierling	Bezirksgerichtsamts-Accessist	Weiden.
715	Dr. Völk	Advokat	Kempten.

Herzogthum Braunschweig.

Nr.	Name.	Stand.	Wohnort.
716	A. Bach	Obergerichtsadvokat u. Notar	Holzminden.
717	Grotrian	Obergerichtsrath	Wolfenbüttel.
718	Knittel	Obergerichts-Vice-Präsident	Wolffenbüttel.
719	Zenkin-Sommer	Staatsanwalt	Helmstedt.

Freie Stadt Hamburg.

Nr.	Name.	Stand.	Wohnort.
720	G. Lührsen	Doctor der Rechte	Hamburg.

Königreich Hannover.

Nr.	Name.	Stand.	Wohnort.
721	Angelbeck	Obergerichtsanwalt	Lüneburg.
722	Bergmann	Obergerichts-Assessor	Meppen.
723	Beventzen	Obergerichtsanwalt	Meppen.
724	v. Düring	Appellationsger.-Präsident	Celle.
725	Evers	Appellationsgerichtsanwalt	Celle.
726	Dr. Gerding	Ober-Appellationsgerichtsanwalt	Celle.

Nr.	Name.	Stand.	Wohnort.
727	Hetzer	Auditor	Hildesheim.
728	Dr. Kistemaker	Obergerichtsanwalt	Meppen.
729	Köllner	Obergerichtsanwalt	Verden.
730	Linckelmann	Obergerichtsanwalt	Hannover.
731	Dr. Ludwig	Advokat	Dannenberg.
732	Mack	Kronanwalt	Verden.
733	Dr. Naumann I.	Ober = Appellationsgerichts-Anwalt	Celle.
734	Dr. Naumann I.	Obergerichtsanwalt	Hameln
735	Noltemeier	Advokat und Notar	Peina.
736	Dr. Northoff	Obergerichtsanwalt	Hildesheim.
737	v. Pape	Ober = Appellationsgerichts-Vice-Präsident	Celle.
738	Roscher	Ober-Appellationsrath	Celle.
739	Struckmann	Auditor	Blumenthal b. Vegesack.
740	Struckmann	Obergerichts-Assessor	Celle.
741	Dr. G. Stüve	Stadtsekretair u. Advokat	Osnabrück.
742	Thomsen	Amtsgerichts-Assessor	Meinersen.
743	Ubbelohde	Obergerichtsrath	Lüneburg.

Kurfürstenthum Hessen = Cassel.

744	Endemann	Obergerichts-Assessor	Fulda.
745	Peters	Obergerichtsanwalt	Cassel.

Großherzogthum Hessen = Darmstadt.

746	Dr. Bernays	Advokat	Mainz.
747	Diery	Hofgerichtsadvokat	Gießen.
748	Dornseiff	Hofgerichtsadvokat	Gießen.
749	Maurer	Staatsanwalt-Substitut	Gießen.
750	Dr. Reatz	Privat-Dozent	Gießen.
751	Weber	Hofgerichts-Direktor	Gießen.

Nr.	Name.	Stand.	Wohnort.

Herzogthum Holstein.

752	Dr. Brinkmann	Oberappellationsrath a. D.	Kiel.
753	Reimers	Justitiar	Wandsbeck.
754	Rosenhagen	Advokat	Wandsbeck.
755	Weber	Advokat	Kiel.

Fürstenthum Lippe-Detmold.

756	Falkmann	Archivrath, Rechtsanwalt	Detmold.
757	Dr. Rosen	Obergerichtsrath	Detmold.

Großherzogthum Luxemburg.

758	Ch. Munchen	Advokat	Luxemburg.

Großherzogthum Mecklenburg-Schwerin.

759	Briesemann	Advokat	Wismar.
760	Carl Hartung	Senator und Advokat	Waren.
761	Heucke	Advokat	Parchim.
762	Karrig	Bürgermeister u. Stadtrichter	Kröpelin.
763	Klitzing	Advokat	Parchim.
764	Ludw. Sommer	Advokat	Parchim.
765	Sommer-Diersen	Senator und Advokat	Parchim.
766	Dr. E. Viereck	Advokat	Schwerin.
767	Weltzien	Hofrath, Hypothekenbewahrer	Schwerin.

Großherzogthum Mecklenburg-Strelitz.

768	Fuldner	Kammerprokurator, Advokat und Fiskal	Neustrelitz.
769	Paul Horn	Justizkanzlei-Registrator und Advokat	Neustrelitz.
770	Müller	Advokat, Stadtrichter	Fürstenberg.

Nr.	Name.	Stand.	Wohnort.

Herzogthum Nassau.

Nr.	Name.	Stand.	Wohnort.
771	Dombois	Amts-Assessor	Wied-Selters.
772	v. Eck	Obergerichts-Prokurator	Wiesbaden.
773	Schenck	Hofgerichts-Prokurator	Wiesbaden.

Kaiserreich Oesterreich.

Nr.	Name.	Stand.	Wohnort.
774	Dosch	Kreisgerichts-Adjunct	Steyr (Ober-Oesterr.).
775	Dr. Esmarch	Professor der Rechte	Prag.
776	Dr. Geyer	Professor	Innsbruck.
777	Dr. Philipp Ritter v. Harrasowsky	Raths-Sekretair im Justiz-Ministerium	Wien.
778	Dr. C. E. Ritter v. Kißling	Landesadvokat	Schärding.
779	Dr. Klier	Landesadvokat	Tetschen (Böhmen).
780	Koreff	Doctor der Rechte	Prag.
781	Dr. Neumeister	Advokaturs-Kandidat u. Vertheidiger in Strafsachen	Wien.
782	Dr. Pisko	Redakteur der Gerichtshalle	Wien.
783	Freiherr von Pratobevera	Justiz-Minister	Wien.
784	Dr. Renger	Landesadvokat und Notar	Tetschen a. E.
785	Dr. Rizy.	Sectionschef im Justiz-Ministerium	Wien.
786	Dr. Tremel	Hof- und Gerichts-Advokat	Wien, Stadt 745.
787	Dr. Weeber	Landes-Advokat	Weiskirchen.

Großherzogthum Oldenburg.

Nr.	Name.	Stand.	Wohnort.
788	Gräper	Obergerichtsrath	Varel.
789	Tappenbeck	Staatsanwalt	Varel.
790	Trentepohl	Oberappellationsrath	Oldenburg.

Nr.	Name.	Stand.	Wohnort.
		Königreich Preußen.	
791	Dr. Abegg	Geh. Justizrath, Professor	Breslau.
792	Abegg	Appellationsger.-Referendar	Breslau.
793	Baier	Staatsanwalt	Löwenberg (Schlesien).
794	Bartholdy	Kreisrichter	Massow (Pommern).
795	Bassenge	Kreisrichter	Lauban.
796	Bering	Kreisrichter	Elsterwerda.
797	v. Bernuth	Justiz-Minister	Berlin.
798	Bertheim	Gerichts-Assessor	Berlin, Stralauerstr. 13.
799	Besthorn	Justizrath, Rechtsanwalt	Danzig.
800	v. Beyer	Justizrath, Rechtsanwalt	Frankfurt a. O.
801	Beyrich	Kreisrichter	Beelitz.
802	Dr. Bluhme	Geh. Justizrath u. Professor	Bonn.
803	v. Borck	Rechtsanwalt	Schönlanke.
804	Bornemann	Geh. Kriegsrath u. vortrag. Rath im Kriegs-Minist.	Berlin.
805	Dr. Bornemann	Gerichts-Assessor u. Privat-Dozent	Berlin, Potsdamerstraße 125/6.
806	Bouneß	Rechtsanwalt	Berlin, N. Friedrichst. 36.
807	W. Bouneß	Rechtsanwalt	Breslau, Ring 47.
808	v. Briesen	Rechtsanwalt	Hagen.
809	Cassel	Rechtsanwalt	Neustadt-E.-W.
810	Corty	Justizrath, Rechtsanwalt	Luckau.
811	Dalcke	Staatsanwalt	Memel.
812	Damke	Justizrath, Rechtsanwalt	Filehne.
813	Dettmann	Stadtgerichtsrath	Berlin.
814	Eding	Appellationsgerichtsrath	Magdeburg.
815	Ehlers	Kreisgerichtsrath	Halberstadt.
816	Dr. Elvers	Kreisrichter	Höxter a. d. Weser.
817	Ernst	Kammergerichts-Auskultator	Berlin.
818	Flaschar	Kreisgerichtsrath	Nicolai (Ob.-Schlesien).
819	Fleck	Generalauditeur	Berlin, Anhaltsstr. 14.
820	Fleck	Kammergerichts-Referendar	Berlin, Anhaltsstr. 14.
821	Florschütz	Kreisrichter	Hagen.

Nr.	Name.	Stand.	Wohnort.
822	Francke	Kreisgerichts-Direktor	Suhl.
823	Frank	Kreisgerichtsrath	Crossen a. O.
824	Frech	Ober-Tribunalsrath	Berlin, Bellevuestr. 7.
825	Dr. Gad	Kreisrichter	Sagan.
826	Aug. Geck	Rechtsanwalt	Hagen.
827	Gedicke	Bergrath und Bergamts-Justitiar	Halberstadt.
828	Geißel	Appellationsger.-Referendar	Cottbus.
829	Geßler	Justizrath, Rechtsanwalt	Bromberg.
830	Dr. Gitzler	Professor der Rechte	Breslau.
831	Göring	Kreisrichter	Schlawe (Pommern).
832	Götze	Appellationsgerichtsrath	Frankfurt a. O.
833	Goldstandt	Gerichts-Assessor	Berlin, Oranienstr. 108
834	Dr. Güterbock	Stadtrichter	Königsberg i. Pr.
835	Dr. Haeberlin	Professor	Greifswald.
836	Hahndorff	Kreisgerichts-Direktor	Guben.
837	Hanke	Justizrath	Eilenburg
838	Hantusch	Kreisgerichts-Direktor	Wollstein.
839	Hauschteck	Staatsanwalt	Stralsund.
840	Heidenreich	Erster Bibliothekar des Ober-Tribunals	Berlin.
841	Heinsius	Kammergerichts-Referendar	Berlin, Bernburgerstr. 3.
842	Heintze	Justizrath, Rechtsanwalt	Frankfurt a. O.
843	Heinzel	Justizrath, Rechtsanwalt	Bunzlau (Schlesien).
844	Herrmann I.	Gerichts-Assessor	Berlin, n. Friedrichsst. 45.
845	Dr. Hilse II.	Kammergerichts-Auskultator	Berlin, Linienstr. 131/2.
846	Dr. Höpner	Ober-Tribunalsrath	Berlin, Leipziger Pl. 1a.
847	Dr. Höpner	Geh. Justizrath	Frankfurt a. O.
848	Dr. Hotho	Professor und Direktor des K. Kupferstich-Museums	Berlin.
849	Jacobi	Kammergerichtsrath	Berlin.
850	Jensen	Kreisrichter	Charlottenburg.
851	Jenthe	Rechtsanwalt	Falkenberg (Oberschles.).
852	Th. Jonas	Appellationsgerichtsrath	Frankfurt a. O.
853	Jordan	Rechtsanwalt	Ragnit.

Nr.	Name.	Stand.	Wohnort.
854	Jungwirth	Rechtsanwalt	Magdeburg.
855	Keibel	Appellationsger.-Auscultator	Anclam.
856	Frhr. v. Keudell	Regierungs-Assessor	Breslau.
857	v. Kirchmann	Appellationsgerichts-Vice-Präsident	Ratibor.
858	Kleine	Regierungs-Assessor	Breslau.
859	Klotz	Kreisgerichtsrath	Berlin, Schönebergerst. 27
860	Knauth	Kreisgerichtsrath	Merseburg.
861	Knorr	Kreisgerichtsrath	Lützen.
862	v. Kölichen	Kreisrichter	Rothenburg (O.-Schles.).
863	Koffka	Rechtsanwalt	Frankfurt a. O.
864	Kolbe	Rechtsanwalt und Notar	Crossen a. O.
865	Kosegarten	Appellationsger.-Referendar	Halberstadt.
866	Kramer	Justizrath, Advokatanwalt	Düsseldorf.
867	Kühl	Kreisgerichts-Direktor	Spandau.
868	Kühnas	Kreisrichter	Torgau.
869	Kühne	Kreisgerichtsrath, Mitglied der Gesetz-Revis.-Kommiss.	Berlin, Köthenerstr. 17.
870	Kühne	Kreisrichter	Prettin bei Torgau.
871	Kummert	Appellationsger.-Referendar	Gardelegen.
872	Kurlbaum	Stadt- und Kreisrichter	Magdeburg.
873	Kurlbaum	Kreisrichter	Zossen.
874	Landwehr	Notar	Cöln.
875	Laue	Gerichts-Assessor	Berlin, Jerusalemerst. 34.
876	Lauhn	Staatsanwalt	Naumburg a. S.
877	Leonh. Lehfeldt	Kammergerichts-Referendar	Berlin, Kronenstr. 12/13.
878	Lehmann	Advokatanwalt	Cöln.
879	Lenz	Rechtsanwalt	Greifswald.
880	Lindemann	Rechtsanwalt	Habelschwerdt (Schles.).
881	v. Lössow	Staatsanwalt	Wreschen.
882	Lüdicke	Justizrath, Rechtsanwalt	Berlin, Kronenstr. 28.
883	Macco	Rechtsanwalt	Siegen.
884	Mallison	Rechtsanwalt	Carthaus (Westpreußen).
885	Martins	Landgerichtsrath	Elberfeld.
886	Martins	Stadtrath	Görlitz.

Nr.	Name.	Stand.	Wohnort.
887	Maß	Appellationsger.-Auskultator	Anclam.
888	Meischeider	Kreisrichter	Liegnitz.
889	Meißner	Kreisgerichts - Direktor und Oberlandesgerichtsrath	Quedlinburg.
890	Metz	Kreisgerichtsrath	Brandenburg a. H.
891	Mier	Rechtsanwalt	Neustadt (O.-Schlesien).
892	Mitscher	Kammergerichts-Referendar	Berlin, Mühlenst. 59/60.
893	Dr. Mittelstädt	Gerichts-Assessor und Oberstaatsanwaltsgehülfe	Posen.
894	Mühlbach	Kreisgerichtsrath	Stargard (Pommern).
895	Mühlenbeck	Oberlandesgerichts - Assessor a. D. und Gutsbesitzer	Großwachlin b. Stargard in Pommern.
896	B. Müller	Kreisgerichts-Direktor	Birnbaum.
897	Gust. Müller	Appellationsgerichtsrath	Glogau.
898	zur Nedden	Staatsanwalt	Bochum.
899	Neßel	Staatsanwalt	Breslau.
900	Odebrecht	Kreisgerichts-Direktor	Berlin.
901	Oppenheim	Stadtgerichtsrath	Berlin, Behrenstr. 67.
902	Orlop	Rechtsanwalt	Halberstadt.
903	L. Parisius	Kreisrichter	Gardelegen.
904	Petersen	Rechtsanwalt	Breslau.
905	Pfleßer	Kreisgerichtsrath	Görlitz.
906	Pohle	Rechtsanwalt	Guben
907	v. Puttkammer	Gerichts-Assessor	Frankfurt a. O.
908	Qual	Kreisrichter	Sprottau.
909	Rahn	Kreisrichter	Glatz.
910	Reich	Kreisgerichtsrath	Alt-Damm.
911	Reincke	Kreisrichter	Regenwalde.
912	Rittler	Rechtsanwalt	Torgau.
913	A. Rivier	Doctor der Rechte	Berlin, Unter d. Linden 33.
914	Rubo	Doctor der Rechte	Berlin, Potsdamerst. 139.
915	Sabarth	Rechtsanwalt	Ratibor.
916	Salomonsohn	Gerichts-Assessor	Berlin, Werdermarkt 36.
917	Sauerteig	Rechtsanwalt	Eilenburg.

Nr.	Name.	Stand.	Wohnort.
918	Schede	Justizrath, Rechtsanwalt, Universitätsrichter	Halle a. S.
919	Schlomka	Kreisrichter	Erfurt.
920	Schmidt	Geheimer Justizrath, Rechtsanwalt	Marienwerder.
921	Schmidt	Justizrath, Notar	Frankfurt a. O.
922	Dr. Schönberg	Appellationsger.-Auskultator	Stettin, Louisenstr. 4.
923	Schröder	Gerichts-Assessor u. Spezial-Commissarius	Tarnowitz (O.-Schles.).
924	Schultz-Völker	Justizrath, Rechtsanwalt	Bromberg.
925	Schultze	Kammergerichts-Auscultator	Spandau.
926	Schwartz	Gerichts-Assessor	Berlin, Mohrenstr. 26.
927	Sehlmacher	Rechtsanwalt	Pyritz.
928	Dr. Paul Seidels	Dr. jur.	Berlin, Kronenstr. 24.
929	Severin	Kreisgerichtsrath	Swinemünde.
930	Dr. Simson	Appellationsgerichts-Vice-Präsident	Frankfurt a. O.
931	Spickhoff	Advokatanwalt	Düsseldorf.
932	Stegemann	Staatsanwalt	Wriezen.
933	Stieffel	Gerichts-Assessor	Dierdorf.
934	Dr. Stolp	Redakteur der Monatsschrift für Deutsches Städte- und Gemeindewesen	Frankfurt a. O.
935	Teßmar	Rechtsanwalt	Stargard (Pommern).
936	Thilo	Gerichts-Assessor	Breslau.
937	v. Twardowski	Appellationsger.-Referendar	Stettin (Wollweberstr.).
938	Ukert	Stadt- und Kreisgerichts-Direktor	Danzig.
939	Franz Ulrici	Appellationsgerichtsrath	Frankfurt a. O.
940	Bernhard Ulrici	Appellationsger.-Referendar	Frankfurt a. O.
941	Valentin	Justizrath, Rechtsanwalt	Berlin, Jägerstr. 35.
942	Valois	Rechtsanwalt	Dirschau.
943	Walder	Kreisgerichtsrath	Brandenburg a. H.
944	Dr. Weigel	Syndikus	Breslau.
945	Wettke	Kreisrichter	Mohrungen (Ostpr.).

Nr.	Name.	Stand.	Wohnort.
946	v. Wilmowski	Rechtsanwalt	Schlawe (Pommern).
947	Winkler	Rechtsanwalt	Gleiwitz.
948	Winkler	Kreisrichter	Halle a. S.
949	Wippermann	Rechtsanwalt	Torgau.
950	Dr. v. Wittgenstein	Kammergerichtsreferendar	Berlin, Französ. Str. 14.
951	Wolff	Kreisgerichtsrath	Strehlen.
952	Wolff	Rechtsanwalt	Schubin bei Bromberg.
953	Zimmermann	Doctor der Rechte	Berlin, Mohrenstr. 26.

Fürstenthum Reuß.

954	Dr. Liebich	Kriminalrath	Lobenstein.
955	Süßenguth	Rechtsanwalt	Lobenstein.

Königreich Sachsen.

956	Abeken	Gerichtsrath	Dresden.
957	Ackermann	Hofrath, Finanzprokurator und Rechtsanwalt	Dresden.
958	Ahnert	Gerichtsamtsaktuar	Großenhain.
959	Bachmann	Rechtsanwalt und Notar	Zwickau.
960	Bachmann	Rechtsanwalt	Pulsnitz.
961	C. Bähr	Dr. phil. und Bacc. jur.	Dresden.
962	Beeger	Rechtsanwalt	Löbau.
963	Dr. v. Behr	Justiz-Minister	Dresden.
964	Bennewitz	Rechtsanwalt	Leipzig.
965	Bermann	Gerichtsamtmann	Zöblitz.
966	Berndt	Gerichtsamtmann	Geithain.
967	Bernhardi	Gerichtsamts-Assessor	Stollberg bei Chemnitz.
968	Böhmer	Amtsaktuar	Lommatzsch.
969	Börner	Bezirksgerichts-Aktuar	Löbau.
970	Colditz	Rechtsanwalt und Notar	Dresden.
971	Cunradi	Rechtsanwalt	Dresden.

Nr.	Name.	Stand.	Wohnort.
972	Deumer	Rechtsanwalt	Königsbrück.
973	Dietze	Gerichtsamtsaktuar	Königstein.
974	W. Döring	Rechtsanwalt	Dresden.
975	Dreßler	Gerichtsrath	Dresden.
976	Drewitz	Gerichtsamtmann	Dippoldiswalde.
977	Dr. Wilh. Einert	Rechtsanwalt	Leipzig.
978	Eysoldt	Rechtskandidat und Notar	Königstein.
979	Fasoldt	Rechtsanwalt und Notar	Dresden.
980	Fellner	Gerichtsamtmann	Pulßnitz.
981	Fiedler	Gerichtsamtmann	Tharandt.
982	Fleck	Appellationsrath	Bautzen.
983	Fleck	Finanzprokurator, Rechtsanwalt	Dresden.
984	Flohr	Gerichtsamtmann	Reichenau.
985	Dr. Francke	Aktuar	Dresden.
986	Friedrich	Gerichtsamtmann	Chemnitz.
987	Friedrich	Rechtsanwalt	Pirna.
988	Dr. Friederici jun.	Rechtsanwalt	Leipzig.
989	Gasch	Rechtsanwalt	Dresden.
990	Gebert	Geheimer Justiz- und Ministerialrath	Dresden.
991	Geyer	Rechtsanwalt und Notar	Dresden.
992	Girardet	Auditeur im Reiter-Regim. Kronprinz	Großenhayn.
993	Glöckner	Gerichtsrath	Dresden.
994	Gottschalk	Rechtsanwalt	Dresden.
995	v. Gottschalk	Gerichtsamtmann	Rötha.
996	Gräffe	Rechtsanwalt	Dresden.
997	O. v. Gutschmidt	Advokat	Zwickau.
998	Haberkorn	Bürgermeister, Präsid. der II. Kammer der Ständeversammlung	Zittau.
999	Dr. Hänel	Geh. Rath u. vortrag. Rath im Justiz-Ministerium	Dresden.
1000	Härtig	Rechtsanwalt	Großenhain.

Nr.	Name.	Stand.	Wohnort.
1001	Hartung	Bürgermeister	Schandau.
1002	Hartung	Gerichtsamtmann	Königsbrück.
1003	Hartwich	Advokat	Pirna.
1004	Heinze	Staatsanwalt	Dresden.
1005	Held	Staatsanwalt	Dresden.
1006	Hendel	Notar	Leipzig.
1007	Hensel	Bezirksgerichts-Direktor	Budissin.
1008	Herbig	Bezirksgerichts-Direktor	Annaberg.
1009	Hermann	Rechtsanwalt	Dresden.
1010	Hetzer	Bacc. jur.	Dresden.
1011	Heydenreich	Rechtsanwalt	Dresden.
1012	Höfer	Gerichtsamtsaktuar	Grünhein.
1013	Höffner	Rechtsanwalt	Nossen.
1014	Jacobi	Rechtsanwalt	Grimma.
1015	Jahn	Gerichtsamtsaktuar	Brand bei Freiberg.
1016	Dr. Jentsch	Rechtsanwalt	Zittau.
1017	Dr. Joseph	Rechtsanwalt	Leipzig.
1018	Dr. Kieber	Rechtsanwalt	Dresden.
1019	Kleinschmidt	Rechtsanwalt	Leipzig.
1020	Klemm	Appellationsrath	Dresden.
1021	Klemm	Bezirksgerichts-Direktor	Dresden.
1022	Klinger	Rechtsanwalt	Dresden.
1023	Dr. Koch	Assessor und Redakteur der Zeitung des Vereins Deutscher Eisenbahn-Verwalt.	Leipzig.
1024	Theodor Koch	Advokat	Buchholz.
1025	Körner	Rechtsanwalt	Auerbach (Voigtland).
1026	Köttig	Rechtsanwalt	Meißen.
1027	Kohlschütter	Rechtsanwalt	Dresden.
1028	Dr. Kretschmar	Rechtsanwalt	Leipzig.
1029	Kretschmar	Rechtsanwalt	Großenhain.
1030	Kretzschmar	Rechtsanwalt	Dresden.
1031	Krippendorf	Rechtsanwalt	Dresden.
1032	Dr. Krug	Geh. Justizrath und vortrag. Rath im Justiz-Minist.	Dresden.

Nr.	Name.	Stand.	Wohnort.
1033	Künzel	Regierungsrath im Ministerium des Innern	Dresden.
1034	Küttner	Finanzprokurator, Rechtsanwalt	Dresden.
1035	Albert Kuhn	Rechtsanwalt	Dresden.
1036	Kuhn	Rechtsanwalt	Dresden.
1037	Landgraff	Rechtskandidat und verpflichteter Protokollant	Löbau.
1038	Langbein	Rechtsanwalt und Notar	Wurzen.
1039	E. Lehmann	Rechtskandidat und Notar	Dresden.
1040	Lehmann	Doctor der Rechte	Leipzig.
1041	Leupold	Rechtsanwalt	Dresden.
1042	Litzkendorf	Gerichtsamtmann	Löbau.
1043	Lorenz	Finanzprokurator u. Rechtsanwalt	Großenhain.
1044	Lorenz	Rechtsanwalt	Zwickau.
1045	Lucius	Geh. Regierungsrath und Bezirksgerichts-Direktor	Leipzig.
1046	Lücke	Rechtsanwalt	Zittau.
1047	Matteis	Kriminal-Assessor	Wurzen.
1048	Meischner	Rechtsanwalt und Notar	Penig.
1049	Meltzer	Bürgermeister und Advokat	Frankenberg.
1050	v. Metzsch	Assessor	Bautzen.
1051	v. Metzsch	Gerichtsamtsaktuar	Penig.
1052	Miller	Rechtsanwalt und Notar	Dresden.
1053	Dr. Mirus sen.	Rechtsanwalt	Leisnig.
1054	Dr. Mirus jun.	Rechtsanwalt	Leisnig.
1055	v. Mücke	Bezirksgerichts-Direktor	Zittau.
1056	Nake	Rechtsanwalt und Notar	Dresden.
1057	Neidhardt	Bezirksgerichts-Direktor	Zwickau.
1058	Neubert	Bürgermeister	Dresden.
1059	Oehlschlägel	Bergmeister	Schneeberg.
1060	Oehme	Rechtsanwalt	Annaberg.
1061	Oertel	Rechtskandidat und Notar	Radeberg.

Nr.	Name.	Stand.	Wohnort.
1062	Opitz	Finanzprokurator u. Rechtsanwalt	Dresden.
1063	Opitz	Rechtsanwalt und Notar	Zittau.
1064	Orb	Rechtsanwalt und Notar	Königstein.
1065	Dr. Osterloh	Professor	Leipzig.
1066	Oßwald	Rechtsanwalt	Borna.
1067	v. Petrikowsky	Gerichtsamtmann	Werdau.
1068	Petsch	Gerichtsrath	Löbau.
1069	Pohl	Rechtsanwalt	Frohburg.
1070	Preller	Rechtsanwalt und Notar	Chemnitz.
1071	Quenzel	Gerichtsamts-Assessor	Schneeberg.
1072	v. Richter	Kaiserlich Russischer Wirkl. Staatsrath	Dresden.
1073	Riedel	Rechtsanwalt	Pomßen bei Grimma.
1074	Dr. Ringer	Justizrath, Bezirksgerichts-Direktor	Löbau.
1075	Roßtäuscher	Staatsanwalt	Bautzen.
1076	Rumpelt	Rechtsanwalt	Radeberg.
1077	Schedlich	Rechtsanwalt	Rochlitz.
1078	Schedlich	Rechtsanwalt	Crimitschau.
1079	Scheele	Rechtsanwalt und Notar	Dresden.
1080	Dr. Schelcher	Rechtsanwalt und Notar	Dresden.
1081	Schelcher	Rechtsanwalt	Oschatz.
1082	Scheuffler I.	Rechtsanwalt und Notar	Meißen.
1083	Scheuffler II.	Rechtsanwalt	Meißen.
1084	Schickert	Bürgermeister	Großenhain.
1085	Dr. Schneider	Appellationsger.-Präsident	Dresden.
1086	Dr. Schnell	Rechtsanwalt und Notar	Zittau.
1087	Schröter	Rechtsanwalt	Stollberg bei Chemnitz.
1088	Segnitz	Rechtsanwalt	Wermsdorf.
1089	Seyfert	Gerichtsamtmann	Ebersbach (Oberlausitz).
1090	Dr. Siebdrat	Geh. Justizrath u. vortrag. Rath im Justiz-Minist.	Dresden.
1091	Siegel	Rechtsanwalt	Glauchau.
1092	Sommer	Advokat, Justitiar	Bernstadt.

Nr.	Name.	Stand.	Wohnort.
1093	Starke	Gerichtsrath	Leipzig.
1094	Dr. P. Starke	Auditeur	Königstein (Festung).
1095	Stauß	Rechtsanwalt	Dresden.
1096	Dr. Steche	Stadtrichter	Leipzig.
1097	Dr. Stein	Rechtsanwalt	Dresden.
1098	Steinhäuser	Rechtsanwalt	Plauen.
1099	Dr. Stieber	Appellationsgerichts-Vice-Präsident	Bautzen.
1100	Stimmel	Finanzprokurator u. Rechtsanwalt	Plauen.
1101	Stöckel	Staatsanwalt	Chemnitz.
1102	Streit	Bürgermeister	Zwickau.
1103	Ströbel	Bezirksgerichts-Aktuar	Dresden.
1104	Sulzberger	Rechtsanwalt	Wurzen.
1105	Teucher	Rechtsanwalt	Dresden.
1106	Thamerus	Rechtsanwalt und Notar	Pirna.
1107	Thiel	Rechtsanwalt	Bautzen.
1108	Thiemann	Hofrath und Gerichtsamtmann	Dresden.
1109	Thiemer jun.	Rechtsanwalt	Zittau.
1110	Wachs	Rechtsanwalt	Leipzig.
1111	Walther	Rechtsanwalt	Meerane.
1112	Dr. C. v Weber	Ministerialrath u. Direktor des Haupt-Staatsarchivs	Dresden.
1113	Weidner	Rechtsanwalt	Zittau.
1114	Weise	Rechtsanwalt	Meißen.
1115	Wengler	Gerichtsrath	Bautzen.
1116	Wilke	Geh. Justizrath, vortr. Rath im Justiz-Ministerium	Dresden.
1117	Witschel	Rechtsanwalt	Dresden.
1118	v. Witzleben	Regierungsrath	Leipzig.
1119	Dr. Wolf	Gerichtsrath	Freiberg.
1120	Wolff	Bezirksgerichts-Protokollant	Dresden.
1121	Zacharias	Rechtsanwalt und Notar	Dresden.

Nr.	Name.	Stand.	Wohnort.
1122	Zimmermann	Stifts-Syndikus u Rechtsanwalt	Meißen.
1123	Zumpe II.	Rechtsanwalt	Dresden.

Herzogthum Sachsen-Altenburg.

1124	Dr. Hase	Appellationsgerichtsrath	Altenburg.
1125	Staps	Bezirksablösungs-Commissar und Advokat	Schmölln.

Herzogthum Sachsen-Coburg.

1126	Briegleb	Hofrath und Hofadvokat	Coburg.
1127	v. Holtzendorff	Ober-Staatsanwalt	Gotha.
1128	Hornbostel	Regierungsrath und vortrag. Rath im Staats-Minist.	Gotha.
1129	Knauer	Rechtsanwalt und Notar	Gotha.
1130	Leop. Oberländer	Bürgermeister u. Hofadvokat	Coburg.

Herzogthum Sachsen-Meiningen.

1131	Dr. Kircher	Rechtsanwalt u. Regierungs-Fiskal	Meiningen.
1132	Strupp	Rechtsanwalt	Hildburghausen.

Großherzogthum Sachsen-Weimar.

1133	Berninger	Staatsanwalt am Appellationsgericht	Eisenach.
1134	Büttner	Kreisgerichtsrath	Weida.
1135	Burkhard	Kreisgerichts-Direktor	Eisenach.

Nr.	Name.	Stand.	Wohnort.
1136	Danz	Oberappellationsrath u. Prof.	Jena.
1137	Leist	Hofrath und Professor	Jena.
1138	Müller	Bezirksdirektor	Neustadt a. D.

Fürstenthum Schwarzburg-Sondershausen.

1139	Dr. Vollert	Kreisgerichts-Assessor	Arnstadt.

Königreich Württemberg.

1140	Bazing	Oberamtsrichter	Neresheim.
1141	Binder	Ober-Tribunalsrath, General-Staatsanwalt	Stuttgart.
1142	Breitling	Justiz-Referendar	Röblingen.
1143	Feuerbach	Ober-Justizrath	Ulm.
1144	Fröbich	Oberamtsrichter	Backnang.
1145	Gärttner	Regierungsrath	Stuttgart.
1146	Dr. Georgii	Oberamtsrichter	Freudenstadt.
1147	Hagelmaier	Oberamtsrichter	Geislingen.
1148	Hagen	Advokat	Neu-Ulm.
1149	Hartmeyer	Oberamtsrichter	Calw.
1150	Heß	Ober-Justizprokurator	Ulm.
1151	Frhr. v. Holzschuher	Ober-Justizrath	Stuttgart.
1152	Huber	Ober-Justizrath	Ulm.
1153	Köstlin	Ober-Justizrath	Stuttgart.
1154	Kohlhaas	Ober-Justiz-Assessor	Stuttgart.
1155	Krauß	Ober-Tribunalsrath	Stuttgart.
1156	v. Kronmüller	Ober-Tribunalsrath	Stuttgart.
1157	Meyer	Rechtskonsulent	Reutlingen.
1158	Reichardt	Ober-Amtsrichter	Ulm.
1159	Scheurlen	Ober-Amtsrichter	Mergentheim.
1160	Dr. Seeger	Professor	Tübingen.
1161	Sick	Ober-Justizrath	Stuttgart.

Nr.	Name.	Stand.	Wohnort.
1162	Frh. E. v. Sternenfels	Justiz-Referendär	Nürtingen.
1163	Freihr. v. Wächter-Spittler	Justiz-Minister	Stuttgart.
1164	Weißer	Auditor und Aktuariatsverweser	Marbach a. N.
1165	Wirth	Ober-Amtsrichter	Horb a. N.
1166	Zirkler	Ober-Amtsrichter	Künzelsau.

Nachträgliche Berichtigung

zu den

Verhandlungen des Ersten Deutschen Juristentages.

Seite 285 Zeile 9 von oben ist der Name des Redners unrichtig angegeben. Es ist statt „Professor Dr. Bluntschli“ zu lesen: „Justizrath Dr. Böle aus Münster“.

Berichtigung.

In dem alphabetischen Mitglieder-Verzeichnisse für 1861 ist Seite 285 Nr. 774 statt „Geyer, Staatsanwalt und Notar“ zu lesen: „Geyer, Rechtsanwalt und Notar“.

FSC
www.fsc.org
MIX
Papier | Fördert
gute Waldnutzung
FSC® C083411

Kolibri 360 GmbH
Ferdinand-Jühlke-Straße 7
99095 Erfurt, Deutschland
produktsicherheit@kolibri360.de